CCUS

集群经济性、商业模式与政策激励

康蓉 李楠 史贝贝 常江 陈京京 ◎ 编著

中国财经出版传媒集团

经济科学出版社
Economic Science Press

·北 京·

图书在版编目（CIP）数据

CCUS 集群经济性、商业模式与政策激励／康蓉等编
著． -- 北京：经济科学出版社，2025.2. -- ISBN 978 -
7 - 5218 - 6697 - 1

Ⅰ. X701.7

中国国家版本馆 CIP 数据核字第 2025UW5610 号

责任编辑：张　燕
责任校对：刘　娅
责任印制：张佳裕

CCUS 集群经济性、商业模式与政策激励

CCUS JIQUN JINGJIXING，SHANGYE MOSHI YU ZHENGCE JILI

康蓉　李楠　史贝贝　常江　陈京京　编著

经济科学出版社出版、发行　新华书店经销

社址：北京市海淀区阜成路甲 28 号　邮编：100142

总编部电话：010 - 88191217　发行部电话：010 - 88191522

网址：www. esp. com. cn

电子邮箱：esp@ esp. com. cn

天猫网店：经济科学出版社旗舰店

网址：http：//jjkxcbs. tmall. com

北京季蜂印刷有限公司印装

710 × 1000　16 开　24.25 印张　380000 字

2025 年 2 月第 1 版　2025 年 2 月第 1 次印刷

ISBN 978 - 7 - 5218 - 6697 - 1　定价：118.00 元

（图书出现印装问题，本社负责调换。电话：010 - 88191545）

（版权所有　侵权必究　打击盗版　举报热线：010 - 88191661

QQ：2242791300　营销中心电话：010 - 88191537

电子邮箱：dbts@ esp. com. cn）

　　本书为"陕西榆林地区大规模 CCUS 集群建设的设计与研究项目"子课题六"榆林 CCUS 集群经济性、商业模式与政策激励研究"（YL20223806）资助成果。本书同时受到国家自然科学基金青年项目（72103163）、教育部人文社会科学研究青年基金西部和边疆地区项目（24XJC790004）、陕西省社会科学基金项目（青年）（2024D026）、陕西省自然科学基础研究计划一般项目（青年）（2025JC – YBQN – 974）、陕西省教育厅专项科研计划项目（23JK0227）、陕西省教育厅科学研究计划项目—青年创新团队项目（23JP166）、西北大学国家社科基金项目孵化计划（22XNFH010）资助。

前　言

在中国碳达峰、碳中和目标提出背景下，如何更好地落地实现"双碳"目标成为各方关注的重点。低碳技术的研发与实践是实现"双碳"目标的关键，而碳捕集、利用与封存（CCUS）是低碳技术的典型代表。2021 年 3 月，国务院发布《中华人民共和国国民经济和社会发展第十四个五年规划和 2035 年远景目标纲要》，明确提出要开展 CCUS 重大项目示范。CCUS 技术首次被纳入了国家五年规划重要文件。CCUS 集群是依托 CCUS 技术形成的产业集群，鉴于 CCUS 技术的高成本和集群可降低成本的特点，厘清 CCUS 集群的经济性、商业模式以及政策的激励方式，对降低 CCUS 成本、推广 CCUS 技术从而实现碳减排目标有着现实指导意义。基于此，本书在参考大量国内外学者关于 CCUS 项目及 CCUS 集群经济性、商业模式与政策激励的研究之后，以 CCUS 项目及 CCUS 集群为研究对象，从经济性视角切入，对其经济性、商业模式与政策激励的发展进行梳理并分析，以期为中国 CCUS 集群建立从而推动 CCUS 技术发展、实现绿色发展和生态文明目标提供有益参考。

本书分为"上篇：CCUS 项目发展及其代表性案例""中篇：CCUS 集群发展及其代表性案例""下篇：中国榆林 CCUS 集群的建构与发展"三大部分。上篇围绕 CCUS 项目的经济性、商业模式与政策激励展开分析。具体地，第一章对 CCUS 技术的内涵进行阐释，包括分析 CCS 与 CCUS 的区别、CCUS 核心技术以及 CCUS 技术发展展望；第二章对 CCUS 项目的成本与收益进行甄别；第三章围绕 CCUS 项目商业运营模式进行汇总呈现；第四章选取国际 CCUS 项目的代表性案例进行详细分析；第五章是 CCUS 项目发展的政策支撑，从国际上和代表性国家两个角度对 CCUS 发展的激励政策进行总结。中篇围绕 CCUS 集群的经济性、商业模式与政策激励展开分析。具体地，第六章对 CCUS 集群的建立展开经济学理论分析，给出 CCUS 集群建立的合理性解释；第七章对全球 CCUS 集群现状与分布特点展开分析，旨在呈现当前全球 CCUS 集群发展现状；第八章对 CCUS 集群的商业模式进行汇总；第九章呈现国际 CCUS 集群的代表性案例，对国际 CCUS 集群发展经验进行总结。下篇聚焦榆林地区，试图为中国榆林推进 CCUS 集群建设提供参考，包括榆林 CCUS 集群发展现实条件与未来展望。具体地，第十章分析榆林 CCUS 集群建构的现实条件；第十一章梳理榆林建立 CCUS 集群的潜在收益；第十二章分析榆林建立 CCUS 集群的机遇与挑战；第十三章提出榆林建立 CCUS 集群的政策激励体系。

　　本书分析了 CCUS 集群发展的经济性，并梳理了其商业模式与政策激励体系，旨在为中国 CCUS 集群建立与发展、实现"双碳"目标提供思路参考。本书由西北大学经济管理学院康蓉副教授、史贝贝副教授，西北大学榆林碳中和学院李楠老师、陈京京老师、王钰泽老师，西安石油大学常江研究员共同组织。经济管理学院和榆林碳中和学院的师生参与编写，具体章节的分工安排如下：上篇第一章，白枢奇、李楠；第二章，李鹏歌、史贝贝；第三章，何晶怡、康蓉；第四章第一部分，袁文敏；第四章第二、第四部分，段梦凡、史贝贝；第四章第三部分，王钰泽；第五章，蔡子建、常江。中篇第六章，白枢奇、李楠；第七章，关睿、康蓉；第八章，何晶怡、康蓉；第九章第一部分，张嘉豪；第九章第二、第三部分，袁文敏、史贝贝。下篇第十章，刘俊丽、史贝贝；第十一章第一部分，刘俊丽；第十一章第二、第三部分，陈佩桢、史贝贝；第十二章，陈佩桢、史贝贝；第十三章，张嘉豪、陈京京。感谢各章作者细致严谨的工作，均在认真查阅各类资料后进行编写。本书在编写过程中，得到了众多专家学者的支持和帮助，在此一并致谢。当然，限于编著者的研究水平和对 CCUS 集群问题的认识，如果本书有错误或不当之处，我们也诚恳地欢迎同行专家和读者批评指正，提出宝贵的建议。

目　录

上篇　CCUS 项目发展及其代表性案例

中篇　CCUS 集群发展及其代表性案例

下篇　中国榆林 CCUS 集群的建构与发展

CCUS项目发展及其
代表性案例

第一章 CCUS 基本内涵

一、CCS 与 CCUS

伴随着全球工业化进程的加速和经济的快速发展，化石燃料得到了广泛使用，大量温室气体被排放到大气中，导致全球气温升高、极端气候现象频繁发生。在这一背景下，国际社会普遍认同减少温室气体排放是应对气候变化的关键策略之一。尽管许多国家已经采取了节能减排的措施，但由于能源结构、技术水平等原因，一些行业仍然难以有效减少温室气体排放，特别是对于能源密集型产业，例如钢铁和电力行业，它们排放的温室气体所占比例较高，因此减排面临的挑战也更为艰巨。在应对全球气候变化的大背景下，人们从二氧化碳（CO_2）驱油的工程实践中获得灵感——若能将化石燃料燃烧产生的二氧化碳永久封存，使其与大气层隔绝，便能在短时间内显著减少温室气体的排放量。1989 年，美国麻省理工学院启动了碳捕集与封存（carbon capture and storage，CCS）技术项目，提出了捕集二氧化碳以减少温室气体排放的理念。以这一事件为里程碑，二氧化碳捕集与封存技术在学术界正式问世。CCS 技术被视为实现温室气体减排目标的关键策略之一。它通过从工业和相关能源产业中分离二氧化碳，并利用封存和加压等技术手段，将这些温室气体储存在海底或地下等与大气隔绝的环境中，以此减少温室气体的排放。因为 CCS 技术具有减排潜力大、技术可行性高等优点，被国际社会广泛关注和研究。

2000 年，加拿大"Weyburn-Midale" CO_2 监测与封存项目成功开创了

CCS 的商业模式，将所捕集的二氧化碳注入地层实现驱油，由此将"利用"概念引入 CCS 中。在中国，2006 年的北京香山会议首次提出了二氧化碳捕集、利用与封存（carbon capture，utilization and storage，CCUS）技术，这一概念的提出标志着在碳捕集与封存技术的基础上引入了二氧化碳资源化利用技术。随后，碳捕集试验项目率先在火电、煤化工、水泥和钢铁行业中启动，旨在研究并制定相应的标准和政策激励机制。并且出台了一系列直接经济支持政策以推动 CCUS 一体化技术项目的发展。

从全球主要能源消耗产生碳排放国家来看，以中国和印度为代表的发展中国家碳排放依然呈现上升趋势，如图 1-1 所示。对于全球而言，特别是发展中国家，如何在保证经济平稳发展的同时控制化石燃料的使用和温室气体的排放是一个巨大的挑战。由 CCS 到 CCUS 的发展，为全球降低碳排放提供了可行性的技术支撑（周健等，2021）。

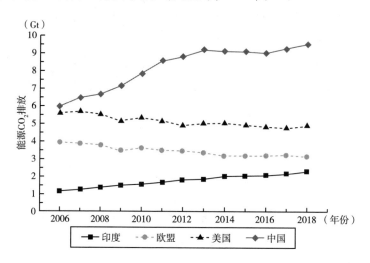

图 1-1 全球主要国家和地区的化石能源碳排放趋势

资料来源：国际能源署（International Energy Agency，IEA）官网。

（一）CCS 的内涵与发展

CCS 技术是指将二氧化碳从排放源捕集并分离出来，输送到油气田、海洋或适合地层等进行长期封存的过程，可以有效地减少温室气体排放（段海燕等，2009）。

如图 1－2 所示，根据全球碳捕集与封存研究院（Global CCS Institute）最新发布的《全球碳捕集与封存现状 2023》报告，截至 2023 年 7 月，全球范围内处于不同发展阶段的 CCS 商业项目总数激增，已达到 392 个，新增项目达 198 个，同比增长率高达 102%。自 2022 年报告发布以来，全球范围内已有 11 个全新的 CCS 项目正式投入运营，另有 15 个项目开工建设。在新增的 CCS 建设项目中，41 个项目已成功投入运营，26 个项目正处于建设阶段，除此之外，还有高达 325 个项目仍处于早期开发阶段，预示着未来 CCS 领域的巨大潜力和活力。此外，又有 11 个国家加入了 CCS 项目的建设和运营行列。在全球 CCS 部署的竞争中，澳大利亚已经超越了荷兰，与美国、英国、加拿大和中国一同跻身前五名。其中，美国在 CCS 领域持续保持领先地位，到 2023 年有 73 个新项目投入建设（Global CCS Institute，2023）。

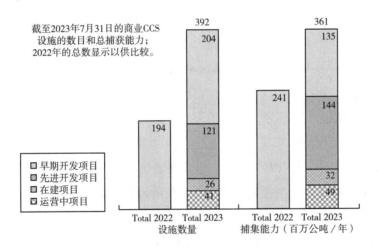

图 1－2　2022～2023 年全球 CCS 项目的数量变化趋势

资料来源：Global CCS Institute. GLOBAL STATUS OF CCS 2023［R］. 2023.

CCS 技术的规模正在稳步扩大，根据最新数据，2023 年全球 CCS 项目的开发、建设和运营能力已达到 3.61 亿吨二氧化碳/年，相较于 2022 年增长了近 50%。自 2017 年以来，CCS 项目的总捕集能力一直以每年超过 35% 的复合增长率持续增长（Global CCS Institute，2023）。这一显著增长主要归因于数十年来政府资助的研究、开发和部署，行业对零排放的坚定承诺，以及对更严格气候政策的预期。值得注意的是，2023 年 CCS 领域的股权融资和项目融资显著增加，特别是在二氧化碳的运输和封存方面。此外，国际 CCS 商业模式也正在逐步成熟，例如 2023 年在比利时和丹麦成功完成的第一次二氧化碳跨境海运用于地质封存，这标志着 CCS 技术向国际化迈出步伐。然而，尽管 CCS 的部署在不断扩大，但面临的挑战依然严峻。根据国际能源署和政府间气候变化组织的评估，要实现全球气候目标，我们需要到 2030 年将二氧化碳封存能力提高到约 10 亿吨/年，到 2050 年更是需要达到 100 亿吨/年的水平。为了实现这一目标，政府和项目开发商需要持续加大承诺，并采取切实有效的措施来推动 CCS 技术的进一步发展。[①]

（二）CCUS 的内涵与发展

二氧化碳捕集、利用与封存这一技术从二氧化碳捕集与封存技术延伸发展而来。如图 1 - 3 所示，二氧化碳捕集、利用与封存是指将二氧化碳从工业过程、能源利用或大气中分离出来，通过工程手段实现其减排并获得附带效益的过程。目前来看，CCUS 是实现化石能源低碳化利用的唯一技术选择，是现阶段实现大规模温室气体减排的重要技术手段，是钢铁、水泥、有色金属、化工等难减排行业深度脱碳的可行性技术方案，是实现碳中和目标技术组合的重要构成部分（蔡博峰等，2024）。

CCUS 全流程包括四大环节，由捕集、运输、利用及封存组成。其中，CO_2 捕集是指将 CO_2 从工业生产、能源利用或大气中分离出来的过程，主要分为燃烧前、燃烧中、燃烧后捕集。CO_2 输送是指将捕集的 CO_2 运送到可利用或封存场地的过程。根据运输方式的不同，分为罐车运输、船舶运输、管道运输和火车运输。CO_2 利用是指通过工程技术手段将捕集的 CO_2

---

① 全球 CCS 项目概览［J］. 石油石化绿色低碳，2024，9（2）.

实现资源化利用的过程。根据工程技术手段的不同，分为地质利用、化工利用和生物利用。CO_2 地质封存是指通过工程技术手段将捕集的 CO_2 封存于深部地质构造中，实现与大气长期隔绝的过程。根据地质封存体的不同，分为陆上咸水层封存、海底咸水层封存、枯竭油气田封存等。

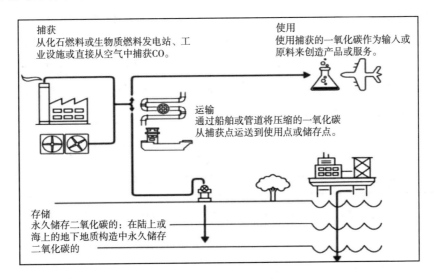

图 1-3　CCUS 工艺流程

资料来源：生态环境部. 中国二氧化碳捕集利用与封存（CCUS）年度报告（2024）［R］. 2024.

根据《中国二氧化碳捕集利用与封存（CCUS）年度报告（2021）——中国 CCUS 路径研究》，全球陆地 CO_2 理论封存容量为 6 万亿~42 万亿吨，海底理论封存容量为 2 万亿~13 万亿吨，中国 CO_2 理论地质封存容量为 1 万亿~4 万亿吨。鉴于全球长期工业化进程所引发的严峻环境挑战与气候变化问题，广泛部署及深化 CCUS 项目已成为一种更为长远的策略，且可以有效地缓解全球变暖的趋势。由于在技术与工业成熟度上存在差异，国外相较于国内更早地迈入了 CCUS 技术的研发与项目实践阶段。全球范围内，截至 2023 年 7 月，规划、在建和运行中的 CCUS 设施数量达到 392 个，这些设施每年可捕集和封存约 3.61 亿吨二氧化碳，显示出 CCUS 技术在全球范围内的快速发展和广泛应用前景（Global CCS Institute，2023）。

美国得克萨斯州的特雷尔天然气加工厂（Terrell Natural Gas Processing

Plant）项目自 1972 年起便引领潮流，率先实施了 CO_2 捕集并将其应用于石油开采中的驱油技术，这一项目被公认为全球 CCUS 实践的先驱[1]。另一个是具有较大影响力的边界坝（Boundary Dam）项目，由加拿大萨省电力公司（SaskPower）在埃斯特万的边界大坝电厂的基础上，经过对边界坝 3 号燃煤发电机组的改造，建成的全球首个全流程的燃煤电厂烟气 CCUS 设施（Stéphenne & Karl，2014）。挪威也是发展 CCUS 项目的先驱之一，其 CCUS 技术更是达到了高度成熟与广泛应用的状态。最著名的便是其斯莱普内尔（Sleipner）项目，自 1996 年以来 Sleipner 项目每年从石油和天然气开采过程中分离出约百万吨二氧化碳，是运行时间最长的二氧化碳封存项目[2]。表 1 – 1 为全球代表性国家运行的 CCUS 项目。

表 1 – 1　　　　全球代表性国家运行的 CCUS 项目

项目名称	国家	运行起始年份	部门	捕集量（万吨/年）	封存方式
Terrell Plant（Formerly Val Ver-denatural Gas Plants）	美国	1972	天然气生产	0.5	EOR
Enid Fertilizer	美国	1982	化肥生产	0.2	EOR
Shute Creek Gas Processing Plant	美国	1986	天然气生产	7	EOR
Mol Szank Field Co EOR	匈牙利	1992	天然气生产	0.16	EOR
Sleipner Costorage	挪威	1996	天然气生产	1	DGS
Great Plains Synfuels Plant and Weyburn-Midale	美国	2000	合成天然气	3	EOR
Core Energy Co EOR	美国	2003	天然气生产	0.35	EOR
Snohvit CO, Storage	挪威	2008	天然气生产	7	DGS
Arkalon CO_2, Compression Facility	美国	2009	乙醇生产	0.29	EOR
Century Plant	美国	2010	天然气生产	5	EOR
Petrobras Santos Basin Presalt Oil Field CCS	巴西	2011	天然气生产	7	EOR

[1] Greg J et al. Carbon Capture Boosting Oil Recovery [J/OL]. American Oil & Gas Reporter, https://www.aogr.com/magazine/sneak-peek-preview/carbon-capture-boosting-oil-recovery.

[2] Equinor. Sleipner Partnership Releases CO_2 Storage Data [EB/OL]. https://www.equinor.com/news/archive/2019 – 06 – 12-sleipner-co2-storage-data.

续表

项目名称	国家	运行起始年份	部门	捕集量（万吨/年）	封存方式
Bonanza Bioenergy CCUS EOR	美国	2012	乙醇生产	0.1	EOR
Air Products Steam Methane Reformer	美国	2013	制氢	1	EOR
Coffeyville Gasification Plant	美国	2013	化肥生产	0.9	EOR
PCS Nitrogen	美国	2013	化肥生产	0.3	EOR
Karamay Dunhua Oil Technology CCUS EOR	中国	2015	乙醇生产	0.1	EOR
Quest	加拿大	2015	制氢	1.3	DGS
Uthmaniyah Coeor Demonstration	沙特阿拉伯	2015	天然气生产	8	EOR
Abu Dhabi CCS（Phase 1 Being Emirates Steel Industries）	阿拉伯联合酋长国	2016	钢铁生产	0.8	EOR
Illinois Industrial Carbon Capture and Storage	美国	2017	乙醇生产	1	DGS
CNPC Jilin Oil Field Co EOR	中国	2018	天然气生产	0.6	EOR
Gorgon Carbon Dioxide Injection	澳大利亚	2019	天然气生产	4	DGS
Qatar LNG CCS	卡塔尔	2019	天然气生产	2.2	DGS
Alberta Carbon Trunk Line（ACTL）With North West Redwater Partnership's Sturgeon Refinery Costream	加拿大	2020	炼油	1.6	EOR
Alberta Carbon Trunk Line（ACTL）With Nutrien Co Stream	加拿大	2020	化肥生产	0.3	EOR
Orca	冰岛	2021	直接空气捕集	0.004	DGS
Glacier Gas Plant Mccs	加拿大	2022	天然气生产	0.2	DGS
Sinopec Qilu-Shengli CCUS	中国	2022	化工生产	1	EOR
Red Trail Energy CCS	美国	2022	乙醇生产	0.18	DGS

注：EOR 指提高石油采收率技术，DGS 指深部地质封存技术。

国内的 CCUS 技术相较于国外起步较晚但处于高速发展阶段。据《中国碳捕集利用与封存年度报告（2023）》，截至 2022 年底，我国已投运和规划建设中的 CCUS 技术示范项目约 100 个，每年总二氧化碳捕集能力超 400 万吨。并且 CCUS 项目在每个省份都有所发展，主要集中在能源密集型地区和工业发达区域，特别是油气田、煤化工基地以及东部沿海和内陆工业城市。这些项目不仅覆盖了燃煤电厂、化工厂等传统高排放行业，还逐渐扩展到油田驱油、海上油气开发等领域，在封存方式及碳源捕集技术方面也是多方面发展。

例如，齐鲁石化—胜利油田百万吨级 CCUS 项目，是中国最大的碳捕集、利用与封存全产业链示范基地，也是国内首个百万吨级 CCUS 项目，该项目年封存二氧化碳能力达百万吨级，相当于植树近 900 万棵。中国海洋石油集团有限公司参加的大亚湾区二氧化碳捕集、利用及封存集群研究项目是中国首个海上规模化（300 万~1000 万吨）CCS/CCUS 集群研究项目，由中国海油、广东省发展改革委、壳牌集团和埃克森美孚共同签署谅解备忘录。浙江的垃圾发电烟气碳捕集项目实现了 95% 以上的捕集效率。中石油吉林油田的 EOR 项目则实现了年产油能力 10 万吨、年封存能力 35 万吨的显著成果。表 1－2 为中国部分 CCUS 示范项目一览表。

表 1－2　　　　　　中国部分 CCUS 示范项目

项目名称	所在地	捕集工业类型	捕集规模（万吨/年）	处置技术	2023 年状态
包钢集团包头 200 万吨（一期 50 万吨）CCUS 示范项目	内蒙古包头	钢铁	（规划）200	钢铁渣综合利用、油气田增产	一期建设中
北京建材研究总院复杂烟气环境下 CO_2 捕集技术示范项目	北京	水泥生产	10	市场销售	投运中
国电投重庆双槐电厂 CO_2 捕集示范项目	重庆	燃煤电厂	1	用于焊接保护、电厂发电机氢冷置换等	投运中
国家能源集团锦界电厂 15 万吨/年燃烧后 CO_2 捕集与封存全流程示范目	陕西榆林	燃煤电厂	15	驱油封存、市场销售	投运中

项目名称	所在地	捕集工业类型	捕集规模（万吨/年）	处置技术	2023年状态
国家能源集团泰州电厂50万吨/年 CCUS 项目	江苏泰州	燃煤电厂	50	焊接制造、食品级干冰、高新机械清洗、EOR	投运中
国家能源集团国电大同电厂 CO_2 化学矿化捕集利用示范项目	山西大同	燃煤电厂	NA	电石渣化学链矿化利用	投运中
国家能源集团鄂尔多斯 CO_2 咸水层封存项目	内蒙古鄂尔多斯	煤制油	10	咸水层封存	于2016年停止注入，监测中
海螺集团芜湖白马山水泥厂 CO_2 捕集与纯化示范项目	安徽芜湖	水泥厂	5	市场营销	投运中
华电集团句容1万吨/年 CO_2 捕集工程	江苏句容	燃煤电厂	1	食品冷链	投运中
华能正宁电厂150万吨/年 CO_2 捕集封存项目	甘肃庆阳	燃煤电厂	150	EOR	建设中
华能天津 IGCC 电厂10万吨/年燃烧前 CO_2 捕集工程	天津	燃煤电厂	10	放空	实验验证完毕，停止封存

资料来源：生态环境部. 中国二氧化碳捕集利用与封存（CCUS）年度报告（2024）[R]. 2024.

（三）CCS 与 CCUS 的区别

CCS 与 CCUS 都在碳减排技术领域中扮演着重要角色，但它们在目标与应用、技术路线、发展现状与前景上存在显著区别。

1. 目标与应用

CCS 的主要目标是将工业生产过程中产生的二氧化碳捕集后永久封存于地下，如枯竭的油气田、咸水层或深海中，从而阻止二氧化碳进入大气层，减缓全球变暖。CCUS 则在 CCS 的基础上增加了"利用"这一环节，不仅捕集和封存二氧化碳，还将其转化为有价值的产品或原料，例如，通过将二氧化碳转化为燃料、塑料和化学品等，我们能够实现其资源化利用。这种技术展现了更广泛的可持续性，它不仅有助于减少温室气体排放，而且能够创造经济价值。

2. 技术路线

CCS 技术主要包括二氧化碳的捕集、运输和封存三个环节。CCUS 技术则包含了 CCS 的所有环节，并增加了二氧化碳的利用环节，这一环节主要利用工程技术手段将捕集的二氧化碳转化为有价值的产品或原料，包括地质利用、化工利用和生物利用等多种方式。

3. 发展现状与前景

CCS 技术已被广泛应用于全球多个领域，如电力、工业、交通等，成为减缓全球变暖的重要手段之一。尽管 CCUS 技术作为 CCS 技术的新兴发展，展现出更广泛的应用潜力和更显著的经济效益，但其商业化进程仍遭遇了成本高昂和地质封存风险等挑战。通过将二氧化碳转化为有价值的产品或原料，CCUS 技术能够创造更多的就业机会和经济效益，推动绿色低碳经济的发展。同时，随着技术的不断发展和完善，CCUS 技术的成本也将逐步降低，为其商业化应用提供更有力的支持。CCUS 将成为实现碳中和目标不可或缺的关键性技术之一，而"CCS 网络"架构的部署也将为实现低成本温室气体排放提供新的路径指导。

二、CCUS 的核心技术概念

（一）碳捕集基础概念

二氧化碳捕集是指将二氧化碳从工业生产、能源利用或大气中分离出来的过程。鉴于碳捕集环节通常占据了 CCUS 项目总成本的大头，约为

70%，其效率与经济效益对于整个 CCUS 项目的可行性与实施效果具有举足轻重的影响。因此，可以说碳捕集技术是 CCUS 体系中的核心与关键所在，直接关系到项目的成本效益分析与长远发展（谢辉，2021）。捕集技术种类繁多，选用适宜的技术取决于实际排放源及环境条件。

1. 燃烧前捕集

燃烧前捕集是指在化石燃料燃烧前，通过化学或物理方法将燃料中的碳与氢等其他元素分离，从而捕集二氧化碳。这种方式在整体煤气化联合循环（IGCC）等先进发电技术中有所应用，由于捕集时 CO_2 浓度较高且压力较大，因此通常具有较低的能耗和成本（陈新明等，2014）。表 1-3 为目前主流燃烧前捕集方法。

表 1-3 **燃烧前捕集的主要方法**

溶液吸收法	物理溶液吸收法	利用 CO_2 在溶液中的溶解度随压力变化的原理进行吸收
	化学溶液吸收法	通过溶液与 CO_2 发生化学反应形成化学键进行吸收，并在较高温度下进行解吸再生
固体吸附法	物理吸附	基于在较高压力下吸附，降压加冲洗或降压加抽空的再生循环工艺
	化学吸附	利用负载胺、硅酸盐、碳酸盐等通过化学反应吸附 CO_2，并在高温下进行解吸、再生
膜分离法		主要用于合成气（CO_2 和 H_2）的分离。该技术通过膜的选择性渗透作用，在压力梯度下实现 CO_2 与其他气体的有效分离

资料来源：唐强，李金惠，邹建伟，等. 二氧化碳捕集技术研究现状与发展综述 [J]. 世界科技研究与发展，2023，45（5）：567-580.

2. 燃烧中捕集

燃烧中捕集是指通过空气分离或载氧体富集氧气，在化石能源燃烧时主要通入氧气，得到高浓度的二氧化碳，从而减少二氧化碳和空气中惰性气体（如 N_2）的分离难度和能耗。

（1）富氧燃烧技术。

富氧燃烧技术通过使用高纯度氧气替代空气燃烧，增加烟气中二氧化碳浓度，简化捕集流程。该技术具有成本低、易规模化、适于存量机组改造等优点，但容易富集二氧化硫（SO_2）、三氧化硫（SO_3）等气体，造成设备及管道腐蚀、燃烧不稳定等问题。

根据燃烧方式主要分为常压富氧燃烧（AOC）和增压富氧燃烧（POC）。简单来说，AOC 就是在常规条件下进行的富氧燃烧，而 POC 则是在此基础上进行了一项重要升级——它提高了燃烧系统的压力，通常达到 10 ~ 15 巴（bar）的范围内。这一提升带来了显著优势：它能更有效地回收燃烧过程中烟气里水分的热能，这样一来，不仅提高了能源的利用率，还大大增强了后续碳捕集系统的效率。其系统流程如图 1 - 4 所示（唐强等，2023）。

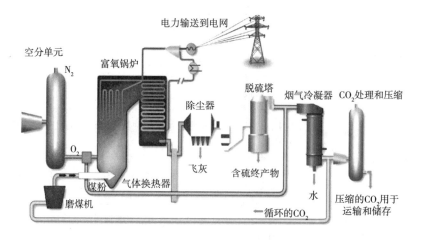

图 1 - 4　富氧燃烧系统的全流程示范

资料来源：刘建华. 国内燃煤锅炉富氧燃烧技术进展 [J]. 热力发电，2020，49（7）：48 - 54.

（2）化学链燃烧技术。

化学链燃烧技术借助载氧体（如金属氧化物与载体的复合物），使燃料无须与空气直接接触，而是在载氧体的作用下进行燃烧。燃烧产物只有 CO_2 和水，经冷凝后可直接回收 CO_2，无须额外的分离装置。相较于富氧燃烧技术，化学链燃烧产物纯净，CO_2 浓度高，便于回收，且其系统流程简单，减少了设备投资和维护成本。

整个过程中，通过金属氧化物和载体的精妙反应，不仅让燃烧更加高效，还促进了环保产物的生成，是其系统可以高效运作的关键之处。其作用原理如图 1-5 所示。

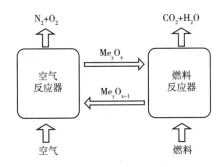

图 1-5 化学链燃烧的作用原理示范

资料来源：范淑菁，郝晨越，陈新月，等．二氧化碳捕集技术的研究进展 ［J］．黑龙江科学，2024，15（6）：20-24.

3. 燃烧后捕集

燃烧后捕集是指在燃料完全燃烧并排放出烟气后，通过一系列物理、化学或生物方法，从烟气中分离并捕集 CO_2 的过程。由于电厂烟气中 CO_2 的浓度相对较低，且含有大量杂质，因此捕集过程需要高效且经济的手段。由于常压和低浓度，CO_2 捕集的能耗和成本要高于燃烧前捕集技术，但常压设备投资和维护成本较低。目前主流的燃烧后捕集法主要有化学吸收法、物理吸收法、膜分离法、低温分离法、金属氧化物法等（范淑菁等，2024）。

（1）化学吸收法。

化学吸收法利用化学反应将 CO_2 从烟气中分离。该过程涉及将含 CO_2 的气体与化学吸收剂（如醇胺、氨水等）逆流接触于吸收塔内，使 CO_2 被吸收。吸收剂饱和后，送入解吸塔，通过加热或减压释放 CO_2，并净化后利用或排放。此法适用于低浓度 CO_2 捕集，尤其在大型工业排放源中较为重要，但能耗高，可能腐蚀设备，且吸收剂再生工艺复杂。

（2）物理吸附法。

物理吸附法利用固体吸附剂对烟气中的 CO_2 进行选择性吸附，其主要通过弱范德华力（物理吸附力）将 CO_2 分子选择性地吸收到另一种材料的表面上，从而实现富集 CO_2 的目的。这种能选择性地吸附某种气体分子的材料被称为吸附剂，常用的物理吸附剂包括活性炭、活性炭纤维、天然沸石、活性氧化铝、硅胶等。该方法具有操作简便、吸附剂再生容易等优点，但吸附容量有限，且在高湿度、高温度条件下吸附效率会显著下降。

（3）膜分离法。

膜分离法是一种基于膜的选择透过性原理，利用特定材料制成的膜对烟气中的 CO_2 进行分离的技术。在实际应用过程中，膜分离法不需要复杂的操作技巧及分离设备，分离条件也没有那么严苛，可以实现大规模自动化处理，所以该方法具有能耗低、设备紧凑、易于模块化等优点。目前，科学家们正不断研发新型膜材料，以提高膜的选择性和渗透性，同时增强其稳定性和耐用性。同时，膜分离法正处于快速发展阶段，随着材料科学的进步和膜制备技术的提高，其应用前景广阔。

（4）低温分离法。

低温分离法通过降低烟气的温度，使 CO_2 在低温下冷凝，从而实现与烟气的分离。低温分离法工艺流程包括混合气体预处理以去除杂质，多级压缩提高压力，多级冷却使二氧化碳液化并与其他气体分离，最后液化二氧化碳被收集封存，未液化气体则继续处理或排放。该方法适用于处理高浓度 CO_2 的烟气，并且在反应过程中无其他化学物质加入。

（5）金属氧化物法。

金属氧化物法是一种有效的 CO_2 捕集与分离技术，其基本原理依赖于碱性金属氧化物与酸性 CO_2 气体之间的化学反应。这一化学反应不仅促进了 CO_2 的捕集，还有效去除了烟气中的水分。具体而言，当含有 CO_2 的烟气通过含有金属氧化物的吸收床层时，金属氧化物的表面通过化学吸附的方式与 CO_2 分子紧密结合，形成碳酸盐化合物。这种结合是基于酸碱反应原理，即碱性金属氧化物对酸性 CO_2 的亲和力。此过程有效实现了 CO_2 从烟气中的分离。为了再生金属氧化物并回收高纯度的 CO_2，系统会在高温条件下进行逆向反应。在高温下，碳酸盐分解，释放出 CO_2 气体，同时金属氧化物恢复到其原始状态，准备进行下一轮的吸收循环。这种再生过程不仅实现了资源的循环利用，还确保了 CO_2 的连续分离与回收。

值得注意的是，金属氧化物与 CO_2 之间的相互作用不是简单的物理吸附，而是涉及了化学键的形成与断裂，属于化学吸附的范畴。这种强烈的化学作用确保了高效的 CO_2 捕集能力，并使得金属氧化物法成为一种具有广泛应用前景的 CO_2 减排技术（刘晴晴等，2021）。

4. 直接空气碳捕集

直接空气二氧化碳捕集（Direct Air Capture，DAC）是一种创新的碳捕集技术，其源于科学家对移动或分散碳排放源捕集的设想，如农业、畜牧业或日常交通工具所产生的排放，不能使用固定的设备和场地去实现捕集，所以科学家尝试直接在空气中提取二氧化碳，其核心在于直接从大气中吸入空气，并通过化学反应将 CO_2 分离出来，这一过程无须依赖特定的排放源，因此具有广泛的应用前景。捕集到的 CO_2 可以封存在地下，或转化为有价值的化学品、燃料等，从而实现碳的循环利用或永久封存。与其他碳捕集技术相比，DAC 捕集同等数量的碳所占用的空间更小，允许更灵活和广泛的安置工厂位置，并且在理论上可以在任何地方使用。但 DAC 技术的能耗较高，导致其运行成本也相对较高。根据研究，每捕集一吨二氧化碳的成本远高于其他缓解气候危机的战略，如重新造林等。尽管有公司正在开发大型 DAC 工厂，但国内仍然处于初级起步阶段，距离实现大规模商业化还有一定距离。

目前主要有两种方法：液体溶剂吸收法（液体 DAC）和固体吸附剂吸收法（固体 DAC）。液体 DAC 利用碱性氢氧化物溶液（如 NaOH 或 KOH）作为吸收剂，通过化学反应将空气中的 CO_2 吸收并转化为可溶于水的碳酸盐。随后，通过苛化反应实现吸收剂的再生，并将生成的碳酸钙（$CaCO_3$）加热至高温以释放 CO_2。这一过程中，需要施加高温以实现化学品的回收，并将剩余的空气返回大气。美国物理学会（APS）将碱性氢氧化物溶液 DAC 技术选为 DAC 基准工艺，并估算每捕集 1 吨 CO_2 所需成本约为 600 美元。

固体 DAC 与液体 DAC 不同，固体 DAC 采用能与 CO_2 化学结合的固体作为吸收剂。当吸收剂置于真空环境下加热时，会释放出浓缩的 CO_2，随后进行收集、封存或利用。固体 DAC 的优势在于对环境影响较小，且可以当场利用，避免了远距离运输的成本和风险。然而，其成本相对较高，且技术成熟度有待提升（周爱国等，2024）。

目前，全球 DAC 项目确实在迅速发展，瑞士 Climeworks、加拿大 Carbon Engineering 和美国 Global Thermostat 是此领域的领军企业。瑞士 Climeworks 成立于 2009 年，是全球首个实现 DAC 技术商业化的公司。其首个工业规模的 DAC 工厂于 2017 年成功运营，每年可捕集 900 吨 CO_2，并将捕集到的 CO_2 直接输送到附近需求地。此外，Climeworks 还在冰岛运营着全球最大的 DAC 项目 Orca，该项目每年可捕集 4000 吨 CO_2，并计划在未来进一步扩大规模。2022 年 6 月 28 日，Climeworks 宣布第二座、最新、最大的直接空气捕集和封存工厂 Mammoth 破土动工，其规模比其前身 Orca 工厂大约十倍。[1] Carbon Engineering（CE）则是由哈佛大学大卫·基恩（David Keith）教授于 2009 年创立的。该公司致力于将 CO_2 从空气中直接捕集并转化为液态燃料。CE 与哈佛大学研究人员合作，研制出了一种高效的工业生产方法，并于 2021 年成立了碳工程研发中心。2022 年第三季度，与 1PointFive 合作，完成了第一个大型商业设施的工程设计，并预计 2025 年投入使用。之后宣布了到 2035 年部署 1 亿吨 DAC 容量的工程。[2] Global Thermostat 则是由物理学家彼得·艾森伯格（Peter Eisenberger）和哥伦比亚大学经济学教授、数学家格雷希拉·齐齐尔尼斯基（Graciela Chichilnisky）共同创立。该公司专注于开发低成本的 DAC 技术，并与多家能源公司合作推进其技术的商业化进程。2023 年，完成由美国能源部资助的为期两年的与工程公司 Sargent & Lundy 及其他行业领导者的合作，公布了一种直接空气捕集机的设计，该机器可以组合起来从大气中每年捕

---

① Climeworks 公司官网，https：//climeworks. com/subscriptions。

② Carbon Engineering 公司官网，https：//carbonengineering. com/our-story。

集超过 100 万公吨的二氧化碳。①

在全球范围内，DAC 技术的发展正处于快速增长期，截至 2022 年，全球共有 18 个 DAC 工厂正在运行。据国际能源署（IEA）估算，要在 21 世纪末实现全球升温不超过 1.5℃的目标，DAC 技术将发挥重要作用。然而，目前全球 DAC 工厂的捕集能力仍远远不能满足需求。IEA 指出，到 2030 年 DAC 设施的规模需扩大到每年捕集近 6000 万吨 CO_2，才能实现"净零"（廖昌建等，2024）。

（二）碳利用基础概念

二氧化碳利用环节，即捕集后的二氧化碳可应用于多种工业过程，如尿素生产、燃料合成、驱油利用等。借此途径，二氧化碳得以转化为具有价值的产品，同时实现减排目标。合理选择 CO_2 转化利用路径以实现其完全转化并创造显著经济收益，对于 CCUS 技术的成功实施及实现"双碳"目标而言，是至关重要的。

1. CO_2 地质利用

CO_2 地质利用是通过工程技术手段，将捕集的二氧化碳直接注入地下深处，利用地质构造的束缚、溶解和矿化作用实现其永久封存。这一技术不仅能够有效降低大气中的 CO_2 浓度，缓解气候变化，还具备多重经济和环境效益。

CO_2 地质利用的核心在于将 CO_2 安全、高效地封存于地下。具体而言，这一过程涉及将 CO_2 注入地下 800～3500 米深度范围内的地质构造中，如深层岩石、地热层或油气层等。在这些地质体中，CO_2 可以通过物理束缚（如岩石孔隙和裂缝的吸附作用）、溶解（与地下水反应生成碳酸盐矿物）等机制达到封存。其中，CO_2 封存技术最为成熟，通过将 CO_2 封存于地下深层岩石中，可以实现对 CO_2 的持久封存，减少温室气体对大气和人类健

---

① Global Thermostat 公司官网，https://www.globalthermostat.com/。

康的威胁。

除了单纯的封存，CO_2 地质利用还探索了多种增值利用途径。例如，CO_2 可以被注入地下储气库中，用于增强油气采收率（EOR）。在这一过程中，CO_2 不仅作为驱替剂帮助提高原油（CO_2-EOR）或天然气（CO_2-EGR）的采收率，还能在地下实现封存，一举两得。此外，CO_2 还可以被用于地热储能，通过在地热层中加热后注入目标储层，提取并利用地热资源，同时实现 CO_2 的封存。具体利用方式如表 1-4 所示（金之钧等，2023）。

表 1-4　　　　　　　　二氧化碳地质利用的主要方式

利用方式	工作原理
二氧化碳强化采油技术 CO_2-EOR	利用二氧化碳提高原油采收率的技术，利用 CO_2 溶解于原油降低其黏度，增强流动性，同时驱替孔隙油，提高采收率
二氧化碳强化采气技术 CO_2-EGR	利用二氧化碳驱替开采难度较大的天然气，主要原理为通过注入 CO_2，增加气藏区的压力，将难以开采的天然气推动至气藏区上方，提高开采率
注入 CO_2 开采煤层气技术 CO_2-ECBM	将 CO_2 注入深煤层以提高煤层气开采率，煤层气中的甲烷主要以吸附态存储在煤层中，而二氧化碳在相同条件下的吸附能力比甲烷强，通过相互置换可以提升开采率
二氧化碳增强地热系统 CO_2-EGS（郭丽娜等，2016）	利用超临界 CO_2 作为传热工质，通过注入井将其注入地下深层热储层，利用其在高温高压下良好的流动性和传热性，从压裂后的干热岩中提取热量，进而用于发电或热能利用，同时实现 CO_2 的地质封存
$CO_2 + O_2$ 地浸采铀技术 $CO_2 + O_2$-IUL	通过向地下矿层钻孔并注入配制好的 CO_2 和 O_2 混合气体作为浸出剂。这些气体在含矿含水层中与铀矿物发生化学反应，溶解出矿石中的铀，形成含铀浸出液
二氧化碳强化深部咸水开采技术 CO_2-EWR（李琦等，2013）	二氧化碳被注入深部咸水层或卤水层中，以驱替出高附加值的液体矿产资源（如锂盐、钾盐、溴素等）或深部咸水资源 目前此技术在全球还没有示范性项目

2. CO_2 化工利用

CO_2 作为一种安全易得、丰富且廉价的惰性非积极分子，可以通过化学反应转为具有新附加值的能源产品。例如，在传统二氧化碳资源化利用中，二氧化碳可主要用于生产碳酸饮料和啤酒等饮品；在建筑行业，CO_2 可以与水泥中的 Ca^{2+} 和 Mg^{2+} 反应生成 $CaCO_3$ 和 $MgCO_3$ 颗粒，被永久固化到混凝土中，同时提高混凝土的抗压强度和减少水泥用量；二氧化碳还可以合成乙醇、乙酸、二苯甲烷二异氰酸酯、丙烯酸酯、长链二元酸等化学品，这些化学品在多个工业领域有广泛应用。同时二氧化碳可用于制造聚碳酸亚丙酯、聚碳酸亚乙酯等可降解塑料，这些材料在一次性餐盒、保鲜膜及地膜等领域有重要应用。

在日常生活中，CO_2 灭火器利用 CO_2 不支持燃烧且密度大于空气的特性，可以用于扑灭图书、档案、精密仪器所引发的火灾。并且固态 CO_2（干冰）具有极低的温度（$-78.5℃$），可用于低温保存、物品冷藏运输和低温实验等领域。

3. CO_2 生物利用

CO_2 生物利用是指利用生物学的方法将二氧化碳转化为有用的化学物质或生物燃料的过程。这一过程通常涉及利用微生物、植物或其他生物体的代谢途径，将 CO_2 固定并转化为有机化合物。目前主流的方法有微藻固碳、微藻固碳制生物柴油、气肥利用等方面（姚炜珊等，2024）。

微藻能够高效利用 CO_2 在短时间内繁殖并积累大量有机物，通过培养微藻来固定 CO_2 并转化为生物燃料和化学品，可以进一步处理为生物肥料、食品添加剂等高附加值产品。

对于微藻固碳制柴油方面，近年来，科学研究表明，微藻作为一种高效的光合作用生物，能够大量富集脂质。经过一系列工艺处理，包括酯交换反应、脱水过程以及精细提炼，微藻中的脂质可以被转化为油脂。这些转化后的油脂，其脂肪酸酯的理化性质与柴油极为相似，因此具有作为生物柴油或其他可再生燃料的巨大潜力。

在气肥利用方面，目前主要利用在设施农业，特别是温室大棚环境中，CO_2 不仅是光合作用不可或缺的关键元素，也是促进作物苗壮生长的重要物质基础，其重要性堪比水分与肥料。为了克服 CO_2 浓度下降这一

"碳饥饿"现象，农业生产者可以采取人工补充 CO_2 的措施，将其视为一种特殊的"肥料"，以维持棚内 CO_2 浓度的稳定，确保作物能够充分利用光能进行高效的光合作用，从而促进作物的健康生长和产量的提升（姚闯等，2021）。

（三）碳封存基础概念

后续针对无法利用的二氧化碳，进行安全的技术封存是一种有效策略。封存过程通常在地下进行，通过地质封存、矿化等工程技术方法将二氧化碳长期固定于地下岩层中，实现与大气的长久隔绝。二氧化碳封存主要可分为地质封存和海洋封存两大类。

1. 地质封存

地质封存是指将捕集到的二氧化碳注入地下储层中，使其与岩石、水和土壤相互作用，达到长期封存的目的。主要包括以下四种类型。

（1）枯竭油气藏封存，指将二氧化碳注入已经开采完毕的油气田中，利用这些油气藏原有的封闭性储层空间进行封存。一般而言，油气田的开发历史悠久，地质数据丰富，油气田通常配备有完善的注入、监测和处理设施，便于二氧化碳的注入和管理，而二氧化碳的注入可能在一定程度上提高油气藏的剩余油气采收率，增加经济收益。

（2）盐穴封存，指将二氧化碳注入地下盐矿层中，利用盐矿层的高渗透性和良好的自我封闭性实现封存。

（3）地下煤层封存，指将二氧化碳注入煤层中，利用煤层对二氧化碳的吸附性和化学反应性实现封存。同时，二氧化碳的注入还能促进煤层气的解吸和产出，提高煤层气的采收率。

（4）地热封存，它是一种较为新颖的二氧化碳封存方式，利用地热系统中的高温高压条件促进二氧化碳与岩石中的矿物质发生化学反应，生成稳定的矿物来实现封存。

2. 海洋封存

海洋封存是将捕集到的二氧化碳注入海底，使其在海水中溶解或与海水中的矿物质反应，达到封存的目的。主流的 CCUS 海洋封存主要以人工封存为主。海洋的理论碳储量比陆地和大气碳库高出数倍，因此如何利用海洋封存 CO_2 是改变气候变化的有效方式（彭天玥等，2022）。主要的海洋碳封存方式如下所述。

（1）海洋水柱碳封存。海洋水柱碳封存是指将 CO_2 通过管道或船舶直接注入海洋的表层或深层水柱中，使 CO_2 溶解在海水中。随着海水的流动和混合，这些溶解的 CO_2 会进一步扩散到整个水柱中。实际上，CO_2 的注入深度对其在海洋中的封存效果具有显著影响，这一差异在科学评估与工程实践中尤为重要。具体而言，当 CO_2 被注入海洋浅水区时，其主要以气态形式存在，其中，部分 CO_2 会逐渐溶解于周围水体，而另一部分则在完全溶解前上浮至水面，最终可能释放至大气中。

随着注入深度的增加，当 CO_2 被注入 1000～2500 米的水深范围时，无论是气态还是液态的 CO_2 均能有效溶解于海水中，从而提高了封存效率。进一步地，当 CO_2 被注入海洋深水区，特别是深度超过 3000 米的区域时，液态 CO_2 因其密度显著大于海水而倾向于下沉至海底，并在海底低洼处积聚形成所谓的"碳湖"。

值得注意的是，当固态 CO_2 被置于深海环境中时，它会自动向海底沉降，从而实现了更为稳定和持久的封存效果。这一发现对于提升碳捕集与封存（CCS）技术的整体效能，以及应对全球气候变化挑战具有重要意义。但相对来说，海洋水柱中的 CO_2 会随着时间的推移逐渐溶解、扩散并可能重新释放到大气中，因此其长期封存效果有限，并且对于海洋封存的监测和维护也是一个成本较高的过程。

（2）海洋沉积物碳封存。海洋沉积物碳封存是指通过捕集 CO_2，并利用工程手段将其注入适宜的海底沉积物层中，使 CO_2 在沉积物中经过溶解、矿化等过程，最终转化为固态形式，从而实现长期封存。

与陆地封存相比，海洋沉积物碳封存具有更多的优势。比如储层分布广泛，能够容纳大量的 CO_2。同时深海沉积物层能够有效地阻止 CO_2 的泄漏和逃逸，从而降低对海洋环境和生态系统的影响（王江海等，2015）。

（3）CO_2 置换天然气水合物封存。CO_2 置换天然气水合物封存是指通过向天然气水合物储层中注入 CO_2，利用 CO_2 与甲烷之间的化学势差，将甲烷从水合物中置换出来并同时实现 CO_2 的封存。

二氧化碳取代天然气水合物的关键在于利用二氧化碳替代甲烷，这不仅显著减少了大气中二氧化碳的含量，还保持了海底沉积物层的稳定，达到了环境保护和资源保障的双重效益。研究显示，这种置换过程能够自然发生，且不需要严苛的热力学和动力学条件，展现了其技术上的实际应用潜力。然而，值得注意的是，尽管 CO_2 置换过程具有显著优势，但其置换效率尚未达到完美状态，理论上最大效率仅为75%。这一技术局限为未来的研究与优化指明了方向（孙玉景等，2018）。

三、CCUS 发展的未来展望

（一）CCUS 技术发展趋势

CCUS 技术发展趋势呈现多元化与深度化特征。在技术创新与研发方向上，新型碳捕集材料与技术成为关键突破点。同时，膜分离技术、化学吸收法等也在不断优化，以适应更大规模、更低能耗的捕集需求。碳运输与封存的安全技术同样重要。随着 CCUS 项目的扩展，如何确保长距离、大容量的二氧化碳运输安全，以及地下封存的长期稳定性，成为亟待解决的问题。目前车辆运输为主要运输方式，而在未来，管道运输才是长距离运输的最优解。在碳利用方面，新领域与新方法的探索不断拓展 CCUS 技术的价值边界。除了传统的化工原料、生物肥料等应用外，CO_2 正被转化为合成燃料、建筑材料等，实现资源循环利用。此外，基于 CO_2 的储能技术、微藻固定 CO_2 转化为生物质能等前沿研究，也为 CCUS 技术开辟了新的应用前景。

应用领域也在不断拓展。CCUS 技术不再局限于油气行业，而是逐步向电力、钢铁、水泥等高排放行业渗透，并在交通、农业、环境修复等领域也具有巨大的应用潜力。通过在这些行业中引入 CCUS 技术，有望实现碳排放的大幅降低，推动产业绿色低碳转型（陈曦等，2023）。

（二）CCUS 市场规模

根据行业研究报告和专家预测，全球 CCUS 市场规模在未来几年内将呈现快速增长态势。这一预测基于全球对 CCUS 技术的持续投入、技术创新的推动以及政策环境的支持。在国内，政府政策的推动和需求的大幅度上涨也表明国内 CCUS 发展的潜力巨大。据中研普华产业研究院等权威机构预测，中国 CCUS 市场规模在未来几年内将实现快速增长。具体而言，到 2025 年，中国 CCUS 减排需求约为 2400 万吨/年；到 2060 年，这一数字将达到 23.5 亿吨/年。国内市场规模的快速增长将得益于技术进步、政策推动以及市场需求的共同作用。

在 CCUS 项目建设方面，伍德麦肯兹公司在其报告中预测，全球 CCUS 项目数量将显著增长。例如，2024 年全球将有 119 个项目争取进入最终投资决策（FID）阶段，这是迄今为止数量最多的一年。这些项目共计具有 1.15 亿吨的捕集能力和 2.4 亿吨的存储能力，显示出 CCUS 项目在全球范围内的强劲增长势头。

（三）CCUS 商业模式

CCUS 国际能源署（IEA）的报告（《CCUS 政策和商业模式——构建商业市场》）指出，全球超过 45 个国家在过去几年宣布了建设新的 CCUS 项目，这一数量超过 400 多个。在新参与者进入市场的推动下，新的 CCUS 商业模式正在形成，这将会改变价值链风险的分配方式，使 CCUS 项目的商业建设模式更具有合理性和低风险性。

在项目的商业模式上，全链条和部分链商业模式将并存发展。全链条商业模式由单个企业承担从碳捕集到运输、封存的全部环节，虽然这种商业模式具有优势，但全价值链的高要求会使得参与者承受巨大的成本损失风险和债务危机，并且全链条商业模式不能适用于所有的应用环境；而部分链商业模式则由多个企业共同参与 CCUS 产业链的不同环节，这一方式将会有效减轻这些风险障碍，并且通过基础设施分摊运营成本也会加强部分链条企业的竞争能力。不同的商业模式将满足不同应用场景的需求，推动 CCUS 技术的多样化和商业化发展。

随着 CCUS 技术的不断成熟和市场规模的扩大，集群化和规模化发展也将成为趋势。在北美及欧洲，二氧化碳运输和封存基础设施增长尤为显著，碳封存缺口在不断缩小，共享的碳管理基础设施可以将 CCUS 建设成本分摊到每一个碳排放者，产生规模及集群效应，通过建设 CCUS 枢纽或集群项目，可以实现资源共享、降低成本和提高效率。

（四） CCUS 面临的挑战

尽管 CCUS 技术在全球范围内得到了广泛关注和研究，但其技术成熟度仍有待提高。特别是在捕集、运输和封存各环节，都需要更加高效、低能耗、低成本的技术解决方案。许多前沿的捕集封存技术处于研发环节，其商业化应用仍任重道远。而不同环节所产生的成本也是限制 CCUS 发展的主要原因。根据不同来源的数据，每吨捕集 CO_2 的成本差异很大，从 50~100 美元不等，甚至更高。高昂的成本使得 CCUS 项目在经济效益上难以与传统减排方式竞争。

在碳运输与封存过程中存在的泄漏安全问题也是制约其发展的主要因素之一。目前，二氧化碳可以通过管道、船舶、铁路、公路等多种方式进行运输。其中，管道运输因其安全性和经济性而被广泛采用。然而，在管道建设、运营和维护过程中仍需加强安全管理。在地质封存过程中，岩层的稳定性和封存的长久性也是影响安全的重要因素，同时，封存时还面临地下水污染、地质灾害等风险。

此外，CCUS 技术作为一项新兴的碳减排技术，其社会接受度仍有待提高。部分公众对 CCUS 技术的了解不足，可能对其安全性和环境效益持怀疑态度。政府虽然出台一系列政策法规支持 CCUS 的发展，但具体补贴政策并未像美国 45Q 法案那样清晰。而 CCUS 项目在建设和运营过程中需要占用一定的土地资源，随着 CCUS 技术的推广应用，土地归属权及利益分配问题可能成为制约其发展的瓶颈之一，如何征地、向谁征地、怎样利用是目前国内 CCUS 发展首先需要考虑的问题。

本章小结

本章深入探讨了 CCUS 的核心概念及其相关技术的进展。CCUS 技术是在 CCS 的基础上拓展而来，它已经成为减少温室气体排放的关键技术之一。CCUS 通过从工业排放、能源消费或大气中分离二氧化碳，并经过一系列处理步骤，包括捕集、运输、利用和封存，有效地减少了 CO_2 排放并促进了资源的再利用。在 CCUS 流程中，捕集阶段尤为关键，它直接影响到 CO_2 的捕集效率和成本效益。目前，低温分离法、金属氧化物法和直接空气碳捕集技术等方法已经得到了深入研究和实际应用。特别是直接空气碳捕集技术，它能够直接从大气中提取 CO_2，为大规模减少温室气体排放开辟了新的可能性。在利用阶段，CCUS 技术同样展现了其独特优势。通过地质利用、化学工业利用和生物利用等多种途径，CO_2 可以被转化为尿素、燃料、混凝土添加剂等有价值的产品，从而在实现 CO_2 减排的同时，也创造了经济价值。封存阶段对于确保 CCUS 技术长期有效运行至关重要。地质封存、盐穴封存、地下煤层封存和地热封存等方法都已被证明能够有效地将 CO_2 与大气隔离，实现长期安全封存。尤其是地质封存，目前被认为是极具潜力的封存方式之一。

综上所述，CCUS 技术在应对全球气候变化和推动温室气体减排方面扮演着至关重要的角色。随着 CCUS 技术不断更新进步，其有望在未来得到更广泛的应用，为全球实现碳中和目标作出重要贡献。

本章参考文献

［1］陈曦，黄新，郭本帅，等. 碳捕集、利用与封存未来发展趋势与挑战［J］. 中国投资（中英文），2023（Z7）.

［2］陈新明，史绍平，闫姝，等. 燃烧前 CO_2 捕集技术在 IGCC 发电中的应用［J］. 化工学报，2014，65（8）.

［3］段海燕，王雷. 我国石油工业二氧化碳地质封存研究［J］. 石油钻采工艺，2009，31（1）.

［4］范淑菁，郝晨越，陈新月，等. 二氧化碳捕集技术的研究进展［J］. 黑龙江科学，2024，15（6）.

［5］郭丽娜，刘彦广，牛志民. 二氧化碳增强型地热系统流动和传热研究进展［J］. 河北地质，2016（1）.

［6］金之钧，等. 碳中和概论［M］. 北京：北京大学出版社，2023.

［7］李琦，魏亚妮. 二氧化碳地质封存联合深部咸水开采技术进展［J］. 科技导报，2013，31（27）.

［8］廖昌建，张可伟，王晶，等. 直接空气捕集二氧化碳技术研究进展［J］. 化工进展，2024，43（4）.

［9］刘晴晴，叶佳璐. 浅析二氧化碳捕集封存技术研究进展［J］. 当代化工研究，2021（18）.

［10］彭天玥，唐得昊，刘丽强，等. 基于专利分析的海洋碳封存技术［J］. 中国科学院院刊，2022，37（9）.

［11］全球 CCS 项目概览［J］. 石油石化绿色低碳，2024，9（2）.

［12］生态环境部规划院. 中国二氧化碳捕集利用与封存（CCUS）年度报告（2024）［R］. 2024.

［13］孙玉景，周立发，李越. CO_2 海洋封存的发展现状［J］. 地质科技情报，2018，37（4）.

［14］唐强，李金惠，邹建伟，等. 二氧化碳捕集技术研究现状与发展综述［J］. 世界科技研究与发展，2023，45（5）.

［15］王江海，孙贤贤，徐小明，等. 海洋碳封存技术：现状、问题与未来［J］. 地球科学进展，2015，30（1）.

［16］谢辉．二氧化碳捕集技术应用现状及研究进展［J］．化肥设计，2021，59（6）．

［17］姚闯，张林雁，任守华．棚室 CO_2 气肥机作用机理与应用研究［J］．科技创新与应用，2021（10）．

［18］姚炜珊，侯雅磊，魏国强，等．二氧化碳资源化利用研究进展［J］．新能源进展，2024，12（2）．

［19］周爱国，郑家乐，杨川箸，等．直接空气二氧化碳捕集技术工业化进展［J］．化工进展，2024，43（6）．

［20］周健，邓一荣．中国碳捕集与封存（CCS）：现状、挑战与展望［J］．环境科学与管理，2021，46（8）．

［21］Equinor. Sleipner Partnership Releases CO_2 Storage Data［EB/OL］. https：//www. equinor. com/news/archive/2019 – 06 – 12-sleipner-co2-storage-data.

［22］Global CCS Institute. Global Status of CCS 2023［R］. Melbourne：Global CCS Institute，2023.

［23］Greg J et al. Carbon Capture Boosting Oil Recovery［J/OL］. American Oil & Gas Reporter，https：//www. aogr. com/magazine/sneak-peek-preview/carbon-capture-boosting-oil-recovery.

［24］Stéphenne & Karl. Start-up of world's first commercial post-combustion coal fired CCUS project：Contribution of shell cansolv to saskpower boundary dam iCCUS project［J］. Energy Procedia，2014，63（32）.

第二章 CCUS 成本与收益甄别

一、CCUS 成本分析

（一）CCUS 捕集成本

1. 成本要素分类归纳

CO_2捕集是一个将本会排放到大气中的 CO_2 进行分离和压缩的过程，使其达到可运输的状态（钟林发，2017）。在《2006 年 IPCC 国家温室气体清单指南》中，捕集系统的边界包括在 CO_2 运输之前进行的所有分离、压缩及相关程序（杨文洁，2020），即捕集系统包括捕集和压缩两个模块。CO_2捕集技术是从气流中去除 CO_2 或将其分离，以便作为气体产品进行利用，捕集过程是碳捕集、利用与封存（CCUS）技术中的首要环节，由于在运输和封存 CO_2 时对其纯度有严格要求，许多工业排放的尾气中 CO_2 的浓度往往无法达到这一标准，因此必须对尾气中的 CO_2 进行有效分离，这一重要过程被称为 CO_2 捕集。压缩 CO_2 是通过提高压力来减小其体积，使其更易于运输和储存。本章将捕集系统成本分为初始建设成本和运行成本。其中，初始建设成本是捕集系统初期需要一次性投入的资金，运行成本是建设完成后持续每年需要投入的资金。

（1）建设成本。

CO_2捕集系统项目的建设成本主要由三个部分构成：工程费用、其他费用和预备费。工程费用包括捕集、压缩和液化等环节的投入，此外还涵盖罐区和相关的电气、仪表与公用工程设施建设以及土建施工费用。其他费用和预备费则按照工程费用的一定比例进行计算。不同浓度的 CO_2 捕集项目在投资需求上存在显著差异，主要反映在捕集技术相关基础设施的成本上，而压缩液化和罐区的投资差异则相对较小。以一家年产能为 10 万吨的钢铁厂为例，安装相应的 CO_2 捕集与封存设施的成本大约为 2700 美元。

（2）运行成本。

CO_2 捕集系统的运行成本为在其运营过程中为获取工业级液态 CO_2 产品所产生的全部相关成本。这些成本通常可以分为三个主要类别：生产成本、能耗成本和期间费用。具体而言，生产成本进一步细化为人工成本、折旧费用、维修费用以及其他制造相关费用。期间费用则涵盖了管理、财务及营业支出。在能耗成本方面，主要分析水、电、气、其他化学剂的消耗费用。在石化和化工行业内，CCUS 系统的运行成本中 CO_2 的捕集环节承担了大部分的经济负担。值得注意的是，较高的 CO_2 浓度往往能够显著降低捕集系统的成本。表 2 - 1 对上述捕集系统成本的分类归纳进行总结。

表 2 - 1　　　　　　　　　　碳捕集与压缩的主要成本

成本类型	具体分类	具体描述
建设成本	工程费用	包括捕集、压缩和液化等环节的投入，此外还涵盖罐区和相关的电气、仪表与公用工程设施建设以及土建施工费用
	其他费用	按照工程费用的一定比例计取
	预备费	
运行成本	生产成本	折旧费、人员费用、修理费、其他制造费等
	期间费用	管理费用、财务费用和营业费用
	能耗成本	水、电、气、其他化学剂等四部分

2. 实际成本支出分析

（1）CO_2 捕集技术及成本分析[①]。

当前 CO_2 捕集技术可以归纳为三类主要类型：燃烧前捕集技术、燃烧

---

① 由于资料可得性，这里没有呈现压缩成本分析。

后捕集技术和富氧燃烧技术。第一章已经对 CO_2 捕集技术进行了详细介绍，这里仅简单回顾。

燃烧前捕集技术，也称为燃料脱碳技术，是在燃料燃烧之前进行预处理。此过程包括将煤在高压下汽化为煤气，随后进行水煤气变换以产生 CO_2 和 H_2。最后，从气体混合物中分离出 CO_2。该捕集技术在整体煤气化联合循环（Integrated Gasification Combined Cycle，IGCC）电厂中被广泛采用（Babu et al，2015）。目前，欧美发达国家已经有了商业化运行的 IGCC 电厂（杨文洁，2020），但尚无建成燃烧前捕集 CO_2 的示范工程，华能天津大港示范工程标志着中国第一个 IGCC 示范电站的建立[①]。

从燃烧化石燃料所产生的烟气中分离出 CO_2 的过程被称为燃烧后捕集技术。燃烧后分离过程位于发电系统的尾部，无须改动发电设备本体就可以实现，适合已建成电厂的 CCUS 改造。但是，燃烧后分离具有捕集能耗高的缺陷。目前全球公布的 CCUS 示范项目中有 70% 采用的是燃烧后捕集，华能北京热电厂和上海石洞口发电厂的 CO_2 捕集工程均为燃烧后捕集。

富氧燃烧技术是一种新兴的燃烧方式，主要通过使用纯氧或富氧气体来焚烧化石燃料。该技术的燃烧产物主要包括 CO_2、水和一些惰性成分。在这一过程中，产生的水蒸气可以经过冷凝处理，随后通过低温闪蒸的方式提纯 CO_2。经过提纯后，二氧化碳的浓度可以高达 80% ~ 98% 的体积比。富氧燃烧技术可以通过锅炉或燃烧室改造而应用于已建成电厂，成本和能耗高于燃烧前分离 10 ~ 12 个百分点。

在 CCUS 项目中，碳捕集过程被普遍认为是一个成本高昂且耗能巨大的环节，平均捕集成本已超过 30 美元/吨。目前，燃烧前与燃烧后捕集技术已趋于成熟，并达到了经济可行的阶段。然而，这些技术仍然面临高成本的挑战，严重影响了 CCUS 技术的广泛部署。未来的研究应聚焦于克服现有技术的瓶颈，以提高捕集效率，从而降低分离与捕集的成本。预计至

---

① 资料来源：李予阳. 首座 IGCC 示范电站投产［N］. 经济日报，2012 – 12 – 17.

2030 年，CO_2 捕集成本为 90 ~ 390 元/吨，2060 年为 20 ~ 130 元/吨。CCUS
项目捕集技术预测成本如表 2 - 2 所示。

表 2 - 2　　　　　　　　　　　CCUS 捕集技术的预测成本

项目		2025 年	2030 年	2035 年	2040 年	2050 年	2060 年
捕集成本（元/吨）	燃烧前	100 ~ 180	90 ~ 130	70 ~ 80	50 ~ 70	30 ~ 50	20 ~ 40
	燃烧后	230 ~ 310	190 ~ 280	160 ~ 220	100 ~ 180	80 ~ 150	70 ~ 120
	富氧燃烧	300 ~ 480	160 ~ 390	130 ~ 320	110 ~ 230	90 ~ 150	80 ~ 130

注：这里的捕集成本包括建设成本和运行成本。
资料来源：生态环境部环境规划院，中国科学院武汉岩土力学研究所，中国 21 世纪议程管
理中心．中国二氧化碳捕集与利用封存（CCUS）年度报告（2021）——中国 CCUS 路径研究
[R]．2021.

（2）决定捕集系统成本的主要变量①。

在影响 CO_2 捕集成本的因素中，排放浓度与流量是两个主要的变量。
如图 2 - 1 所示，排放浓度与捕集成本呈反向关系，较高排放浓度下 CO_2
的捕集成本更低，相应地，较低排放浓度下 CO_2 的捕集成本更高。在浓度
相同的情况下，随着流量的增加，CO_2 捕集成本会减少，但这一影响的程
度会因浓度的不同而有所差异。尤其在 CO_2 排放浓度较低的情况下，流量
对捕集成本的影响显得尤为显著。

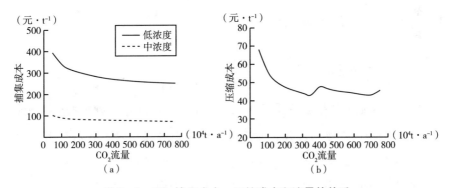

图 2 - 1　CO_2 捕集成本、压缩成本和流量的关系

资料来源：胡永乐，郝明强．CCUS 产业发展特点及成本界限研究 [J]．油气藏评价与开发，
2020，10（3）：2，15 - 22.

---

①　资料来源：胡永乐，郝明强．CCUS 产业发展特点及成本界限研究 [J]．油气藏评价与开
发，2020，10（3）：2，15 - 22.

流量和运输距离是影响 CO_2 压缩成本的主要因素。在一定的流量范围内，随着流量的增加，压缩成本呈现出降低的趋势。这是因为在较小的流量条件下，压缩设备的能效较高，使得单位流量的压缩成本较低。然而，当流量达到一定规模后，所需的压缩功率显著加大，迫使企业增加压缩链的配置，这将导致投资和运行成本上升，从而在成本曲线上产生跳跃。

高浓度排放源的 CO_2 成本以压缩成本为主，压缩成本约占整体的 90%。而对于中浓度排放源，CO_2 成本主要由捕集成本构成，占比约为 60%，同时压缩成本也占据了 35% 的份额。至于低浓度排放源，捕集成本的比重更为显著，达到 80% 左右。具体如表 2-3 所示。

表 2-3 不同浓度排放源的成本构成

排放源	成本
高浓度排放源	以压缩成本为主，约占 90%
中浓度排放源	捕集费用占据主导地位，大约占 60% 的比例，而压缩相关的费用则约占 35%
低浓度排放源	捕集成本是成本构成中的最大部分，大约占 80% 的比例

资料来源：胡永乐，郝明强.CCUS 产业发展特点及成本界限研究［J］. 油气藏评价与开发，2020，10（3）：2，15-22.

（二）CCUS 运输成本

1. 成本要素分类归纳

CO_2 运输是将从排放源捕集并压缩后的 CO_2，通过多种手段转移至特定的封存或利用地点的过程。该运输过程主要涉及三种方式：管道运输、船舶运输和罐车运输。其中，管道运输又可细分为陆上管道和海上管道。

首先是管道运输。管道运输的建设成本主要包括管材费用和安装施工费用。管材费用取决于管线长度、管径、管材强度等因素。一般来说，大口径管线和长距离管线的建设成本较高。安装施工费用则与地形条件、气候环境、劳动力成本等要素相关。管道运输的运行成本主要包括电力和水等能耗费用、维护管线的人力和物资投入。海上管道由于需要穿越水域等特殊条件，其建设和运行成本都会高于陆上管道。

其次是船舶运输。船舶运输需要建造专用的液化 CO_2 运输船舶，其建造成本较高。但相比管道运输，船舶运输具备灵活性强、适用范围广的优势。船舶运输的运行成本主要包括燃油费、船员工资、港口费等。远洋航线的成本会高于近海运输。

最后是罐车运输。罐车运输相比前两种方式建设成本较低，主要包括罐车购置费和装卸设施投资。但其运输能力有限，适用于短距离和小规模的 CO_2 输送。罐车运输的运行成本主要包括燃油费、司机工资、维修保养等。

表 2－4 对上述对运输成本的分类归纳进行总结，包括三种运输方式的建设成本、运行成本、优缺点、技术成熟度和实践经验等（Ministry of Petroleum and Energy，2016；Hasan et al.，2015；叶云云等，2018；董书豪，2021）。

表 2－4　　　　　　　　二氧化碳运输环节的主要成本

项目	管道运输	船舶运输	罐车运输
建设成本	管材费用和安装施工费用	需要建造专用的液化 CO_2 运输船舶	罐车购置费和装卸设施投资
运行成本	电力和水等能耗费用、维护管线的人力和物资投入	燃油费、船员工资、港口费等	燃油费、司机工资、维修保养等
优点（适用条件）	高效、低成本、安全，大规模 CO_2 输送以管道为主	相比管道运输，灵活性强、适用范围广	运输能力有限，适用于短距离和小规模的 CO_2 输送
缺点	投资大、运行成本高	受气候条件影响较大	运输量小、距离短
技术成熟度	技术成熟	技术成熟	技术成熟
实践经验	经验丰富，美国有超过 7600 千米的 CO_2 运输管线	几艘小型轮船投入运行	国内有几条短距离试验用公路

资料来源：叶云云，廖海燕，王鹏，等．我国燃煤发电 CCS/CCUS 技术发展方向及发展路线图研究［J］．中国工程科学，2018，20（3）：80－89．

2. 实际成本支出分析

（1）CO_2 运输方式成本分析。

运输方式主要包括管道、船舶、罐车（公路和铁路）等。当前国内

CO_2陆路车载运输和内陆船舶运输已进入商业应用阶段，主要应用于规模10 万吨/年以下的运输，成本分别为 1.0 ~ 1.2 元/（吨·千米）和 0.30 ~ 0.50 元/（吨·千米）（董书豪，2021）。而管道输送具有规模应用的优势，我国借鉴油气管道输送经验，已开展了低压 CO_2 运输工程应用，在高压、低温和超临界 CO_2 运输领域，目前的研究尚处于探索阶段。CO_2 陆地管道运输方面，我国已建成管道累计长度 70 千米；同时我国已具备大规模管道设计能力，已完成多条 50 万 ~ 100 万吨/年输送能力的管道项目设计（董书豪，2021）。输送能力 50 万吨/年的气相 CO_2 陆地输送管道，当前输送成本为 1.0 元/（吨·千米）。CO_2 海底管道运输技术在国内外均处于概念研究阶段，预测输送成本约为 4.0 元/（吨·千米），成本较高。具体如表 2 - 5 所示。

表 2 - 5　　　　　　　　　　不同运输方式的成本

运输方式	成本（吨·千米）
陆路车载运输	1.0 ~ 1.2
内陆船舶运输	0.30 ~ 0.50
陆地管道运输	1.0
海底管道运输	4.0

资料来源：董书豪. 我国碳捕集、利用与封存（CCUS）技术的发展现状与展望 [J]. 广东化工，2021，48（17）：69 - 70.

CO_2 管道运输作为未来大规模示范项目的主要输送方式受到广泛关注。根据相关预测，到 2030 年和 2060 年，CO_2 管道运输的成本将分别降低至 0.7 元/（吨·千米）和 0.4 元/（吨·千米）（雷英杰，2021）。CCUS 项目运输模块预测成本如表 2 - 6 所示。

表 2 - 6　　　　　　　　　　不同运输方式的预测成本

项目		2025 年	2030 年	2035 年	2040 年	2050 年	2060 年
运输成本（元/吨·千米）	罐车运输	0.9 ~ 1.4	0.8 ~ 1.3	0.7 ~ 1.2	0.6 ~ 1.1	0.5 ~ 1.1	0.5 ~ 1.0
	管道运输	0.8	0.7	0.6	0.5	0.45	0.4

注：这里的运输成本包括建设成本和运行成本。

资料来源：生态环境部环境规划院，中国科学院武汉岩土力学研究所，中国 21 世纪议程管理中心. 中国二氧化碳捕集与利用封存（CCUS）年度报告（2021）——中国 CCUS 路径研究 [R]. 2021.

（2）运输成本的影响因素分析①。

在分析 CO_2 运输成本时，运输距离和 CO_2 流量是两个关键的影响因素。研究显示，运输成本与运输距离之间存在幂函数关系，即运输距离越长，成本增长的速度也会越快。然而，运输成本与 CO_2 流量之间则表现为幂函数递减的趋势，流量越大，单位 CO_2 的运输成本随之降低（见图 2 - 2）。

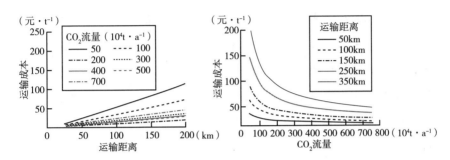

图 2 - 2　CO_2 运输成本和运输距离、流量的关系

资料来源：胡永乐，郝明强. CCUS 产业发展特点及成本界限研究［J］. 油气藏评价与开发，2020，10（3）：2，15 - 22.

（三）CCUS 封存成本

1. 成本要素分类归纳

CO_2 封存是 CCUS 项目的另一个重要环节，分为地质封存和海洋封存两种。海洋封存是将 CO_2 注入深海环境中，借助海水的高压条件和复杂的生物化学过程使 CO_2 得以长期储存（Ministry of Petroleum and Energy，2016）。地质封存则是指通过不同的机制将 CO_2 固定在地下深处，主要分为矿化封存和物理封存两种途径。在矿化封存过程中，CO_2 和地下的碱性矿物质相互作用，生成稳定的碳酸盐矿物，这一转化过程既可以自然发生，也可以通过工业手段加速或促进，以实现更高效的 CO_2 固定。对于物理封存而言，所捕集的 CO_2 被压缩成超临界流体状态，然后注入特定的地

---

① 资料来源：胡永乐，郝明强. CCUS 产业发展特点及成本界限研究［J］. 油气藏评价与开发，2020，10（3）：2，15 - 22.

质结构中，如不再使用的深层咸水层、已枯竭的油气田或无法开采的煤层等地质构造。这种封存方式的优势在于它提供了未来重新获取这些 CO_2 的可能性，不过也带来了关于长期安全性和稳定性方面的挑战（金涌等，2010）。

（1）海洋封存。

海洋封存的建设成本主要包括建造封存设施的费用、海底管道的铺设成本以及相关设备和人力资源的投入。海洋封存需要考虑到海洋环境的复杂性，因此建设成本往往较高。海洋封存的运行成本主要包括维护设施、监测海洋生态系统、追踪封存气体的运动轨迹等方面的费用。海洋环境的变化使得海洋封存技术需要长期监测和管理，导致运行成本较高。

（2）地质封存。

地质封存的建设成本主要涉及地质勘探、井口建设、注入设备和管道安装等方面。对于矿化封存而言，需要进行深层地质勘探，以确定适合储存的地质层；而对于物理封存则需要考虑注水井的建设和维护。这些建设成本涉及设备采购、劳动力成本以及相关许可和监管费用等，需要耗费相当大的资金。地质封存的运行成本主要包括注入压力维持、监测和评估、运输和配送等方面。对于矿化封存而言，需要持续注入压缩的二氧化碳气体，并进行定期的地下监测，以确保封存系统的稳定性和安全性；而对于物理封存则需要定期维护和监测注水井，以确保封存效果。

表 2-7 对上述封存成本的分类归纳进行总结。

表 2-7 CCUS 封存阶段的主要成本

项目	建设成本	运行成本
海洋封存	建造封存设施的费用、海底管道的铺设成本以及相关设备和人力资源的投入	维护设施、监测海洋生态系统、追踪封存气体的运动轨迹等方面的费用
地质封存	涉及地质勘探、井口建设、注入设备和管道安装等方面	注入压力维持、监测和评估、运输和配送等方面

2. 实际成本支出分析

碳封存是将捕集的 CO_2 进行安全存储，避免向大气排放，目前研究方向较多的为海洋封存和地质咸水层封存，核心原理都是利用环境中丰富的钙、镁离子与 CO_2 反应，生成稳定的固态矿物质，从而实现长期的碳固定。另外，枯竭油田、气田封存也是碳封存的重点研究课题。

全球陆地上的理论碳封存容量估计在 6 万亿 ~ 42 万亿吨，而海底的理论封存潜力则为 2 万亿 ~ 13 万亿吨。在众多封存方式中，深部咸水层因其巨大的封存能力和广泛的地理分布，占据了约98% 的总封存容量，成为最理想的 CO_2 封存选择。相比之下，尽管油气田的封存容量较小，但由于它们具有完善的地质结构和详尽的勘探数据，使得这些地点成为早期实施 CO_2 封存项目的优选场所[①]。

中国的理论 CO_2 地质封存潜力估计在 12.1 万亿 ~ 41.3 万亿吨，主要涵盖深层咸水层与油气田等地下构造。中国的油田主要集中在渤海湾盆地、松辽盆地、准噶尔盆地和鄂尔多斯盆地，这些已探明的油田能够实现约 200 亿吨的 CO_2 封存量。中国气藏主要分布于鄂尔多斯盆地、四川盆地、渤海湾盆地和塔里木盆地，中国已探明气藏最终可封存 CO_2 容量约为 150 亿吨[②]。深部咸水层的 CO_2 封存潜力在 0.16 万亿 ~ 2.42 万亿吨，中国的主要沉积盆地，如塔里木盆地、鄂尔多斯盆地、松辽盆地、渤海湾盆地和珠江口盆地等，拥有较大的封存容量和较为优越的封存条件。具体如表 2 - 8 所示。

---

① 资料来源：生态环境部环境规划院，中国科学院武汉岩土力学研究所，中国 21 世纪议程管理中心. 中国二氧化碳捕集与利用封存（CCUS）年度报告（2021）——中国 CCUS 路径研究 [R]. 2021.
② 资料来源：中国 21 世纪议程管理中心，全球碳捕集与封存研究院，清华大学. 中国二氧化碳捕集利用与封存（CCUS）年度报告（2023）[R]. 2023.

表 2 - 8 CCUS 地质封存容量

项目	封存容量	位置
中国油田	约 200 亿吨	重点区域包括渤海湾、松辽、准噶尔以及鄂尔多斯等盆地
中国气藏	150 亿吨	主要分布于鄂尔多斯、四川、渤海湾和塔里木等盆地
深部咸水层	0.16 万亿~2.42 万亿吨	塔里木、鄂尔多斯、松辽、渤海湾和珠江口等盆地

资料来源：中国21世纪议程管理中心，全球碳捕集与封存研究院，清华大学. 中国二氧化碳捕集利用与封存（CCUS）年度报告（2023）［R］. 2023.

封存成本的主要决定因素是储层的质量及在整个项目生命周期中注入 CO_2 的量（Derk et al，2017）。每个存储库的单位存储成本随着所存储二氧化碳质量的提高而降低，这表明 CO_2 封存存在规模经济的特征（Grant et al，2018）。关于 CO_2 的封存研究主要聚焦于地质封存和海洋封存两个方面。由于海洋封存的不确定性较高，学术界和项目开发者往往不将其视为优先选择，因此本书将重点讨论二氧化碳的地质封存相关数据。虽然对二氧化碳封存成本的研究尚未达到对二氧化碳捕集成本的研究那么深入，但部分研究部门依然列出来了一些 CO_2 封存的数据以供参考（Rubin et al，2015）。表 2 - 9 展示的是若干研究机构公开的关于地质封存成本的数据。

表 2 - 9 CCUS 封存的成本范围 单位：美元/吨

研究机构	最低值	最高值
IPCC（2015）	1	12
ZEP（2011b）	2	18
USDOE（2014a）	7	13
GCCSI（2011）	6	13

资料来源：杨文洁. 碳捕获使用与埋存（CCUS）技术路径的成本分析研究［D］. 天津：天津科技大学，2020.

预计 2030 年 CO_2 封存成本为 40~50 元/吨，2060 年封存成本为 20~

25 元/吨（雷英杰，2021）。预测成本如表 2 - 10 所示。

表 2 - 10 　　　　　　　　　　**CCUS 封存成本的预测**　　　　　　　单位：元/吨

项目	2025 年	2030 年	2035 年	2040 年	2050 年	2060 年
封存成本	50～60	40～50	35～40	30～35	25～30	20～25

注：这里的封存成本包括建设成本和运行成本。

资料来源：生态环境部环境规划院，中国科学院武汉岩土力学研究所，中国 21 世纪议程管理中心. 中国二氧化碳捕集与利用封存（CCUS）年度报告（2021）——中国 CCUS 路径研究 [R]. 2021.

（四）CCUS 利用成本

1. 成本要素分类归纳

CO_2 利用是指将 CO_2 的物理、化学或生物特性应用于工业和农业生产中，以制造具有商业价值的产品。目前，CO_2 的最大规模直接应用集中在油田注入，以提高石油的采收率，同时实现 CO_2 的地质封存（金涌等，2010）。因此，本章将重点分析这一驱油项目。

（1）CO_2 驱油项目建设成本。

CO_2 驱油项目建设成本可以根据工程内容的不同分为两个主要部分：地面工程投资与开发井工程投资。开发井工程涵盖了从钻探前的准备工作到试油阶段结束的所有活动，主要涉及井的钻探与完井等过程。而地面工程则涉及从井口（即采油树）起，直到将商品原油输送出去的所有相关设施和设备。

（2）CO_2 驱油项目运行成本。

CO_2 驱油项目的运行成本包括在运营期内所产生的与原油生产相关的所有费用，主要分为操作成本、折旧费和期间费用三大部分。其中，操作成本是指在原油生产过程中的各项操作及维护井口和相关设备所需的总开支，具体而言，生产作业中涉及的主要操作成本包括采出作业成本、驱油物质注入成本、油气处理成本、井下作业成本、运输成本、测井和试井成本、维护和修理成本、其他辅助作业成本以及厂矿管理成本等。驱油物质注入成本则包括专注于为提升采收率而进行的注水、注气或注化学物质所需的材料、动力和人力等成本，这部分成本主要由 CO_2 气源成本构成，具体包括 CO_2 的购买和运输费用以及 CO_2 注入的相关成本。在整个过程中，捕集系统的总费用最终归结为驱油阶段的 CO_2 气源费。折旧费是指固定资产在使用过程中，因时间推移、使用磨损和技术更新等因素导致其价值逐步降低所形成的一种费用，而期间费用则包括项目在各个阶段所发生的费用，比如监督费用、管理费用、保险费用等。具体如表 2-11 所示。

表 2-11　　　　　　　　　　　　　CO_2 驱油的主要成本

建设成本	开发井工程投资	钻前工程至试油工程结束的全部工程
	地面工程投资	从井口（采油树）到商品原油外输为止的全部工程
运行成本	操作成本	采出作业成本、驱油物质注入成本、油气处理成本、井下作业成本、运输成本、测井和试井成本、维护和修理成本、其他辅助作业成本和厂矿管理成本等
	折旧费	基于使用年限、技术进步等因素使价值逐渐减少所造成的成本
	期间费用	监督成本、管理成本、保险成本等

2. 实际成本支出分析

在全球范围内，许多国家已经积极实施了 CO_2 驱油技术项目。美国于 20 世纪 50 年代开始研究 CO_2 强化驱油（CO_2-EOR）技术，20 世纪 90 年代 CO_2-EOR 相关技术成熟，1994 年 CO_2 驱产油量突破 1000×10^4 吨，到 2018 年达到 1550×10^4 吨（徐婷等，2016）。目前北美 CO_2-EOR 项目约占全球总量的 40%（向勇等，2023）。根据阿卜杜拉国王石油研究中心（KAPSARC）的数据，截至 2018 年，全球燃煤电厂 CO_2 捕集量为 80×10^4 吨/年，其他形式 CO_2 捕集量为 40×10^4 吨/年以上的，除中国以外处于不同实施阶段的 CO_2-EOR 项目共有 18 个（向勇等，2023）。

中国从 20 世纪 60 年代开始注 CO_2 提高采收率实验研究，截至 2019 年末，中国累计注入 500×10^4 吨 CO_2 用于驱油，采收率的提升范围在 3.0% ~ 15%，平均增幅大约为 7.4%（袁士义，2020）。其中，中国石油在吉林黑 79 北特低渗透砂岩油藏实现 CO_2 混相驱，提高采收率 25% 以上，埋存 CO_2 达 37×10^4 吨；在大庆树 101 特低渗透油藏实现 CO_2 非混相驱，提高采收率 10% 以上，埋存 CO_2 达 20×10^4 吨。现在中国的 CO_2-EOR 技术正处于工业化试验和提升应用效益阶段，属于商业应用的初级阶段。表 2 – 12 列示了国内部分 CO_2-EOR 项目（生态环境部环境规划院等，2021），其中也包含驱油成本。

表 2 – 12　　　　　　　中国主要的 CO_2 – EOR 项目

项目名称	捕集技术	年捕集量（10^4吨/年）	输送方式	输送距离（千米）	处置技术	CO_2年注入量（10^4吨/年）	CO_2成本（元/吨）
延长石油陕北煤化工 5×10^4 吨/年 CO_2 捕集与示范	物理吸收	30	罐车	200	EOR	5	120
中国石油吉林油田 CO_2-EOR 研究与示范	化学、物理吸收	60	管道	20	EOR	25	166
中国石化胜利油田 CO_2-EOR 项目	化学吸收	4	罐车	—	EOR	4	450
中国石化中原油田 CO_2-EOR 项目	化学吸收	10	罐车	—	EOR	10	350
克拉玛依敦华石油—新疆油田 CO_2-EOR 项目	化学吸收	10	罐车	26	EOR	5 – 10	800

资料来源：向勇，侯力，杜猛，等 . 中国 CCUS – EOR 技术研究进展及发展前景［J］. 油气地质与采收率，2023，30（2）：1 – 17.

二、CCUS 收益分析

（一）直接经济收益

1. CO_2 驱油收益

按照美国 45Q 法案设定的每桶原油 50 美元和每吨二氧化碳 35 美元的标准，我国将诞生超过 1.0×10^{12} 元经济价值的二氧化碳驱油产业。在产业链完整的情况下，二氧化碳驱油技术每年可以减少二氧化碳排放 2000×10^4 吨，同时提高原油产量 1000×10^4 吨，为行业带来 250×10^8 元的额外产值，并抵免税费 48×10^8 元（庞敏等，2024）。

参考谭新等（2024）的研究，假设驱油项目自 2025 年开始运行，原油开采后即刻出售，因此每年的驱油收入仅与油价和驱油效率有关；油价高低对驱油收入具有较大影响，而驱油效率对驱油收入的影响主要体现在随时间变化上，由于驱油效率随时间先增后降，收入也呈相同趋势。图 2 - 3 为驱油收入曲线，展示了每注入 1 吨 CO_2 带来的增油收益。

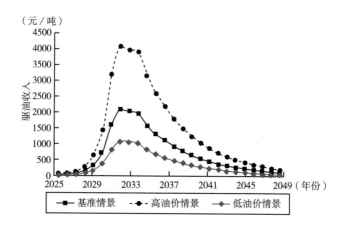

图 2 - 3　CO_2 驱油收入趋势预测

资料来源：谭新，罗大清，宋欣和. 考虑驱油与碳减排双重效益的 CCUS - EOR 经济性及发展模式分析与探讨 [J]. 油气地质与采收率，2024，31（2）：70 - 78.

2. 避免基础设施搁浅成本[①]

利用 CCUS 技术对能源、工业部门的基础设施改造，能够大规模降低现有设施的碳排放，避免碳约束下大量基础设施提前退役而产生的高额搁浅成本。我国是世界上最大的煤电、钢铁、水泥生产国，这些重点排放源的现有基础设施运行年限不长；考虑到基础设施的使用寿命一般为 40 年

---

① 资料来源：张贤，李阳，马乔，等. 我国碳捕集利用与封存技术发展研究 [J]. 中国工程科学，2021，23（6）：70 - 80.

以上，若不采取减排措施，在碳中和目标下这些设施几乎不可能运行至寿命期结束。CCUS 技术的运用，为传统能源设施转型提供有效的解决方案。这一技术不仅能延长已投产设施的使用寿命，避免因提前退役带来的资源浪费，还能够降低因新建低碳基础设施而产生的额外投资需求。相比其他碳减排技术，CCUS 技术的实施显著减少了达到碳中和目标的经济成本。据估算，我国煤电搁浅资产规模高达 3.08 万亿～7.2 万亿元，相当于我国 2015 年国内生产总值的 4.1%～9.5%[①]。

3. 碳减排价值[②]

美国在 CCUS 领域持续推出了一系列支持政策，以促进其发展。2008 年实施的 45Q 法案首次引入了二氧化碳地质封存的税收抵免机制，并在后续多年中不断延长其有效期。该法案在 2018 年进行了重要修订，2021 年又发布了 45Q 条款的最终法规，进一步明确了相关细则。2022 年通过的《通胀削减法案》则对 45Q 税收抵免法案进行了更新，旨在为投资企业提供更为稳定的现金流，从而有效降低项目的财务风险。

欧洲的 CCUS 项目发展主要依赖于欧盟的碳交易机制（EU-ETS）。通过引入排放交易系统，欧盟对温室气体的排放进行定价，从而增强了 CCUS 在应对气候变化中的竞争力。自 2015 年起，欧盟着手规划 2021～2030 年的 EU-ETS 第四阶段。在这一阶段中，EU-ETS 明确提出通过碳拍卖所获得的收入，设立专项资金以增强对 CCUS 的财政支持，这就是欧盟的创新基金。

加拿大政府提出了一项新的税收抵免计划，以促进 CCUS 项目发展。该计划在 2022 年预算中详细阐述了抵免金额及其实施细则，旨在激励企业投资于这一关键技术，以减少温室气体排放。阿尔伯塔省对碳抵消机制进行了改革，允许非增强石油回收（EOR）的碳捕集与封存（CCS）项目

---

① 资料来源：光大证券. 碳中和与大重构：供给侧改革、能源革命与产业升级［R］. 2021.

② 资料来源：徐冬，张帅，韩涛，等. 煤电＋CCUS 产业规模化发展政策激励［J］. 洁净煤技术，2023，29（4）：13－20.

在减排方面获得更多的激励。具体而言，每减少 1 吨 CO_2 排放的项目，可以获得超过 1 吨的减排量认可。

澳大利亚将 CCUS 项目纳入减排基金（Emission Reduction Fund，ERF），允许符合条件的 CCUS 项目获得澳大利亚碳信用单位（Australian Carbon Credit Units，ACCU），可按合同出售给政府或通过二级市场出售给私人实体。

4. 其他经济收益

董书豪（2021）认为，CO_2 的资源化利用技术方向较多，目前研究较多的是应用于油田驱油提高原油采收率、合成可降解塑料等。另外，还可应用于烟丝膨化、焊接保护气、化肥生产、食品保鲜和储存、改善盐碱水质、超临界二氧化碳萃取、饮料添加剂、灭火器、粉煤输送、培养海藻等，即现有工业生产中需使用 CO_2 的地方都是一个不错的应用方向。在当前的碳利用研究领域，我国正专注于多个方向，涵盖二氧化碳驱油、驱煤层气、生物转化及化学合成等方面。在 CO_2 驱油技术上，我国已经实现了工业应用，并建立了 CO_2 制备可降解塑料的生产线。此外，微藻生产生物柴油的技术也取得了突破性进展。就将二氧化碳转化为塑料的技术而言，我国已然处于全球前列，例如，江苏中科金龙自 2007 年起就已经具备了每年生产 2.2 万吨二氧化碳树脂的能力，并开发了二氧化碳树脂在涂料、保温材料、薄膜等多个领域的应用。[1] 另外，我国在 CO_2 利用领域，尤其是在将其转化为食品和饲料方面，已经达到了大规模商业化应用的阶段。根据相关统计数据，年均转化的 CO_2 量约为 0.1 万吨，所产生的经济价值大约为 0.5 亿元。利用 CO_2 生产生物肥料的技术同样成绩突出，年利用量达到 5 万吨，年产值可达 5 亿元。在化学产品的转化过程中，CO_2 的年利用量达到 1 万吨，年生产总值是 0.2 亿元左右。在气肥应用领域，CO_2 年利用量同样是 1 万吨，年生产总值也是 0.2 亿元左右。[2]

---

①② 董书豪. 我国碳捕集、利用与封存（CCUS）技术的发展现状与展望［J］. 广东化工，2021（17）.

（二）间接收益

1. 品牌形象和市场竞争力提升

积极投资 CCUS 技术和项目的企业，可以通过展示其在环保和可持续发展方面的努力，提升企业的品牌形象和市场竞争力。这种正面的环保形象能够增强对客户和合作伙伴的吸引力，从而有助于扩大市场份额。例如，山东胜利油田的百万吨级 CCUS 项目，成功解决了低渗透油藏开发所面临的挑战，为 CCUS 项目的更大规模产业化进程及商业化运营树立了典范。该项目不仅带来了可观的经济效益，同时也促进了社会效益和生态效益的同步提升，实现了多方共赢的局面。2023 年 1 月 5 日，山东胜利油田百万吨级 CCUS 项目荣获全国企业管理现代化创新成果一等奖；2023 年 6 月 13 日，百万吨级 CCUS 示范工程在波兰华沙顺利通过碳封存领导人论坛（Carbon Capture and Storage Leadership Forum，CSLF）认证，意味着其获得了在全球范围内实施 CCUS 项目的认证和能力，具备了参与国际CCUS 项目部署的资格和技术准备；2023 年 12 月在《联合国气候变化框架公约》（United Nations Framework Convention on Climate Change，UNFC-CC）第 28 次缔约方大会（The 28th Conference of the Parties，COP28）代表中国参展亮相。[①]

2. 政策与金融支持

美国是 CCUS 的领跑者，得益于其有力的优惠政策对行业和投资的引导，如 2020 年 12 月美国出台的《2020 年能源法案》大幅提高 CCUS 研发支持力度，计划在 2021～2025 年提供超 60 亿美元的研发资金支持；2021年 11 月通过《基础设施投资与就业法案》，计划提供近 50 亿美元用于支持 CO_2 运输和储存基础设施与场地的开发和融资（秦阿宁等，2022）。其

---

① 齐鲁石化 CCUS 示范项目获评中国石化高质量发展成果 [N/OL]. 中新网山东，https://www. sd. chinanews. com. cn/2/2024/1015/92086. html.

他 CCUS 产业领先的主要国家也普遍对 CCUS 发展提供直接的资金支持。

3. 履行社会责任

CCUS 技术在降低气候变化损失、增加工业产值与就业机会、保障能源安全、提高生态环境综合治理能力、解决区域发展瓶颈等方面具有协同效益（Jiang et al，2019；Zhang et al，2020；张元春等，2015）。例如，挪威 Sleipner 气田的 CCUS 项目成功地将每年约 100 万吨 CO_2 封存于地下，显著减少了温室气体的排放①；中国神华集团作为中国最大的煤炭企业之一，在煤炭开采和燃烧过程中实施了多项 CCUS 项目，先后在内蒙古、新疆等地的多个矿区，通过捕集并封存矿区内的 CO_2，减少了温室气体排放，同时也提高了矿区的安全性。油气行业气候倡议组织（OGCI）研究表明，到 2050 年，部署 CCUS 可以累计创造 $4 \times 10^6 \sim 1.2 \times 10^7$ 个工作岗位（张贤等，2021；OGCI，2021）。

三、CCUS 成本降低途径

成本拆解分析发现，CCUS 项目成本主要集中在捕集环节，且随着需求量的扩大，2030 年后成本将会大幅上升。为扩大 CCUS 的应用规模，亟须进一步研究降本抓手，包括开发第二代碳捕集技术、降低电力成本、形成规模经济效应、优化封存点规划、合理利用社会资源等。其中，潜力最大的降本抓手为降低电力成本、开发第二代碳捕集技术和利用规模经济，通过降低单位二氧化碳耗电量和用电成本，实现在捕集环节显著降本；同时利用规模经济效应优化封存点规划，能够进一步降低运输和封存成本。在相对乐观的情景预测下，CCUS 成本可能降低 30% ~ 40%。

---

① 中英（广东）CCUS 中心. Sleipner 项目合作伙伴发布二氧化碳封存数据 [EB/OL]. http：//www. gdccus. org/nd. jsp？id = 884.

（一）电力成本降低策略

捕集过程的高能耗导致其成本占据了总体开支的 70% ~80%，CO_2 捕集的成本受来源的影响显著。电力部门部署 CCUS 的净减排成本为 425.83 ~ 597.88 元/吨 CO_2。按度电 CO_2 排放 1100 克计算，度电成本将增加 0.47 ~ 0.66 元/千瓦时。表 2 - 13 对不同排放源的 CO_2 捕集成本进行了归纳。

表 2 - 13 不同排放源 CO_2 捕集成本

工厂类型	排放源	净功率或产品输出（MWe）	CO_2 捕集百分比（%）	捕集 CO_2 量（兆吨/年）	捕集成本（元/吨 CO_2）	火电厂度电成本增加（元/千瓦时）
烟煤发电厂	亚临界 PC	550	90	3.71	425.83	0.47
	SCPC	550	90	3.58	440.98	0.49
	IGCC Shell	497	90	3.09	597.88	0.66
	IGCC CB&l	513	90	3.21	503.92	0.55
	IGCC GEE Radiant	543	90	3.19	478.90	0.53
	IGCC GEE Quench	494	90	3.19	462.23	0.51
天然气发电厂	NGCC 2013F-Class CT	559	90	1.5	538.79	0.60

资料来源：杨文洁. 碳捕获使用与埋存（CCUS）技术路径的成本分析研究 [D]. 天津：天津科技大学，2020.

为了扩大 CCUS 的应用规模，有必要加大对降低成本的研究力度。其中，降低电力成本被认为是其中潜力最大的抓手之一。因此，降低电力成本不仅可以提高 CCUS 技术的竞争力，还能有效推动其广泛应用。实施电力成本降低策略需要采取系统性的措施。一方面，可以通过提高发电效率和优化供能结构来降低电力生产的总体成本。引入先进的发电技术和设备，采用清洁能源，如太阳能和风能，既可提高发电效率，又可减少碳排放，从而降低运营成本。另一方面，还应加强对电力市场的监管和规范，促进竞争，降低市场壁垒，为 CCUS 技术的商业化应用创造更有利的环境，通过制定激励政策，提高风险投资和技术创新的支持力度，推动新型电力生产技术的应用和推广。

（二）第二代碳捕集技术开发策略

高经济成本是制约 CCUS 发展的主要因素，在我国 CCUS 全流程成本可达到 $300 \sim 400$ 元/吨 CO_2（生态环境部环境规划院等，2021），远远高于我国碳市场的交易均价 $40 \sim 60$ 元/吨。对企业来说，在投资改进后只有环境效益的提升而无法获得相应的经济收益，这与其运行发展所追求的经济利益相违背，极大地抑制了企业参与 CCUS 应用项目的热情（贾子奕等，2022）。

技术进步是降低 CCUS 成本的关键。近年来，中国第一代捕集技术的发展已趋于成熟，第二代捕集技术还处于研究当中，其在能耗与成本方面与第一代相比可降低 30% 以上（科学技术部社会发展科技司，2019），能大幅度提升 CCUS 的技术经济性。现阶段应平稳推进捕集技术向第二代捕集技术的过渡，以更低的成本推进 CCUS 技术的经济可持续发展（贾子奕等，2022）。

（三）规模经济策略*

CCUS 技术只有不断降低投资和运行成本、提高效率，才能与其他能源转型方式竞争。因此，规模化、集群化是 CCUS 的重要发展方向。自 2019 年油气行业气候倡议组织（Oil and Gas Climate Initiative，OGCI）提出 CCUS 区域中心概念并建立 5 个全球 CCUS 区域中心以来，OGCI 已在全球 56 个国家确定了 279 个潜在的 CCUS 区域中心，并在 2022 年、2023 年

---

* 资料来源：薛华. 油气行业低碳转型的重要技术选择 ［N］. 中国石油报，$2024-04-30$.

发布了《CCUS 中心手册》（The CCUS Hub Playbook）专题报告介绍相关经验。

2023 年 12 月，英国政府发布了《CCUS 愿景》，支持 2030 年前建立 4 个 CCUS 区域中心——第一阶段建立东海岸中心和 HyNet 区域中心，第二阶段建立苏格兰区域中心和亨伯（Humber）区域中心，年封存量达到 2000 万～3000 万吨。挪威和荷兰政府也在支持北极光和波尔托斯等区域中心建设。

传统油气公司具备开发高度复杂大型工业设施的丰富经验，同时可以承担巨大的投资额，拥有强大的技术、人力等资源优势，在建造和运营 CCUS 区域中心方面处于有利地位。挪威的北极光项目就借鉴了艾奎诺在北海存储二氧化碳 20 多年的经验。英国石油（British Petroleum，BP）和艾奎诺等公司正在推动英国东海岸 CCUS 中心建设。壳牌、埃克森美孚等公司也在推进荷兰鹿特丹区域中心建设。此外，在美国墨西哥湾地区，埃克森美孚、雪佛龙、壳牌等公司正在推进 CCUS 区域中心建设，预计总投资将超过 1000 亿美元；2030 年建成的一期工程预计碳捕集与封存能力达到每年 5000 万吨，2040 年建成的二期工程预计存储规模为每年 1 亿吨。

本章小结

本章首先介绍了捕集系统、运输、封存、利用等四种技术的成本情况。其中，捕集成本是总成本的主要组成部分，占据了 70%～80% 的比例。其次，CCUS 的收益包括直接收益和间接收益。目前主要研究的直接收益包括用于油田驱油增产、合成可降解塑料等方面，还包括碳减排和避免基础设施搁浅成本的收益。CCUS 的间接收益也很多，包括提升企业品牌形象和市场竞争力、获取政策和金融支持、承担社会责任等。CCUS 项目的整体成本结构显示，捕集过程在整个链条中占据了主要份额。电力成本降低策略、第二代碳捕集技术开发策略和规模经济策略是 CCUS 项目成本降低的关键途径。通过降低单位二氧化碳耗电量和用电成本，可以显著降低捕集成本；同时，利用规模经济效应优化封存点规划，有助于进一步降低运输和封存成本。未来要不断优化技术，提高效率，降低成本，以实现可持续发展的目标。通过不断创新和发展，CCUS 技术有望在减少碳排放、推动经济发展和实现环境保护之间取得平衡，为社会和经济带来更多的益处。

本章参考文献

［1］董书豪. 我国碳捕集、利用与封存（CCUS）技术的发展现状与展望［J］. 广东化工，2021（17）.

［2］光大证券. 碳中和与大重构：供给侧改革、能源革命与产业升级［R］. 2021.

［3］胡永乐，郝明强. CCUS 产业发展特点及成本界限研究［J］. 油气藏评价与开发，2020（3）.

［4］贾子奕，刘卓，张力小，等. 中国碳捕集、利用与封存技术发展与展望［J］. 中国环境管理，2022（6）.

［5］金涌，朱兵，胡山鹰，等. CCS，CCUS，CCRS，CMC 系统集成［J］. 中国工程科学，2010（8）.

［6］科学技术部社会发展科技司，中国 21 世纪议程管理中心. 中国碳捕集利用与封存技术发展路线图（2019）［M］. 北京：科学出版社，2019.

［7］雷英杰. 中国二氧化碳捕集利用与封存（CCUS）年度报告（2021）发布 建议开展大规模 CCUS 示范与产业化集群建设［J］. 环境经济，2021（16）.

［8］李予阳. 首座 IGCC 示范电站投产［N］. 经济日报，2012 – 12 – 17.

［9］庞敏，张益畅. 我国发展二氧化碳驱油技术的路径思考［J］. 西南石油大学学报（社会科学版），2024（4）.

［10］秦阿宁，吴晓燕，李娜娜，等. 国际碳捕集、利用与封存（CCUS）技术发展战略与技术布局分析［J］. 科学观察，2022（4）.

［11］生态环境部环境规划院，中国科学院武汉岩土力学研究所，中国 21 世纪议程管理中心. 中国二氧化碳捕集与利用封存（CCUS）年度报告（2021）——中国 CCUS 路径研究［R］. 2021.

［12］谭新，罗大清，宋欣和. 考虑驱油与碳减排双重效益的 CCUS – EOR 经济性及发展模式分析与探讨［J］. 油气地质与采收率，2024（2）.

［13］向勇，侯力，杜猛，等 . 中国 CCUS – EOR 技术研究进展及发展前景［J］. 油气地质与采收率，2023（2）.

［14］徐冬，张帅，韩涛，等 . 煤电＋CCUS 产业规模化发展政策激励［J］. 洁净煤技术，2023（4）.

［15］徐婷，杨震，周体尧，等 . 中美二氧化碳捕集和驱油发展状况分析［J］. 国际石油经济，2016（4）.

［16］薛华 . 油气行业低碳转型的重要技术选择［N］. 中国石油报，2024 – 04 – 30.

［17］杨文洁 . 碳捕获使用与埋存（CCUS）技术路径的成本分析研究［D］. 天津：天津科技大学，2020.

［18］叶云云，廖海燕，王鹏，等 . 我国燃煤发电 CCS/CCUS 技术发展方向及发展路线图研究［J］. 中国工程科学，2018（3）.

［19］袁士义，王强，李军诗，等 . 注气提高采收率技术进展及前景展望［J］. 石油学报，2020（12）.

［20］张贤，李阳，马乔，等 . 我国碳捕集利用与封存技术发展研究［J］. 中国工程科学，2021（6）.

［21］张元春，张媛媛，陆诗建，等 . 浅谈在西部地区发展二氧化碳驱替咸水及其资源化利用技术［J］. 山东化工，2015（15）.

［22］中国 21 世纪议程管理中心，全球碳捕集与封存研究院，清华大学 . 中国二氧化碳捕集利用与封存（CCUS）年度报告（2023）［R］. 2023.

［23］钟林发 . 基于全流程系统优化的大规模碳捕集与封存示范项目经济性评价研究［D］. 北京：华北电力大学（北京），2017.

［24］Babu P，Linga P，Kumar R，et al. A review of the hydrate based gas separation（HBGS）process for carbon dioxide pre-combustion capture［J］. Energy，2015（85）.

［25］Derk Vikarae，Chung Yan Shih，Shangmin Lin et al. U. S. DOE's economic approaches and resources for evaluating the cost of implementing carbon capture，utilization，and storage（CCUS）［J］. Journal of Sustainable Energy Engineering，2017（4）.

［26］Grant T. Guinan A，Shih C Y，et al. Comparative analysis of transport and storage options from a CO_2 source perspective［J］. International Journal of Green-house Gas Control，2018（72）.

［27］Hasan MMF，et al. A multi-scale framework for CO_2 capture，utilization，and sequestration: CCUS and CCU [J]. Computers and Chemical Engineering, 2015 (34).

[28] Jiang Y, Lei Y L, Yan X. Employment impact assessment of carbon capture and storage (CCS) in China's power sector based on input-output model [J]. Environmental Science and Pollution Research, 2019 (15).

[29] Ministry of Petroleum and Energy. Feasibility study for full-scale CCS in Norway (2016) [R]. 2016.

[30] OGCI. Oil&gas climate initiative [R]. 2021.

[31] Rubin E S, Davison J E, Herzog H J. The cost of CO_2 capture and storage [J]. International Journal Greenhouse Gas Control, 2015 (40).

[32] Zhang X H, Gan D M, Wang Y L, et al. The impact of price and revenue floors on carbon emission reduction investment by coal-fired power plants [J]. Technological Forecasting & Social Change, 2020 (154).

第三章　CCUS 的商业模式、
挑战和配套支持

一、CCUS 的商业模式

国际能源机构发布的《CCUS 政策和商业模式》（*CCUS Policies and Business Models*）报告中表明，CCUS 的商业模式可以分为全链条模式和局部链模式，其中局部链模式又可以分为自捕他封模式、二氧化碳运输封存商模式和二氧化碳捕集商模式。

（一）全链条模式

全链条模式（full-chain model）是指一个企业负责整个 CCUS 项目的价值链，包括二氧化碳捕集、运输、利用和封存，CCUS 项目建设的所有成本和最终收益都归属该企业。

在这种商业模式下，公司管理从碳捕集到最终封存的所有环节。由于所有环节都由同一个实体管理，这意味着它的优势在于可以实现资源的最大化利用和协同效应，同时提高商业运营的稳定性和灵活性。这种方式可以减少内部交流沟通的时间成本，加快各事项的协商处理速度，还可以通过内部整合和优化运营，提高整体效率。

然而，全链条模式也带来了与每个环节相关的多重风险、高度复杂性以及高昂的资本支出。具体来说，首先，这意味着在碳捕集、运输、利用和封存的每一个阶段都需要专业的技术和运营知识，以确保整个系统的高效运作。其次，由于各个环节紧密相连，任何环节的问题都可能影响整个项目，这种复杂性要求企业在各个阶段都能进行有效的管理和协调。最后，高昂的资本支出也是不可忽视的因素，因为从前期的基础设施建设到后期的维护和运营都需要大量的资金投入。因此，只有那些具备充足财务资源和技术实力的大型企业才能够有效地承担和管理这种全链条模式下的项目。

全链条模式相关的收入流非常有限，主要包括一次性补助补贴和碳交易市场的收入。额外的潜在收入主要与出售捕集的二氧化碳有关，尤其是将其出售给石油和天然气部门用于提高石油采收率。

乌斯曼尼亚二氧化碳 EOR 示范项目（Uthmaniyah CO_2 EOR Demonstration project）于 2015 年开始实行，该项目地处沙特阿拉伯东部省，所采用的正是全链条模式。在这个项目中，沙特阿拉伯国家石油公司（以下简称沙特阿美）负责整个 CCUS 项目的价值链，CCUS 项目建设的所有成本和最终收益都归属该企业。

沙特阿美等主要石油公司每年从天然气生产和加工设施中可以捕集并封存约 800000 吨二氧化碳[1]，本项目就是从哈维亚天然气分离工厂捕捉二氧化碳，通过约 70 千米长的管道输送到乌斯曼尼亚油田的注入地点。二氧化碳的注入增强了采油效率，同时被注入的二氧化碳被永久封存在地下油藏中，作为一项减少温室气体排放的措施[2]。该项目成本包括捕集、运输和注入二氧化碳的成本，地下监测和验证的成本，以及运营和维护成本，这些成本构成了项目的基础开销。与此相对应，收入来源主要包括销售额外开采的石油带来的收入，出售碳信用额度或参与碳交易市场的收入，以及政府补贴或激励措施，这些收入来源为项目提供了必要的资金支持。

---

① U. S. Department of Energy. Uthmaniyah Carbon Dioxide Enhanced Oil Recovery（CO_2-EOR）Demonstration Project［EB/OL］. https：//fossil. energy. gov/archives/cslf/Projects/Uthmaniyah. html.

② The University of Edinburgh, School of GeoSciences. Uthmaniyah CO_2 EOR Demonstration Project Details［EB/OL］. https：//www. geos. ed. ac. uk/sccs/project-info/624.

（二）局部链模式

全链条模式在初始阶段便于 CCUS 的开展，是 CCUS 项目自然而然的选择，但全链项目的高投资、跨链风险和责任均由单一开发商承担，具有较大的压力和挑战。随着 CCUS 规模的扩大，拆分 CCUS 价值链有助于减少这些障碍，同时避免垄断行为，故局部链模式（part-chain model）应运而生。局部链模式的特点是由不同的实体分别进行二氧化碳捕集以及二氧化碳运输和储存，可以让排放企业将捕集、运输和封存专业技术外包给专业公司。

局部链项目可通过合资所有制模式开发，即为每个新项目创建一家新公司。在合资企业中，由于财务风险分散于不同的合作伙伴，因此财务风险得以降低。然而，为了保证 CCUS 价值链各个环节之间的一致性，必须就其他风险的最佳处理方式进行沟通并达成一致。

当然，局部链项目也有其自身的挑战。如果不能确定将捕集的二氧化碳储存在哪里以及如何运到那里，排放企业就不愿意投资建设设施。同样，运输和储存运营商也很少提前进行规划，除非他们至少能获得几个初始客户。

局部链模式又分为自捕他封模式、二氧化碳运输封存商模式、二氧化碳捕集商模式等三类。

1. 自捕他封模式

自捕他封模式（self-capture with third-party CO_2 offtake）是指由排放企业负责捕集步骤，运行捕集装置，之后将捕集的二氧化碳出售给第三方，或者依靠第三方进行二氧化碳的运输和封存。

这种模式的优点在于方法简单，排放企业通过出售捕集到的二氧化碳，可以抵销一部分捕集成本，可以在降低自身业务碳排放的同时创造收入，从而提高整个过程的经济效益。此外，自捕他封模式允许排放企业将运输和封存的风险转移给专门从事这些工作的第三方企业，从而分散了整个 CCUS 项目的总体风险。由此一来，排放企业可以专注于其核心业务，无须考虑与运输和封存相关的问题。

然而，自捕他封模式也面临一些挑战。如果双方都依赖于单一客户或供应商，那么一旦该客户或供应商出现问题，可能会导致整个供应链中断，影响业务的连续性和稳定性。另外，这种方式获取二氧化碳的价格在公开市场上可能不具有竞争力，这是因为如果市场上有其他供应商以更低的价格提供二氧化碳，那么排放企业可能难以找到买家，或者只能以较低的价格出售，从而影响其通过出售二氧化碳获得的收入。

Coffeyville 肥料厂于 2013 年开始运营，在这个 CCUS 项目中，由 Coffeyville 肥料厂自己捕集二氧化碳，然后将二氧化碳交付给运输和封存公司 Chapparral Energy，属于典型的自捕他封模式。

Coffeyville 肥料厂位于美国堪萨斯州，主要生产氮肥，包括氨和尿素氨水，这些产品广泛用于农业，以提高作物产量。该厂使用邻近炼油厂产生的石油焦作为原料，通过气化过程产生合成气，进一步提炼出氢气和二氧化碳。氢气用于氨的制造，进而生产氮肥，二氧化碳则出售给 Chapparral Energy 公司，用于俄克拉何马州的北伯班克石油装置，来增加采油效率[①]。

原料成本控制方面，通过使用低成本的石油焦作为原料，相比于传统的天然气制氢方法，显著降低了原料成本。资源综合利用方面，气化过程中产生的氢气用于氨的生产，而二氧化碳则作为一种有价值的副产品被销售给石油公司。协同效应体现在与 Chaparral Energy 等公司的合作上，这不仅为二氧化碳找到了一个有效的应用途径，也为石油公司提供了稳定的二氧化碳供应源。技术创新方面，该厂采用先进的气化技术，能够高效地将石油焦转化为合成气，进而生产氮肥所需的氢气。市场定位方面，该厂专注于为农业市场提供高质量的氮肥产品，同时通过碳捕捉和封存技术参与到清洁能源解决方案中。

---

① The University of Edinburgh, School of GeoSciences. Coffeyville Gasification Plant Details [EB/OL]. https：//www. geos. ed. ac. uk/sccs/project-info/89.

2. 二氧化碳运输封存商模式

二氧化碳运输封存商模式（CO₂ transport and storage as-a-service）是指建立专门进行二氧化碳运输和封存业务的公司，由此类公司处理从不同排放企业处捕集的二氧化碳，将其运输并安全地封存在地下。在这种模式下，可能会有两家公司参与其中，如果一家公司专门处理二氧化碳运输，另一家公司则专门处理二氧化碳封存。这些运输封存商负责将捕集的二氧化碳从捕集点运输到封存地点或利用场所，它们拥有完善的运输管道、储存设施和相关的运输技术。

对于二氧化碳运输和封存公司来说，支出包括运输设备成本和运行维护成本，收入来自二氧化碳运输费用，该费用由利益相关者之间的协议预先确定。鉴于运输和储存基础设施具有自然垄断性质，所有权模式可能在很大程度上依赖于政府的参与或通过受监管的资产基础模式。

在这种模式下，如果二氧化碳交易价格和费用定价合理，并且有长期购买合同作为支撑，那么二氧化碳运输和封存运营商面临的风险较低。同时，二氧化碳运输封存商模式具有灵活性和可扩展性，可根据需求进行调整和扩展。他们可以根据捕集点和封存地点的位置进行运输规划，满足不同项目和客户的需求，并且可以根据具体需求的变化而进行及时调整。

然而，这种模式也面临着挑战。一方面，二氧化碳运输和封存商需要在客户承诺签署任何采购协议之前就开始规划和投资，这意味着项目启动前需要较长的准备时间。另一方面，二氧化碳运输封存商模式也存在合作风险。在二氧化碳捕集和封存环节，运输商需要与发电厂、工业企业或其他二氧化碳排放源建立合作关系，以获得二氧化碳供应。如果源头减少了二氧化碳的排放或转向其他减排技术，运输封存商可能面临供应不足的风险，从而影响其商业运营。

特雷尔天然气加工厂（Terrell Natural Gas Processing Plant）是位于美国得克萨斯州的一家天然气加工设施，这家工厂不仅是天然气加工设施，还通过第一条大规模的二氧化碳长输管道向油田供应二氧化碳，将业务扩展到了二氧化碳运输，该项目自 1972 年开始运营①。

该工厂的主要业务包括天然气加工和二氧化碳捕集及利用。在天然气加工过程中，工厂接收来自上游天然气田的未加工天然气，对其进行脱硫、脱水以及其他处理过程，以去除其中的杂质和不期望的成分，如二氧化碳、硫化氢等。在这一过程中分离出的二氧化碳被收集起来，并通过管道输送到附近的油田，用于增强采油。工厂与石油公司签订长期供应合同，保证了二氧化碳的稳定需求，这种长期稳定的现金流有助于工厂的持续运营和发展。同时，工厂不断致力于技术创新与优化，通过改进加工技术和二氧化碳捕集技术，提高效率并降低成本，以此保持竞争优势。

3. 二氧化碳捕集商模式

二氧化碳捕集商模式（capture-as-a-service）是指成立一个专门从事二氧化碳捕集相关工作的企业，这些企业可以提供完整的捕集设备，或仅提供特定组件（如分离塔、二氧化碳压缩机）或消耗品（如二氧化碳溶剂）。向排放企业提供此类捕集服务的公司既可以作为项目开发者，也可以依靠技术许可。这意味着这类公司既可以选择自己拥有并运营捕集装置，直接为排放企业提供捕集服务，也可以选择通过技术许可的方式，将捕集技术授权给其他公司使用。

这种模式的优势在于，它可以提供既符合商业标准又可定制的解决方案。这意味着服务提供商可以根据排放企业的需求提供标准化的产品或针对特定需求进行定制。

然而，这种模式也面临着一些挑战。一方面，与 CCUS 无关的应用需求相对稳定，但 CCUS 应用可能缺乏足够的需求，如食品和饮料行业中的二氧化碳使用，但 CCUS 应用的需求可能因多种因素而不稳定，政策变化、经济波动和技术进步都可能影响对 CCUS 服务的需求。另一方面，核心部件和消耗品可能缺乏成熟的供应链，这可能会影响项目的实施和运营

①　Center For Climate And Energy Solutions. Carbon Capture［EB/OL］. https：//www.c2es.org/content/carbon-capture/.

效率。例如，高质量的吸收剂、过滤器和其他关键材料可能难以获得，或者供应商数量有限，这可能导致成本上升和供应延迟，此外，供应链的不成熟还可能导致技术更新缓慢，影响项目的长期竞争力。

Just Catch 碳捕集系统是由阿克碳捕集合资公司（Aker Carbon Capture Joint Venture）开发的一套标准化碳捕集系统，旨在为不同的企业提供纯二氧化碳的捕集解决方案。该系统因其易于制造、运输、安装和操作的特点而成为一种灵活且高效的碳捕集技术。除此之外，Just Catch 还具备其他优势，例如设计紧凑、交货时间短和成本低。系统的首次商业应用是在荷兰签订的一份合同中实现的，该解决方案以交钥匙工程的形式提供，这意味着客户可以得到从设计到安装的全方位服务，确保系统能够迅速且有效地投入使用。

Just Catch 碳捕集设备以整套形式交付，采用先进的碳捕集工艺，展现出卓越的环保性能。该解决方案利用 SLB 和阿克碳捕集合资公司开发的溶剂以及获得专利的防雾（Anti-Mist）系统等关键功能，能够实现超过90% 的 CO_2 捕集率，展现出同类最佳的环保表现。

Just Catch 碳捕集系统共有三个型号，分别是40、100 和400，对应的年产量分别为40000、100000 和400000 吨二氧化碳。二氧化碳的标准输送形式是纯度高于99.9% 的气体，同时也可以根据客户的具体要求提供不同质量等级的二氧化碳[①]。

Just Catch 系统的客户群体包括：能源行业的石油和天然气生产商，特别是在海上作业的企业；发电行业，特别是那些使用天然气或生物质发电的企业；工业领域的水泥、生物和废物发电等碳排放行业。解决方案提供方面，Just Catch 不仅直接销售碳捕集系统给客户，还提供租赁服务以满足客户短期或特定项目的需要，并提供定制化的技术服务与咨询，帮助客户优化碳捕集过程，满足了不同客户的多样化需求。

---

① SLB Capturi. Just Catch［EB/OL］. https：//capturi. slb. com/products/just-catch%E2%84%A2.

二、CCUS 商业化的挑战

（一）公众接受度低

尽管 CCUS 技术具有应对气候变化和实现碳中和的潜力，但公众和主要利益相关方对其仍持有一定程度的怀疑和不信任，他们对于实施 CCUS 的接受程度低会阻碍 CCUS 技术的推广（Tokushige et al，2007）。近年来，荷兰和德国的一批 CCUS 示范项目由于欧洲公众的反对而被推迟或停止（Desbarats et al，2010），这表明，公众接受度较低是 CCUS 发展的主要挑战。

由于 CCUS 是一项相对较新的新兴技术，公众对碳排放的认识存在很大差距，只有部分专业人士对它较为熟悉，普通公众对它的了解和认识还很有限，甚至存在误解，很大一部分公众对 CCUS 技术的风险表示担忧（Chen et al，2015）。

一方面，信息不足是导致公众对 CCUS 产生疑虑的一个重要原因。由于缺乏相关的科普和宣传活动，公众对 CCUS 的认知程度普遍较低，对其潜在的好处和可能存在的风险缺乏清晰的了解。CCUS 技术作为减少二氧化碳排放的关键手段之一，拥有诸多潜在的好处，在经济方面，CCUS 技术的应用可以促进高碳排放行业的转型与升级，还会创造出新的工作岗位，有助于缓解就业压力。在社会方面，CCUS 技术有助于改善空气质量，减少呼吸系统疾病的发生，这对于提高公众健康水平和减轻医疗系统的负担具有重要意义。在生态方面，CCUS 技术能够直接减少大气中的二氧化碳浓度，有助于减缓全球变暖的趋势，保护生态系统免受极端天气事件的影响。然而，由于缺乏足够的公众教育和信息传播，许多人对 CCUS 技术的这些潜在好处并不了解，这也导致了对这项技术的不信任和怀疑。对于大多数人来说，理解 CCUS 技术的工作原理、效果和风险本身就具有较大难度。这种信息不对称使得许多人难以理解 CCUS 技术的实际意义和潜在风险，因此对其持不信任和怀疑的态度，这进而影响了 CCUS 技术的商业化进程。

另一方面，对地质作业的不信任也是公众对 CCUS 持怀疑态度的原因之一。CCUS 技术的核心环节之一是将捕集的二氧化碳气体安全地储存到地下的地质层中，确保其长期稳定和安全。然而，由于地质作业涉及复杂的地下储存和注入技术，公众对这些技术的安全性和可能对环境造成的影响存在担忧。过去的一些地质作业事故和环境污染事件，如石油和天然气开采中的泄漏事件以及由此引发的地震风险等问题，加深了公众对地质作业的不信任感，公众担心地质作业可能会导致泄漏或诱发地震等不良后果，对人类活动和生态环境构成威胁，这种不信任不仅阻碍了 CCUS 项目的实施，也对其商业化进程产生了负面影响。

（二）建设成本高昂

建设成本高昂是制约 CCUS 商业化进程的一个重要因素。CCUS 技术需要建设和运营大规模的基础设施，包括碳捕集设备、输送管道、地质储存设施等，这些设施的建设和运营成本较高，给商业化进程带来了一定的挑战。

首先，碳捕集设备的建设和运营成本是 CCUS 商业化的主要开支之一。碳捕集设备用于从工业排放源头或直接从空气中捕集二氧化碳等温室气体，并进行后续处理，这些设备的规模和技术复杂性要求大量的资金投入。同时，CCUS 的捕集成本在很大程度上取决于处理的气体混合物的特性，如果气体混合物中二氧化碳的占比较高，处于高压环境下且数量庞大，那么相对来说捕集过程会较为容易，成本会低于处理稀薄或低压废气的情况。2022 年，美国能源部国家能源技术实验室（NETL）发布的报告表明，对于制造化肥或乙醇等高纯度二氧化碳的行业，每吨二氧化碳的捕集成本在 19~32 美元，水泥行业的捕集成本约为每吨 60 美元，钢铁行业约为每吨 65 美元。

其次，输送管道的建设和维护也是 CCUS 商业化的重要成本之一。捕集到的二氧化碳需要通过输送管道将其运送到地质储存设施进行安全储存，建设和维护这些管道需要大量的资金和技术支持，尤其是在长距离输送和跨地区输送的情况下，成本更高。2017 年全球碳捕集与封存研究院计算得出陆上的管道运输和封存成本为每吨 7 ~ 12 美元，海上的则为每吨 16 ~ 37 美元。

最后，地质储存设施的建设和运营成本也是 CCUS 商业化的重要考虑因素。地质储存是将捕集到的二氧化碳气体安全地注入地下储存层，确保其长期稳定和安全。建设和运营这些地质储存设施需要进行地质勘探、地质工程设计、注入监测等工作，这些都需要大量的投资和专业技术支持。

由于目前 CCUS 技术仍缺少广泛开展大规模项目的经验，所以加装和运行 CCUS 的高成本会对行业造成较大压力，对于企业来说也仍然是不小的负担。企业负担加重会选择提高商品价格，而经济社会尚未做好大宗商品价格上浮的准备，这会制约 CCUS 技术推广应用。《CCUS 政策和商业模式》报告中指出，与未减碳设施相比，CCUS 可使煤炭发电的资本成本增加 40% ~ 75%，使联合循环燃气轮机发电（Combined Cycle Gas Turbine，CCGT）增加 95% ~ 110%，使生物质发电增加 75% ~ 100%。在水泥生产中，使用 CCUS 技术，可使资本成本增加 110% ~ 125%，而在钢铁生产中可增加 30% ~ 45%。这些增加的成本反映了在这些行业中实施 CCUS 所需的额外技术和设施的费用，成本增加幅度大，难以实现减排收益，严重影响着企业开展 CCUS 项目的积极性，进而会对 CCUS 的商业化进程产生影响。

（三）关键技术欠缺

尽管 CCUS 技术在全球范围内已经被视为应对气候变化的关键手段之一，但目前仍面临着技术水平不够成熟的挑战。当前，CCUS 技术的整体发展情况仍然处于工业示范阶段，与实现规模化应用和商业化的目标相比还有较大的差距。

首先，捕集技术是 CCUS 的核心环节之一，但现有的捕集技术在能耗、成本和效率方面仍然存在一定的局限性。目前，主要采用的捕集技术包括燃烧后捕集技术（post-combustion capture）、燃烧前捕集技术（pre-combustion capture）和富氧燃烧技术（Oxy-combustion）三种方法。然而，在燃烧后捕集技术中，乙醇胺溶液的再生需要耗费巨大的能量，而且溶剂的挥发对环境也会产生影响；在燃烧前捕集技术中，由于需要将煤炭等燃料气化，无论是改造的投资费用还是后期运行费用均较高；在富氧燃烧技术中，压缩和分离过程也需要高额的能源投入。总体而言，尽管已有一些成熟的技术方案，但它们往往能耗较高、成本昂贵，这些能源消耗和成本都对 CCUS 商业化进程产生了不利影响。为了降低成本和提高效率，需要进行更多的基础性研究，探索新型的捕集材料和技术。

其次，地质储存技术也是 CCUS 的关键环节，但地质储存的技术风险和环境风险仍然存在。地质储存需要找到合适的地下储层来安全地储存二氧化碳，并确保其长期稳定性和密封性。然而，地质储层的渗透性、封闭性和容纳能力等方面存在不确定性，并且可能引发地震或地下水污染等问题，这些都需要得到充分研究和评估，才能稳步推进 CCUS 技术的商业化进程。

再次，CCUS 的运输和管道网络也面临一些技术问题。将捕集的二氧化碳安全地输送到地质储存地点需要建设大规模的管道网络，在之后的运营过程中也要解决压力管理、泄漏风险和管道材料的耐腐蚀性等问题，以确保二氧化碳的安全运输和储存。这些技术问题需要在实际应用中得到解决，只有这些技术问题得到改善，CCUS 的商业化进程才能被不断推进。

最后，CCUS 技术的发展还受到专业性人才短缺的制约。这一领域涵盖了化学工程、地质科学、材料科学等多个学科，需要跨学科的专业知识和技能。然而，目前这些领域的专业人才培养尚不足以满足行业发展的需求。为了加速 CCUS 技术的研发和应用，需要培养更多具有跨学科背景的专业人才，以解决技术难题和推动技术创新。此外，还需要通过国际合作、产学研合作等多种形式，吸引和留住高水平的人才，共同推动 CCUS 技术的进步和发展，从而促进 CCUS 的商业化进程。

（四）法律法规不健全

在实现 CCUS 商业化过程中，明确的法律法规框架扮演着非常重要的角色。目前许多国家尚未制定专门针对 CCUS 的法律框架，即使有些国家存在某些法律条文，但这些法律往往并不完全适用于 CCUS 项目周期的所有环节，这使得项目在某些阶段可能面临法律空白，增加了项目的法律风险。

CCUS 涉及多个环节，包括捕集、储存、运输和利用等，每个环节都需要明确的法律法规来规范和管理，需要制定和完善捕集技术的准入标准、储存地点的选择和管理、运输管道的建设和安全等方面的法律法规。在捕集技术方面，缺乏明确的技术准入标准可能会导致市场上出现参差不齐的技术方案，影响项目的整体效率和效果。在储存环节，如果没有明确的法律法规来指导储存地点的选择和管理，可能会导致储存地点的选择不当，进而影响到周边环境的安全。此外，在运输管道建设方面，如果缺乏相关的安全标准和规定，可能会增加运输过程中的风险，威胁公共安全。

由于 CCUS 项目的复杂性，缺乏明确的法律法规框架还可能影响到项目的融资。投资者在考虑投资 CCUS 项目时，会仔细评估项目的法律风险。如果法律法规不明确，可能会导致投资者对于项目的未来收益预期和风险评估产生不确定感，对于项目未来的财务稳定性持谨慎态度，从而影响投资决策。这种不确定性还会影响到项目的融资成本，增加项目的整体成本负担，进而影响其商业化进程。

随着 CCUS 领域的发展，相关协议、标准和法规也在不断演进。由于 CCUS 项目的复杂性和多变性，许多国家现有的法律法规框架可能无法完全覆盖 CCUS 项目内涉及的所有情况。具体而言，CCUS 项目从捕集、运输到储存和利用等各个阶段都可能遇到新的技术和操作挑战，这些挑战需要相应的法律框架来加以管理和规范。所以，必须定期更新并扩展现有的法规框架，使之能够覆盖 CCUS 项目内涉及的复杂情况，为加速 CCUS 的商业化进程提供坚实保障。

（五）准备工作繁杂

开发 CCUS 项目是一个复杂且耗时的过程，涉及多个阶段，这种复杂性会给 CCUS 的商业化进程带来挑战。

可行性研究阶段的目标是评估拟议项目的实用性和可行性。对于产业链中的捕集与运输部分，该阶段旨在对设施进行初步的技术、经济、监管和环境评估，以确定项目是否可以继续进行，该阶段通常可在 1 ~ 2 年内完成。对于包括地质封存在内的项目而言，这一步尤为重要，因为它包括对二氧化碳封存资源的评估，这决定了在何处、以何种数量、何种速度以及多长时间内可以安全地注入和封存二氧化碳。这需要进行大量和广泛的研究、地下建模、钻探试验井和地震评估，以及其他评估。因此，贮存评估的时间可能比捕集和运输可行性评估的时间长达数年，这一步骤应提前很长时间开始。

开发阶段旨在将可行性研究的成果转化为详细的项目规格和规划，并在最终投资决策之前获得许可。对于捕集与运输，这一阶段包括捕集与运输设施的前端工程与设计研究，可能需要 2 年左右的时间。获得监管部门的批准，如环境、勘探和注入批准，可能是最耗时的步骤，根据不同的管辖区域，在法律和监管框架已经到位的情况下，可能需要数年时间。

项目的最终投资决策发生在设计、开发和建设之间的某个时间。在最终投资决策之前的任何时候，如果评估结果不利，项目都可能被取消。一旦作出最终的积极投资决策，项目就可以进入详细的工程设计、采购、施工和试运行阶段。与需要较少基础设施的贮存相比，捕集和运输设施的这一步骤可能更耗时，因为它们需要采购更广泛的处理设备并建造设施，这一阶段可能需要 2 ~ 4 年时间。

从初步的可行性研究到最终的施工和试运行，每个阶段都需要细致的规划和评估，以确保项目的可行性和持续性。随着 CCUS 的不断发展和应用，优化这些阶段的流程将成为推动 CCUS 商业化进程加快的关键。

三、CCUS 商业化的配套支持

（一）政府实施科学的顶层规划

第一，政府应完善 CCUS 商业化的统筹规划布局。政府需要制定明确的 CCUS 商业化发展目标，将其纳入气候变化和能源政策框架中。明确的目标将为 CCUS 项目的商业化提供清晰的方向和指导，同时政府要定期进行框架的审查，根据实施的具体情况不断进行修改完善，确保其与时俱进。

第二，政府应发挥好沟通桥梁的作用，维护政府与行业之间的良好沟通，从而促进 CCUS 商业化进程的加快。这包括清晰地解释企业在实施 CCUS 技术过程中以及国家或地区在监管框架内所涉及的各种程序。例如，英国的 CCUS 咨询小组就是一个有效的平台，它促进了双方的信息交流和理解，确保了政策制定与产业需求的同步。同时，鉴于政策方向往往与 CCUS 项目的发展相辅相成，适时征询业界意见对于政策制定至关重要，确保政策既前瞻又实用。为了促进国家与工业界的相互理解与合作，建立一个专门的中介机构可能大有裨益。这样的机构，如挪威的 Gassnova 或英国的碳捕集与封存协会，可以充当知识和资源的汇集点，帮助协调政策与实践，同时为双方提供专业知识和指导。

第三，政府和相关机构应该积极推动 CCUS 技术的信息公开和透明度，向公众提供准确、全面的信息，解答他们的疑问和担忧。同时，充分重视对地质作业的安全性和环境保护，加强监管和控制措施，确保 CCUS 的实施符合科学标准和环境要求，通过这些努力来逐渐改变公众的观念，增加对 CCUS 的接受度和支持度，从而推动 CCUS 商业化发展进程。荷兰的气候协定进程（Climate Accord Process）提供了一个很好的例子，政府就 CCUS 对于荷兰能源转型的潜在作用展开了联合事实调查，这项调查由独立的学术界人士牵头，并有非政府组织行业及行业协会参与，围绕一系列的问题召开了八次圆桌会议。最后结果证明在一个大众普遍持怀疑态度的国家，良好的互动可以让更广泛的人群认可 CCUS 是必要的气候技术。①

（二）建立完善的法律监管体系

1. 法律体系

为了推动 CCUS 的商业化进程，政府还应完善相关的制度法规和标准体系，并推进能力建设。这些措施不仅有助于营造一个有利于 CCUS 项目发展的环境，还能确保项目的长期稳定性和持续性。具体而言，稳定、透明的政策和法律环境可以增强投资者的信心，吸引更多私人资本的参与，同时也可以为企业提供明确的指导方向，提高企业的积极性，激发他们在技术创新和商业模式方面的探索与实践。

为了构建稳定而全面的法律体系来推动 CCUS 商业化进程，需要制定专门的 CCUS 法律，明确 CCUS 项目的法律地位，包括项目的审批流程、资金安全机制、责任归属等方面；修改和完善现有法律，以确保其适用于 CCUS 项目的各个阶段；加强关于 CCUS 法律和监管框架的国际合作与协调，确保跨境项目的顺利进行。

其中包括三个关键方面：第一，制定建设、运营和注入标准，确保所有环节符合安全和技术要求是非常重要的。政府需要制定严格的建设、运营和注入标准，以保证设施的安全运行和二氧化碳的有效储存，这些标准应该涵盖从设施的设计到实际运行的各个环节。第二，整个 CCUS 过程的安全性和可靠性涉及明确各方的责任，包括碳捕集、二氧化碳的运输、二氧化碳的储存等各个方面。政府需要制定统一的标准来规定谁负责这些环节，并确保这些过程的安全性和可靠性，降低运营风险，并为企业长期运营提供积极性和保障。第三，允许对现有管道进行改造以支持二氧化碳的运输，并确保改造过程的安全性和合规性，这不仅能够降低成本，还能充分利用现有的基础设施。

---

① The CCUS Hub. Policy and business models［EB/OL］. https：//ccushub.ogci.com/policies-business-models/business-models/.

例如"Fit for 55"一揽子计划中就进行了相关立法：提高欧盟排放交易计划目标的改革于 2023 年 5 月 10 日通过，这项改革收紧了排放上限，扩大了欧盟排放交易计划的范围等；为了加强市场稳定性和效率，市场稳定储备金的改革于 2023 年 4 月 19 日通过，这项改革旨在增强市场稳定储备金的功能，以更好地调节欧盟排放交易体系中的碳排放配额；欧盟航空排放交易计划改革分别于 2023 年 1 月 18 日和 5 月 10 日通过，这些改革调整了航空部门的免费分配规则，并逐步取消了免费分配；海运排放监测、报告和核查规则的改革于 2023 年 5 月 16 日通过，这项改革扩大了欧盟排放交易计划的范围，将海运排放也包括在内；社会气候基金的改革于 2023 年 5 月 10 日通过，这项改革设立了社会气候基金，用于支持社会弱势群体；建立碳边界调整机制的改革也于 2023 年 5 月 10 日通过，这项机制旨在确保进口商品的碳成本与欧盟内部生产的产品相匹配，防止碳泄漏现象的发生。①

2. 监管体系

建立 CCUS 的监管体系可以推动 CCUS 商业化的健康和快速发展，这需要从以下三个方面着手。

首先，需要设立专门的监管机构来负责 CCUS 项目的监督和管理。这个机构应当具备跨部门协调能力，确保项目的各个环节都能够得到适当的监管，并且能够有效地处理项目实施过程中出现的各种问题。为了实现这一目标，监管机构需要确保各个相关部门之间沟通顺畅，包括环境保护、能源、交通等部门，以便于协调各项政策措施，确保项目的顺利推进。此外，对项目的各个环节进行持续监督，确保项目遵守所有的法律、法规和技术标准，并且建立快速响应机制，以便于及时处理项目实施过程中可能出现的各种问题。

其次，为了加快项目进度并减少行政负担，需要简化捕集、运输和储

① European Commission. EU Emissions Trading System (EU ETS) [EB/OL]. https：//climate. ec. europa. eu/eu-action/eu-emissions-trading-system-eu-ets_en.

存许可证的程序。为此，需要明确申请所需的基本文件和信息，减少不必要的文书工作；通过优化内部流程和采用电子化手段，加快审批速度；提供一站式的申请服务平台，方便申请者提交材料和查询进度；为申请者提供清晰的指导原则，确保他们了解整个申请过程，从而快速获得所需的许可证，加速项目的启动和运行。

最后，为了确保安全、可靠和永久储存，需要引入监测、报告和验证协议与流程。这意味着要建立一套完整的监测体系，以持续监控储存场所的情况，并定期报告储存量，同时验证储存的有效性和安全性。这样的机制能够确保任何异常情况都能被及时发现并采取相应措施。因此，需要定期检测储存地点的地质和环境参数，以评估储存的安全性和稳定性；建立标准化的数据报告体系，确保所有相关信息都被准确记录和报告；通过第三方独立机构对报告的数据进行验证，确保数据的真实性和准确性；制定应急计划，以便在发生意外情况时迅速采取行动。

通过这些措施，可以为 CCUS 项目提供一个有利于发展的监管环境，从而推动 CCUS 的商业化进程。

（三）大力支持技术创新和研发

第一，当前 CCUS 技术的基础研究仍显薄弱，限制了技术的发展和商业化应用。这要求推进 CCUS 框架内的技术耦合，形成新兴的技术手段，让这些技术在不同情景下实现能源的集约利用，进而降低 CCUS 技术的减排成本。

首先，在二氧化碳运输技术方面，需要大力推进陆上管道和海底管道运输的发展，以建立更为完善和可靠的二氧化碳运输网络。陆上管道运输可以连接捕集点和封存地点，实现短距离的高效运输，而海底管道运输则可以满足远距离和跨海域的二氧化碳运输需求。其次，在二氧化碳利用技术方面，需要将二氧化碳地质利用的经验和技术向化工利用和生物利用方向拓展。化工利用可以将二氧化碳转化为高附加值化学品，例如合成燃料、聚合物和化学品原料，实现碳资源的高效利用。生物利用则可以利用生物催化剂和微生物将二氧化碳转化为生物产品，例如生物燃料、生物塑料和生物医药品，实现可持续的绿色碳源利用方式。最后，在二氧化碳封存技术方面，需要探索离岸封存的可行性，为未来沿海地区二氧化碳大规模封存探路。离岸封存可以利用海底地质结构和地层条件，在海底储存二氧化碳，减少对陆地资源的需求，并降低与人类活动的干扰。通过推进这些技术的发展和应用，可以实现 CCUS 技术的全面优化和成本降低，为实现碳中和目标提供更加可行和经济的途径（张贤等，2023）。

还需注意的是，技术集成与优化是当前技术研发的重要方向。随着 CCUS 技术的发展，如何将不同的技术进行集成和优化，以提高整体效率和经济性成为关键问题。这不仅包括改进单个技术组件的性能，还包括考虑整个 CCUS 系统的协同效应，确保各个技术环节能够高效协作。例如，优化捕集过程中的能源消耗，提高运输过程中的安全性与效率，以及确保储存过程中的长期稳定性等。通过这种方式，可以提高整个 CCUS 系统的性能，降低成本，并促进其商业化应用。

第二，为了推动 CCUS 技术的发展，还可以建设全产业链技术合作平台，让该平台集成各个环节的研发和创新资源，从而推动形成国家级 CCUS 技术创新策源地（张贤等，2023）。这样的平台可以聚集研究机构、高校、企业和政府部门等各方力量，共同开展 CCUS 相关技术的研发、测试和验证工作。同时，学术界和工业界的紧密合作也可以加速研究成果向实际应用的转化，加强理论研究与实际应用之间的联系，推动技术的突破和创新。

第三，随着不同行业的融入，CCUS 技术的长链条、多原理、跨行业的属性越发明显，会涉及化工、发电、钢铁、炼油、水文地质等多个制造行业。而不同行业、公司和行政区域之间的合作存在一定障碍，要克服这些障碍，需要建立一个共享知识、技术、基础设施和地质数据的平台和机制（Wei N et al，2021）。政府层面应鼓励企业间的合作与联盟，可以为合作项目提供资金和政策支持。这些项目可以促进不同行业之间的合作，共同解决技术和市场难题，并共享研发成果和经验。还可以学习英国政府，通过制定支持政策让开发者相互竞争或联合以满足下一个"资助门槛", 以此加快发展进步速度和协同合作程度。

第四, 需要加大对相关领域的科研投入和人才培养力度。这包括政府和私营部门应提供资金支持, 资助基础研究和应用研究项目, 以解决 CCUS 技术的关键科学问题和技术瓶颈。通过支持科学研究项目, 可以促进技术创新, 推动 CCUS 技术的持续进步。同时, 为了培养了解 CCUS 技术的专业人才, 可以开展相关的教育和培训计划。这些计划可以包括开设 CCUS 相关的专业课程、组织培训班和研讨会, 提供实践机会和实习项目, 以培养专业型人才。通过这些教育和培训计划, 可以提高人才队伍的素质和水平, 为 CCUS 技术的研发、应用和推广提供有力支持。

(四) 制定合理有效的激励政策

对于 CCUS 项目来说, 必要的支持性政策不可或缺, 与 CCUS 技术相关的长期、稳定和透明的政策将提高利益相关者的信心, 增加收益, 并降低所需的资本要求和承担长期的地质风险 (Yang L et al, 2019), 从而加速 CCUS 的商业化进程。

考虑到对于许多排放企业来说, 向大气中直接排放二氧化碳的财务成本目前仍然相对较低。鉴于此, 政府有必要采取行动, 通过提供资助来分担资本成本和风险, 从而吸引排放企业和运营商加入 CCUS 项目。政府可以通过提供财政奖励和补贴、税收优惠政策、建立碳市场和碳交易机制、推动金融机构提供融资支持、加强知识产权保护和技术转让等机制, 为 CCUS 项目提供经济和政策上的激励, 促进 CCUS 技术的商业化应用, 实现碳减排目标, 推动绿色经济发展。

第一, 政府可以提供财政奖励和补贴, 以减轻 CCUS 项目的经济负担。在 CCUS 项目开发的早期阶段, 政府可以向符合条件的 CCUS 项目提供直接的资金支持, 用于项目建设、设备采购和运营阶段的支出, 或者减免部分费用等。例如, 丹麦政府已获得欧盟委员会批准, 将实施一项总额约为 11 亿欧元的计划, 用于 CCUS 技术的部署, 实现工业过程的深度脱碳。此计划预计能增强投资者对该技术的信心, 降低未来应用 CCUS 技术的成本, 进而助力欧盟实现"欧洲绿色协议"下的战略目标，特别是在 2050 年实现碳中和目标。中标公司将在为期 20 年的合同中，自 2026 年起每年至少捕集并封存 40 万吨二氧化碳，补贴将覆盖每吨二氧化碳捕集和封存的估计总成本与受益方预期回报之间的差额。每年补贴上限为 5490 万欧元（约 4.084 亿丹麦克朗），并根据通胀进行调整。预计该方案将使每年至少 40 万吨的 CO_2 得以捕集和封存，在 20 年合同期内累计封存 800 万吨二氧化碳。[①]

第二，政府还可以提供税收优惠政策，例如减免企业所得税或增值税，以降低 CCUS 项目的运营成本，增强项目的竞争力。例如，45Q 投资税收抵免是一项旨在鼓励碳捕集与封存技术使用的政策工具。随着 2022 年《通胀削减法案》（IRA）的修订，45Q 税收抵免得到了重大更新。对于永久储存在地质构造中的二氧化碳，每吨提供 85 美元的税收抵免；如果二氧化碳被用于提高石油采收率或其他工业用途，每吨提供 60 美元的税收抵免，前提是能够证明其减排效果；直接从空气中捕集二氧化碳，若用于永久储存，则每吨提供 180 美元的税收抵免；若用于其他用途，则每吨提供 130 美元的税收抵免。为了获得税收抵免，项目必须在 2033 年之前开始建设，而抵免的有效期为 12 年。这些更新旨在降低采用碳捕集与封存技术的障碍，提高其经济可行性，并鼓励更多难以减排的行业采用这一技术。此外，直接空气捕集技术也将受益于更高的激励水平，有助于其商业化和技术进步。

第三，政府可以给予贷款优惠。政府可以设立绿色金融认证标准和评估体系，对采用 CCUS 技术的企业进行评估和认证，符合绿色金融标准的企业可以获得更有利的贷款条件和利率。这将为企业提供明确的经济激励，激励企业积极采用 CCUS 技术，推动 CCUS 商业化进程。政府还可以与金融机构合作，设立专门的绿色金融基金或机构，为 CCUS 技术的商业化提供资金支持。这些基金可以提供低息贷款、风险投资、股权投资等多种金融产品，以满足企业的不同资金需求。政府可以通过与金融机构合

---

① European Commission. State aid：Commission approves €1.1 billion Danish scheme to support roll-out of carbon capture and storage technologies［EB/OL］. https：//ec. europa. eu/commission/press-corner/detail/en/ip_23_128.

作，共同承担风险，提供更加灵活和定制化的贷款服务，降低企业的融资成本，减少企业的融资压力，激励企业积极采用 CCUS 技术。

第四，政府可以建立碳市场和碳交易机制，为 CCUS 项目提供经济激励。通过建立碳排放权交易市场，政府可以将 CCUS 项目的减排成果转化为可交易的碳排放权，使企业可以获得额外的收益。这将为 CCUS 项目提供经济回报，鼓励企业投资和运营 CCUS 设施。《京都议定书》把市场机制作为解决以二氧化碳为代表的温室气体减排问题的新路径，即把二氧化碳排放权作为一种商品，从而形成了二氧化碳排放权的交易，简称碳交易。碳交易是为促进全球温室气体减排，减少全球二氧化碳排放所采用的市场机制，而负责碳交易的强制性减排市场就是碳排放交易系统。通过设立碳排放权交易市场，将这些排放权分配给企业。企业如果想要增加碳排放，则需要购买额外的排放权，而如果企业能够降低碳排放，就可以将多余的排放权出售给其他企业。在这个市场上，企业可以买卖碳配额，根据自身的碳排放情况进行交易。这种碳配额交易机制可以激励企业通过采用 CCUS 技术来减少碳排放，从而降低其碳排放成本，并获得额外的经济回报。

现有的交易系统包括：欧盟碳排放交易系统（European Union Greenhouse Gas Emission Trading Scheme，EU ETS）、英国排放权交易制（UK Emissions Trading Group，ETG）、美国的芝加哥气候交易所（Chicago Climate Exchange，CCX）、澳大利亚国家信托（NSW）。由于美国及澳大利亚均非《京都议定书》成员国，所以只有欧盟排放权交易系统及英国排放权交易制是国际性的交易所，美澳的两个交易所只有象征性意义。欧盟碳排放交易系统是欧盟应对气候变化政策的基石，也是其经济有效地减少温室气体排放的重要工具。它是世界上第一个主要的碳市场，也是目前最大的碳市场[①]。

第五，政府还可以加强知识产权保护和技术转让机制，为 CCUS 技术

---

① European Commission. EU Emissions Trading System（EU ETS）[EB/OL]. https：//climate. ec. europa. eu/eu-action/eu-emissions-trading-system-eu-ets_en.

的商业化提供支持。通过建立健全知识产权保护制度，政府可以鼓励企业进行技术创新和研发投入，同时保护其在 CCUS 领域的技术成果。政府还可以促进技术转让和合作，加强国内外企业间的技术交流和合作，推动 CCUS 技术的快速应用和商业化。

第六，电价优惠。上网电价是指政府制定的电力购买价格，即电力公司向发电企业购买电力的价格。政府可以通过设定优惠的上网电价，鼓励发电企业采用 CCUS 技术。对于采用 CCUS 技术的发电企业，政府可以给予电价优惠，以弥补其技术成本和运营成本的差距，这将提高企业采用 CCUS 技术的经济回报，促进其商业化应用。政府在制定上网电价时，需要综合考虑电力市场的供需情况、能源结构和碳减排目标等因素，确保政策的可行性、公平性和稳定性。

（五）加强国际合作和经验分享

国际合作与交流机会对于推动 CCUS 的商业化进程至关重要。随着全球气候变化问题的日益严峻，国际社会对 CCUS 技术的关注度不断提高，为国际合作提供了广阔的空间和机会。各国通过多种方式进行合作与交流，促进了 CCUS 技术的广泛应用，解决了很多技术问题，从而加快了 CCUS 商业化的发展进程。

为了促进 CCUS 技术的全球推广和应用，各国可以通过建立技术交流平台来分享研发经验和应用成果，避免重复努力和错误投资。这些平台可以是实体会议、在线研讨会或是专业的交流网络。通过这些平台，专家和研究人员可以交流最新的研究成果和技术进展，企业可以了解最新的市场趋势和技术需求，政府官员则可以学习其他国家在政策制定和监管方面的成功经验。

除了信息和经验的交流之外，各国还可以联合开展 CCUS 技术的共同研发项目。通过集中优势资源，共同研发项目可以更快地推进技术的研发和应用进程。这些项目可以聚焦于特定的技术难题，比如提高碳捕集效率、降低储存成本或是开发新的碳利用途径。通过共同研发，参与国不仅可以分担研发成本，还能更快地实现技术突破，加速技术的商业化进程。

近年来，CCUS 技术方面的国际合作，尤其是中国与其他国家或组织之间的合作不断增加，例如中欧煤炭利用近零排放合作项目、中英两国先进发电厂碳捕集方案、中澳二氧化碳地质封存合作项目、中美天津大港CCS 项目、中意燃煤电厂 CCS 应用合作项目等（Jiang K et al，2020），这些合作加快了中国大规模 CCUS 项目在技术组件、政策、公众认知问题、供应链限制和能力建设方面的研发工作。由近年来的成果可知，深化国际合作有助于增强 CCUS 领域的知识交流和技术转让，促进 CCUS 的商业化进程。同时，合作不能仅限于科学和技术合作，还可以涉及许多其他重要领域，如金融伙伴关系、联合项目、立法和法规以及公众宣传，并通过全球合作提出具体建议（Wei N et al，2021）。

本章小结

本章深入探讨了 CCUS 的商业模式及其面临的挑战与配套支持措施。本章介绍了两种主要的 CCUS 商业模式：全链条模式和局部链模式。全链条模式涵盖了从二氧化碳捕集、运输到封存的全部环节，由单一实体负责。局部链模式则更加灵活，包括自捕他封模式、二氧化碳运输封存商模式和二氧化碳捕集商模式，这些模式允许不同实体分别负责捕集、运输和封存的不同环节，有利于专业化分工，但也需要更高的协调和合作水平。

CCUS 商业化面临着一系列挑战，其中包括公众接受度低、建设成本高昂、关键技术欠缺、法律法规不全以及准备工作繁杂等问题。为了解决这些挑战，需要政府、企业和社会各界共同努力。政府应实施科学的顶层规划，提供明确的战略指导；建立完善的法律监管体系，确保项目的合法性和稳定性；大力支持技术创新和研发，推动技术进步；制定合理有效的激励政策，吸引投资，降低成本；加强国际合作和经验分享，促进技术交流和合作。通过这些配套支持措施，可以有效促进 CCUS 技术的商业化应用，为应对气候变化作出贡献。

本章参考文献

［1］中国21世纪议程管理中心，全球碳捕集与封存研究院，清华大学. 中国二氧化碳捕集利用与封存（CCUS）年度报告（2023）［R］. 2023.

［2］Center For Climate and Energy Solutions. Carbon Capture［EB/OL］. https：//www. c2es. org/content/carbon-capture/.

［3］Chen Z A，Li Q，Liu L C，et al. A large national survey of public perceptions of CCS technology in China［J］. Applied Energy，2015.

［4］Desbarats J，Upham P，Riesch H，et al. Review of the public participation practices for CCS and non-CCS projects in Europe［J］. Revue De Chirurgie Orthopédique Et Réparatrice De Lapparl Moteur，2010.

［5］European Commission. EU Emissions Trading System（EU ETS）［EB/OL］. https：//climate. ec. europa. eu/eu-action/eu-emissions-trading-system-eu-ets_en.

［6］European Commission. State aid：Commission approves € 1. 1 billion Danish scheme to support roll-out of carbon capture and storage technologies［EB/OL］. https：//ec. europa. eu/commission/presscorner/detail/en/ip_23_128.

［7］International Energy Agency. CCUS Policies and Business Models［R］. 2023.

［8］Jiang K，Ashworth P，Zhang S，et al. China's carbon capture，utilization and storage（CCUS）policy：A critical review［J］. Elsevier Ltd，2020.

［9］SLB Capturi. Just Catch［EB/OL］. https：//capturi. slb. com/products/just-catch%E2%84%A2.

［10］The CCUS Hub. Policy and business models［EB/OL］. https：//ccushub. ogci. com/policies-business-models/business-models/.

［11］The University of Edinburgh，School of GeoSciences. Coffeyville Gasification Plant Details［EB/OL］. https：//www. geos. ed. ac. uk/sccs/project-info/89.

［12］The University of Edinburgh，School of GeoSciences. Uthmaniyah CO_2 EOR Demonstration Project Details［EB/OL］. https：//www. geos. ed. ac. uk/sccs/project-info/624.

［13］Tokushige K，Akimoto K，Tomoda T. Public perceptions on the acceptance of geological storage of carbon dioxide and information influencing the acceptance［J］. The International Journal of Greenhouse Gas Control，2007.

［14］U. S. Department of Energy. Uthmaniyah Carbon Dioxide Enhanced Oil Recovery （CO_2-EOR） Demonstration Project ［EB/OL］. https：//fossil. energy. gov/archives/cslf/Projects/Uthmaniyah. html.

［15］Wei N, Li X, Liu S, et al. A strategic framework for commercialization of carbon capture, geological utilization, and storage technology in China ［J］. International Journal of Greenhouse Gas Control, 2021.

［16］Yang L, Zhang X, Mcalinden K J. The effect of trust on people's acceptance of CCS （carbon capture and storage） technologies：Evidence from a survey in the People's Republic of China ［J］. Energy, 2016.

第四章 国际 CCUS 项目的代表性案例

一、代表性案例——澳大利亚

澳大利亚政府高度重视 CCUS 技术的部署，积极出台促进 CCUS 发展的法律和政策框架，并提供大量资金来支持和推动 CCUS 的技术创新和商业化进程。除政府外，该国内多个科研机构持续为 CCUS 关键技术突破注入创新活力，共同助力 CCUS 设施落地。国际能源署（IEA）的相关数据显示，截至 2024 年，澳大利亚的规划、建设和运营的 CCUS 项目共有 33 项，其中一项已于 2019 年成功投入运营，标志着澳大利亚的 CCUS 技术实现了从理论到实践的飞跃。近期，多个项目宣布将正式投入运营。澳大利亚的 CCUS 项目正以蓬勃发展的态势为实现全球碳减排目标贡献自己的力量。

表 4 – 1 展示了将在 2026 年之前正式运营的 CCUS 项目。未来，随着这些项目的相继落地运营，将进一步巩固澳大利亚在全球 CCUS 领域的领先地位。同时，它们也将为澳大利亚乃至全球的气候变化应对策略提供更多的选择和可能性。

表 4 – 1　　　　　　　澳大利亚 2026 年前运营的 CCUS 项目

项目名称	运营年份	CO_2 预估捕集/封存量（百万吨/年）	项目类型
Barossa and Darwin liquefied natural gas （DLNG） CCUS	2025	2. 3	Capture
Bridgeport Energy Moonie CCUS Project	2024	0. 12	Transport and storage

续表

项目名称	运营年份	CO$_2$预估捕集/封存量（百万吨/年）	项目类型
H2Perth Woodside	2025		Full chain
Longford gas plant	2025	2	Capture
Mid West clean energy project	2025		Capture
Mineral carbonation international Carbon Plant demonstrator	2024	0.3	CCU
Moomba carbon capture and storage	2024	1.7	Full chain
South East Australia carbon capture and storage（SEA CCS）hub	2025	0.5~2	Transport and storage
Gorgon CCS	2019	3.4~4	Full chain

注：项目类型中 Capture 表示仅为捕集项目，不包含运输与封存；Transport and storage 表示运输与封存项目，包括运输和封存两个方面；CCU 表示捕集的 CO$_2$用于使用；Full chain 表示包含捕集、运输和封存三个部分的完整项目。

资料来源：International Energy Agency. CCUS Projects Database ［EB/OL］. https：//www.iea. org/data-and-statistics/data-tools/ccus-projects-explorer.

（一）澳大利亚 CCUS 应用领域

1. 二氧化碳捕集来源角度

澳大利亚的 CCUS 技术应用范围十分广泛，涵盖了多个行业领域，主要包括天然气加工、水泥生产、电力和热力供应、制氢等高碳排放行业。作为全球液化天然气（LNG）的主要出口国，澳大利亚在天然气加工领域具有巨大的捕集潜力。正在运营的 CCUS 项目就是从液化天然气的加工厂中将二氧化碳分离出来进行封存，并且当前正在规划和建设中的项目中也有多个围绕天然气加工领域展开。澳大利亚也在逐步部署水泥生产、电力和热力供应等行业的 CCUS 技术，这些行业在生产过程中会产生大量二氧化碳排放。除传统的高耗能高排放行业外，新兴的制氢行业也是澳大利亚 CCUS 技术应用的潜力领域，通过在制氢过程中捕集二氧化碳，为氢能源技术的发展提供更加环保的解决方案。目前有 9 项制氢领域的 CCUS 正在规划中。澳大利亚正在通过不断探索和实践，积极地为各个行业提供低碳的解决方案，努力实现低碳发展，为应对气候变化贡献自己的力量。

2. 二氧化碳运输方式角度

从二氧化碳运输方式来看，澳大利亚的 CCUS 项目主要以管道运输为主，其中包括海底管道和陆上管道。目前澳大利亚运行项目是以陆上管道进行运输。鉴于澳大利亚的碳捕集源头部分源自天然气加工厂，且这些工厂多坐落于海岸线附近，部分项目更是着眼于海上封存①，海底管道便成为不可或缺的关键环节。此外，澳大利亚也在积极探索其他的运输方式，例如，船舶运输是捕集点和封存点无法用管道连接时的替代方案，这种液化运输方式为跨海乃至跨国界的长距离二氧化碳运输提供了切实可行的替代方案，该技术的进步有助于扩大 CCUS 的应用范围，加快推动相关行业的低碳化。

3. 二氧化碳的最终用途角度

从二氧化碳的最终用途来看，在澳大利亚无论是已经投入运营的项目还是正在开发的项目，都表现出直接封存二氧化碳的主流趋势，但是澳大利亚的科学家们和工业界也正在积极探索和开发其他二氧化碳利用技术。其中，二氧化碳驱油技术是较为人们所熟知的一种方法。在澳大利亚，有一个正在策划中的项目，计划采用碳捕集与封存技术来提升昆士兰 Moonie 油田的石油采收率②。澳大利亚地球科学局（GA）正在研究剩余油区（ROZ）的碳封存潜力（Tenthorey et al, 2021），进一步提高资源利用效率，同时为二氧化碳的封存提供另一种解决方案。在二氧化碳利用方面，澳大利亚的清洁技术开发商（Mineral Carbonation International，MCI）计划将工业过程中产生的二氧化碳转化为一种稳定的固体材料，可以被用来制

---

① TotalEnergies. TotalEnergies, INPEX, and Woodside Join Forces to Develop Major Offshore CO_2 Sequestration Project [EB/OL]. (2022 – 08 – 24) [2024 – 10 – 04]. https：//totalenergies. com/media/news/ press-releases/totalenergies-inpex-and-woodside-join-forces-develop-major-offshore-CO_2-sequestration-project.

② Bridgeport Energy Pty Limited [EB/OL]. https：//newhopegroup. com. au/bridgeport/.

造建筑材料、化学品、水泥和混凝土等产品①，从而显著降低这些建筑材料和化学品的产品碳足迹，为推动澳大利亚的绿色低碳转型作出积极贡献。此外，澳大利亚最大的国家级科研机构——澳大利亚联邦科学与工业研究组织（CSIRO）提出的《二氧化碳利用路线图》（*CO₂ Utilisation Roadmap*）为化工、航空航天、水泥、钢铁等难减排行业提供更多脱碳可能。该路线图主要探讨了部署 CO_2 直接利用、矿物碳酸化、CO_2 向化学品和燃料的转化以及 CO_2 的生物转化四种二氧化碳利用技术具有的优势和面临的障碍（Srinivasan et al，2021）。

（二）澳大利亚 CCUS 优势条件

1. 优越的地质封存条件

澳大利亚拥有多个大型沉积盆地，如波拿巴（Bonaparte）盆地、布劳斯（Browse）盆地和珀斯（Perth）盆地等，具有较厚的沉积层，为 CO_2 的储存提供了足够的空间。澳大利亚的地质构造复杂多样，包括多种类型的岩石和地质结构，如盐丘、含水层、枯竭油气田等，为 CO_2 的封存提供了多种选择，可以根据具体条件选择合适的封存方式。在封存安全性方面，澳大利亚的许多沉积盆地具有稳定的盖层，如盐层、页岩等，这些盖层能够有效地阻止 CO_2 的泄漏，确保封存的安全性。2009 年，澳大利亚完成了全国性的二氧化碳封存潜力和能力研究，发现在 200Mtpa 的注入速率下，澳大利亚东部具有 70~450 年的含水层储存能力；在 100Mtpa 的注入速率下，澳大利亚西部具有 260~1120 年的含水层储存能力（Carbon Storage Taskforce，2009）。

2. 坚实的研究基础

自 2000 年起，澳大利亚地球科学局（GA）便致力于碳捕集、利用与

---

① MCi Carbon 官网，https：//www. mineralcarbonation. com/blog/ccus-grant-awarded？ category-Id = 12078.

封存（CCUS）的地质封存研究，目标在于确定和评估澳大利亚沉积盆地中碳封存的可行性和潜在能力（王欢等，2022）。随后，由多个研究机构（包括 GA）和企业组成的温室气体控制技术合作研究中心（CO_2CRC）于 2003 年正式成立并投入运营，该中心专注于 CCUS 技术的全方位研究，不仅涵盖碳的捕集与封存环节，还深入探索了直接空气捕集等尖端技术领域[①]。CO_2CRC 运营的奥特威国际测试中心（Otway International Test Centre，OITC）是全球领先的封存示范设施，致力于在项目商业化之前，在模拟真实操作环境下全面评估 CCUS 技术的性能表现，以确保二氧化碳能够安全、高效地完成运输、封存及长期监测[②]。此外，澳大利亚的国家地质封存实验室（NGL）专注于通过创新的科学技术手段来解决碳运输与封存过程中遇到的难题[③]。

3. 政府的大力支持

澳大利亚政府通过顶层设计、法规完善、财政激励等方面为 CCUS 技术的发展提供了全面的支持与帮助。

在顶层设计角度，澳大利亚政府制定了一系列政策文件和战略规划，明确了 CCUS 在实现国家减排目标中的重要作用。气候变化管理局（CCA）在 2023 年发表的题为《减少、移除和储存：碳封存在加速澳大利亚脱碳化进程中的角色》的研究报告中强调了 CCUS 对澳大利亚的重大经济和环境效益，呼吁政府和社会各界增强对 CCUS 技术的扶持与投资力度（Climate Change Authority，2023）。

另外，澳大利亚政府也在积极推进 CCUS 相关法规的制定和完善。以西澳大利亚州为例，该州矿业与石油部长批准启动《温室气体储存与运输

---

① CO_2CRC. Who we are-CO_2CRC [EB/OL]. https：//CO_2crc. com. au/about-us/who-we-are/.

② CO_2CRC. The Otway International Test Centre [EB/OL]. https：//CO_2crc. com. au/research/otway-international-test-centr-e/.

③ 中国地质调查局地学文献中心. 澳大利亚国家地质封存实验室简介 [EB/OL]. (2022 – 03 – 17) [2024 – 10 – 04]. http：//www. cgl. cgs. gov. cn/gzdt_4169/cgkx_4171/202203/t20220317_692313. html.

法案》的起草工作，为该州的 CCUS 监管制度巩固基础[1]。

在财政支持方面，澳大利亚政府宣布将碳捕集与封存（CCS）纳入减排基金（ERF）为 CCUS 项目提供资金支持[2]；实施碳信用单位（ACCU）交易[3]，鼓励企业和投资者参与 CCUS 项目的建设。

（三）澳大利亚 CCUS 技术成熟度

澳大利亚 CCUS 技术成熟，成效显著，得益于长期政策支持、技术积累与行业实践。在碳捕集上，澳大利亚不仅沿用传统技术，还积极研发如 Hy Caps 和 CO_2 Sorb 等创新技术以降低成本、提升经济效益。Hy Caps 融合了溶剂吸收与膜分离技术，实现优势互补[4]，尤其是在发电厂及合成气应用中极具经济性和高效性（CO_2 CRC，2023）。CO_2 Sorb 作为一种新型吸附剂，在变压吸附过程中能够有效去除天然气中的 CO_2，同时减少了甲烷、氢气的损失。

在碳运输中，澳大利亚采用在长距离管道中定期加压的技术，确保其维持超临界状态，从而减少输送过程中的压力损耗。同时，澳大利亚不断探索运输技术的创新与突破，比如，与日本航运巨头商船三井等合作研发大型低温低压液化二氧化碳船舶运输技术[5]。通过降低运输温度和压力，

---

① Upstream. Western Australia Looks to Carbon Capture and Storage to Clean Up LNG Industry ［EB/OL］. （2022 - 03 - 09）［2024 - 10 - 04］. https：//www. upstreamonline. com/energy-transition/western-australia-looks-to-carbon-capture-and-storage-to -clean-up-lng-industry/2 - 1 - 1181417.

② Global CCS Institute. Institute Welcomes Inclusion of CCS Under the Australian Emissions Reduction Fund ［EB/OL］. （2021 - 10 - 01）［2024 - 10 - 04］. https：//www. globalccsinstitute. com/news-media/press-room/media-releases/institute-welcomes-inclusion-of-ccs-under-the-australian-emissions-reduction-fund/.

③ Department of Climate Change，Energy，Environment and Water. The Australian Carbon Credit Units（ACCUs）Implementation Plan ［EB/OL］（2023 - 06 - 09）［2024 - 10 - 04］. https：//www. dcceew. gov. au/about/news/accus-imple-mentation-plan.

④ CO_2 CRC. CO_2 Capture Technologies ［EB/OL］. https：//CO_2 crc. com. au/research/capture-research/#anchor-1.

⑤ Hakirevic Prevljak，Naida. Study：Low-pressure CO_2 ship transport chain is technically feasible ［EB/OL］. （2024 - 07 - 08）［2024 - 10 - 15］. https：//www. offshore-energy. biz/study-low-pressure-CO_2-ship-transport-chain-is-technically-feasible/.

扩大储罐容量，实现更大规模的二氧化碳运输，进一步降低造船与运输成本。

在碳的利用与封存方面，澳大利亚在 1999～2003 年，已完成了对近 90 个潜在地点的全面封存适宜性评估，并在充分考虑经济可行性的基础上，对碳源与封存地点进行了科学合理的匹配①。此后，CO_2CRC 更是设立了专门的碳封存示范中心，专注于封存技术和监测技术的研发与创新，不断推动该领域的技术进步。澳大利亚宣布的多个项目均以直接封存为主，充分展示了该国在碳封存技术上的成熟度和监管体系的完善性。同时，澳大利亚也在积极探索二氧化碳的多样化利用。CSIRO 发表的《二氧化碳利用路线图》规划了利用新兴碳捕集与利用技术推动产业发展与减排的详细路径，涵盖直接利用、矿物碳化、化学转化及生物转化等多个领域，为二氧化碳的多元化利用提供更多可能性②。此外，墨尔本皇家理工学院的研究团队取得了显著突破，他们利用特定的镓铟合金，成功将二氧化碳分解为有价值的反应产物（Zuraiqi et al, 2022）。

（四）澳大利亚 CCUS 融资渠道

1. 政府的资助与补贴

政府的资助与补贴是澳大利亚 CCUS 项目融资的重要渠道，包括直接提供资金支持、设立专项基金或资助计划来支持 CCUS 项目的研发和应用。由澳大利亚政府设立的低排放技术示范基金（LETDF）已为多个 CCUS 项目提供资金补助，其中包括当前已经运营的 Gorgon CCS 项目③。

---

① Geoscience Australia. Carbon Capture and Storage (CCS) ［EB/OL］. （2023 - 11 - 20）［2024 - 10 - 15］. https：//www. ga. gov. au/scientific-topics/energy/resources/carbon-capture-and-storage-ccs/geological-storage-studies.

② 中国科学院科技战略咨询研究院. 澳大利亚 CSIRO 发布碳利用技术路线图 ［EB/OL］.（2021 - 11 - 29）［2024 - 10 - 15］. http：//www. casisd. cn/zkcg/ydkb/kjqykb/2021/202110/202111/t20211129_6273151. html.

③ Global Energy Monitor. Low Emissions Technology Demonstration Fund ［EB/OL］. https：//www. gem. wiki/Low_Em-issions_Technology_Demonstration_Fund#cite_note-2.

2021 年，政府宣布投入高达 2.5 亿美元的资金，用于支持 CCUS 技术的创新和基础设施建设。具体而言，1 亿美元被用于支持碳捕集枢纽和共享基础设施的设计与建设，另 1.5 亿美元则用于资助碳捕集技术的研发与商业化，并寻找可行的碳储存地点。① 此外，政府还通过碳捕集技术计划（Carbon Capture Technologies Program，CCTP）在 2024 年向七个项目提供了 6500 万美元的资金支持。这些资金将专门用于研究和开发捕集与利用二氧化碳的新方法，重点针对难减排行业，如水泥制造业。同时，也支持直接从大气中去除二氧化碳的项目，以进一步推动减排目标的实现。②

2. 私营企业参与投资

在澳大利亚，众多私营企业也正积极参与并投资于 CCUS 项目，特别是石油与天然气生产加工领域的能源公司，展现了它们在应对全球气候变化挑战与实现可持续发展目标方面的承诺与积极努力。Santos 公司，作为澳大利亚国内知名的天然气供应商以及亚洲液化天然气市场的重要参与者，为澳大利亚的许多 CCUS 项目都进行了投资，比如 Moomba CCS、Darwin and Bayu-Undan CCS 和 Western Australia CCS 等。国际能源巨头雪佛龙很早就开始在全球范围内正式部署 CCUS 技术，以降低其现有资产的碳强度。它除了是加拿大 Quest CCS 项目的核心投资者之一，雪佛龙还与合作伙伴，共同推进澳大利亚 Gorgon CCS 项目的建设与发展。雪佛龙还正考虑在美国投资 CCUS 项目，进一步体现了其在环保领域的深厚底蕴与长远规划，为全球能源行业的绿色转型树立了典范。对于私营企业而言，采用与投资 CCUS 技术不仅能够显著降低运营过程中的碳排放成本，还能在碳交易市场中占据优势地位，实现经济效益与环境效益的双赢。随着技术的不断成熟与应用范围的扩大，CCUS 还有望提升能源利用效率，增强

---

① Minister for Industry, Science and Energy. Boost Carbon Capture, Use and Storage Hubs and Technolo-gies [EB/OL]. (2021 – 9 – 30) [2024 – 10 – 15]. https：//www. minister. industry. gov. au/ministers/taylor/media-releases/boost-carbon-capture-use-and-storage- hubs-and-technologies.

② Department of Climate Change, Energy, Environment and Water. Carbon Capture Technologies Program-grant recipients announced [EB/OL]. (2024 – 7 – 23) [2024 – 10 – 15]. https：//www. dcceew. gov. au/about/news/carbon-capture-tec-hnologies-program-grant-recipients-announced.

企业市场竞争力，为全球能源结构的优化与可持续发展贡献力量。

（五）澳大利亚 Gorgon CCS 项目

Gorgon CCS 项目坐落于西澳大利亚西北海岸的巴罗岛，原定于 2016 年投入运营，但受技术因素影响，推迟了 3 年，最终在 2019 年正式启动。该项目旨在从澳大利亚西部 Gorgon 油田开采的天然气中分离并捕集二氧化碳。随后，这些被液化的二氧化碳将被安全地注入地下约 2.5 千米处的咸水层，并对二氧化碳进行长期监测以确保其安全性。该项目的主要信息如表 4 - 2 所示。

表 4 - 2 澳大利亚 Gorgon CCS 项目的核心参数

项目名称	Gorgon CCS
运营时间	2019 年
二氧化碳来源	Gorgon 天然气加工厂
捕集地点	巴罗岛
二氧化碳运输类型	管道运输
二氧化碳封存类型	直接封存
封存地点	巴罗岛
运营商	雪佛龙
项目目标	400 万吨/年
运行时长	40 年

资料来源：Greg Leamon. Site selection-Gorgonn carbon dioxide injection project [EB/OL]. https：//unfccc. int/files/methods/other_methodological_issues/application/pdf/gorgon_co2_injection_project_new. pdf.

1. 项目实施历程

Gorgon CCS 项目最早可追溯到 1980 年，当时西澳大利亚石油有限公司（WAPET）在巴罗岛以西的深水域中发现了 Gorgon 油田。随后，雪佛龙接管了巴罗岛的石油与天然气勘探和生产业务。该项目经历了前端工程设计、基础设施建设、启动二氧化碳捕集与封存设施等多个阶段，截至 2024 年成功封存了近 1000 万吨二氧化碳。整个实施过程中，项目在技术和资金方面都面临着巨大的挑战。然而，Gorgon CCS 项目的成功运营不仅彰显了澳大利亚政府在减排方面的坚定决心，还体现了私营企业在社会责任方面的积极担当。表 4 – 3 展示了项目实施的时间进程和重要阶段。

表 4 – 3　　　　　　　　　　**Gorgon CCS 项目实施进程**

年份	项目阶段
1980	WAPET 发现 Gorgon 油田
1999	雪佛龙澳大利亚子公司接管油气勘探与生产业务
2005	埃克森美孚、壳牌投资该项目 雪佛龙宣布 Gorgon 项目已进入前端工程设计（FEED）
2007	政府批准该项目的环境审核
2009	雪佛龙宣布 Gorgon 项目的最终投资决定
2019	CCS 设施启动

资料来源：Chevron Australia. Gorgon project milestones summary ［EB/OL］. https：//australia. chevron. com/－/media/australia/our-businesses/documents/gorgon-project-milestones-fact-sheet-2021. pdf.

2. 项目实施细节

（1）碳捕集。该项目位于西澳大利亚西北海岸，离岸距离在 90 ~ 160 千米的多个大型气田的天然气开采与液化处理，包括 Gorgon 与 Jansz 气田。Gorgon 油田所开采的天然气中，二氧化碳含量高达 12% ~ 16%，而 Jansz 油田的相应含量则显著较低，仅为 0.2%。天然气从 Gorgon 与 Jansz 油气田开采后被运输至巴罗岛（Barrow Island），进行专业的液化处理。在天然气液化过程中，通过三个高效的酸性气体去除装置（AGRU），这些装置能够将二氧化碳从天然气气流中分离出来。分离出的二氧化碳随后被压缩至超临界状态（具体条件为压力达到 190bar，温度设定为 60℃）（Ishtar Barranco，2021）。之后，这些分离出来的二氧化碳将通过专门的管道系统，被安全、高效地输送至指定的封存地点。

（2）碳运输。该项目采用管道运输作为二氧化碳的输送方式，这一选择是基于二氧化碳将被直接注入巴罗岛下方的深层地层，运输距离得以大幅度缩减，因此，仅需铺设 7 千米的管道，即可完成二氧化碳的运输。同时，考虑到环境、天气、风等因素可能对管道内二氧化碳的温度产生影响，影响其密度，进而影响其运输效率和安全性。为了应对这些潜在的挑战，项目采取了将管道埋入地下的处理措施（Trupp et al, 2013）。这种做法不仅显著减轻了因温度降低可能带来的风险，还有效降低了整个项目的建设和运营成本。

（3）碳封存。经过管道运输的二氧化碳被封存在巴罗岛下方约 2.5 千米处的含盐储层 Dupuy 地层，计划每年注入 330 万～400 万吨二氧化碳，截至 2024 年 6 月，该项目累计注入超过 950 万吨二氧化碳①。该项目的封存基础设施包括 3 个钻井中心的 9 口 CO_2 注入井、2 个压力管理钻井中心和 2 个储层监测井。其中，压力管理中心的任务是抽取 Dupuy 地层中的水，并将其重新注入较浅的 Barrow Group 地层，以维持前者的压力稳定（Ian Gladman, 2023）。

（4）运营与监管。Gorgon 项目由雪佛龙澳大利亚子公司运营，持股 47.3%，其合作伙伴包括埃克森美孚（25%）、壳牌（25%）的澳大利亚子公司，以及少数股权持有者，如大阪天然气、东京天然气和 JERA。雪佛龙承诺在 5 年内将天然气开采与加工过程中产生的 80% 的二氧化碳进行封存，提出 400 万吨/年的封存目标。然而，实际操作中，提取出来的水中沙子含量超出预期，导致注水井堵塞，进而影响了二氧化碳的注入效率。在首年运营中，Gorgon 项目的二氧化碳注入量约 226 万吨，未达 400 万吨的年度预期。对此，雪佛龙迅速响应，计划升级两个压力管理站的地面设施，包括改造并增设注水井以提升取水及 CO_2 注入能力②。公司提出补偿方案，包括向西澳大利亚州低碳项目投资 4000 万澳元，并购买温室

① Chevron Australia. Reducing Greenhouse Gas Emissions for a Lower Carbon Future: Gorgon Carbon Capture and Storage Project [EB/OL]. https://australia.chevron.com/what-we-do/gorgon-project/carbon-capture-and-storage.

② Upstream. Chevron's flagship Gorgon CCS project still failing to live up to expectations [EB/OL]. (2022–02–10) [2024–10–15]. https://www.upstreamonline.com/energy-transition/chevrons-flagship-gorgon-ccs-project-still-faili-ng-to-live-up-to-expectations/2-1-1166185.

气体抵消额度，以填补 523 万吨的注入缺口①。尽管初期未完全达标，但截至 2021 年，Gorgon 项目已捕集 500 万吨二氧化碳，这一成绩在同类 CCS 系统中位居前列②。

3. 项目影响

Gorgon 项目包括三条液化天然气生产线、一座家用天然气厂以及先进的二氧化碳捕集与封存设施。在其建设与运营过程中带来了显著的经济、社会与环境效益③。

（1）经济影响方面。该项目为澳大利亚的国内生产总值贡献了 4400 亿美元的增量，并助力联邦政府收获了 690 亿美元的税收④。

（2）社会影响方面。Gorgon 项目在澳大利亚创造了超过 60000 个直接或间接的工作岗位，建设高峰期更是直接雇用了超过 10000 名工人⑤。项目积极与当地供应商和承包商合作，推动了当地企业的发展，并为土著人群体提供了宝贵的教育、培训及就业机会。2023 年，雪佛龙澳大利亚在 Gorgon 项目中提供了 19 个现场学徒和培训机会，其中 4 名学徒已成功完成培训。此外，通过与 Stars Foundation 的合作，项目还为 540 名土著女孩提供了支持，其中 78% 的参与者成功进入了进一步的学习或工作领域（Chevron Australia，2023）。

（3）环境影响方面。Gorgon 项目通过捕集与封存天然气开采中的二氧化碳，有效减少温室气体排放以应对气候变化。同时，项目严格执行检

---

① Institute for Energy Economics and Financial Analysis（IEEFA）. If Chevron，Exxon，and Shell Can't Get Gorgon's Carbon Capture and Storage to Work，Who Can？［EB/OL］.（2022 – 04 – 26）［2024 – 10 – 15］. https：//ieefa. org/articles/if-chevron-exxon-and-shell-cant-get-gorgons-carbon-capture-and-storage-work-who-can.

② Upstream. Blow for CCS：Chevron's giant carbon capture project falling short of targets［EB/OL］.（2021 – 07 – 19）［2024 – 10 – 15］. https：//www. upstreamonline. com/energy-transition/blow-for-ccs-chevrons-giant-carbon-capture-project- falling-short-of-targets/2 – 1 – 1041696.

③ 基于 Gorgon 整体项目，包括 CCS 项目。

④ Chevron Australia. Gorgon overview［EB/OL］. https：//australia. chevron. com/ – /media/australia/publications/documents/gorgon-overview--fact-sheet. pdf.

⑤ Chevron Australia. Gorgon Project［EB/OL］. https：//australia. chevron. com/what-we-do/gorgon-project.

疫管理,全力保护巴罗岛生物多样性及生态系统平衡①。

二、代表性案例——挪威

挪威在碳捕集、利用与封存(CCUS)技术方面的发展始于20世纪80年代初,1991年挪威实行了碳税制度,这一政策提高了化石燃料的消费成本,极大地促进了CCUS技术的发展②。表4-4提供了挪威在CCUS技术领域的主要项目概览。1996年,挪威成功地完成了世界上首个将二氧化碳注入地下咸水层的项目——斯莱普内尔(Sleipner)③。继该项目之后,2008年斯诺赫维特(Snøhvit)项目开始在巴伦支海海底进行二氧化碳的封存,该项目通过在Snøhvit气田的Tubåen咸水层中注入二氧化碳,每年捕集并封存约70万吨二氧化碳,相当于减少了大约40万辆汽车的排放量。Sleipner项目采用海上平台分离后封存或驱替的模式,而Snøhvit项目则通过陆地碳源运输至海上平台进行驱油或封存(黄杰等,2024)。在2024年投运的北极光(Northern Lights)项目是挪威启动的一个重点项目,计划分两个阶段进行,这将是全球首个开放式碳源的CCUS项目。此外,斯迈赫亚(Equinor Smeaheia)项目目标是到2028年投入运营④,哈夫斯特耶尔内(Havstjerne)项目和卢纳(Luna)项目正处于评估阶段⑤。挪威凭借在CCUS领域的领先地位,逐渐发展成为全球CCUS技术的中心之

① Chevron Australia. Managing Our Environmental Footprint [EB/OL]. https：//australia. chevron. com/sustainability/environment.

② 挪威 CCS 发展现状分析 [EB/OL]. (2024 - 09 - 06) [2024 - 12 - 06]. http：//www. sinopecnews. com. cn/xnews/content/2024 - 09/06/content_7105272. html.

③ Sleipner partnership releases CO_2 storage data [EB/OL]. (2019 - 06 - 12) [2024 - 12 - 06]. https：//www. equinor. com/news/archive/2019 - 06 - 12-sleipner-co2-storage-data.

④ The Smeaheia CCS project in Norway-Equinor [EB/OL]. https：//www. equinor. com/energy/smeaheia.

⑤ Global-Status-of-CCS-Report-Update-23-Nov. pdf [EB/OL]. [2024 - 12 - 06]. https：//res. cloudinary. com/dbtfcnfij/images/v1700717007/Global-Status-of-CCS-Report-Update-23-Nov/Global-Status-of-CCS-Report-Update-23-Nov. pdf? _i = AA.

一，通过技术创新、基础设施建设、政策支持、商业应用和国际合作等方面的优势，挪威将继续在全球气候行动和可持续发展中发挥重要作用。

表 4-4　　　　　　　　　　　挪威主要的 CCUS 项目

项目名称	开始年份	CO_2 封存量	封存地点	项目现状	作业模式
Sleipner	1996 年	100 万吨/年	Utsira 地层，该地层位于海面以下 800 ~ 1000 米处	运行	海上平台分离后封存或驱替
Snøhvit	2008 年	70 万吨/年	Tubåen 地层	运行	陆地碳源运输至海上平台进行驱油或封存
Northern Lights	2024 年	第一阶段 150 万吨/年，第二阶段 500 万吨/年，其累计目标是至少封存 1 亿吨	北海海床下 2600 米处的咸水层	最终投资决定	分布式区域中心
Equinor Smeaheia (Norway)	2028 年	预计至少 500 万吨/年	西海岸外的北海海底	开发阶段	—
Wintershall Dea Havstjerne	评估中	预计高达 700 万吨/年	斯塔万格 (Stavanger) 西南 135 千米处	获得二氧化碳封存许可证	德国和挪威合作开发的大规模 CCS 项目
Wintershall Dea Luna	评估中	预计高达 500 万吨/年	卑尔根 (Bergen) 以西 120 千米处	获得二氧化碳封存许可证	德国和挪威合作开发的大规模 CCS 项目

（一）挪威 CCUS 的应用领域

从行业分布来看挪威的 CCUS 项目在多个关键领域展现出其广泛应用性，尤其是在那些难以实现减排的关键领域也逐渐被探索和应用，包括水泥、钢铁和化工行业，以及发电、化肥、氢能制造和废物处理等。通过在这些领域应用 CCUS 技术，可以减少温室气体排放，提高能源效率，促进可持续发展。

在石油与天然气开采领域，挪威的 CCUS 技术日臻成熟，并实现了广泛应用。通过该技术，油气开采过程中产生的二氧化碳得以捕集并安全封存于地下岩层，既提升了能源开采的环保性能，又大幅减少了碳排放。Sleipner 项目自 1996 年起便持续运行，每年封存约 100 万吨二氧化碳，成为全球范围内持续时间最长的二氧化碳封存典范①。2008 年的 Snøhvit 项目将 CCUS 技术应用于液化天然气生产过程中，将来自 Snøhvit 油田的二氧化碳通过管道输送到 Tubåen 地层进行储存②。

此外，挪威的 CCUS 项目还在工业生产领域得到应用，例如水泥、钢铁和化工等高排放行业。2020 年 12 月，挪威政府对世界上第一个在水泥厂建设的全规模碳捕集工厂给予了最终批准和支持③。计划 2024 年投运的北极光项目在第一阶段主要捕集的是布雷维克水泥厂（Brevik cement plant）和一家废弃物转制能源厂（Celsio）排放的二氧化碳。

布雷维克（Brevik）CCS 旨在为海德堡材料公司（Heidelberg Materials）位于挪威布雷维克的水泥厂建造一个开创性的碳捕集设施，是北极光项目的重要组成部分。海德堡材料公司的布雷维克水泥厂报告称一旦投入运营，布雷维克工厂的设施每年将捕集 40 万吨二氧化碳，相当于工厂排放量的 50%④。CCS 工厂目前正在建设中，计划在 2024 年底完成机械竣工。在 2025 年，将开始在布雷维克生产和供应 evoZero。evoZero 是世界上第一种 CCS 水泥，它能够在不降低强度和质量的情况下实现净零混凝土⑤。

哈夫斯隆德·奥斯陆·塞尔西奥（Hafslund Oslo Celsio）是挪威最大

---

① Sleipner partnership releases CO2 storage data［EB/OL］.（2019 – 06 – 12）［2024 – 12 – 06］. https：//www. equinor. com/news/archive/2019 – 06 – 12-sleipner-co2-storage-data.

② Carbon storage started on Snøhvit［EB/OL］.（2008 – 04 – 23）［2024 – 12 – 06］. https：// www. equinor. com/news/archive/2008/04/23/CarbonStorageStartedOnSnhvit.

③ Brevik CCS 项目网站，https：//www. brevikccs. com/en/about-the-project。

④ The world's first carbon captured net-zero cement［EB/OL］. https：//www. evozero. com/.

⑤ Brevik CCS-World's first CO_2-capture facility in the cement industry［EB/OL］. https：// www. brevikccs. com/en.

的区域供热供应商，运营着位于奥斯陆市克莱梅茨鲁德（Klemetsrud）的垃圾焚烧发电厂，Hafslund Oslo Celsio 正致力研发并实施全球首个全面的垃圾焚烧发电 CCS 项目，计划为其垃圾焚烧发电厂配备碳捕集设施，每年可捕集多达 400000 吨二氧化碳，相当于大约 200000 辆汽车的年排放量。为全球垃圾处理与能源转换行业树立了新的标杆①。

挪威的 CCUS 项目已从石油、天然气和电力等传统高碳排放行业扩展至水泥、钢铁和废物处理等难以减少排放的领域。这种跨行业的技术应用表明，CCUS 技术在不同工业部门中具有广泛的应用前景和巨大的发展潜力。

（二）挪威 CCUS 的优势条件

1. 丰富的排放源和广阔的地下储层

挪威拥有丰富的二氧化碳排放源和广阔的地下储层，这为 CCUS 项目的建设提供了得天独厚的条件。

首先，挪威的工业和能源结构导致了大量的二氧化碳排放。例如，挪威拥有大规模的石油和天然气产业，这些产业在生产过程中会产生大量的二氧化碳排放。图 4-1 展示了 1990~2022 年挪威按能源分类的二氧化碳排放量。从图 4-1 中可以看出，挪威的二氧化碳排放量在不同能源类型之间呈现出一定的差异。石油和天然气作为挪威的主要能源，其生产过程中产生的二氧化碳排放量相对较高，这也是挪威工业和能源结构特点的直接体现。此外，挪威的化工、钢铁和化肥等工业生产过程也会产生一定量的二氧化碳排放，这些排放源为 CCUS 项目的建设提供了充足的二氧化碳供应。《2024 年挪威经济长期展望》白皮书中指出，挪威的石油产量目前约占全球原油需求的 2%。与此同时，挪威是仅次于俄罗斯、卡塔尔和美国的世界第四大天然气出口国。2022 年，俄罗斯基本上关闭了对欧洲的

---

① Meet the Partners Hafslund Oslo Celsio［EB/OL］. https：//www.projectaccsess. eu/partners/hafslund-oslo-celsio/.

所有天然气供应，这使挪威成为欧洲最大的天然气供应国①。

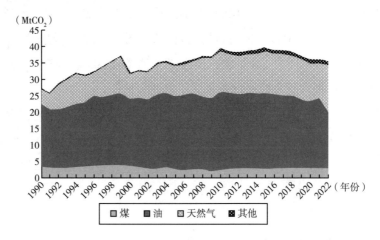

图 4 – 1　1990～2022 年挪威能源行业二氧化碳排放量

资料来源：国际能源署。

　　其次，挪威的地理位置为其提供了优越的地下储层。挪威位于欧洲大陆的边缘，经历了长期的地质演变。该地区的地质构造包括沉积岩层、油气田以及复杂的断层和裂缝系统。这些沉积岩层在数百万年的地质过程中形成了良好的封闭环境，使得二氧化碳可以被有效地封存其中。此外，挪威政府也对地质勘探和储层研究进行了大量投入，进一步了解了其地下储层的特征和潜力。因此，从地理条件看挪威拥有良好的二氧化碳封存点。Sleipner 项目是挪威的一个里程碑式的 CCS 项目，自1996 年起开始运营，将二氧化碳安全注入位于北海海底下约 800 米深处的 Utsira 砂岩层。据估计，Utsira 砂岩层的孔隙完全填满需要约 6000 亿吨二氧化碳，这一数量级相当于全球在 20 年时间里产生的二氧化碳总和。② 按照目前的封存速率，即便在 Sleipner 油田的碳氢化合物开采活动结束后，其作为二氧化碳封存场所的功能仍将持续多年。挪威位于北海，

　　① Meld. St. 31（2023 – 2024）［EB/OL］. https：//www. regjeringen. no/contentassets/7400c9 d08a5543b8912fbf700f3344fd/no/pdfs/stm202320240031000dddpdfs. pdf.

　　② Sleipner Fact Sheet：Carbon Dioxide Capture and Storage Project［EB/OL］. https：//sequestra- tion. mit. edu/tools/projects/sleipner. html.

拥有广阔的海域和适合二氧化碳封存的地质结构，这为海底地质构造中二氧化碳的封存提供了理想场所。

北海是欧洲 CO_2 封存的首选地点，挪威、丹麦、英国在北海拥有丰富的地下储层，可以供他们封存多年排放的二氧化碳，其他国家如德国和波兰，有相当大的封存需求，但是封存设施较少，而一些国家根本没有良好的封存点。由于封存地点靠近许多对 CCUS 技术有需求的国家，所以这推动了挪威跨境二氧化碳运输和封存的发展，成为挪威发展 CCUS 项目的巨大潜力。例如比利时和挪威将在二氧化碳的跨境运输和封存方面开展更密切的合作，2022 年双方协议允许将二氧化碳从佛兰芒（Flemish）和瓦隆（Walloon）地区运输到挪威，以便在挪威永久封存[1]。由于封存潜力有限，瑞士也和挪威正在积极探讨 CCS 方面进一步的合作。

欧洲范围内正在制定一系列协议、宣言和备忘录，以促进二氧化碳的跨境合作和运输。丹麦和挪威正在寻求成为欧洲的二氧化碳存储中心，而邻国正在向它们寻求二氧化碳存储机会[2]。通过欧洲国家达成的双边协议数量来看，挪威在欧洲二氧化碳封存领域扮演着重要的角色，它与比利时、法国、德国等其他多个国家积极合作，通过达成一系列双边协议来推动二氧化碳封存技术的发展和应用。

NOR-GE 项目是挪威与德国企业之间的合作典范，德国油气生产商（Wintershall Dea）和挪威国家石油公司（Equinor）正在合作开发一个名为 NOR-GE 的大型 CCS 项目，该项目计划建造一条大约 900 千米长的开放管道连接德国北部的 CO_2 捕集中心和挪威的封存点，并计划在 2032 年之前投入使用。预计每年将有 2000 万 ~ 4000 万吨 CO_2 的输送能力，相当于

---

① Belgium and Norway will work closer on cross-border transport and storage of CO2-regjeringen. no [EB/OL]. (2023 – 04 – 24) [2024 – 12 – 06]. https：//www. regjeringen. no/en/aktuelt/belgium-and-norway-will-work-closer-on-cross-border-transport-and-storage-of-co2/id2973472/.

② Global-Status-of-CCS-Report-Update-23-Nov. pdf [EB/OL]. [2024 – 12 – 06]. https：// res. cloudinary. com/dbtfcnfij/images/v1700717007/Global-Status-of-CCS-Report-Update-23-Nov/Global-Status-of-CCS-Report-Update-23-Nov. pdf？_i = AA.

每年德国工业排放量的大约 20%。①

2. 政策支持

挪威的碳税政策是其气候政策的重要组成部分，旨在通过经济手段减少温室气体排放，积极应对气候变化。表 4 - 5 详细展示了挪威碳税的具体实施情况。挪威从 1991 年开始对矿物产品和大陆架石油活动排放的二氧化碳征税，具体覆盖了包括石油、汽油、天然气、液化石油气（LPG）等在内的矿物产品，此外，还对非配额部门的排放征税，如交通、废物、农业和建筑等领域，征税对象广泛②。2020 年 1 月 1 日之后挪威取消了大多数免税和减税措施，以确保大多数排放源都面临一般税率③。

虽然在消费端征收碳税具有税收来源分散的特点，使得管控难度相对较大，并且可能会对消费者产生一定的负面影响，从而引发较大的社会阻力，但这种做法却符合税收公平原则。更重要的是，它有助于在全社会范围内培养减排意识，使更多人意识到减少碳排放的重要性（张晓舟等，2024）。

表 4 - 5　　　　　　　　　　　　挪威碳税

实行时间	1991 年
征税对象	①覆盖气体：CO_2、CH_4、HFC、PFC
	②涵盖的燃料：柴油；汽油；煤油；喷气燃料；其他油品；液化石油气；天然气；废物作为燃料；非燃料排放
价格范围	619 ~ 1174 挪威克朗/吨二氧化碳当量

---

①　Equinor and Wintershall Dea plan massive CCS project and pipeline from Germany to Norway丨Upstream［EB/OL］.（2022 - 08 - 30）［2024 - 12 - 06］. https：//www. upstreamonline. com/energy-transition/equinor-and-wintershall-dea-plan-massive-ccs-project-and-pipeline-from-germany-to-norway/2 - 1 - 1286545.

②　Avgiftssatser 2020-regjeringen. no［EB/OL］.（2019 - 10 - 07）［2024 - 12 - 06］https：//www. regjeringen. no/no/tema/okonomi-og-budsjett/skatter-og-avgifter/avgiftssatser-2020/id2671008/.

③　CO2-avgiften-regjeringen. no［EB/OL］.（2020 - 01 - 10）［2024 - 12 - 06］. https：//www. regjeringen. no/no/tema/okonomi-og-budsjett/skatter-og-avgifter/veibruksavgift-pa-drivstoff/co2-avgiften/id2603484/.

续表

免税项目	①供应给温室工业的天然气
	②液化石油气（LPG）
征税环节	消费端
实施目的	通过增加碳排放成本减少温室气体排放

挪威在 2022 年将大多数化石燃料的碳税税率提高了 28%，在 2023 年提高了 21%。在 2024 年，政府还提议将非欧盟排放交易体系（ETS）温室气体排放的税率提高 19%。[①]

实施碳税政策为 CCUS 项目间接创造经济效益，已成为一种行之有效的策略。该政策通过提高企业和个人碳排放的经济成本，刺激了对低碳技术及解决方案的市场需求。尽管碳税并非专为 CCUS 项目量身定制的激励措施，但在挪威，这种间接的经济激励对于 CCUS 技术的推广和应用尤为关键。

3. 先进的技术和设施

挪威拥有全球最大的二氧化碳捕集技术测试设施——蒙斯塔德技术中心（TCM），该中心的主要目标是测试、验证和展示与成本效益和工业规模二氧化碳捕集相关的不同技术，同时也为全球碳捕集项目提供咨询服务。TCM 自 2012 年 5 月开始运营，由挪威政府［由挪威天然气运输管理公司（Gassnova）代表］、挪威国家石油公司（Equinor）、道达尔（TotalEnergies）和壳牌（Shell）共同拥有和运营。

TCM 拥有多个测试区域，能够模拟不同工业排放气体，为各种工业规模的碳捕集技术提供测试和验证服务。自 2012 年运营以来，已有多家公司在 TCM 测试了他们的技术，包括阿克尔碳捕集公司（Aker Carbon Capture）、阿尔斯通［Alstom（现为 GE）］、碳捕集解决方案企业（Carbon Clean

---

[①]　Compliance Factsheets | Carbon Pricing Dashboard［EB/OL］.（2023 – 04 – 01）［2024 – 12 – 06］. https：//carbonpricingdashboard. worldbank. org/compliance/factsheets？instrument = ETS_EU.

Solutions)、ION 清洁能源公司（ION Clean Energy）、美国 MTR（Membrane Technology Research）、福陆（Fluor）、三菱工程（Mitsubishi Engineering，MHI）和非营利性研究机构 RTI International 等①。这些测试活动有助于降低 CCUS 技术部署的风险，提高技术的可靠性、安全性和成本效益。此外，TCM 还参与了多个研究项目，如 ALIGN – CCUS 项目，该项目旨在通过测试先进的胺基溶剂（如 CESAR1 溶剂）来加速工业和电力部门向低碳排放的转型。

TCM 在这些项目中的作用是验证和优化碳捕集技术，为大规模部署 CCUS 提供支持，在挪威乃至全球的 CCUS 技术发展中扮演着关键角色，TCM 的运营不仅有助于成熟技术的进一步发展，也为新兴技术的测试和验证提供了平台，还通过合作和咨询服务促进了 CCUS 技术的商业化和大规模部署。

（三）挪威 CCUS 技术成熟度

挪威在二氧化碳捕集、运输和封存方面已经具备了成熟的技术和丰富的实践经验。挪威已经建设了多个二氧化碳封存设施，并成功应用于实际生产中，取得了良好的效果。

1. 捕集环节

挪威在二氧化碳捕集方面已经具备了较为成熟的技术，涵盖了多种捕集方法和路线，包括燃烧前捕集、燃烧后捕集、富氧燃烧和直接空气二氧化碳捕集等。值得一提的是，挪威工业技术研究院（SINTEF）拥有一个专门用于二氧化碳捕集的研究设施，该设施致力于降低废气的清洁成本。挪威工业技术研究院（SINTEF）成功开发出了一种低成本工业烟道废气 CO_2 捕集方法（SARC CO_2 捕集技术），该技术采用真空热泵技术，仅需电

---

① Carbon capture and storage-Norwegianpetroleum. no［EB/OL］.（2024 – 10 – 24）［2024 – 12 – 06］. https：//www. norskpetroleum. no/en/environment-and-technology/carbon-capture-and-storage/.

力，无须燃烧，成本可低至 28 欧元/吨，相比目前最经济的碳捕集方法，成本降低了约 12.5%。该技术的开发为水泥、化肥等工厂的碳捕集技术改造提供了更经济的解决方案，目标是将成本进一步降低至 21 欧元/吨①。

2. 运输环节

在二氧化碳的运输方面，挪威主要采用管道运输方式。目前已经建设了多条长距离的管道，用于将捕集的二氧化碳从生产地运输到封存地点。管道运输效率高、安全性好，适合大规模、长距离运输，但首先需要解决管道基础设施建设问题。Equinor 和比利时天然气基础设施公司（Fluxys）两家公司已同意共同开发一个大型海上管道运输的基础设施项目，包括一条由 Equinor 运营的 1000 千米二氧化碳出口管道干线，该管道将连接比利时与挪威，计划每年运输 2000 万 ~ 4000 万吨二氧化碳至挪威大陆架海底的安全永久储存点，满足多个欧洲工业参与者对碳捕集和储存（CCS）技术日益增长的需求。目前处于可行性研究阶段，预计 2025 年作出投资决策②。

此外，挪威也在研究其他运输方式，如罐车和船舶运输等，以适应不同场景的需求。CCUS 项目二氧化碳排放源分布分散，当没有现成的管道设施而且当运输量较小时，罐车运输具有较高的灵活性和运输效率，灵活调整运输路线，适应性强，但长距离运输成本较高。相对于罐车运输方式，船舶运输在长距离运输上的成本较低（阳平坚等，2024）。挪威北极光项目将是第一个通过船舶运输液态二氧化碳（LCO_2）的项目。2022 年 12 月，川崎汽船株式会社（"K"Line）与北极光合资公司（Northern Lights JV DA）签订了两艘 7500 立方米液态二氧化碳（LCO_2）船舶的长期租赁合同。这些船舶将从包括 Norcem Brevik 和 Hafslund Oslo Celsio 在内

---

① 挪威工业技术研究院（SINTEF）开发出低成本工业二氧化碳捕集技术 - 中华人民共和国科学技术部［EB/OL］.（2021 - 04 - 08）［2024 - 12 - 06］. https：//www. most. gov. cn/ztzl/gn-wkjdt/202104/t20210408_173998. html.

② Fluxys and Equinor launch solution for large-scale decarbonisation-Equinor［EB/OL］.（2022 - 06 - 29）［2024 - 12 - 06］. https：//www. equinor. com/news/fluxys-and-equinor-launch-solution-large-scale-decarbonisation.

的多个二氧化碳捕集设施开始运输液态二氧化碳（LCO$_2$），运输工作将于2024 年开始[①]。

3. 封存环节

在二氧化碳的封存方面，与常见的使用枯竭的油气田地质碳封存不同，挪威充分利用地理条件采用了咸水层封存的方式进行二氧化碳的封存，利用其地质结构的密封性进行封存。咸水层封存在全球范围内被视为一种具有巨大潜力的二氧化碳封存方式，深部咸水层构造的储存容量通常很大，可以容纳大量二氧化碳。表 4 - 6 介绍了挪威三个典型的海洋碳封存项目。挪威的海洋碳封存技术从 1996 年以来经历了三个阶段的发展，从最初的以海上油气田自产气回注咸水层或提高油气采收率为主，到陆地终端处理后的 CO$_2$ 通过长距离海底管道输送封存，再到现在的全球首个开放式碳源封存项目，不断推动着全球气候行动和可持续发展（周守为等，2024）。

表 4 - 6 　　　　　　　　　　挪威典型的海洋碳封存项目

项目名称	投运年份	CO$_2$来源	CO$_2$封存量 （10^6t·a^{-1}）	封存类型	备注
Sleipner	1996	伴生气	1	咸水层	全球首个海洋碳封存项目
Snøhvit	2008	伴生气	0.7	咸水层	全球首个离岸封存
Northern Lights	2024	开放式碳源	1.5（Ⅰ期） 5（Ⅱ期）	咸水层	全球首个开放式碳源

资料来源：周守为，李清平，朱军龙，等. CO2 海洋封存的思考与新路径探索 [J]. 天然气工业，2024，44（4）：1 - 10，199.

挪威在碳捕集、运输与封存环节都拥有成熟的技术，应进一步强化技术研发与创新，力求在每一个技术环节上都实现降低成本并且推动商业化进展，从而提升 CCUS 项目的接受度。

[①] Global-Status-of-CCS-Report-Update-23-Nov. pdf ［EB/OL］. ［2024 - 12 - 06］. https：//res. cloudinary. com/dbtfcnfij/images/v1700717007/Global-Status-of-CCS-Report-Update-23-Nov/Global-Status-of-CCS-Report-Update-23-Nov. pdf? _i = AA.

（四）挪威 CCUS 的融资渠道

CCUS 项目的资金来源主要有政府资金支持和私营部门投资等多种形式。

挪威政府为推动 CCUS 项目的发展，出台了一系列资金层面的支持措施：财政直接投资、资金资助计划、可行性研究补助金和设立专项基金等。挪威政府投入超过 20 亿欧元，承担了北极光基础设施和其他两个挪威捕集项目的大约 2/3 的费用①。北极光基础设施作为挪威目前重点 CCUS 项目的关键部分，其建设和运营在初期需要巨额资金支持。挪威政府的这笔投资不仅确保了项目的资金需求得到满足，还为其商业化运营提供了支持和保障。通过这样的投资，挪威政府展现了对 CCUS 技术的坚定承诺，为全球范围内应对气候变化和推动可持续发展树立了典范。

挪威政府的大力投入保证了在支持 CCUS 技术发展战略中占据核心地位，更好地发挥了政府的作用，政府干预之外又积极采用市场化经营管理模式，强化与其他大型企业的联系，注重协同管理。在挪威，许多私营企业，尤其是石油和能源行业的领军企业，如阿克尔集团、挪威国家石油公司和壳牌，已成为 CCUS 项目的重要投资方和技术后盾。这些能源巨头认识到 CCUS 技术在全球气候变化应对中的关键作用，并预见到其在高排放行业中的广泛应用前景。为了抢占先机，Aker、Equinor 和 Shell 不仅通过直接投资为项目注入启动和运营资金，还与学术机构、科研机构和政府机构联手，共同促进 CCUS 技术的创新与应用。

挪威还在 CCUS 领域与许多国际组织和企业建立了合作关系，通过国际合作和援助机制，获得额外的资金和技术支持。欧盟创新基金是一个在 2021～2030 年为创新的低排放技术示范项目提供资金的欧洲资助计划。该基金的目标是促进实现欧洲在《巴黎协定》下的具体贡献和到 2050 年在

---

① CCUS-Playbook ＿ EN ＿ 2023. pdf, https://ccushub.ogci.com/wp-content/uploads/2023/06/CCUS-Playbook_EN_2023. pdf。

欧洲实现净零排放的目标。该基金将为可再生能源、能源密集型产业、能源储存和 CCS 等技术项目提供资金。例如，挪威与欧盟合作开展多个 CCUS 项目，并获得欧盟的资金支持。在北极光项目中排放企业在第一阶段主要获得欧盟创新基金、连接欧洲基金（Connecting Europe Facility）提供的资本补助和运营支出支持。[①]

（五）挪威 CCUS 的成本分析

在挪威，CO_2 碳税的水平是影响 CCUS 项目经济性的关键因素。挪威的 Sleipner 项目是全球首个商业化的 CCS 项目，自 1996 年以来一直在北海运营。该项目的总成本约为 1.66 亿美元，其中资本性支出为 0.9 亿美元，运营费用为 0.7 亿美元。Sleipner 项目的促成主要是由于挪威较高的 CO_2 排放税，这使得 CCS 操作比起简单地分离并释放二氧化碳到大气中更具经济性（魏海峰，2024）。虽然碳税政策会对一些高排放行业带来一定的经济负担，但这也为企业提供了动力，促使它们采取节能减排措施、改进生产工艺和技术、提高能源利用效率。这种技术创新和改进不仅有助于降低企业的生产成本，还能推动 CCUS 技术的发展，对于挪威 CCUS 项目的长期实施和商业化运营具有积极意义。

在挪威推动 CCUS 技术向商业化转型的过程中，虽然已经取得了一定的进展，但也面临了一些挑战，尤其是成本问题。CCUS 项目往往需要巨额的前期资本投入，这包括碳捕集设施、二氧化碳的运输设备以及地下封存设施的建设等，这些都需要大量的资金支持。由于成本过高问题，Celsio Oslo 项目已暂时停止运营[②]。Celsio Oslo 项目将接收北极光项目提供的二氧化碳运输和储存服务，由于通货膨胀、地缘政治不稳定和克朗汇率贬值，设备交付价格的急剧上涨将导致该项目成本估算超出投资预算，在收

---

① 230531_CCUS Playbook_CN. pdf，https：//info. ogci. com/hubfs/CCUS%20Hub%20Playbook%20Translations/230531_CCUS%20Playbook_CN. pdf。

② CCS-in-Europe-Report_updated-15–12–23. pdf，https：//www. globalccsinstitute. com/wp-content/uploads/2023/12/CCS-in-Europe-Report_updated-15–12–23. pdf。

到高于预期成本估算后，该设施暂停了捕集工厂的安装工作。2023 年 4 月
26 日，Hafslund Celsio 宣布该碳捕集项目进入成本削减阶段。在 Celsio
Oslo 项目暂停期间，公司采取了多项措施来降低成本，以期在未来重新启
动项目。作为成本降低阶段的一部分，引入了新的供应商来提供可以降低
成本的替代解决方案①。2023 年 11 月，Celsio 与挪威阿克碳捕集公司
（Aker Carbon Capture，ACC）和阿克公司（Aker Solutions）达成协议，将
进行一项新的前端工程设计（FEED）研究。FEED 研究涉及所选解决方
案的细化和优化，并将成为未来工程、采购、施工、安装和调试合同
（EPCIC）的框架②。

挪威 CCUS 项目的成本受到多种因素的影响，包括碳税政策、成本构
成、前期投资以及政策环境等。为了克服成本挑战并实现商业化运营，挪
威需要继续加强技术创新、优化流程、降低成本，并充分利用有利的政策
环境来推动 CCUS 技术的发展和应用。

（六）挪威北极光项目

北极光（Northern Lights）是由挪威国家石油公司（Equinor）、壳牌
（Shell）和道达尔（Total）共同投资的一项 CCUS 项目，也是挪威首个贯
穿整个大陆架的 CCS 项目。该项目已于 2020 年底获得最终的投资决定，
2024 年 9 月 26 日在厄于加伦（Øygarden）地区正式揭幕了已完成的二氧
化碳接收设施。这一里程碑式的进展标志着该项目已按照既定计划和预
算，按时为客户交付了陆上和海上基础设施，并现已准备就绪，可以接收

---

① Karbonfangstprosjektet på Klemetsrud gjennomfører en kostnadsreduserende fase｜Hafslund Oslo
Celsio［EB/OL］. （2023 – 04 – 26）［2024 – 12 – 06］. https：//kommunikasjon. ntb. no/pressemelding/
17964354/karbonfangstprosjektet-pa-klemetsrud-gjennomforer-en-kostnadsreduserende-fase? publisherId =
17848166&lang = no.

② Aker Solutions awarded FEED for Celsio's CCS Terminal at the port of Oslo. ｜Aker Solutions
［EB/OL］. （2024 – 02 – 12）［2024 – 12 – 06］. https：//www. akersolutions. com/news/news-ar-
chive/2024/aker-solutions-awarded-feed-for-celsios-ccs-terminal-at-the-port-of-oslo/.

来自挪威和欧洲工业的二氧化碳①。

北极光项目包括二氧化碳接收终端、海上管道，以及用于注入和封存二氧化碳的设施。它采用一种公私合作模式，其目标是将二氧化碳从工业生产过程中捕集并使用船舶将其运输到北海下的集体储层进行长期封存。值得一提的是，这个项目提供了一个构想，即建立一个未来的 CO_2 处理网络，可以让北海周围几个国家建立管道和海运基础设施，用船舶或管道将二氧化碳运送到远处的封存点进行集中封存。这种分布方式使得北极光项目并不是一个地理位置上的集中中心，而是一个分散网络。

与通过管道进行本地运输的方式相比，使用船舶进行大规模运输的成本更高。但是它也有一些优势，比如可以支持区域中心逐步发展，并且可以让一个封存设施为多个较小的排放集群提供服务。因此，在某些情况下，与本地式区域中心相比，分布式区域中心可能是一个更好的选择②。

1. 关键信息摘要

北极光项目是全球首个针对开放式碳源的 CCS 项目，表 4 - 7 列示了关键信息。项目的区域中心开发者包括挪威天然气运输管理公司（Gassnova）（第一阶段）和 Northern Lights JV（第二阶段），后者是由挪威国家石油公司（Equinor）、壳牌（Shell）和道达尔（Total）三家公司合作创立的。北极光项目的初始二氧化碳来源包括水泥、垃圾焚烧和化肥厂，而潜在的二氧化碳来源则扩展到氢、生物质、钢铁和炼油厂等更广泛的领域③。

---

① Northern Lights celebrates completion of world's first commercial CO_2 transport and storage service-Northern Lights［EB/OL］.（2024 - 09 - 26）［2024 - 12 - 06］. https：//norlights. com/news/northern-lights-celebrates-completion-of-worlds-first-commercial-co2-transport-and-storage-service/.

② 230531_CCUS Playbook_CN. pdf, https：//info. ogci. com/hubfs/CCUS% 20Hub% 20Playbook% 20Translations/230531_CCUS% 20Playbook_CN. pdf。

③ Hubs-in-Action _ Chinese. pdf, https：//ccushub. ogci. com/wp-content/uploads/2023/09/Hubs-in-Action_Chinese. pdf。

表 4-7 　　　　　　　　　　　　　　北极光项目概况

项目地点	挪威
到 2030 年的潜在影响力	远超 500 万吨二氧化碳/年
区域中心开发者	Gassnova（第一阶段）；Northern Lights JV（第二阶段）
初始二氧化碳来源	水泥、垃圾焚烧、化肥厂
潜在的二氧化碳来源	氢、生物质、钢铁、炼油厂
运输和封存公司	Northern Lights JV（由挪威国家石油公司、壳牌集团和道达尔能源公司合作创立）
运输方式	船舶
封存地点	Aurora 封存库
设施状态	正式投入
投运年份	2024

2. 项目背景与目标

在全球应对气候变化的背景下，碳捕集与封存（CCS）、碳捕集与利用（CCU）技术日益受到重视，尤其在工业领域，CCUS 技术为减少碳排放提供了有效途径。挪威北极光项目通过创新的公私合作模式，通过船舶运输和海底封存，长期封存大量的二氧化碳，实现大规模的二氧化碳减排。北极光项目在 2020 年成功获得了挪威政府约 20 亿欧元的资助，计划一期实现每年永久封存 150 万吨二氧化碳，二期封存能力将扩展至每年 500 万吨以上，其累计目标是至少封存 1 亿吨二氧化碳。[①]

3. 项目实施细节

二氧化碳捕集。挪威政府将补贴80%，项目第一阶段的关键是捕集两家工厂（布雷维克水泥厂和哈夫斯隆德·奥斯陆·塞尔西奥废弃物转制能源厂）每年排放的 80 万吨二氧化碳，两家工厂均位于挪威东部地区。捕集的二氧化碳经过压缩和液化，为后续的运输和封存做准备。

---

① Hubs-in-Action_Chinese. pdf，https：//ccushub. ogci. com/wp-content/uploads/2023/09/Hubs-in-Action_Chinese. pdf。

运输与封存。项目的运输和封存工作由 Northern Lights JV 负责，采用船舶作为主要的运输方式，将捕集的二氧化碳运送运至挪威西部的厄于加伦地区，进而通过管道被永久性地存储在 Aurora 封存库中。具体如图 4-2 所示，这个项目计划将二氧化碳注入和封存在北海海床下 2.6 千米处的咸水层，距离海岸约 110 千米。这样的深度和距离确保了二氧化碳的安全存储，不易泄漏。

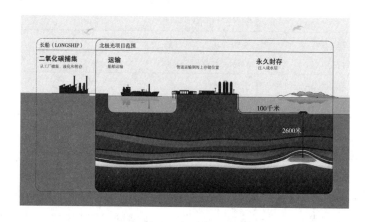

图 4-2　北极光项目示意图

资料来源：Northern Lights. About the Longship project ［EB/OL］. https：//norlights. com/about-the-longship-project/.

合作伙伴与监管。运输和封存事务是由三个石油和天然气巨头——挪威国家石油公司、壳牌集团和道达尔能源公司共同成立的合资企业（Northern Lights）负责处理。这个合资企业不仅具备丰富的经验和专业技术，还拥有必要的设施和资源来完成这项任务。除此之外，政府机构 Gassnova 也发挥着重要的监督作用。他们负责确保项目的合规性和透明度，确保从排放企业到封存设施的价值链得到适当的监管和管理。Gassnova 的职责不仅包括监督项目的运营状况，还包括确保所有相关法规和标准得到遵守，以及与各方利益相关者进行沟通和协调。

4. 项目前景展望

商业潜力巨大。北极光项目的第二阶段计划于 2025 年开始，目标是向欧洲各地的公司提供商业碳封存服务。目前，雅苒国际集团（Yara）和北极光已就运输从荷兰一家氨和化肥厂斯鲁伊斯基尔（Yara Sluiskil）捕集的二氧化碳达成了第一个跨边界二氧化碳运输和封存的商业协议，从 2025 年初开始，80 万吨纯二氧化碳将在荷兰被捕集、压缩和液化，然后被运送到海底 2600 米处的封存点。与 Yara 签署的商业协议是一个重要的里程碑，预示着该项目具有巨大的商业潜力①。

基础设施灵活性。接收站、海上管道和注入基础设施经过特殊设计，具备根据需求进行扩建的能力，每年可容纳超过 500 万吨二氧化碳。这种具备根据需求进行扩建的能力意味着该项目可以适应不断变化的市场需求，进一步增强其商业吸引力。

长期发展潜力。北极光项目已确定了 90 多个合适的捕集地点，并正在探索在该地区建立直接空气捕集设施和其他工业工厂的潜力，该项目具有长期的可持续发展潜力。同时北极光项目已与多个国家和地区的工业区建立了合作关系，并获得了欧盟创新基金的投资。这种国际合作和资金支持表明该项目得到了广泛的认可和支持，有助于其长期发展。

5. 项目影响

创造就业机会。该项目的施工阶段将带来大量工作岗位，运营期间也将直接创造工作岗位，并带动与碳捕集、利用和封存相关的行业发展，为更多人提供就业机会。在北极光项目的施工阶段，预计将产生 1500 ~ 3000 个工作岗位，项目运营期间将直接创造约 170 个工作岗位。此外，通过 CCUS 技术的脱碳或参与碳移除的行业，将进一步创造和保护数千个工作岗位。这些数字充分展现了北极光项目在推动就业方面的积极作用。

应对气候变化。通过捕集和封存二氧化碳，北极光项目有助于减少温

---

① Major milestone for decarbonizing Europe | Yara Internationals［EB/OL］.（2022 – 08 – 29）［2024 – 12 – 06］. https：//www. yara. com/news-and-media/news/archive/news-2022/major-milestone-for-decarbonising-europe/.

室气体排放，减缓气候变化的影响，保护生态环境和人类社会的可持续发展。这不仅对欧洲，而且对全球环境都具有积极意义。

技术示范作用。作为全球范围内的示范项目，北极光项目将为其他国家和地区提供宝贵的经验和技术参考，推动碳捕集、运输和封存技术的进一步发展和普及。

工业脱碳的推动力。该项目达成了世界上第一个跨边界二氧化碳运输和封存的商业协议，这为欧洲重工业的脱碳化打开了新的可能，使得跨边界二氧化碳运输和封存服务得以实现。北极光项目与多个工业区的合作表明，它将成为推动工业脱碳的重要力量，促进欧洲和其他地区实现碳中和目标。

（七）未来发展趋势

挪威作为全球应对气候变化的先行者，在 CCUS 技术的发展上也展现出了积极的态度和明确的发展趋势。以下是挪威未来在 CCUS 领域可能展现的三个趋势。

1. 从点对点模式向枢纽和集群模式转变

从点对点模式向枢纽和集群模式转变，发展产业集群。如 Sleipner 和 Snøhvit 均采用了点对点模式，即直接将单一排放源的 CO_2 运输至封存点。这种模式在管理上相对简单，但成本较高，且对单一排放源的依赖性较强。挪威正在向 CCUS 枢纽和集群模式发展，这种模式通过集中多个排放源，共享运输和封存基础设施，从而降低成本并提高效率。例如，北极光项目就是一个典型的 CCUS 枢纽，它计划连接多个排放源，并利用共享的运输和封存网络运行。

2. 欧洲国家之间将加强跨境合作

欧洲各地正在制定一系列协议、宣言和谅解备忘录，以促进跨境合作和二氧化碳的运输。丹麦、比利时、法国、荷兰、挪威、德国、瑞士和冰岛已经就碳捕集与封存和 CO_2 运输达成了双边协议、发表宣言或进行合作①。

3. 推动 CCUS 项目商业化应用

Sleipner 项目自 1996 年起便持续运行，每年封存约 100 万吨二氧化碳，成为全球范围内持续时间最长的二氧化碳封存的大型商业化典范。在 CCS 基础上又增加利用这一概念，推出 CCUS，延长了碳产业链条，未来通过枢纽中心和集群的规模化运作，挪威的 CCUS 项目能够降低单位 CO_2 封存成本，使得项目更具有商业价值。这种规模化效应有助于形成商业合力，吸引更多的投资，降低单一项目的投资风险（甘满光等，2023）。

三、代表性案例——英国

英国作为欧洲二氧化碳第二大排放国，一直以来致力于减排降碳。从 21 世纪初起，英国开始有计划地推动 CCUS 技术研发，并逐步跻身为全球部署 CCUS 程度最高的五个国家之一（Statista，2023）。这主要得益于英国天然的地理优势，以及政府部署的长期、稳定、支持性的政策环境等因素。为实现其 2025 年"净零排放"目标，英国将以产业集群的方式部署 CCUS 项目，实现所有产业集群 CO_2 排放都能通过管道或船舶等方式运输至海上封存。同时计划在 2030 年前，至少在 4 个工业集群中实现 CCUS 项目部署，这意味着到 2030 年，英国将具备每年捕集和封存 2000 万~3000 万吨二氧化碳的能力（GOV. UK，2023）。

目前，英国规划在 6 个产业集群中部署 CCUS 项目，已批准了 Track-1 和 Track-2 共 4 个集群的 CCUS 项目（见表 4-8）实施。

---

① Global CCS Institute [EB/OL]. https://status23.globalccsinstitute.com/.

表 4-8 英国计划部署的 CCUS 项目概览

项目/集群名称	项目位置	应用行业	进度	排放量（万吨/年）	预计碳捕集、封存量（万吨/年）
Net Zero Teesside Power/East Coast Cluster	英格兰北部的蒂赛德和亨伯	电力、化工行业	Track-1 批准	390	200
Merseyside/Hynet	英格兰西北部和北威尔士	钢铁、油气、水泥行业	Track-1 批准	500	450
Humber/Viking CCS	亨伯	钢铁、油气、化工、水泥行业	Track-2 批准	1000	1000
Scottish Cluster/Acorn CCS	苏格兰东北部	电力、油气行业	Track-2 批准	1020	1000
South Hampton/solent	南安普敦	能源密集型制造业	前期	320	300
Peak Cluster/MNZ	德比郡和斯塔福德郡	水泥、石灰行业	前期	不详	300

资料来源：英国政府（GOV. UK，2024）信息披露。

（一）英国 CCUS 的应用领域

英国气候变化委员会（CCC）表示，CCUS 是向净零目标过渡的"必要条件，而不是选项"，特别是在发电、工业和燃料供应等行业的脱碳中发挥着重要作用。英国作为全球 CCUS 技术的先行者之一，通过行业示范项目建设和政策激励等措施，推动 CCUS 技术逐步从实验室阶段迈向大规模的商业化应用。

1. 电力行业

在英国，电力行业的二氧化碳排放量约占全国碳排放量的 15%（IEA，2024）。近年来，随着可再生能源的广泛应用和燃煤电厂的逐步关闭，电力行业的碳排放占比呈下降趋势，但仍是英国未来数十年内温室气体排放的重要来源之一。因此，英国政府明确表明，在电力行业中部署 CCUS 技术对其行业减碳起到至关重要的作用。

目前，英国主要依靠天然气发电。虽然天然气相比于煤炭更加清洁，但它依然是温室气体排放的重要来源。为此，英国政府大力支持在天然气电厂中应用 CCUS 技术。净零提塞得集群（Net Zero Teesside Power，NZT Power）作为东海岸 CCUS 集群代表，是英国首个将燃气发电与碳捕集技术集成一体的项目，是助力提赛德（Teesside）地区成为英国第一个脱碳工业集群计划的关键推动力。2023 年，NZT Power 被英国能源安全和净零部（DESNZ）列入 Track1 项目名单，计划在 2028 年启动使用，预计每年碳捕集量达 200 万吨，清洁发电量超 742 兆瓦，相当于100 多万户英国家庭的年平均用电需求。燃气发电中产生的 CO_2 通过北方耐力伙伴关系（Northern Endurance Partnership，NEP）提供的管道设施运输至北海的咸水层进行安全、永久地封存，成为英国 CCUS 技术应用的典范。

尽管英国在电力行业的 CCUS 应用取得了一定进展，但其高昂的成本和技术应用的复杂性依然是电力行业绿色转型所要面临的重要挑战。为此，英国政府要加大财政支持，完善激励措施和市场机制，助推 CCUS 技术实现在电力行业的大规模商业化应用。

2. 重工业与化工行业

重工业与化工行业是英国碳排放的另一大来源。数据显示，工业部门的碳排放约占全国碳排放量的 15%（IEA，2022），特别是钢铁、水泥、石化等行业。由于这些行业的生产工艺和能源需求特殊、脱碳难度较大，因此 CCUS 技术在这些领域的应用尤为重要。例如，Humber 地区是英国工业化程度最高、二氧化碳排放量最大的地区，对碳捕集与封存技术有着极大的需求。因此，该地区部署 Viking CCS 集群项目，计划到 2030 年，每年捕集 1000 万吨的工业碳排，通过管道将 CO_2 运输至北海南部近海 140

千米的 Viking 油田进行封存①。

重工业与化工行业的脱碳不仅涉及 CCUS 本身的技术成熟度，还涉及工业生产的复杂性与产业转型程度。在实践中，许多传统工业设施无法直接应用 CCUS 技术，需要大规模的技术改造和设备投资。因此，为推动更多工业集群部署 CCUS 技术，需要更多成功的示范项目落地，以及政府的政策保障和资金支持，以降低企业的经济风险。

3. 氢气生产

在逐步实现净零排放目标的过程中，碳捕集、利用与封存技术和氢能生产等脱碳产业逐渐形成耦合发展关系。尤其是氢气生产中的"蓝氢"技术，通过在天然气蒸汽重整过程中应用 CCUS 技术，捕集并封存二氧化碳，成为当前氢气生产的重要方式。与绿色氢气（通过水电解制取氢气）相比，蓝氢具有更高的经济性和可操作性，尤其适用于现有天然气基础设施的改造。

HyNet 集群是目前英国最大的氢气生产与 CCUS 技术应用集成一体的项目，以英格兰西北部和北威尔士为中心，整合了当地 40 多家企业，包括 INEOS Inovyn、Cadent、Heidelberg Materials 等，帮助它们从使用化石燃料生产转型为利用氢气这种清洁能源。HyNet 项目通过对现有基础设施进行改造升级，由 EET Hydrogen 生产氢气，通过 Cadent 开发的管道网络进行运输分销。同时，Eni 通过 CCS 技术，将工业生产和制氢过程中产生的 CO_2 进行捕集，并运输至利物浦湾离岸约 32.2 千米处的枯竭石油与天然气储层中。该集群项目预计到 2025 年，可提供 350 兆瓦的低碳氢产能，到 2030 年，年产量增至每年 3000 兆瓦，能够大幅减少工业和交通领域的碳排放，成为未来氢气产业的重要组成部分②。

然而，目前整合氢气与 CCUS 技术应用面临的主要挑战是成本问题。如何通过政府补贴、碳定价机制等手段降低生产成本，是其能否可持续发

---

① Humber CCS: Carbon Capture and Storage [EB/OL]. Viking CCS, https://www.vikingccs.co.uk/.

② Hynet north west. HyNet [EB/OL]. https://hynet.co.uk/, 2023.

展的关键。因此，英国需对氢气产业和 CCUS 技术进行持续投入，发挥其在减少工业排放、促进能源多元化等方面的重要作用。

（二）英国 CCUS 的优势条件

1. 天然的地质和地理优势

碳捕集、利用与封存技术的应用依赖于地质和地理条件的支持。英国作为一个地质结构复杂且资源丰富的国家，具有得天独厚的地质与地理优势，这使其在发展 CCUS 技术方面具有天然的竞争优势。

（1）地质封存条件的丰富性。

英国发展 CCUS 技术最大的优势之一是其丰富且范围广泛的地下封存空间，陆地和海洋均有分布。但目前英国 CO_2 封存主要依赖其大陆架（UKCS）巨大的地下储存潜力，因此 CO_2 封存地点主要选择为海域，UKCS 占欧洲 CO_2 封存潜力总量的 25% 左右，在深层含水层、枯竭的石油和天然气田中有 500 多个潜在的 CO_2 地质封存地点，具备安全封存 780 亿吨 CO_2 的能力（ETI，2023）。特别是北海地区，作为世界上重要的油气开采区，被认为是英国地质封存资源的宝库，具有极强的碳封存潜力。

（2）地质构造的稳定性。

英国的地质构造中广泛分布着多层沉积岩层，这些岩层具有较低的渗透性和良好的密封性，将二氧化碳注入这些深层的沉积岩层中，能够有效隔离二氧化碳与地面水源，使其成为理想的二氧化碳封存场所。特别是沉积岩中的泥岩和页岩等低渗透岩层，能够有效阻止二氧化碳的扩散和泄漏，从而为二氧化碳的封存提供稳定的保障。

（3）现有的基础设施和运输网络。

英国拥有良好的油气生产设施和运输条件，包括钻井平台、管道网络等，为 CO_2 的运输提供了巨大的便利。Acorn 项目通过使用现有的油气管道系统，将二氧化碳从苏格兰的工业设施输送到北海的废弃油气田进行储存，该项目不仅利用了现有的油气产业经验和技术，还减少了运输和基础设施的建设成本。例如北海的油气平台可以直接改造用于二氧化碳的捕集与压缩，大大降低了 CO_2 的捕集与运输成本。

（4）地理位置具有战略优势。

英国的地理位置同样为 CCUS 技术发展提供了天然优势。作为一个海岛国家，英国拥有发达的海上运输网络，可以高效地与欧洲大陆其他国家进行能源和碳交易合作。随着欧洲碳市场（EU ETS）和多个跨境 CCUS 项目的推进，英国的地理位置将使其成为欧洲 CCUS 合作和碳市场发展的核心节点。例如，Teesside 项目不仅通过现有的油气管道基础设施，将二氧化碳从 Teesside 工业园区运输到北海进行封存，同时也与邻近国家（如挪威、荷兰）进行跨境二氧化碳运输合作，共享 CCUS 技术成果，降低了 CCUS 技术的应用成本，形成区域性的合作模式典范。

2. 政府引导与政策支持

由于当前 CCUS 技术存在经济效益表现力低下且应用程序复杂等因素，常常表现为各种现实冲突。然而，英国政府却一直通过制定积极的政策，为 CCUS 的发展提供明确的指导和强有力的支持。

（1）政策引导与目标设立阶段。

英国对 CCUS 技术的关注始于 21 世纪初。2003 年，英国政府发布了《能源白皮书》（Energy White Paper），目标到 2050 年，英国二氧化碳排放量要减少 60%，并提出通过碳捕集等技术降低二氧化碳的排放。2008 年，英国颁布了《气候变化法案》（Climate Change Act），该法案的颁布使英国成为全球第一个针对减少温室气体排放，设定具有法律约束力的气候变化目标的国家，提出到 2050 年实现温室气体净零排放（CCA，2008）。这一法案不仅为英国的气候政策奠定了基调，也为碳捕集、利用与封存技术的推广和发展提供了政策保障基础。2010 年，英国政府发布了《碳捕集与封存国家战略》，为 CCUS 技术的发展提供了首个全面的政策框架。该战略明确了 CCUS 技术在英国能源转型和碳减排中的战略地位，并提出了技术研发、示范项目、基础设施建设等方面的具体目标和措施。

在《碳捕集与封存国家战略》的基础上，英国政府不断深化和完善

CCUS 政策。2013 年，英国政府发布了《CCUS 路线图》，进一步明确了 CCUS 技术发展的时间表和关键里程碑。该路线图提出了技术研发、示范项目、商业化应用等方面的具体计划，为 CCUS 技术的快速发展提供了清晰的路径。

为了进一步支持 CCUS 技术的研发和应用，英国政府还推出了一系列具体的资助计划和项目。例如，2016 年，英国政府启动了 "CCUS 创新挑战" 项目，旨在推动 CCUS 技术的创新和发展。该项目为科研机构和企业提供了资金支持，促进了 CCUS 技术的研发和示范项目的实施。

（2）政策支持与关键部署阶段。

随着全球气候变化的形势日益严峻，2020 年，英国商业、能源和工业战略部（BEIS）发布了《绿色工业革命十点计划》（The Ten Point Plan for a Green Industrial Revolution），承诺到 2030 年，英国政府将投入约 10 亿英镑，部署 4 个 CCUS 产业集群，实现每年至少捕集并封存 2000 万 ~ 3000 万吨二氧化碳，结合氢能产业，在英国东北部、亨伯、西北部及苏格兰和威尔士等地打造变革性的 "超级地方"（Super Place）。

为了进一步明确 CCUS 技术在英国碳中和目标中的作用，2021 年，英国政府发布了其净零战略（Net Zero Strategy），将 2050 年英国实现净零排放目标作为国家战略，并将 CCUS 技术作为实现这一目标的重要技术之一。该战略明确提出了要加强 CCUS 技术研发、推动商业化应用、建立产业集群等方面的具体目标和措施，为 CCUS 技术的长期发展提供了明确的指导和支持。

2023 年，英国通过了《2023 年能源法》（Energy Act 2023）修订，初步建立起碳捕集和封存（CCS）产业 "勘探许可证 + 经济许可证" 相结合的政府监管框架。同年又发布了《CCUS：建立竞争性市场愿景》，被称作碳捕集、利用与封存愿景（CCUS Vision）计划，旨在成为 CCUS 全球领导者，并创造新的就业机会，同时支持该国净零目标，投资额高达 200 亿英镑。具体措施包括，从 2025 年开始，为一些无法通过管道运输 CO_2 的项目创造有利条件，例如通过轮船运输、道路运输及铁路运输形式，建立起由产业和市场主导的组织机构，确保采取降低捕集 CO_2 成本的解决方案。

从 2027 年起，碳捕集项目将采用竞争性分配方式，以加快推动英国建立起 CCUS 产业布局。并提出 CCUS 三大发展阶段：2030 年前积极创建 CCUS 市场，到 2030 年每年捕集 2000 万～3000 万吨 CO_2，同时产生 5 万个就业岗位；2030～2035 年，积极建立商业竞争市场，实现市场转型；2035～2050 年，构建自给自足的 CCUS 市场，预计到 2050 年，可带动英国每年近 50 亿英镑的经济增长。

（三）英国 CCUS 技术成熟度

发达、庞大的工业体系和强烈的碳中和约束，促使英国 CCUS 技术逐渐发展为领先水平。在碳捕集方面，英国在传统技术的基础上，积极研发多种捕集方式。

英国政府投资了 1 亿英镑用于温室气体清除（GGR）技术的研究和创新，包括直接空气捕集和温室气体去除。GGR 大致分为两类：基于自然的解决方案，如植树造林和土壤碳封存，以及基于工程的方法，如直接空气碳捕集与封存（DACCS）及生物能源和碳捕集与封存（BECCS）。例如，诺丁汉大学、Strata 技术公司与 Atkins 等公司正联合开展"利用核电厂热能直接从空气中捕集二氧化碳"研究项目，通过一种新型热驱动固体吸附剂环路系统从空气中直接捕集 CO_2，具体流程为：第一步，固体吸附剂在空气接触塔的碳捕集区域循环，靠近捕集点吸附二氧化碳直至饱和状态；第二步，这些吸附剂被移送至一处气密装置，经历二氧化碳吹扫流程，以减少有害气体的迁移；第三步，吸附剂被送入解吸装置内加热，促使其释放所吸附的二氧化碳。最后，完成解吸的吸附剂经过冷却处理，再次被送回至碳捕集区域以循环利用。

二氧化碳利用方面，英国擅长利用二氧化碳生产化学品、合成燃料以及建筑材料等。例如，Carbon Clean Solutions 公司利用捕集到的二氧化碳将其转化为碳酸钙等建筑材料，为建筑行业提供了新的原材料。此类创新技术的应用不仅促进了 CCUS 技术的经济性，还推动了循环经济的发展。

二氧化碳运输方面，英国拥有发达的油气管道网络和海上运输能力优势。管道运输通过共享基础设施，使多个集群部门能够连接到 CO_2 运输网络，在枢纽站点集中收集来自多样化排放源的 CO_2，随后进行压缩、运输，最终运输到地质封存地点，进行安全、永久的封存。有效削减了管道运输与封存环节的成本，同时确保整个流程的集中规划与协同管理。此外，英国积极探索非管道运输（NPT）方式的开发建设，如公路、铁路、轮船运输，利用不同运输方式的特点（见表 4 - 9）增强 CO_2 运输网络的协调性和灵活性。

表 4 - 9　　　　　　　　　　CO_2 运输方式特点对比

CO_2 运输方式	特点
管道运输	直接将 CO_2 从排放源输送到封存地
铁路运输	运输距离中等、携带 CO_2 量适中
船舶运输	运输距离长、携带 CO_2 量大
公路（罐车）运输	运输距离较短、携带 CO_2 量少

（四）英国 CCUS 的融资渠道

CCUS 项目的实施需要巨额的资金支持，英国 CCUS 的融资渠道主要分为政府资金、私人投资、国际合作资金等。

1. 政府资金

政府资金是英国 CCUS 项目的主要融资渠道之一，英国政府高度重视 CCUS 技术的发展，通过设立专项基金和提供税收激励等方式，为 CCUS 项目提供资金支持。英国在 2019 年 6 月修订的《气候变化法案》，为 CCUS 项目提供税收减免、税收抵免等税收激励政策，大大降低了企业投资 CCUS 项目的成本。例如，英国的气候变化税收政策规定，实施 CCUS 项目的企业通过与政府签订减排协议并达到标准即可获得 80% 的税收抵免。2022 年 4 月，英国政府发布了《CCUS 投资路线图》，设立了多个专项基金用于支持 CCUS 技术的研发、示范和商业化应用，展现了英国政府和行业对 CCUS 发展的承诺及路径。截至 2024 年，政府通过 10 亿英镑的碳捕集与封存基础设施基金（CCCIF）和 3.15 亿英镑的工业脱碳挑战计划（IDC）对 HyNet、East Coast、Acorn 和 Viking 四个工业集群进行资助，帮助 CCUS 项目克服技术、经济和市场等方面的障碍，推动 CCUS 技术实现规模化、商业化应用（GOV. UK，2023）。

2. 私人投资

随着 CCUS 技术的不断成熟和商业化进程的加速，越来越多的私人投资者开始关注并投资 CCUS 项目，通过风险投资机构、私募股权基金和企业自筹资金等方式进行。英国海上能源协会（OEUK）公布的报告显示，2022 年英国碳捕集与封存对当地制造企业产生的价值可达 1000 亿英镑。同时，英国政府计划投入 200 多亿英镑用于未来 25 年内 CCUS 集群建设前期部署，预计将吸引数十亿英镑的私人投资。目前 HyNet 项目得到多家私人企业参与投资，例如 Eni、Essar、Cadent、Ineos Inovyn 和 Uniper 等，East Coast 项目参与建设的公司包括 BP、Drax 和 Phillips 66 等。同时，为保障私人企业投资，英国政府通过能源法案建立了经济监管制度，为投资者提供市场目前无法承受的特定高影响、低概率的风险保护。

3. 国际合作资金

为推动 CCUS 技术的全球化应用与合作，英国政府一直以来致力于参与多边论坛与国际会议等，积极寻求国际合作与经济支持。主要国际参与如下所述。

（1）英国共同领导的清洁能源部长级会议（CEM）CCUS 倡议，旨在加强投资，促进 CCUS 的技术共享。

（2）零排放平台（ZEP），促进欧洲各国之间的 CCUS 合作。

（3）国际能源机构温室气体研究与发展计划（IEAGHG）的缔约方成员，通过该计划与国际政府和行业利益相关者合作，在全球范围内推动 CCUS 的发展。

（4）北海盆地特别工作组（North Sea Basin Task Force）成员，该工

作组旨在为北海地区二氧化碳的运输、注入和永久封存的开发、管理和监管制定共同原则。其成员来自丹麦、佛兰德斯、法国、德国、荷兰、挪威和英国。

（5）全球"碳管理挑战"（CMC）的共同发起国，该挑战将为碳管理设定一个全球性的集体目标。十个国家在 2023 年 4 月的主要经济体论坛上发起了"碳管理挑战"（CMC），以加速扩大 CCUS 和温室气体清除的规模，作为部署其他零碳技术和提高能效的必要补充。

在参与国际政府合作的同时，英国政府也在积极寻求与国际金融机构的合作。基于 CCUS 技术发展、产业应用等方面的共同目标和利益，英国不断拓宽与国际金融机构如世界银行、国际货币基金组织等的合作，为英国 CCUS 项目争取贷款支持。此外，通过共享经验、技术和资金等资源，与欧洲、亚洲等国家共同进行 CCUS 技术的研发和应用，加速 CCUS 技术的商业化进程。例如，英国石油公司（BP）与印度尼西亚合作伙伴合作推进 70 亿美元的 Tangguh Ubadari CCUS 项目，有望建成印度尼西亚第一个大规模开发的 CCUS 项目[①]。

4. 其他融资渠道

除了政府资金、私人投资和国际合作资金外，英国还通过大量其他渠道筹集 CCUS 项目资金。例如，欧盟设立的多项支持性基金，包括"复苏和韧性基金"（RRF）、"地平线欧洲"（Horizon Europe）、"创新基金"（Innovation Fund）、"欧洲区域发展基金"（ERDF）等，为 CCUS 等绿色转型项目提供补贴。这些基金以直接赠款、税收优惠、低息贷款、贷款担保、价格补贴等方式，支持低碳技术创新和能源转型等项目。这些支持不仅提高了欧盟内部项目的竞争力，也为英国等成员国提供了重要的资金来源。

综上所述，英国 CCUS 项目的融资渠道包括政府资金、私人投资、国

---

① BP and partners give go-ahead for Tangguh UCC Project in PapuaBarat［EB/OL］. bp global, https://www.bp.com/en/global/corporate/news-and-insights/press-releases/bp-and-partnersgive-go-ahead-for-tangguh-ucc-project-in-papua-barat-indonesia.html.

际合作资金以及其他融资渠道。这些融资渠道共同为英国 CCUS 项目的发展提供了有力的资金支持。然而，由于 CCUS 技术的复杂性和高风险性，融资渠道的拓展和优化仍然面临一定的挑战。因此，英国政府和企业需要继续加强合作和创新，探索更多的融资渠道和融资方式，推动 CCUS 技术的快速发展和广泛应用。同时，也需要加强与国际组织和其他国家的合作与交流，共同应对全球气候变化挑战。

（五）集群案例分析——Scottish Cluster

2023 年，苏格兰集群（Scottish Cluster）被批准为英国 CCUS 产业集群 Track – 2 规划建设项目之一，由 Acorn、英国天然气输送公司的 SCO_2T 管道项目（连接中央地区和苏格兰东北部的管道再利用项目）、苏格兰中部地区和东北部的工业、电力和氢能等企业组成。利用传统的石油和天然气基础设施，将捕集的工业二氧化碳排放物输送到北海地下 2.5 千米处进行永久地质封存。计划到 2030 年，集群每年捕集超过 1000 万吨二氧化碳，为苏格兰和英国带来巨大的经济、社会和环境利益（见表 4 – 10），助力苏格兰在 2045 年实现净零排放目标，以及英国 2050 年实现净零战略目标。

表 4 – 10　　　　　　　　　苏格兰集群预计效益

经济效益	177 亿英镑（至 2025 年）
社会效益	新增 15500 个岗位
	保障 18800 个岗位
环境效益	到 2030 年，碳捕集与封存量 ≥1000 万吨/年

资料来源：Scottish Cluster 官网。

1. 项目实施细节

二氧化碳捕集。利用现有的基础设施捕集苏格兰地区的重工业、电

---

* Acorn：Growing our decarbonized future［EB/OL］. The Acorn Project，https：//www.theacornproject. uk/，2023.

力、氢能、生物能源和垃圾焚烧发电等企业排放的二氧化碳。

二氧化碳运输。Scottish Cluster 利用现有的陆上管道基础设施——Acorn、国家天然气传输系统（National Gas Transmission）和海上管道设施——Goldeneye 、Miller Gas System 运输苏格兰当地企业排放的 CO_2，运输高峰期可运输高达 2000 万吨的 CO_2。此外，Acorn 的运输范围也不局限于苏格兰，通过使用非管道运输（如航运），将捕集到的其他地区的二氧化碳运送至北海的 Acorn 储存地点。

二氧化碳封存。在英国潜在的 7800 万吨具有成本效益的封存条件中，75% 位于北海中部和苏格兰海域。苏格兰集群充分开发现有的基础设施，通过管道运输将 CO_2 永久封存在距离圣弗格斯近海约 100 千米处，位于海床下 2.5 千米的砂岩中，由约 400 米厚的盖层密封。

2. 项目运行阶段

开发阶段。苏格兰集群开发阶段包括最终投资决策阶段（FID），主要涉及专业咨询、工程设计等，目前 FID 的预估总投资超过 5 亿英镑。预计创造 8 亿英镑的附加值总值（gross value added，GVA）和 1000 个工作岗位，为苏格兰提供 4 亿英镑的附加值总值和 400 个工作岗位。

建设阶段。苏格兰集群项目预计建设 3 年左右，总投资为 119 亿英镑。为英国创造 71 亿英镑的 GVA 和 15100 个工作岗位，其中为苏格兰提供 32 亿英镑的附加值总值和 6600 个工作岗位。

运行阶段。该阶段预计每年需要 4 亿英镑的运营费用。将为英国创造 5 亿英镑的附加值总值和 4700 个工作岗位，为苏格兰创造 3 亿英镑的附加值总值和 2300 个工作岗位。

（六）英国 CCUS 的发展路径

英国政府为实现其 2050 年净零排放目标，根据《碳捕集、使用和封存：建立竞争性市场的愿景》（Carbon Capture，Usage and Storage：A Vision to Establish a Competitive Market）这一政策文件要求，将 CCUS 产业发展划分为三个阶段：市场创建、市场转型和市场自持（见表 4 – 11）。通过分阶段、分步骤的路径优化，推动 CCUS 产业逐步实现商业化及可持续发展。

表 4 – 11　　　　　　　英国 CCUS 不同发展阶段的目标及特点

发展阶段	时间	产业规模 （万吨/年）	特点
市场创建阶段	2030 年前	2000 ~ 3000	政府主导； CCUS 基础设施逐步建成并开始项目部署
市场转型阶段	2030 ~ 2035 年	5000	逐步转变为市场主导，步入商业化竞争阶段； CO₂ 运输网络成熟，运输方式多元化； CCUS 技术应用于更多领域
市场自持性 发展阶段	2035 ~ 2050 年	1 亿 ~ 1.7 亿	政府引导，市场自给自足发展； CCUS 技术出口及全球合作； 构建全球 CCUS 产业链与供应链

资料来源：英国政府网站（GOV. UK）。

1. 市场创建阶段（2030 年前）

这一阶段，英国 CCUS 发展的侧重点是通过发挥政府作用，大力推动基础设施建设与应用推广。

2030 年前，不断完善管道和非管道运输网络建设，确保 CO_2 的有效运输与储存，为后续大规模技术应用提供保障。CO_2 运输管道建设要连接主要工业排放源和封存地点。同时，探索创新非管道运输方式，例如公路、铁路、航运等。这一阶段，英国需要在各个高碳排放行业（如工业排放、燃气发电、生物能源发电等）部署 CCUS，以构建多元化的捕集体系，并测试不同类型的二氧化碳捕集技术的适应性和经济性。

政府在市场创建阶段将发挥核心作用。为了降低 CCUS 技术的初期投入，政府可以通过资金补贴、税收优惠等财政政策，减少技术开发和部署过程中的资金压力，确保 CCUS 技术能够迅速应用于产业。同时，政府应同步构建有利的监管框架、制定明确的第三方准入流程，为 CCUS 的可持续发展与长期部署创造有利环境。

2. 市场转型阶段（2030~2035 年）

这一阶段，随着 CCUS 技术的不断成熟，将逐渐步入商业化竞争阶段，由政府主导转变到市场主导。

到 2035 年，CCUS 将扩大部署规模，并应用于更多高排放领域，尤其在氢气生产、废物能源和可持续航空燃料等新兴领域。在技术创新方面持续进行投入，开发更高效、更经济的二氧化碳分离技术，特别是针对燃烧后捕集、燃烧前捕集和氧燃烧捕集等技术。同时，英国借助其地理位置优势，打通 CO_2 国际进口网络，拓宽运输渠道，通过跨国运输网络实现 CCUS 技术的全球化应用并带动区域内外的 CCUS 项目合作。

在此期间，由于 CCUS 技术趋于成熟，以及政府在前四个集群中的干预促使 CCUS 商业风险降低，加上英国排放交易计划（ETS）和缓解碳泄漏的潜在机制等，使得市场对政府资助和支持的需求逐步减少，市场将过渡到基于竞争性分配的程序。同时，政府要加强构建 CCUS 的监管机制，确保市场公平竞争。

3. 市场自持性发展阶段（2035~2050 年）

在 2035~2050 年，英国的 CCUS 产业将进入自给自足阶段，进一步通过技术优化、市场运作和国际合作等方式，构建起全球领先的 CCUS 产业链与供应链。

这一阶段，英国将在所有行业持续部署更为高效且经济的 CCUS 技术。同时，政府将减少干预，转向通过竞争性市场引导私营部门投资，促进 CCUS 商业模式的成熟和可持续性发展。此外，英国政府清楚地认识到，完备的供应链是创造和维持高效能、高价值生产以及支持工业集群低碳增长的关键。英国将进一步加强 CCUS 技术出口和全球合作，预计到 2050 年，英国 CCUS 出口的总增加值可达 40 亿~50 亿英镑。通过强大的出口线促进工业中心地带增长、创造新就业机会，构建起强大的国际产业链与供应链，从而巩固其在全球 CCUS 市场的领导地位。

四、国际 CCUS 项目发展经验总结

（一）国际 CCUS 项目发展的关键要素

在 CCUS 项目的发展上，澳大利亚、挪威和英国可以说是具有代表性的国家，在长期发展过程中积累了宝贵的经验。通过研究以上三个国家的国际案例，我们可以发现 CCUS 项目的成功实施不仅需要技术的支持，还需要政策的引导、各方角色与职责的明确、监测评估体系的建立、多元化融资渠道的开拓，以及跨行业合作与产业链整合集成。

1. 技术

技术是 CCUS 项目的核心，CCUS 项目发展的核心动力在于技术创新。从二氧化碳捕集到封存的每一个环节，都需要不断创新和优化。澳大利亚、挪威和英国都非常重视 CCUS 技术的创新和研发，不断探索新的捕集、运输和封存方法。三国都拥有先进的研究设施，如挪威的蒙斯塔德技术中心（TCM）、澳大利亚的温室气体控制技术合作研究中心（CO_2CRC）和国家地质封存实验室（NGL）、英国的苏格兰碳捕集与封存中心（SCCS）。这些中心都拥有先进的研究设施，为技术创新提供了强有力的支撑。挪威的蒙斯塔德技术中心是一个重要的技术创新平台，它专注于 CCUS 技术的研发、测试和应用，为挪威乃至全球的 CCUS 项目提供了技术支持和解决方案。澳大利亚的温室气体控制技术合作研究中心则是一个由多个研究机构和企业组成的综合性研发机构，它不仅致力于 CCUS 技术的全方位研究，还运营着全球顶尖的封存示范设施——奥特威国际测试中心（OITC），该测试中心为 CCUS 项目的商业化前评估提供了重要的技术支持。英国的苏格兰碳捕集与封存中心作为欧洲最大的 CCUS 研究集团之一，致力于推进 CCUS 技术在苏格兰和全球的应用，主要提供研究、咨询和政策建议。

　　CCUS 项目的成功在很大程度上依赖于成本管理，而技术能力是决定成本的关键因素。通过不断的研究开发和技术创新，成本得以显著降低，同时 CCUS 技术的性能和经济回报也得到提升。在碳捕集领域，澳大利亚不仅沿用传统技术，还积极研发如 Hy Caps 和 CO_2 Sorb 等创新技术，旨在通过降低成本提升经济效益。Hy Caps 巧妙融合了溶剂吸收与膜分离技术，实现优势互补，从而高效捕集碳并显著降低相关成本。技术的进步也增强了 CCUS 项目的环境效益，使其在减少温室气体排放方面变得更加高效。

2. 政策支持

　　澳大利亚、挪威和英国采取了多项政策措施来促进 CCUS 项目的发展，如政策和法规支持、财政激励、技术创新与研发、国际合作和战略规划等。澳大利亚政府通过提供专项资金和实施碳信用单位（ACCU）交易体系，直接激励 CCUS 项目；挪威政府则通过提高碳税，间接增强了CCUS 项目的经济效益；英国政府通过资金支持，例如 CCUS Vision 计划投资约 200 亿英镑，直接拉动 CCUS 产业投资。在法规建设方面，澳大利亚通过《温室气体储存和运输法案》等立法，确保了 CCUS 项目的安全性和合法性；挪威则通过与国际伙伴签订双边协议，促进了跨国合作和二氧化碳封存技术的进步；英国通过颁布修订《2023 年能源法》等，不断规范市场行为和完善政府监管体系。

3. 监测评估

　　建立一套有效的监测评估体系，是确保 CCUS 项目成功实施的关键所在。澳大利亚、挪威和英国设立专门机构中心对 CCUS 技术进行监测、验证与报告。澳大利亚的温室气体控制技术合作研究中心（CO_2 CRC）运营的奥特威国际测试中心（OITC）作为全球顶尖的封存示范设施，全面评估 CCUS 项目在实际操作条件下的技术效能，确保二氧化碳能够安全、高效地实现运输、封存及监测。英国的北海过渡管理局（NSTA），负责监管北海的石油和天然气有关活动，以及二氧化碳运输与海上封存项目。通过项目监测和评估分析，能够及时发现并解决潜在问题，确保 CCUS 项目的顺利实施。

4. 公私合作

在 CCUS 项目的发展进程中，澳大利亚、挪威和英国都实施了政府与私营部门合作的模式，共同分担项目的风险和资金压力。这些 CCUS 项目不仅面临技术上的挑战，还有巨大的经济负担，特别是高昂的技术和设施成本。因此，寻找多元化的资金来源至关重要。政府、企业以及金融机构需携手合作，以拓宽资金渠道，降低投资风险，提高项目的可持续性。澳大利亚政府设立低排放技术示范基金（LETDF）为多个 CCUS 项目提供资金补助，其中包括当前已经运营的 Gorgon CCS 项目。2021 年，政府宣布投入高达 2.5 亿美元的资金，用于支持 CCUS 技术的创新和基础设施建设。此外，政府还通过碳捕集技术计划（CCTP）在 2024 年向 7 个项目提供了 6500 万美元的资金支持。这些资金将专门用于研究和开发捕集与利用二氧化碳的新方法，尤其是在那些难以减排的行业，如水泥制造业。同时，也支持直接从大气中去除二氧化碳的项目，以进一步推动减排目标的实现。挪威政府则通过提高碳税，间接激励 CCUS 项目。在私营领域，尤其是石油和天然气行业的大型国际企业，也积极参与到 CCUS 项目的布局中。澳大利亚国内知名的天然气供应商以及亚洲液化天然气市场的重要参与者 Santos 公司，为 Moomba CCS、Darwin and Bayu-Undan CCS 和 Western Australia CCS 等项目都进行了投资。英国政府在 2023 年宣布，将投入 9.6 亿英镑用于加强低碳氢、CCUS、电网、核能和海上风电等各行业的发展。[①] 政府将与企业合作，进行市场参与并制定合适的交付机制，以最大限度地利用公私合作，加快推进产业转型升级。市场化参与模式激励更多企业参与到 CCUS 建设中，共同为实现可持续发展目标而努力。

---

① 英国将通过 9.6 亿英镑的投资与电网改革推动绿色产业发展 [EB/OL].（2023 - 11 - 29）[2024 - 12 - 06]. http：//www.tanpaifang.com/tanguwen/2023/1129/102589.html.

5. 整合产业链

CCUS 项目已经在全球范围内形成了一个完整的产业链，它囊括了从碳捕集、运输到利用和封存的每一个环节。这些项目的应用范围日益扩大，不只局限于石油和天然气领域，还扩展到了包括水泥生产、废物焚烧等多个行业，涵盖了众多产业的二氧化碳排放源。这种广泛的应用趋势预示着 CCUS 技术有着巨大的发展潜力和广阔的发展空间。随着 CCUS 技术在各行业的广泛应用，其在全球减排中的作用越来越重要，为应对气候变化提供了多种解决方案。

在当前的背景下，跨行业的协作与产业链的整合显得尤为重要。企业必须与不同行业的合作伙伴联合，共同推进 CCUS 技术在各行业的应用。通过整合资源，可以实现成本的降低和效率的提升，同时也能够推动 CCUS 技术的商业化进程。这种合作不仅能够实现资源共享，还能互补各方的优势，从而提高整体的运营效率，为 CCUS 技术的市场化发展提供动力。

6. 人才

CCUS 产业的发展离不开大量的高素质人才。CCUS 技术作为一项综合性的技术体系，其涉及地质学、化学工程、机械工程、环境工程以及信息技术等多个领域的知识和技术，这使得对于相关从业人员的专业素质和技能要求极高。为了推动 CCUS 产业的持续发展，应当积极组建跨学科的科研团队和专业化的人才培养团队（窦立荣等，2023）。这样的团队将汇聚来自不同领域的精英，涵盖地质学、化学工程、机械工程、环境工程以及信息技术等多个学科，通过多学科交叉融合，共同攻克 CCUS 技术难题，推动技术创新与突破。同时，专注于人才培养，为 CCUS 领域输送具备高素质和专业技能的新鲜血液，为 CCUS 产业化发展储备强大的人才力量，确保该产业在未来的竞争中始终保持领先地位。

CCUS 项目的进步依赖于多方面的协同努力，包括技术研发、政策扶持、监管与评估、公私合作的新模式、产业链的构建以及人才的培养和引进。在这些因素的共同作用下，CCUS 项目获得长足的发展动力，实现企业的减排，进而促进可持续发展。

（二）推动 CCUS 发展的实践路径

本书结合以上案例分析和总结，重点从各方角色的职责、建立监测评估体系以及拓展资金渠道三个角度提出推动 CCUS 项目发展的具体实践路径。

1. 明晰角色与职责

根据国际案例可以看出 CCUS 项目有多个参与方，即一个 CCUS 项目由多家公司共同建设。具体来看，CCUS 项目中的排放企业、运输和封存运营商以及开发者等角色各自承担着特定的职责，不同环节都由专门一方来负责。这些职责的顺利履行有助于实现碳减排目标，推动可持续发展和环境保护。在实际操作中，各方需要紧密合作、协同工作，以确保项目的成功实施和长期稳定运行。

排放企业通常负责捕集二氧化碳，这些企业主要来自油气、电力、化工等高碳排放行业。在 CCUS 项目中，排放企业的主要职责是确保二氧化碳的稳定供应，同时进行捕集技术升级和维护。它们需要关注最新的碳捕集与利用技术，进行技术升级和流程优化，以提高碳捕集的效率和效果，满足项目运行的需求。同时排放企业还需要与运输和封存运营商紧密合作，确保捕集的二氧化碳能够及时、安全地运送到储存地点。

运输和封存运营商在 CCUS 项目中承担着运输、封存、运营维护、合规性和风险管理等多方面的职责。在二氧化碳的运输阶段，运输和封存运营商必须依赖专门的运输工具，比如管道、船只和货车，以确保二氧化碳气体能够安全、高效地被运送到预定的封存地点。在封存操作时，运输和封存运营商需要建设和维护各种封存设施，包括地下储层和液化装置。运输和封存运营商还必须实施监控措施，以保障二氧化碳的长期稳定封存。为了确保封存设施的顺畅运行和延长使用寿命，需要定期对设备进行检验和保养，并升级监测系统。运输和封存公司还承担着风险管理的职责，识别潜在的风险点、评估风险等级并制定相应的预防和应对措施，以降低事故发生的概率和减轻负面影响。运输和封存运营商还需制定紧急应对计划，确保在任何紧急情况或事故发生时能够立即响应，保证人员安全和环境免受损害。

作为CCUS项目的主导者，开发者承担着项目统筹与管理工作的重任。他们的工作涵盖了从项目规划、资源整合到风险控制和合规性保障的各个环节。在项目实施过程中，开发者需要与地方政府、监管机构以及所有利益相关者保持密切沟通和协作，这对于项目的顺利进行至关重要。他们还需要紧跟市场趋势和技术进步，以便为项目提供持续的技术支撑和提出改进方案。

2. 监测与评估

国际案例中三个国家都建立了完善的监测与评估体系，实施CCUS项目是一个长期的过程，需要制定科学合理的长期规划，因此需要加强监测与评估工作。澳大利亚的OITC作为全球领先的碳储存展示平台，对CCUS项目在步入市场前的实际运作技术性能进行评估，以确保CO_2的安全、高效运输、储存与监控；国家地质储存实验室（NGL）提供尖端的监测和管理技术，保障CO_2的安全储存。英国通过建立"勘探许可证 + 经济许可证"相结合的政府监管框架，包括天然气和电力市场办公室（OFGEM）、北海过渡管理局（NSTA）、环境和海上石油监管机构（OPRED）、健康与安全执行局（HSE）等机构，对CCUS项目的实施进行全程监控和评估。这一体系的主要任务是对项目的进展、技术成果和环境影响进行实时监测和评估。通过这种监测和评估，可以及时发现潜在的问题，并迅速采取措施进行调整和优化，确保项目的安全性和可靠性。同时，监测和评估结果可以为后续的项目实施提供经验和参考，为企业决策和政府政策制定提供依据，为CCUS项目的可持续发展提供有力支持。

在具体操作方面，CCUS项目的实施需要注重细节和操作规程的制定。（1）监测二氧化碳浓度。通过安装二氧化碳浓度监测仪器，持续监测储存区域内的二氧化碳浓度。监测结果可以反映二氧化碳的注入和封存情况，以及可能存在的泄漏风险。

（2）监测封存地质结构。通过地质勘探、地震监测和压力监测等方法，持续监测储存区域的地质结构变化。这些监测结果可以反映地质结构的稳定性和安全性，以及是否存在潜在的泄漏风险。

（3）定期评估项目实施效果。通过定期评估项目的实施效果，包括二氧化碳的捕集量、封存量、泄漏量等数据，可以全面了解项目的运行情况和效果。同时，评估结果可以为后续的项目实施提供经验和参考，不断完善和优化技术方案与管理措施。

（4）建立数据管理和信息共享平台。建立数据管理和信息共享平台集中管理监测数据，从而能够及时收集和分析关键信息，确保监测数据的实时更新，为项目实施提供宝贵的经验和参考依据。信息共享平台还能加强各方之间的沟通与协作，使得潜在的问题能够被迅速识别和解决，从而保障项目的安全性和可靠性。通过平台共享的形式，项目团队能够保持信息的透明度，确保所有参与者都能够访问到最新的数据。

3. 资金来源渠道多元化

国际上，CCUS 项目的融资渠道主要包括政府资金、金融机构贷款、碳市场融资和私人投资等。在初期资金来源主要是政府资助和补贴，在 CCUS 项目稳定投运后持续资金来源主要依靠私人投资，融资来源的比例发生变化，更加多元化和私人化（宋欣珂等，2022）。政府与私人企业共同投资和管理项目，分担风险和回报，例如，北极光项目在第一阶段由挪威政府补贴 80%，政府与私营企业合作，共同投资建设碳捕集和储存设施，这种公私合作模式降低了政府资金压力，同时引入了私人企业的管理效率和灵活性。

政府的直接资助是 CCUS 项目初期的主要资金来源，依托政府这一部门的支持，还能引起公众兴趣，进而吸引更多的私人投资。政府资助的目的在于适应推动 CCUS 技术发展的战略需要，而非追求高额的投资回报。然而，由于政府资金申请流程通常较为复杂，涉及长时间的审批和评估，还有可能不足以覆盖所有项目的需求，从而会对项目的运营产生一定的影响，私人投资以其灵活性和创新性为 CCUS 项目提供了传统融资渠道之外的补充。私人投资者更注重项目的长期增长潜力和市场前景，对项目的商业可行性和盈利前景有较高要求，这有助于推动 CCUS 技术的创新和进步。

CCUS 技术的成本高昂，在考虑到经济效益后很多排放企业望而却步，CCUS 技术的可行性也有较高要求，使得 CCUS 项目的融资初期主要依赖政府的支持。挪威政府通过高额碳税间接激励排放企业对 CCUS 项目进行投资。澳大利亚政府通过提供专项资金和实施碳信用单位（ACCU）交易体系，直接激励 CCUS 项目。英国政府通过直接的财政补贴，支持 CCUS 产业发展。随着政策环境的不断改善，预计会有更多的投资者愿意参与到 CCUS 项目中来，这不仅能够降低企业的资金压力，还能为项目的顺利进行提供强有力的资金保障。

除政府资金支持外，运营商或开发者自有资金也是重要来源，对于大型的石油和能源公司而言，其强大的资金实力和深厚的技术积累能够为 CCUS 项目提供必要的资金和研发支持。这些企业不仅自身参与项目投资，还通过股权投资和合作开发等模式，激励和吸引中小型企业和创新型团队加入 CCUS 项目中来。

提高碳市场定价效率、重视技术创新和完善相关配套基础设施建设可以为扩展资金来源渠道创造良好的条件。

国际碳汇市场成交量呈现增长趋势，随着全球碳市场交易规模扩大，碳市场形成的碳价也为开展气候投融资、管理和交易碳资产以及碳信用等碳定价活动锚定了一个可供参考的基准价格。气候变化近几年成为关注的风险点之一，由于低碳、零碳甚至负碳的减排需求，国际碳市场上碳价格不断攀升，碳价机制的完善使得碳排放的成本变得更加透明，进而凸显了 CCUS 技术在经济上的可行性，增强了投资者的信心，并为投资提供了更明确的预期。在成熟的碳价体系下，投资者能够更准确地评估 CCUS 项目的盈利潜力和相关风险，这有助于降低投资的不确定性，从而提高了项目的融资吸引力。

技术创新的一个显著效益就是投入端的成本降低和产出端的效率提升，案例中提到挪威工业技术研究院（SINTEF）成功开发出低成本工业烟道废气 CO_2 捕集方法（SARC CO_2 捕集技术），该技术采用真空热泵技术，仅需电力无须燃烧，成本可低至 28 欧元/吨，相比目前最经济的碳捕集方法成本降低约 12.5%。这不仅提高了项目的盈利能力，也增强了其在市场上的竞争性，成本降低带来的经济效益会吸引更多投资者的关注。随着投资者群体的扩大，融资方式也变得更加个性化和多元化，为 CCUS 项目提供了更广泛的资金渠道和更灵活的融资选项。

基础设施的建设也有助于为 CCUS 项目带来更加灵活和多样化的融资模式，在 CCUS 项目的建设中，需要众多的支持系统和服务，如运输交通网络、封存设施和能源供应等。上下游配套基础设施的完善能够满足这些关键需求，有效降低运营风险，同时提升项目的经济效益。随着基础设施的日益完善，投资者对 CCUS 项目的信心也随之增强。

当前 CCUS 项目的投资主要来源于政府、大型国有企业和油气行业领导型企业，民营资本参与度低，资金来源渠道较为单一，为了拓展 CCUS 项目的投融资渠道，需要吸引各类投资者的参与，CCUS 技术作为一项高新技术，离不开天使投资和风险投资，这不仅包括传统的金融机构，还涵盖了保险公司、养老基金以及个人投资者等。新兴的金融领域，如资产证券化和绿色金融，为 CCUS 项目的融资提供了新的机遇和解决方案。目前大力推广的绿色信贷、绿色债券、碳基金等一系列创新的金融工具和机制，不仅能为 CCUS 项目吸引更多类型的资本，还能提高资金使用效率，缓解资金压力，借助金融促进相关产业链发展。

本章小结

本章通过对澳大利亚、挪威和英国三个代表性国家在碳捕集、利用与封存（CCUS）项目上的深入分析，展示了 CCUS 技术在全球范围内的最新进展和应用情况。截至 2024 年，澳大利亚已规划、建设和投入运营的 CCUS 项目达 33 个，其中包括已成功运营的 Gorgon CCS 项目，该项目不仅展示了 CCUS 技术的实际应用效果，还为澳大利亚及全球 CCUS 技术的推广提供了宝贵经验。挪威作为 CCUS 技术的先驱，自 20 世纪 80 年代初便开始发展相关技术，并于 1996 年成功完成了世界上首个将二氧化碳注入地下咸水层的项目——Sleipner 项目。挪威的 CCUS 项目不仅限于国内，还拓展到了跨国界的应用，如 2024 年正式启动的北极光项目。英国自 21 世纪初起，开始有计划、分阶段地部署 CCUS 产业，目前规划部署了 6 个 CCUS 集群项目，其中 4 个已批准进入实施阶段。英国借助其良好的地理条件，以及政府宏观的政策支持，逐渐发展为全球 CCUS 领先水平。三国案例分析揭示了 CCUS 项目成功的关键因素——先进的研究设施与技术创新、政策支持、健全的监测评估体系、完善的公私合作模式、产业链整合以及注重人才。从整体上总结了发展因素后，又围绕推动 CCUS 项目发展的具体实践路径进行了深入探讨，从三个角度提出了促进 CCUS 项目发展的具体有效策略，具体内容包括：明晰角色与职责、建立监测评估体系、拓展资金渠道。这些经验为其他国家推进 CCUS 项目提供了重要的借鉴和启示，CCUS 技术有望在更广泛的领域得到应用和推广，为全球气候治理和可持续发展贡献力量，有助于全球范围内的气候变化应对策略和可持续发展目标的实现。

本章参考文献

[1] 窦立荣，孙龙德，吕伟峰，等. 全球二氧化碳捕集、利用与封存产业发展趋势及中国面临的挑战与对策 [J]. 石油勘探与开发，2023，50 (5)：1083 - 1096.

[2] 甘满光，张力为，李小春，等. 欧洲 CCUS 技术发展现状及对我国的启示 [J]. 热力发电，2023，52 (4)：1 - 13.

[3] 黄杰，张新平，陈召，等. 海上 CCS/CCUS 作业模式探讨与分析 [J]. 石油科技论坛，2024，43 (3)：112 - 117.

[4] 挪威 CCS 发展现状分析 [EB/OL]. (2024 - 09 - 06) [2024 - 12 - 06]. http：//www. sinopecnews. com. cn/xnews/content/2024 - 09/06/content_7105272. html.

[5] 中华人民共和国科学技术部、挪威工业技术研究院（SINTEF）开发出低成

本工业二氧化碳捕集技术［EB/OL］.（2021 – 04 – 08）［2024 – 12 – 06］. https：// www. most. gov. cn/ztzl/gnwkjdt/202104/t20210408_173998. html.

［6］宋欣珂，张九天，王灿. 碳捕集、利用与封存技术商业模式分析［J］. 中国环境管理，2022，14（1）：38 – 47.

［7］王欢，郑宇舟，王为. 澳大利亚地球科学局在地质碳封存方面开展的主要工作与启示［J］. 中国地质，2022，49（3）：1005 – 1008.

［8］魏海峰. CO_2 捕集利用与封存经济效益及财税政策分析［J］. 油气藏评价与开发，2024，14（2）：277 – 283，296.

［9］阳平坚，彭栓，王静，等. 碳捕集、利用和封存（CCUS）技术发展现状及应用展望［J］. 中国环境科学，2024，44（1）：404 – 416.

［10］张晓舟，孙洋洲，李博抒，等. 国外碳税机制进展及降碳作用对中国的启示［J］. 油气与新能源，2024，36（4）：12 – 18.

［11］中国地质调查局地学文献中心. 澳大利亚国家地质封存实验室简介［EB/ OL］.（2022 – 03 – 17）［2024 – 10 – 04］. http：//www. cgl. cgs. gov. cn/gzdt_4169/cgkx _4171/202203/t20220317_692313. html.

［12］中国科学院科技战略咨询研究院. 澳大利亚 CSIRO 发布碳利用技术路线图［EB/OL］.（2021 – 11 – 29）［2024 – 10 – 15］. http：//www. casisd. cn/zkcg/ydkb/ kjqykb/2021/202110/202111/t20211129_6273151. html.

［13］周守为，李清平，朱军龙，等. CO_2 海洋封存的思考与新路径探索［J］. 天然气工业，2024，44（4）：1 – 10，199.

［14］Aker Solutions awarded FEED for Celsio's CCS Terminal at the port of Oslo. ｜Aker Solutions［EB/OL］.（2024 – 02 – 12）［2024 – 12 – 06］. https：//www. akersolutions. com/news/news-archive/2024/aker-solutions-awarded-feed-for-celsios-ccs-terminal-at-the-port- of-oslo/.

［15］Atkins E. "Bigger than Brexit"：Exploring right-wing populism and net-zero policies in the United Kingdom［J］. Energy Research & Social Science，2022，90：102681.

［16］Avgiftssatser 2020-regjeringen. no［EB/OL］.（2019 – 10 – 07）［2024 – 12 – 06］. https：//www. regjeringen. no/no/tema/okonomi-og-budsjett/skatter-og-avgifter/avgifts- satser-2020/id2671008/.

［17］Belgium and Norway will work closer on cross-border transport and storage of CO2- regjeringen. no［EB/OL］.（2023 – 04 – 24）［2024 – 12 – 06］. https：//www. regjeringen. no/en/aktuelt/belgium-and-norway-will-work-closer-on-cross-border-transport-and-storage-of-co2/id2973472/.

［18］Carbon capture and storage-Norwegianpetroleum. no［EB/OL］.（2024 - 10 - 24）［2024 - 12 - 06］. https：//www. norskpetroleum. no/en/environment-and-technology/carbon-capture-and-storage/.

［19］Carbon capture，usage and storage：A vision to establish a competitive market（no date）［EB/OL］. https：//www. gov. uk/government/publications/carbon-capture-usage-and-storage-a-vision-to-establish-a-competitive-market/carbon-capture-usage-and-storage-a-vision-to-establish-a-competitive-market#fn：5（Accessed：12 December 2024）.

［20］Carbon storage started on Snøhvit［EB/OL］.（2008 - 04 - 23）［2024 - 12 - 06］. https：//www. equinor. com/news/archive/2008/04/23/CarbonStorageStartedOnSnhvit.

［21］Carbon Storage Taskforce. National carbon mapping and infrastructure plan-Australia：Full report［R］. 2009.

［22］Chevron Australia. Gorgon project social impact management plan［R］. 2023.

［23］Chevron Australia. Overview of Gorgon carbon capture and storage［R］. 2021.

［24］Climate Change Authority. Reduce，remove and store：The role of carbon sequestration in accelerating Australia's decarbonisation［R］. 2023.

［25］CO_2CRC. CO_2CRC Annual Report 2022 - 23［R］. 2023.

［26］CO_2-avgiften-regjeringen. no［EB/OL］.（2020 - 01 - 10）［2024 - 12 - 06］. https：//www. regjeringen. no/no/tema/okonomi-og-budsjett/skatter-og-avgifter/veibruksavgift-pa-drivstoff/co2-avgiften/id2603484/.

［27］Compliance Factsheets│Carbon Pricing Dashboard［EB/OL］.（2023 - 04 - 01）［2024 - 12 - 06］. https：//carbonpricingdashboard. worldbank. org/compliance/factsheets? instrument = ETS_EU.

［28］CSIRO. CO_2 Utilisation Roadmap［R］. 2021.

［29］Department for Business，Energy and Industrial Strategy. Energy Innovation Needs Assessments［EB/OL］. www. gov. uk/government/publications/energy-innovation-needs-assessments，2019.

［30］Department of Climate Change，Energy，Environment and Water. Carbon Cap-ture Technologies Program-grant recipients announced［EB/OL］.（2024 - 07 - 23）［2024 - 10 - 15］. https：//www. dcceew. gov. au/about/news/carbon-capture-tec-hnologies-program-grant-recipients-announced.

［31］ Department of Climate Change, Energy, Environment and Water. The Australian Carbon Credit Units (ACCUs) Implementation Plan ［EB/OL］. (2023 – 06 – 09) ［2024 – 10 – 04］. https：//www. dcceew. gov. au/about/news/accus-imple-mentation-plan.

［32］ Energy Technologies Institute. UK Storage Appraisal Project (UKSAP) ［EB/OL］. www. eti. co. uk/programmes/carbon-capture-storage/uk-storage-appraisal-project, 2023.

［33］ Equinor and Wintershall Dea plan massive CCS project and pipeline from Germany to Norway丨Upstream ［EB/OL］. (2022 – 08 – 30) ［2024 – 12 – 06］. https：//www. up-streamonline. com/energy-transition/equinor-and-wintershall-dea-plan-massive-ccs-project-and-pipeline-from-germany-to-norway/2 – 1 – 1286545.

［34］ Fan J L, et al. How can carbon capture utilization and storage be incentivized in China? A perspective based on the 45Q tax credit provisions ［J］. Energy Policy, 2019, 132：1229 – 1240.

［35］ Fluxys and Equinor launch solution for large-scale decarbonisation-Equinor ［EB/OL］. (2022 – 06 – 29) ［2024 – 12 – 06］. https：//www. equinor. com/news/fluxys-and-equinor-launch-solution-large-scale-decarbonisation.

［36］ Ganzer C and Mac Dowell N. Pathways to net zero for UK Power and Industry-Technologies, emissions, GVA, jobs ［J］. SSRN Electronic Journal , 2022.

［37］ Geoscience Australia. Carbon Capture and Storage (CCS) ［EB/OL］. (2023 – 11 – 20) ［2024 – 10 – 15］. https：//www. ga. gov. au/scientific-topics/energy/resources/carbon-capture-and-storage-ccs/geological-storage-studies.

［38］ Global CCS Institute. Institute Welcomes Inclusion of CCS Under the Aust-ralian Emissions Reduction Fund ［EB/OL］. (2021 – 10 – 01) ［2024 – 10 – 04］. https：//www. glo-balccsinstitute. com/news-media/press-room/media-releases/institute-welcomes-inclusion-of-ccs-under-the-australian-emissions-reduction-fund/.

［39］ Global-Status-of-CCS-Report-Update-23-Nov. pdf ［EB/OL］. ［2024 – 12 – 06］. https：//res. cloudinary. com/dbtfcnfij/images/v1700717007/Global-Status-of-CCS-Report-Update-23-Nov/Global-Status-of-CCS-Report-Update-23-Nov. pdf? _i = AA.

［40］ GOV. UK. Carbon capture, usage and storage：A vision to establish a competitive market (2023) ［EB/OL］. https：//www. gov. uk/government/publications/carbon-capture-usage-and-storage-a-vision-to-establish-a-competitive-market/carbon-capture-usage-and-storage-a-vision-to-establish-a-competitive-market#fn：38.

［41］Hakirevic Prevljak, Naida. Study：Low-pressure CO_2 ship transport chain is technically feasible ［EB/OL］.（2024 - 07 - 08）［2024 - 10 - 15］. https：//www. offshore-energy. biz/study-low-pressure-CO_2-ship-transport-chain-is-technically-feasible/.

［42］Hammond G P and Spargo J. The prospects for coal-fired power plants with carbon capture and storage：A UK perspective ［J］. Energy Conversion and Management, 2014, 86：476 - 489.

［43］IEA（2024）. CO2 Emissions in 2023, IEA, Paris ［EB/OL］. https：//www. iea. org/reports/co2-emissions-in-2023, Licence：CC BY 4. 0.

［44］Institute for Energy Economics and Financial Analysis（IEEFA）. If Chevron, Exxon, and Shell Can't Get Gorgon's Carbon Capture and Storage to Work, Who Can? ［EB/OL］.（2022 - 04 - 26）［2024 - 10 - 15］. https：//ieefa. org/articles/if-chevron-exxon-and-shell-cant-get-gorgons-carbon-capture-and-storage-work-who-can.

［45］Karbonfangstprosjektet på Klemetsrud gjennomfører en kostnadsreduserende fase ⏐ Hafslund Oslo Celsio ［EB/OL］.（2023 - 04 - 26）［2024 - 12 - 06］. https：//kommunikasjon. ntb. no/pressemelding/17964354/karbonfangstprosjektet-pa-klemetsrud-gjennomforer-en-kostnadsreduserende-fase? publisherId = 17848166&lang = no.

［46］Major milestone for decarbonizing Europe ⏐ Yara Internationals ［EB/OL］.（2022 - 08 - 29）［2024 - 12 - 06］. https：//www. yara. com/news-and-media/news/archive/news-2022/major-milestone-for-decarbonising-europe.

［47］Maselli G, et al. Carbon capture and utilisation（CCU）solutions：Assessing environmental, economic, and social impacts using a new integrated methodology ［J］. Science of the Total Environment, 2024, 948：174873.

［48］Michelle Bentham, et al. CO_2 Storage Evaluation Database（CO_2 Stored）. The UK's online storage atlas ［J］. Energy Procedia, 2014（63）：5103 - 5113.

［49］Minister for Industry, Science and Energy. Boost Carbon Capture, Use and Storage Hubs and Technolo-gies ［EB/OL］.（2021 - 09 - 30）［2024 - 10 - 15］. https：//www. minister. industry. gov. au/ministers/taylor/media-releases/boost-carbon-capture-use-and-storage- hubs-and-technologies.

［50］Nawaz M, Suleman H, Maulud A S. Carbon capture and utilization：A bibliometric analysis from 2007 - 2021 ［J］. Energies 2022, 15, 6611.

［51］Northern Lights celebrates completion of world's first commercial CO_2 transport and storage service-Northern Lights ［EB/OL］. (2024 – 09 – 26) ［2024 – 12 – 06］. https: //norlights. com/news/northern-lights-celebrates-completion-of-worlds-first-commercial-co2-transport-and-storage-service/.

［52］O'Beirne P, et al. The UK net-zero target: Insights into procedural justice for Greenhouse Gas Removal ［J］. Environmental Science & Policy, 2020, 112: 264 – 274.

［53］Participation, E. Climate change act 2008 ［EB/OL］. https: //www. legislation. gov. uk/ukpga/2008/27/contents.

［54］RISC. Asia-Pacific CCS Overview & Gorgon – 'Not a CCS problem' ［R］. 2023.

［55］Sleipner partnership releases CO2 storage data ［EB/OL］. (2019 – 06 – 12) ［2024 – 12 – 06］. https: //www. equinor. com/news/archive/2019 – 06 – 12-sleipner-co2-storage-data.

［56］Statista. The Carbon Capture and Storage (CCS) Readiness Index Worldwide in 2023 ［EB/OL］. www. statista. com/statistics/1411813/carbon-capture-and-storage-readiness-index-by-country-worldwide/, 2023.

［57］Tenthorey Eric, Taggart Ian, Kalinowski Aleksandra, McKenna Jason. CO_2-EOR + in Australia: Achieving low-emissions oil and unlocking residual oil resources ［J］. The APPEA Journal, 2021, 61: 118 – 131.

［58］The acorn project-stage. The Acorn Project ［EB/OL］. https: //www. thea-cornproject. uk/scottish-cluster.

［59］The Climate Change Committee. 2023 Progress Report to Parliament ［EB/OL］. www. theccc. org. uk/publication/2023-progress-report-to-parliament/, 2023.

［60］The Climate Change Committee. Net Zero-The UK's contribution to stopping global warming ［EB/OL］. www. theccc. org. uk/publication/net-zero-the-uks-contribution-to-stop-ping-global-warming/, 2019.

［61］The UK Department for Energy Security and Net Zero. Carbon capture, usage and storage: A vision to establish a competitive market ［EB/OL］. https: //www, gov. uk/gov-ernment/publications/net-zero-strategy, 2023.

［62］The UK Offshore Energies Association (2022). CCUS Supply Chain Report ［EB/OL］. oeuk. org. uk/product/ccs-supply-chain-report-2022/.

［63］TotalEnergies. TotalEnergies, INPEX, and Woodside Join Forces to Develop

Major Offshore CO$_2$ Sequestration Project [EB/OL]. (2022 – 08 – 24) [2024 – 10 – 04]. https: //totalenergies. com/media/news/press-releases/totalenergies-inpex-and-woodside-join-forces-develop-major-offshore-CO2-sequestration-project.

[64] Trupp M, Frontczak J, Torkington J. The Gorgon CO$_2$ Injection Project – 2012 Update [J]. Energy Procedia, 2013, 37 (1): 6237 – 6247.

[65] Upstream. Blow for CCS: Chevron's giant carbon capture project falling short of targets [EB/OL]. (2021 – 07 – 19) [2024 – 10 – 15]. https: //www. upstreamonline. com/energy-transition/blow-for-ccs-chevrons-giant-carbon-capture-project-falling-short-of-targets/2 – 1 – 1041696.

[66] Upstream. Chevron's flagship Gorgon CCS project still failing to live up to expectations [EB/OL]. (2022 – 02 – 10) [2024 – 10 – 15]. https: //www. upstreamonline. com/energy-transition/chevrons-flagship-gorgon-ccs-project-still-faili-ng-to-live-up-to-expectations/2 – 1 – 1166185.

[67] Upstream. Western Australia Looks to Carbon Capture and Storage to Clean Up LNG Industry [EB/OL]. (2022 – 03 – 09). https: //www. upstreamonline. com/energy-transition/western-australia-looks-to-carbon-capture-and-storage-to-clean-up-lng-industry/2 – 1 – 1181417.

[68] Zuraiqi K, Zavabeti A, Clarke-Hannaford J, et al. Direct conversion of CO$_2$ to solid carbon by Ga-based liquid metals [J]. Energy & Environmental Science, 2022, 15 (2): 595 – 600.

第五章　CCUS 发展的政策支撑

一、国际 CCUS 发展的激励政策

亚洲开发银行（以下简称亚行）的碳捕集和封存基金有效地推动了亚洲地区 CCS 的发展，世界银行 CCS 信托基金也支持具有 CCS 发展潜力的国家。这些基金的每个项目资助额度虽然只有几十万美元到 1000 万美元，但是主要是作为银行的种子基金，引导后续银行的低息贷款来支持 CCS 项目。这对我国的金融机构推动绿色金融的发展，也是借鉴的榜样。

（一）亚行碳捕集与封存基金

2009 年 7 月，碳捕集和封存基金与澳大利亚一起成立亚行碳捕集与封存基金（Carbon Capture and Storage Fund），并投资 5000 万美元作为清洁能源融资伙伴关系基金下的一个新的单一伙伴信托基金。2012 年 12 月英国投资 1000 万美元加入后，该基金成为多伙伴信托基金。① 亚行碳捕集和封存基金旨在：

---

① 亚洲开发银行. 中国碳捕集与封存示范和推广路图研究［EB/OL］. https：//yhp-web-site. oss-cn-beijing. aliyuncs. com/upload/files/roadmap-ccs-prc-zh% E4% B8% AD% E5% 9B% BD% E7% A2% B3% E6% 8D% 95% E9% 9B% 86% E4% B8% 8E% E5% B0% 81% E5% AD% 98% 20% E7% A4% BA% E8% 8C% 83% E5% 92% 8C% E6% 8E% A8% E5% B9% BF% E8% B7% AF% E7% BA% BF% E5% 9B% BE% E7% A0% 94% E7% A9% B6% 20. pdf.

- 加快碳捕集和封存（CCS）技术的示范；
- 识别、降低或消除 CCS 技术在不同国家遇到的技术、监管、体制、金融、经济、环境问题或社会障碍；
- 识别、消除或减轻 CCS 捕集、运输或封存技术中的实际风险；
- CCUS 项目的快速布局及发展；
- 与潜在 CO_2 封存地点有关的地质调查和环境研究并开展提升公民社区意识计划。

所有亚洲开发银行发展中成员国都有资格获得该基金的支持。首先将优先考虑中国、印度、印度尼西亚和越南。在这一基金的支持下，中国的西北大学二氧化碳捕集与封存技术国家地方联合工程研究中心、上海交通大学碳捕集利用与贮存研究中心、中英（广东）CCUS 中心获得能力建设的支持。

此外亚行的这一基金还支持了华能集团天津 IGCC 项目、延长石油百万吨 CCS 预研。值得说明的是，亚行这一基金不支持 CO_2 驱油封存项目，因此对延长石油的支持要么改成咸水层封存预研项目，要么停止。最后在生态环境部应对气候变化司的协调下，项目改成咸水层封存研究。

（二）世界银行 CCS 信托基金

2009 年，世界银行 CCS 信托基金（World Bank CCS Trust Fund）由澳大利亚全球碳捕集与封存研究院（GCCSI）和挪威政府共同向世界银行基金捐款 800 万美元设立。这启动了支持发展中国家 CCS 开发和部署的计划。此后，挪威又捐助了 300 万美元。[①]

该信托基金项目已经支持了博茨瓦纳、中国、埃及、约旦、科索沃、墨西哥、南非和马格里布地区（阿尔及利亚、摩洛哥和突尼斯）等国家。

该基金组织的活动的规模和范围各不相同，包括解决法律和监管问

---

① Word Bank. Carbon capture and storage trust fund [EB/OL]. https://documents1.worldbank.org/curated/en/364831638295362970/pdf/Official-Documents-Amended-and-Restated-Grant-Agreement-for-CCS-Trust-Fund-Grant-TF0A3137.pdf.

题、调查 CO_2 封存的可能性以及帮助国家政府制定符合本国利益的 CCS 发展路线图。

（三）碳收集领导人论坛

碳收集领导人论坛（Carbon Sequestration Leadership Forum，CSLF）是一个促进成员国及国际社会在碳捕集、利用与封存（CCUS）领域开展交流与合作的部长级多边机制，由美国能源部倡议于 2003 年成立，目前已经拥有 26 个成员国政府（25 个国家加上欧盟委员会）代表了六大洲超过 35 亿人口（占世界人口的 60%），占世界人为二氧化碳排放总量的 80%。[①] CSLF 的宗旨是营造技术、政治和监管环境，推动开发二氧化碳分离、捕集、运输和长期安全存储且具有更好成本效益的技术并使其在国际上得到广泛利用。实现解决技术发展的主要障碍、确定 CCS 技术多边合作的潜在领域、促进成员国项目的合作研究、开发和示范（RD&D）、处理与知识产权相关的潜在问题、建立合作和发展的指导方针、定期评估合作研发项目的进展情况、建立并定期评估所需研究的潜在领域清单、组织与国际研究界所有部门的合作（包括工业界、学术界、政府和非政府组织）、补充完善正在进行的国际合作、制定策略以解决公众认知问题和开展成员国可能发展的其他活动等一系列目标以促进 CCUS 的快速布局及发展。

二、代表性国家或地区 CCUS 发展的激励政策

（一）美国

美国高度重视对 CCUS 技术的相关支持（秦阿宁等，2022）。美国对

---

① 碳收集人论坛 [EB/OL]. 中国 21 世纪议程管理中心，https：//www. acca21. org. cn/trs/000100040016/16238. html.

碳收集领导人论坛第四届部长级会议在北京召开 [N/OL]. 中国政府网，https：//www. gov. cn/gzdt/2011 - 10/09/content_1964372. htm.

CCUS 的激励政策主要集中在科研研发、资金激励和基础设施建设三个方面。

1. 科研研发

自 1997 年以来，美国能源部等机构不断增加科研研发资金，近 10 年在 CCUS 研发上的资金投入如表 5 – 1 所示。2009 年以来，《美国复苏与再投资法案》《2020 年能源法案》等法案为 CCUS 项目提供了几十亿美元的资金支持。2021 年美国能源部提供 2400 万美元和 1450 万美元可用资金，投资发展直接空气捕集结合碳封存技术[1][2]。

表 5 – 1 **美国 CCUS 领域科研研发资金** 单位：万美元

项目	2011年	2012年	2013年	2014年	2015年	2016年	2017年	2018年	2019年	2020年	2021年
碳捕集	5870	6700	6370	9200	8800	10100	10100	10070	10070	11780	12630
碳封存和利用	12090	11220	10670	10890	10000	10600	9530	9810	9810	10000	10200
合计	17960	17920	17040	20090	18800	20700	19630	19880	19880	21780	22830

资料来源：秦阿宁，吴晓燕，李娜娜，孙玉玲，陈方. 国际碳捕集、利用与封存（CCUS）技术发展战略与技术布局分析［J］. 科学观察，2022，17（4）：29 – 37.

2. 资金激励

美国 50% 左右的 CCUS 项目已经不再依赖 CO_2-EOR 实现收益，这得益于美国政府推出的补贴政策。2008 年《能源改进和扩展法案》中确立的 48A 和 45Q 投资税收抵免政策促进 CCUS 的市场开发，其中 48A 授权

---

① Department of Energy. DOE Announces ＄14. 5 Million Supporting Direct Air Capture and Storage Coupled to Low Carbon Energy Sources ［EB/OL］. (2021 – 10 – 26)［2024 – 12 – 5］. https：//www. energy. gov/articles/doe-announces-145-million-supporting-direct-air-capture-and-storage-coupled-low-carbon.

② Gibson Dunn. The Inflation Reduction Act Includes Significant Benefits for the Carbon Capture Industry ［EB/OL］. (2022 – 08 – 16)［2024 – 12 – 5］. https：//www. gibsondunn. com/the-inflation-reduction-act-includes-significant-benefits-for-the-carbon-capture-industry.

12.5亿美元用于投资税收的抵免,税收抵免可提高到投资的30%,要求是捕集和封存的CO_2占该企业总排放的65%~75%,但由于48A要求过高很多企业没办法达到,所以48A相比于45Q不为大众所知。45Q税收抵免政策经过2018年的修订后,每吨CO_2的补贴金额得到了大幅提升,采用递进式CO_2补贴价格的设定方式。具体补贴金额如表5-2所示。2021年1月,美国通过对45Q条款的最终修正,大大降低了获得税收抵免资格的门槛,并且允许私人资本可获得抵免资格。这种方式可确保CCUS项目持续稳定的现金流,大幅度降低项目的资金风险,从而推动企业持续发展CCUS项目。

表5-2 　　　　　　　　45Q税务抵免政策的CO_2补贴价格 　　　　单位:美元/吨CO_2

项目	2018年	2019年	2020年	2021年	2022年	2023年	2024年	2025年	2026年
地质封存	25.70	28.74	31.77	34.81	37.85	40.89	43.92	46.96	50.00
EOR/CCU	15.29	17.76	20.22	22.68	25.15	27.61	30.07	32.54	35.00

资料来源:秦阿宁,吴晓燕,李娜娜,孙玉玲,陈方. 国际碳捕集、利用与封存(CCUS)技术发展战略与技术布局分析[J]. 科学观察,2022,17(4):29-37.

2022年8月16日,美国总统拜登签署《通胀削减法案》(The Inflation Reduction Act,IRA),这一法案对美国各地的CCUS项目起到了显著的推动作用。IRA主要有四项内容:大幅增加了国内CCUS项目联邦所得税抵免(通常被称为"45Q抵免")的金额;使CCUS项目更容易获得45Q抵免资格;为45Q抵免额度货币化提供了重要的新途径;将45Q合规项目的开工最终期限从2026年延长到2033年。同时IRA进一步上调了45Q税收抵免金额,从2018修订版给予二氧化碳地质封存和利用分别为50美元/吨和35美元/吨,提高至85美元/吨和60美元/吨,且如果是采用直接空气捕集(DAC)技术捕集的CO_2,抵免额度可达到180美元/吨和135美元/吨。此外,IRA还放宽了CCUS设施获取45Q税收抵免所必须满足的二氧化碳捕集和封存利用规模的门槛要求。对于发电设施,IRA要求其每年捕集的CO_2量从50万吨降低到1.875万吨。对于DAC项目,IRA将其年度捕集量要求的10万吨降低到0.1万吨，而其他所有工业设施的捕集量要求降低到 1.25 万吨。先前法律规定的高门槛导致许多 CCUS 项目无法得到 45Q 税收抵免政策的补贴支持，而 IRA 法案降低该门槛，极大地激励了许多 CCUS 项目发展。除财政税收补贴政策外，2021 年陆续出台了《碳捕集现代化法案》① 《碳捕集、利用和封存税收抵免修正法案》② 《为我们的能源未来融资法案》③ 等来促进 CCUS 的市场开发。这些举措大幅推动了 CCUS 项目的发展，并使得 CCUS 项目长期健康运行成为可能。表 5-3 总结了美国 CCUS 商业应用政策中主要的税收激励政策。

表 5-3   美国 CCUS 商业应用中主要的税收激励政策

激励类型	描述	价值/条款	附加信息
45Q 税收抵免	一项可退还、可转让的税收抵免，允许任何 CO_2 捕集运营商或有大量税收偏好的用户根据项目 CO_2 捕集量将其应缴的联邦税减去应付税收抵免的价值	①60 美元/公吨：捕集的 CO_2 用于提高石油采收率（EOR）；②85 美元/公吨：在地质构造中封存的 CO_2；③180 美元/公吨和 135 美元/公吨：采用直接空气捕集技术捕获的 CO_2	①要获得资格，电力项目必须每年至少捕集 CO_2 1.875 万公吨，DAC 项目的年度捕集量须达到 0.1 万公吨，其他所有工业设施的捕集量须达到 1.25 万公吨；②项目必须在 2033 年之前开始建设；③私人资本有机会获得抵免资格
投资税收抵免	为项目所有者的税款创建一个美元对美元的抵消	符合条件的财产原始成本的 30%（《通胀削减法案》将投资税收抵免政策延期 10 年）	项目的折旧基础减去 ITC 值。例如：太阳能 ITC

① 86 America Government. Carbon Capture Modernization Act［EB/OL］. （2021-03-10）［2024-12-05］. https：//www. congress. gov/bill/117-congress/house-bill/1760.

② America Government. Carbon Capture，Utilization，and Storage Tax Credit Amendments Act of 2021［EB/OL］. （2021-03-25）［2024-12-05］. https：//www. congress. gov/bill/117th-congress/senate-bill/986/text.

③ America Government. Financing Our Energy Future Act［EB/OL］. （2019-06-13）［2024-12-05］. https：//www. congress. gov/bill/117th-congress/senate-bill/1034.

续表

激励类型	描述	价值/条款	附加信息
免税私人活动债券	以较低利率向债券持有人提供债务融资的免税债券类型	更灵活和优惠的借贷条件带来的额外好处	债券持有人收到的利息不是应税收入
加速折旧	出于税收目的，允许资本资产比正常摊销时间更早收回的折旧方法	五年期修改后的加速成本回收系统（MACRS）	降低在项目生命周期内支付的税款的净现值。例如：红利折旧
掌握有限合伙企业	具有混合公司结构的实体，作为税收目的的直通实体被赋予特殊地位	公司赚取的应税利润在投资者层面征税一次	这种特殊的税收待遇降低了融资项目的成本
生产税收抵免	该奖励为符合条件的项目生产的每单位电力支付特定金额（美元/千瓦时）	依照生产能力价值不同	比资本激励更有吸引力、更有效。例如：风力 PTC

资料来源：America Government. Carbon Capture, Utilization, and Storage Tax Credit Amendments Act of 2021 [EB/OL]. https://www. congress. gov/bill/117th-congress/senate-bill/986/text.

America Government. Financing Our Energy Future Act [EB/OL]. https://www. congress. gov/bill/117th-congress/senate-bill/1034.

America Government. The Inflation Reduction Act [EB/OL]. https://www. congress. gov/117/plaws/publ169/PLAW – 117publ169. pdf.

3. 基础设施建设

推动 CCUS 项目的发展，基础设施的建设是必不可少的。美国两党于 2021 年 3 月提出了《封存二氧化碳和降低排放量（SCALE）法案》，该法案提出建立 CO_2 基础设施融资和创新法案（CIFIA）计划、建立安全的地质封存基础设施开发计划、为环境保护署（EPA）在盐碱地质层中的第六类许可证（进行地下 CO_2 封存所需的许可证）提供更多资金等措施[①]。

---

① America Government. SCALE Act [EB/OL]. (2020 – 12 – 17) [2024 – 12 – 05]. https://www. congress. gov/bill/117th-congress/senate-bill/799/text.

2021 年 11 月美国通过《基础设施投资和就业法案》[①]（Infrastructure Investment and Jobs Act），提出将提供近 50 亿美元用于支持 CO_2 运输和封存基础设施与场地的开发和融资（姜睿，2022）。

（二）欧盟

欧洲对 CCUS 项目的激励发展主要通过资金激励、市场化交易机制和宏观战略支持这一些政策来体现。

1. 资金激励

（1）税收政策。

欧洲是全球碳税政策应用比较成熟的地区，通过向有关化石能源的经济活动征收碳税来减少 CO_2 排放。全球碳税最高的地区基本都来自欧洲。欧洲国家的碳税均是在已有环境税修改的基础上实现的，按照推行范围可分为以明确税种形式提出和作为拟碳税提出的形式。虽然碳税不是针对 CCUS 设施的激励措施，但它也直接或间接地促进了 CCUS 设施的部署。欧盟国家作为碳税的早期采用者，也是碳捕集与封存的先驱。挪威于 1991 年开始征收碳税，导致斯莱普纳（Sleipner）和 Snøhvit CCS 项目的建设，到目前为止已经封存了超过 2000 万吨的二氧化碳。[②] 2021 年 7 月欧盟提出了 "Fit to 55" 立法提案，该法案将增加一个新的碳边界调整机制，将碳税施加至进口的目标产品以避免碳逃逸。

（2）补贴政策。

2021 年创建的欧盟创新基金（Innovation Fund）旨在支持能源密集型行业的低碳技术和流程，包含 CCUS 的建设和运营。其资金来源于欧盟排放交易系统（EU-ETS）对 2020～2030 年的 4.5 亿元配额的拍卖收入，以

---

① White House. Infrastructure Investment and Jobs Act［EB/OL］. https：//www. whitehouse. gov/briefing-room/statements-releases/2021/08/02/updated-fact-sheet-bipartisan-infrastructure-investment-and-jobs-act/.

② 中华人民共和国商务部. 挪威碳捕捉与封存工程［EB/OL］. http：//chinawto. mofcom. gov. cn/article/ap/p/201509/20150901101665. shtml.

及 NER300 计划未使用的资金。2022 年 4 月，欧盟委员会通过欧盟创新基金与 7 个大型项目签署了 11 亿欧元的赠款协议，其中 4 个项目涉及 CCUS 技术。欧洲委员会还发起了第二次小规模项目计划。计划为 CCUS 等领域的小型项目（资本支出在 250 万 ~750 万欧元的项目）提供 1 亿欧元的赠款资金。① 此外，地平线欧洲计划②将在 2021 年和 2022 年分别提供 3200 万欧元和 5800 万欧元资金资助 CCUS 技术研发。

2. 市场机制政策

欧洲碳价在 2020 年前一直处于比较低的阶段（见图 5－1），因而碳市场无法满足 CCUS 项目的经济成本。另外，碳价波动性也影响了企业对 CCUS 的投资和判断。随着欧盟碳配额发放进一步收紧，2023 年初欧盟市场的碳价格甚至突破了 100 欧元/吨。虽然在早期阶段，CCUS 示范项目仍需要碳市场以外的激励补助，因为目前的技术成本仍高于碳价，但随着碳交易市场的不断完善和发展，最终 CCUS 项目的资金来源必将回归于市场化的交易制度。

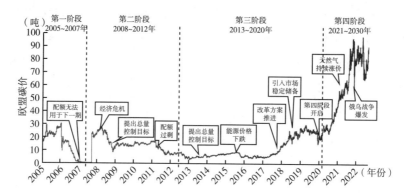

图 5－1 2005 年以来欧盟碳价变动趋势

资料来源：ICE 期货交易所。

---

① European Commission. Innovation Fund ［EB/OL］. https：//climate. ec. europa. eu/eu-action/eu-funding-climate-action/innovation-fund_en.

② IEA. Horizon 2020 funding for carbon capture，utilisation and storage ［EB/OL］.（2020－07－01）［2024－12－5］. https：//www. iea. org/policies/11694-horizon-2020-funding-for-carbon-capture-utilisation-and-storage.

3. 宏观战略支持

欧盟 CCUS 相关政策多与能源、气候变化政策联系在一起，如《2030年气候与能源政策框架》[①] 指出，CCUS 是欧盟能源和碳密集行业大幅减排的关键技术，要加大 CCUS 研发力度和商业示范；《2050 年长期战略》[②] 将 CCUS 作为实现碳中和目标的七大战略技术领域之一；欧盟委员会在《欧洲绿色协议》[③] 中提出将 CCUS 纳入向气候中立过渡所需的技术，将其视为关键工业部门脱碳的优先领域之一。2021 年通过的《欧洲气候法》[④] 将 2050 年"净零"碳排放目标变成了政治目标和法律义务。预计未来欧盟将继续加大 CCUS 相关政策支持。欧盟在 CCUS 制度化和规范化方面走在全球前列，代表性法规 CCUS 指令（2009/31/EC）[⑤] 是世界第一部关于 CCUS 的详细法案，详细规定了 CO_2 运输、封存场地选址、勘探和封存许可证发放、运营与关闭以及关闭后的责任和义务、CO_2 监测、信息公开等具体要求，以及对现有各相关指令的修订，建立起在欧盟内开展 CO_2 地质封存的法律和管理框架。

（三）加拿大

加拿大对 CCUS 项目的激励政策先从早期阿尔伯塔省（以下简称阿省）和萨斯喀彻温省（以下简称萨省）的激励措施逐渐发展起来，直至现在对 CCUS 项目的激励政策主要集中于资金激励方面。

---

① European Commission. 2030 climate & energy framework ［EB/OL］. ［2024 – 12 – 5］. https：//www. consilium. europa. eu/en/policies/climate-change/2030-climate-and-energy-framework/.

② European Commission. 2050 long-term strategy ［EB/OL］. （2018 – 11）［2024 – 12 – 5］. https：//climate. ec. europa. eu/eu-action/climate-strategies-targets/2050-long-term-strategy_en.

③ European Commission. European Green Deal ［EB/OL］. （2019 – 12 – 11）［2024 – 12 – 5］. https：//commission. europa. eu/strategy-and-policy/priorities-2019 – 2024/european-green-deal_en.

④ European Commission. European Climate Law ［EB/OL］. （2021 – 07 – 9）［2024 – 12 – 5］. https：//climate. ec. europa. eu/eu-action/european-climate-law_en.

⑤ European Commission. Directive 2009/31/EC of the European Parliament and of the Council ［EB/OL］. （2009 – 06 – 5）［2024 – 12 – 5］. https：//eur-lex. europa. eu/legal-content/EN/TXT/? uri = CELEX%3A32009L0031.

1. 早期萨斯喀彻温省与阿尔伯塔省推动 CCUS 的政策措施

（1）Weyburn-Midale 油田等工业化 CO_2-EOR 项目（2000 年 9 月 15 日至今，封存规模 200 万吨/年）。萨省政府激励措施①主要有：

①Weyburn 油田大规模工业化 CO_2-EOR 项目［企业初期分别投入 11 亿加元（Weyburn）、4.75 亿加元（Midale 油田）］启动前，获准只上缴占生产石油毛收入 1% 的资源使用税，待项目投入成本全部回收，再重新开始上缴正常的资源使用税（占石油毛收入的 20%）。除此之外，省政府免除了项目 5% 购买 CO_2 的消费税，并把项目 1% 的资源使用税率向前延伸 18 个月，以便企业能利用节省的税款投入项目。

②企业 CO_2-EOR 研发试点项目 30% 的支出可以抵消资源使用税，每个项目最多可抵额度达 300 万加元。

（2）萨斯喀电力集团边界坝燃煤电厂 CCUS 工业化示范项目。萨省政府的激励措施②有：

①加拿大联邦政府一次性赠款补助 2.4 亿加元，相当于预算的 20%。

②萨省政府批准电力集团自筹投入 12 亿加元，建设原预算为 12.4 亿加元项目（2008 年基础建设预算为 10 亿加元）。同时，萨省政府（自 2009 年以来）免除该公有电力集团向财政上缴利润，而用于投入电力基础设施的改造与更新，包括 CCS 工业化示范项目，可再生能源项目（预计 10 年或更长期间每年平均需投入 10 亿加元）。电力公司作为官方企业，享有较低的贷款利息。

（3）壳牌公司"Quest（探索）"重油砂炼化制氢过程捕集与地质封存工业示范项目。阿省政府的激励措施③有：

---

① Petroleum Technology Research Centre. IEA GHG Weyburn CO_2 Monitoring & Storage Project Summary Report 2000 – 2004 ［EB/OL］. https：//ptrc. ca/pub/projects/past/weyburn-midale/Summary＿Report_2000_2004. pdf.

② United States Energy Association. Canada's Experience：The World's First Commercial Coal-Fired CCUS Project ［EB/OL］. https：//usea. org/sites/default/files/event-/Yu%20Zewei. pdf.

③ Financial Post. We're witnessing the birth of an industry amid race for Alberta carbon capture developments ［EB/OL］. https：//financialpost. com/commodities/energy/oil-gas/were-witnessing-the-birth-of-an-industry-amid-race-for-alberta-carbon-capture-developments.

①阿省政府碳捕集、利用与封存的专项技术基金（向碳排放大户企业收取碳排放费建立，2009 年该基金数额达到 20 亿加元），该基金以双倍的碳汇额度向"Quest"项目和运营成本达 13.5 亿加元的一个工业化项目（"Quest"成本 8.11 亿加元，含 12 寸 64 千米管线，且年运营成本为 4100 万加元）分期投资 7.45 亿加元，占项目捕集、运输与封存叠加成本的 75%。项目运行后每年根据与省政府的协议，碳汇年收入达 2700 万加元以上。

②加拿大联邦政府一次性赠款补助 1.2 亿加元。

③确定阿省政府为所有地下孔隙空间的拥有者；在地下 CO_2 稳定的情况下，政府承担长期的责任。

2. 资金激励政策

（1）税收抵免。

2022 年 4 月 7 日加拿大政府发布的《2022 年加拿大联邦预算》[①] 为加拿大政府的国家经济发展目标奠定了基础。加拿大于 2022 年 3 月 29 日宣布其 2030 年减排计划（即到 2050 年实现净零经济）后，从 2022 年开始为碳捕集、利用和封存（CCUS）建立了可退还的投资税收抵免[②]。

CCUS 税收抵免鼓励 CCUS 技术的扩展，以减少高排放行业的排放。CCUS 技术构成了那些捕集 CO_2 排放（来自工业过程、燃料燃烧或直接来自空气）用于工业过程封存或利用的创新。CCUS 税收抵免将抵销合格设备的购买和安装成本，并可在发生费用的当年申请（作为税收抵免或以退款的形式），无论设备何时可用。以下将详细介绍该税收抵免政策的内容。

适用的税收抵免率。为了鼓励更快地采用 CCUS 技术，如果 CCUS 项目中使用符合条件的设备用于符合条件的用途，则 CCUS 税收抵免将

---

①② Canada Government. Budget 2022 [EB/OL]. (2022 – 04 – 7) [2024 – 12 – 5]. https：// www. sootoday. com/national-business/budget-2022-ottawa-unveils-26b-carbon-capture-tax-credit-for-energy-sector-5243904.

根据纳税年度内购买或安装符合条件设备的成本按比例提供，详情如下所述。

2022～2030 年，CCUS 税收抵免为：①该税收计划为直接空气捕集项目（DAC）申请高达 60% 的税收抵免；②该税收计划为除直接空气捕集外且符合规定的捕集设备申请高达 50% 的税收抵免；③该税收计划为符合规定的运输、封存和利用设备申请高达 37.5% 的税收抵免。

2031～2040 年，CCUS 税收抵免将减少至：①该税收计划为直接空气捕集项目（DAC）申请高达 30% 的税收抵免；②该税收计划为除直接空气捕集外且符合规定的捕集设备申请高达 25% 的税收抵免；③该税收计划为符合规定的运输、封存和利用设备申请高达 18.75% 的税收抵免。

符合要求的设备、项目和用途。符合法案要求的设备必须用于在加拿大境内捕集、运输、封存或利用 CO_2，并且是 CCUS 项目的一部分。符合要求的项目可以是直接从大气中捕集 CO_2，也可以是释放到大气之前捕集 CO_2，然后压缩、运输和使用捕集的 CO_2 用于"规定的用途"。不符合法案要求的例如《限制天然气发电 CO_2 排放的规定》中所提到不被视为符合的 CCUS 项目，还有 CCUS 项目的前期开发成本（如可行性研究、工程和设计研究）和普通运营成本也不符合 CCUS 信贷的资格。

"符合法案要求的用途"最初包括专用地质封存或混凝土矿化利用。符合规定的地质封存仅适用于有足够法规管辖并且确保永久封存 CO_2 的地区。迄今为止，符合规定的地质封存仅限于阿尔伯塔省和萨斯喀彻温省。对于混凝土矿化利用，该过程必须获得联邦批准，并且必须证明至少 60% 的 CO_2 被矿化利用并锁定在混凝土中。值得注意的是，CO_2 用于提高石油采收率不被视为符合要求的用途，因为这使得加拿大在与美国的竞争中处于劣势（美国允许对用于提高石油回收率的 CO_2 进行税收抵免）。

新资本成本津贴类别。预算案概述了四个新的资本成本津贴（CCA）类别，这些类别将与 CCUS 税收抵免一起制定。捕集设备，包括：处理和压缩设备；运输设备，包括用于运输 CO_2 的管道和专用车辆；封存设备，包括注入和封存设备（捕集、运输和封存设备皆为 8% 的 CCA 率）；符合

预案规定中利用 CO_2 所需设备的 CCA 率为 20%。

即使与封存 CO_2 相关的勘探和开发费用不符合 CCUS 税收抵免的资格，但该预案将为这些费用设立两个新的 CCA 等级，为勘探费用提供 100% 的 CCA 率，为开发费用提供 30% 的 CCA 率。

申请 CCUS 税收抵免和追回功能。从 2022 年 1 月 1 日开始，用于采购和安装新捕集设备产生的费用，也获得了申请税收抵免的资格。申请企业必须同意遵守验证和确认程序，证明项目符合二氧化碳封存要求，并出具与气候相关的财务披露报告，才能申请税收抵免。CCUS 税收抵免具有一定的可转让性限制，即，如果先前的所有者已经申请了该抵免，则合格设备的后续购买者不能申请 CCUS 税收减免。

政府将每隔 5 年评估所有符合条件的项目，最长为 20 年，如果超过 5% 的 CO_2 在初始预测期间用于不符合条件的用途，政府将收回 CCUS 税收抵免。

（2）补贴政策。

加拿大的 CCUS 补贴政策侧重于为 CCUS 商业化发展提供支持。2020 年 11 月加拿大政府宣布了一项为期 10 年的低碳排放基金，用于推动 CCUS 等清洁能源技术的发展。此外，还建立了战略创新基金（SIF）支持各战略领域的创新项目，其中包括 CCUS 技术。此外，清洁增长中心（CGC）也为加拿大的商业化项目提供支持。Quest 项目的运营便依靠清洁能源基金和阿尔伯塔 CCS 基金支持。

（四）英国

英国高度重视 CCUS 的发展，并且英国对 CCUS 的激励政策主要集中于宏观战略支持、立法监管和资金激励等方面。

1. 宏观战略支持

英国曾发布多个战略计划，阐述 CCUS 技术的重要性与必要性，以及设定与 CCUS 相关的发展目标。2017 年、2018 年和 2021 年分别出台了清洁增长战略（Clean Growth Strategy）①、英国 CCUS 行动计划（UK CCUS Action Act）② 和净零战略（Net Zero Strategy）③。旨在降低 CCUS 技术成本、实现 CCUS 在工业领域的规模化部署，并提出了建设四个 CCUS 产业集群的目标。

2. 立法监管

英国前后于 2010 年④和 2015 年⑤出台《CO_2 封存条例》，规定了为勘探活动发放许可证和为 CO_2 注入和封存发放许可证的行政程序与要求，并规定了许可证和执照持有人在监测、报告、纠正措施、场地关闭和关闭后义务方面的权利和责任，较早形成了 CCUS 技术所需技术和法律框架。

3. 资金激励

英国 2020 年预算⑥中有两项关于 CCUS 技术的内容：一是将成立一个新的碳捕集与封存基础设施基金，其目的是为在两个地点进行碳捕集活动提供资金支持；二是在消费者补贴的帮助下，到 2030 年支持至少一个配备 CO_2 捕集设备的天然气发电厂。上述计划的预算总额为 8 亿英镑。

由于工业部门的碳排放量占比重、总量大，英国针对工业部门采取了

---

① GOV. UK. Clean Growth Strategy［EB/OL］.（2017 - 10 - 12）［2024 - 12 - 5］. https：// www. gov. uk/government/publications/clean-growth-strategy.

② GOV. UK. UK CCUS Action Act［EB/OL］.（2018 - 11 - 28）［2024 - 12 - 5］. https：// www. gov. uk/guidance/uk-carbon-capture-and-storage-government-funding-and-support.

③ GOV. UK. Net Zero Strategy［EB/OL］.（2021 - 10 - 19）［2024 - 12 - 5］. https：// www. gov. uk/government/publications/net-zero-strategy.

④ Legislation. Gov. UK. The Storage of Carbon Dioxide（Licensing etc.）Regulations 2010［EB/OL］.（2010 - 10 - 1）［2024 - 12 - 5］. https：//www. legislation. gov. uk/uksi/2010/2221/contents/made.

⑤ Legislation. Gov. UK. The Storage of Carbon Dioxide（Licensing etc.）Regulations（Northern Ireland）2015［EB/OL］.（2016 - 01 - 4）［2024 - 12 - 5］. https：//www. legislation. gov. uk/nisr/2015/387/contents/made.

⑥ IEA. UK Budget 2020-Carbon Capture and Storage Support［EB/OL］.（2021 - 04 - 16）［2024 - 12 - 5］. https：//www. iea. org/policies/11674-uk-budget-2020-carbon-capture-and-storage-support.

较多减碳措施。2021 年 3 月，英国公布工业脱碳战略（Industrial Decarbonisation Strategy）①，其中 1.71 亿英镑被分配给苏格兰、南威尔士和西北地区、亨伯地区和英格兰蒂赛德的九个绿色科技项目，以进行工程和设计研究，推广碳捕集、利用和封存（CCUS）与氢气等脱碳基础设施。

除政府直接投资等资金支持外，英国还从碳排放市场的建立、供应链等全方位入手，帮助提高 CCUS 技术水平。英国 2020 年发布的《国家能源白皮书》中提及，英国将建立自己的碳排放交易系统（UK ETS）以取代欧盟碳排放交易系统。2022 年 3 月英国发布英国 CCUS 供应链干预战略②，这份战略报告描述了在新兴碳捕集行业增加英国制造份额，创造经济增长和出口潜力，同时帮助实现英国的净零排放承诺，还提出了要采取五项关键行动的建议。

（五）澳大利亚

澳大利亚是全球最大的煤炭和天然气生产国之一，面临着较大的碳减排压力。CCUS 是政府重点关注的碳减排技术（李扬，2022），并主要通过宏观战略支持政策和立法监管政策对 CCUS 进行激励。

1. 宏观战略支持

2020 年，澳大利亚发布《投资路线图讨论文件：加速推进低排放技术的框架》③，对 CCUS 在制氢及其他应用的部署路径进行了讨论。同年 5 月，澳大利亚政府对《2006 年近海石油和温室气体封存法案》进行了修订，对 CO_2 跨境注入管理进行了统一和简化。2021 年 10 月，澳大利亚又

---

① GOV. UK. Industrial decarbonisation strategy ［EB/OL］.（2021 - 03 - 17）［2024 - 12 - 5］. https：//www. gov. uk/government/publications/industrial-decarbonisation-strategy.

② 贾凌霄. 英国 CCUS 供应链干预战略 ［EB/OL］.（2022 - 04 - 24）［2024 - 12 - 5］. http：//www. cgl. cgs. gov. cn/gzdt_4169/cgkx_4171/202204/t20220428_698481. html.

③ Australia Government. Technology Investment Roadmap First Low Emissions Technology Statement ［EB/OL］.（2020 - 09）［2024 - 12 - 5］. https：//www. dcceew. gov. au/sites/default/files/documents/first-low-emissions-technology-statement-2020. pdf.

推出了名为"净零计划：澳大利亚之路①"（The Plan to Deliver Net Zero The Australian Way）的碳中和方案，该方案称澳大利亚政府未来 20 年将在低碳技术领域投入约 200 亿美元，而这将会撬动 800 亿美元的私有企业或州政府的投资。

2. 立法监管方面

澳大利亚是唯一拥有完整 CCUS 监管框架的亚太国家，突出地方的监管自治，并从监管原则出发强调海上 CCUS 项目的监管。中国与澳大利亚同处中低纬度地区，有着类似的资源禀赋和能源结构，基于澳大利亚的经验可以得到以下启示：要积极引入社会资金投入创新性 CCUS 等低碳技术的研发；需继续完善碳减排立法和碳排放管理体系，单纯以市场推动低碳产业发展具有极高的风险，政府作为解决环境问题的主体需要更多介入碳减排的立法框架，以保障国家碳中和战略的推进（张贤，2021）。

（六） 日本

日本长期致力于低排放发展战略，将 CCUS 技术与氢能、可再生能源、储能、核能等并列为日本实现碳中和目标的关键技术。在《能源技术战略路线图》《国家能源新战略》《第五期能源基本计划》等政策规划中均提出要加紧开发 CCUS 相关技术。由于缺乏地质封存条件，日本致力于发展碳循环利用技术，并于 2019 年发布了《碳循环利用技术路线图》，设定了碳循环利用技术的发展路径。2020 年发布的《革新的环境创新战略》和《2050 碳中和的绿色增长战略》均提出要大力发展 CCUS 和碳循环利用技术，以积极抢占碳循环利用技术创新高地。

在技术研发方面，日本新能源产业综合开发机构（NEDO）是发展

---

① Australia Government. The Plan to Deliver Net Zero The Australian Way ［EB/OL］. （2021 – 10 – 26）［2024 – 12 – 5］. https：//www.dcceew.gov.au/climate-change/emissions-reduction/net-zero.

CCUS 技术的主要政府科研机构，目前主要通过 NEDO 的"碳循环和下一代火力发电等技术开发计划（2016～2025 年）""CCUS 研发/示范相关计划（2018～2026 年）"等促进 CCUS 技术研发。重点支持碳分离和回收、CO_2 转化为合成燃料、可持续航空燃料、甲烷以及绿色液化石油气、CO_2 还原制化学品等技术开发。

本章小结

本章列举了国际上 CCUS 的激励基金。接下来详细介绍了具有代表性国家的激励政策。在美国 CCUS 政策主要集中于研究开发、经济政策和基础设施建设这三个部分。自 1997 年以来美国能源部等机构不断增加研发资金，2009 年《美国复苏与再投资法案》《2020 年能源法案》等为 CCUS 项目提供了几十亿美元的资金支持。在商业应用方面，美国政府 2008 年推出《能源改进和扩展法案》中确立的 48A 和 45Q 投资税收抵免政策促进 CCUS 的市场开发，2022 年美国总统拜登签署《通胀削减法案》对美国各地的 CCUS 项目起到了显著推动作用。在基础设施建设方面，2021 年美国出台了《封存二氧化碳和降低排放量（SCALE）法案》，提出建立 CO_2 基础设施融资和创新法案计划、建立安全的地质封存基础设施开发计划、为环境保护署（EPA）在盐碱地质层中的第六类许可证（进行地下 CO_2 封存所需的许可证）提供更多资金等措施，极大地推动了 CCUS 的基础设施的发展建设。欧洲视 CCUS 为实现碳中和的关键技术，并雄心勃勃制定一系列的宏观战略政策来支持 CCUS 的发展。同时，欧洲的碳税政策是全球应用比较成熟的地区，通过向有关化石能源的经济活动征收碳税来减少 CO_2 排放。欧洲碳价在 2020 年前一直处于比较低的阶段，因此该市场对 CCUS 项目的支持力度有限。随着欧盟碳市场的不断完善，碳市场必将成为影响 CCUS 项目资金来源的重要因素。加拿大则将 CCUS 视为减少工业排放的重要工具，先通过省政府的激励措施来支持 CCUS 的发展，再到后期国家制定详细的资金激励政策鼓励 CCUS 技术的研发和商业应用。英国较早建立了关于 CCUS 战略计划确保 CCUS 技术的规模化部署，并完善法律和制度化的监管，通过相关资金激励政策完成对 CCUS 的发展并推动工业部门的脱碳。在澳大利亚，政府制定了关于未来 CCUS 发展的战略政策并完善了 CCUS 监管框架，同时着重支持基础设施建设。政策强调通过引入社会资金来推动低碳技术的研发。日本则将 CCUS 视为实现碳中和的重要技术，积极发展碳循环利用技术，提供资金支持以促进相关技术的研发和应用。总体而言，各国主要通过制定宏观战略支持、资金激励与完善立法监管这三个方面，推动 CCUS 技术的创新与应用，助力全球减排目标的实现。

本章参考文献

［1］姜睿. CCUS 项目现状分析及展望［J］. 安全、健康和环境，2022，22（4）：1 – 4，21.

［2］贾凌霄. 英国 CCUS 供应链干预战略［EB/OL］.（2022 – 04 – 24）［2024 – 12 – 05］. http：//www. cgl. cgs. gov. cn/gzdt_4169/cgkx_4171/202204/t20220428_698481. html.

［3］李扬，孙玉玲. 澳大利亚低碳产业发展战略、技术路径与启示［J］. 科学观察，2022，17（5）：76 – 81.

［4］秦阿宁，吴晓燕，李娜娜，孙玉玲，陈方. 国际碳捕集、利用与封存（CCUS）技术发展战略与技术布局分析［J］. 科学观察，2022，17（4）：29 – 37.

［5］张贤，李阳，马乔，等. 我国碳捕集利用与封存技术发展研究［J］. 中国工程科学，2021，23（6）：70 – 80.

［6］America Government. Carbon Capture Modernization Act［EB/OL］.（2021 – 03 – 10）［2024 – 12 – 05］. https：//www. congress. gov/bill/117-congress/house-bill/1760.

［7］America Government. Carbon Capture，Utilization，and Storage Tax Credit Amendments Act of 2021［EB/OL］.（2021 – 03 – 25）［2024 – 12 – 05］. https：//www. congress. gov/bill/117th-congress/senate-bill/986/text.

［8］America Government. Financing Our Energy Future Act［EB/OL］.（2019 – 06 – 13）［2024 – 12 – 05］. https：//www. congress. gov/bill/117th-congress/senate-bill/1034.

［9］America Government. SCALE Act［EB/OL］.（2020 – 12 – 17）［2024 – 12 – 05］. https：//www. congress. gov/bill/117th-congress/senate-bill/799/text.

［10］Australia Government. Technology Investment Roadmap First Low Emissions Technology Statement ［EB/OL］. （2020 – 09）［2024 – 12 – 05］. https：//www. dcceew. gov. au/sites/default/files/documents/first-low-emissions-technology-statement-2020. pdf.

［11］Australia Government. The Plan to Deliver Net Zero The Australian Way ［EB/OL］. （2021 – 10 – 26）［2024 – 12 – 05］. https：//www. dcceew. gov. au/climate-change/emissions-reduction/net-zero.

［12］Canada Government. Budget 2022 ［EB/OL］. （2022 – 04 – 07）［2024 – 12 – 05］. https：//www. sootoday. com/national-business/budget-2022-ottawa-unveils-26b-carbon-capture-tax-credit-for-energy-sector-5243904.

［13］Canada Government. Budget 2022 ［EB/OL］. （2022 – 04 – 07）［2024 – 12 – 05］. ttps：//www. budget. canada. ca/2022/home-accueil-en. html.

［14］Department of Energy. DOE Announces ＄14. 5 Million Supporting Direct Air Capture and Storage Coupled to Low Carbon Energy Sources ［EB/OL］. （2021 – 10 – 26）［2024 – 12 – 05］. https：//www. energy. gov/articles/doe-announces-145-million-supporting-direct-air-capture-and-storage-coupled-low-carbon.

［15］European Commission. 2030 climate & energy framework ［EB/OL］. ［2024 – 12 – 05］. https：//www. consilium. europa. eu/en/policies/climate-change/2030-climate-and-energy-framework/.

［16］European Commission. 2050 long-term strategy ［EB/OL］. （2018 – 11）［2024 – 12 – 05］. https：//climate. ec. europa. eu/eu-action/climate-strategies-targets/2050-long-term-strategy_en.

［17］European Commission. Directive 2009/31/EC of the European Parliament and of the Council ［EB/OL］. （2009 – 06 – 05）［2024 – 12 – 05］. https：//eur-lex. europa. eu/legal-content/EN/TXT/? uri = CELEX％3A32009L0031.

［18］European Commission. European Climate Law ［EB/OL］. （2021 – 07 – 09）［2024 – 12 – 05］. https：//climate. ec. europa. eu/eu-action/european-climate-law_en.

［19］European Commission. European Green Deal ［EB/OL］. （2019 – 12 – 11）［2024 – 12 – 05］. https：//commission. europa. eu/strategy-and-policy/priorities-2019 – 2024/european-green-deal_en.

［20］Gibson Dunn. The Inflation Reduction Act Includes Significant Benefits for the Carbon Capture Industry ［EB/OL］. （2022 – 08 – 16）［2024 – 12 – 05］. https：//www. gibsondunn. com/the-inflation-reduction-act-includes-significant-benefits-for-the-carbon-capture-industry.

[21] GOV. UK. Clean Growth Strategy [EB/OL]. (2017 – 10 – 12) [2024 – 12 – 05]. https: //www. gov. uk/government/publications/clean-growth-strategy.

[22] GOV. UK. Industrial decarbonisation strategy [EB/OL]. (2021 – 03 – 17) [2024 – 12 – 05]. https: //www. gov. uk/government/publications/industrial-decarbonisation-strategy.

[23] GOV. UK. Net Zero Strategy [EB/OL]. (2021 – 10 – 19) [2024 – 12 – 05]. https: //www. gov. uk/government/publications/net-zero-strategy.

[24] GOV. UK. UK CCUS Action Act [EB/OL]. (2018 – 11 – 28) [2024 – 12 – 05]. https: //www. gov. uk/guidance/uk-carbon-capture-and-storage-government-funding-and-support.

[25] IEA. Horizon 2020 funding for carbon capture, utilisation and storage [EB/OL]. (2020 – 07 – 01) [2024 – 12 – 05]. https: //www. iea. org/policies/11694-horizon-2020-funding-for-carbon-capture-utilisation-and-storage.

[26] IEA. Investment in Direct Air Capture CO_2 [EB/OL]. (2021 – 04 – 30) [2024 – 12 – 05]. https: //www. iea. org/policies/13070-investment-in-direct-air-capture-co2.

[27] IEA. UK Budget 2020-Carbon Capture and Storage Support [EB/OL]. (2021 – 04 – 16) [2024 – 12 – 05]. https: //www. iea. org/policies/11674-uk-budget-2020-carbon-capture-and-storage-support.

[28] Legislation. Gov. UK. The Storage of Carbon Dioxide (Licensing etc.) Regulations (Northern Ireland) 2015 [EB/OL]. (2016 – 01 – 04) [2024 – 12 – 05]. https: //www. legislation. gov. uk/nisr/2015/387/contents/made.

[29] Legislation. Gov. UK. The Storage of Carbon Dioxide (Licensing etc.) Regulations 2010 [EB/OL]. (2010 – 10 – 01) [2024 – 12 – 05]. https: //www. legislation. gov. uk/uksi/2010/2221/contents/made.

[30] White House. Infrastructure Investment and Jobs Act [EB/OL]. https: //www. whitehouse. gov/briefing-room/statements-releases/2021/08/02/updated-fact-sheet-bipartisan-infrastructure-investment-and-jobs-act/.

CCUS集群发展及其
代表性案例

第六章　CCUS集群存在的
经济学理论解释

一、CCUS集群概述

(一) CCUS集群的概念

近年来，CCUS技术领域展现出了明显的规模化和集群化发展趋势。这种新型的CCUS区域集群模式整合了多元化且分布广泛的二氧化碳（CO_2）排放源头，包括重工业设施、电力生产等关键排放单元，构建了一个由多个项目交织而成的网络系统，能够同时从不同源头捕集二氧化碳，并通过共享的运输基础设施与封存网络体系实现集中封存。CCUS集群是指由区域内的多个二氧化碳排放源共同构成，利用其邻近性共享运输管道或其他基础设施，扩大CCUS技术潜力和经济潜力共同降低排放的集合体。它旨在从排放源中捕集二氧化碳，并通过特定的方式进行利用和封存，以实现减少温室气体排放和减缓气候变化的目标。这个集合体涉及多个领域，包括但不限于化学工程、热力学、地质学和海洋学等。

碳捕集仍然是CCUS集群中的核心环节，它利用各种技术和方法从排放源中分离出二氧化碳。但不同于传统意义上的CCUS项目，集群中的捕集环节是由同一地区的一组二氧化碳排放企业组成，这些集群通常是大型的工业企业或电力企业，利用其近距离的地理优势形成捕集区进行捕集，可以减少前期高昂的投入成本和运营成本。捕集到的二氧化碳需要进行运输，以送至适合的地点进行利用或储存。在选择运输方式时，需要综合考虑成本、效率和安全性等因素，而在集群中，最为显著的便是可以减少综合成本。封存环节是 CCUS 集群中与捕集环节同为重要的组成部分。集群区域的高排放企业通过共享基础设施网络，为捕集环节的集群连接点所捕集的二氧化碳提供后续的运输、利用及封存等服务。在 CCUS 集群的发展过程中不能忽视其他各方面的支持和推动，政府在推动碳捕集技术发展、促进产业链整合、营造有利的政策环境等方面也发挥着举足轻重的作用。

相较于以往依赖单个排放点、由独立企业单独运作的传统 CCUS 价值链架构，建立这样的区域性中心在管理层面无疑更为复杂，需要多方协调配合。然而，其所蕴含的优势不容忽视，如集合式运输和封存基础设施建设及运营过程中形成的规模经济效益明显，特别是在压缩处理、脱水净化、管道建设和地下封存等环节上，成本得以大幅度摊薄。此外，集群内部的经验交流与标准化实践有助于进一步降低碳捕集的整体成本和风险，从而实现在不牺牲效率的前提下，有效降低单位二氧化碳捕集与封存的成本支出。另外，CCUS 集群中心具备强大的潜能，能够引领整个工业区域实现深度脱碳转型，并在此过程中创造新的就业机会，同时吸引清洁技术与新兴产业入驻。鉴于其所带来的显著的社会经济效益以及对全球气候目标达成的关键作用，相较于孤立的单一项目，集群模式更有可能赢得政府的有力支持和投资青睐。以英国为例，在规划和发展此类 CCUS 区域集群时，政府已明确表示将出台一系列针对性的政策激励措施，旨在为排放企业和相关运营商提供必要的支持与引导，这不仅有助于推动该领域的技术创新和市场化进程，还确保了区域集群在实施碳捕集、利用与封存战略中发挥核心角色，从而助力国家乃至国际层面的可持续发展和气候行动目标的实现。

对于排放企业和用户来说，依托于 CCUS 区域集群所提供的服务，它们可以更加便捷地采纳脱碳策略，无须独立承担建设专用输送管道、实施地下封存井钻探工程以及长期负责已封存二氧化碳的安全监控等一系列技术和经济责任。换言之，这种区域化的集中管理模式将 CCUS 转变为一种更具吸引力和可行性的减排解决方案，让各参与方得以专注于核心业务的同时，共同推动低碳化进程的发展。

（二）CCUS 集群的共同特征

CCUS 集群具有一些共同特征。首先，CCUS 集群项目一般涵盖多个工业二氧化碳排放源，其中必有一个大型排放源作为集群的核心，可被视为"锚项目"。此"锚项目"驱动区域内的基础设施如管道建设，进而吸引其他工业排放源参与集群，共享设施，形成良性发展循环。其次，CCUS 集群通常毗邻海上或陆地的封存设施，这些设施具备长期大规模封存能力。最后，多个二氧化碳排放源共享基础设施实现规模经济，降低运输和封存成本，有利于扩大 CCUS 集群规模并分散投资风险。

（三）CCUS 集群的优势

首先，工业 CCUS 集群允许多方共享昂贵的基础设施以降低成本。由于共享基础设施有充足的存储容量，使得二氧化碳排放者能够大大降低他们投资决策的风险，提高资金的资本结构以及增加资金来源，从而允许他们有更多的精力进行网络开发，最大限度地部署和利用 CCUS 及其规模效益。例如，英国 CCUS 成本降低工作组发现，部署大型的、使用良好的管道可以使二氧化碳的运输成本降低50%，而且，如果将二氧化碳输送到一个相互连接的适当规模的网络中，成本可能会更低。

其次，CCUS 集群为小型排放源提供减排方案。许多化石燃料发电厂进行炼油、氢气和化肥生产等都会进行二氧化碳的分离，投资 CCUS 项目不但可以抑制烟气中的二氧化碳进入大气，省去了企业对二氧化碳捕集设备的额外投资，而且还可以通过对二氧化碳的回收、利用获得一定的经济效益。然而对于部分小型工业排放源而言，进行 CCUS 的开发往往成本太高，不具有经济效益。所以，CCUS 集群就为这些小型工业排放源提供了一种经济的减排方案。

最后，降低封存的商业风险。由于存在大量的不确定性，政府和行业在发展运输和封存基础设施方面面临的战略投资决策非常复杂，可能需要大量的投资和前置时间。通常对深层地质封存地点的评估需要 6 ～ 10 年的时间才能满足市场需求，而且一旦单个排放源退出，则意味着该项目失败。而集群具有明显的优势，可以降低二氧化碳封存的经济风险，特别是考虑到未来几十年所需的 CCS 部署规模将需要更大的二氧化碳存储量。

目前，全球范围内已经有多个 CCUS 集群的试点项目在进行中。这些项目分布在不同的国家和地区，涉及不同的领域和行业。例如：阿尔伯塔"碳干线"（Alberta Carbon Trunk Line，ACTL）集群项目自 2020 年 6 月起正式投入运营，是全球当前最先进的大规模集成式碳捕集、利用与封存项目。美国休斯敦地区的 CCUS 产业集群为实现 2050 年前碳中和目标提供了有力支持。戈尔贡（Gorgon）项目位于澳大利亚巴罗岛，是全球最大的液化天然气项目之一，同时也是澳大利亚历史上最大的单一资源开发项目。Porthos 项目位于荷兰鹿特丹港区，计划通过管道将捕集的二氧化碳输送至距离港区海岸线约 20 千米的北海废弃油田进行封存。

CCUS 集群的提出是应对气候变化问题的一种创新性解决方案，通过这些项目的实施，可以进一步验证 CCUS 集群的可行性和优势，为未来的大规模应用提供经验和参考。

二、CCUS 集群与外部性理论

（一）外部性的概念与分类

外部性是指一个人或企业的行为对其他个人或企业产生的影响，这种影响不是市场交易双方自愿达成的结果，而是发生在交易之外的无意间行为。也可以理解为某一个经济主体对另外一个经济主体产生了影响，外部性具有正负之分，对于受影响者来说，这种效应是强加的，但这种影响并没有通过价格来显示。

根据不同标准，可以将外部性分类为：正外部性与负外部性、技术外部性与货币外部性、生产外部性与消费外部性等。

（二）外部性的发展历程

外部性这一概念源于英国学者马歇尔（Marshall）在 1890 年发表的《经济学原理》中的"外部经济"概念，之后庇古首次从福利经济学的角度系统地研究了外部性问题，在马歇尔提出的"外部经济"概念基础上扩充了"外部不经济"的概念和内容。经济学家对于外部性定义主要分为两类：一类是从外部性的产生主体角度来定义；另一类是从外部性的接受主体来定义（徐桂华等，2004）。

（三）CCUS 集群的外部性解释

CCUS 集群通过多产业在一个地理区域的集聚耦合产生复杂的经济效益、环境效益及技术效益，而其所引申出的正外部性是指该区域经济体在建设运营过程中所带来的积极影响和益处，这些影响和益处不仅限于区域产业相关的直接应用领域，还可能对其他领域、社会乃至全球环境产生积极的影响，这可以理解为 CCUS 集群的正外部性。

1. 环境正外部性

自宏观视角出发，CCUS 集群通过多产业汇聚协作，有助于减缓全球气候变化，促进生态平衡发展。借助碳捕集与封存技术，能有效实现二氧化碳的捕集与封存，降低大气中温室气体浓度，减缓全球气候变暖速度。通过区域间合作，有助于平衡生态系统碳循环，使生态系统更加稳定和健康，对保护生物多样性及维持地球生态系统平衡具有积极作用。

从微观视角来看，相较于单个项目独立建设，集群内的项目可以共享捕集、运输和封存等环节的基础设施，避免了每个项目都需要单独投资建设相同设施的情况。这种共享机制不仅减少了初始投资成本，还通过规模效应降低了长期运营维护成本，从而提高了整体资源利用效率，同时这种集群化模式不仅能够显著降低单位碳捕集与封存的成本，还减少了重复建设和资源浪费。此外，集群内的项目可能还会采用更高效的碳捕集技术，进一步提高减排效果，通过集中捕集并封存来自多个排放源的二氧化碳，有效减少了这些气体对大气环境的污染，从而改善了区域空气质量，例如美国得克萨斯州一工业区通过多家石油和天然气公司联合建立的 CCUS 集群，经过几年的运营，将当地的温室气体排放量减少了近 30%。CCUS 集群的建设和运营不仅具有环境效益，还能促进所在地区的绿色转型和经济可持续发展。集群内项目的成功实施，将吸引更多相关企业和投资者关注 CCUS 技术，其集群化发展模式也能够降低技术应用的门槛和成本，吸引更多企业和资本进入该领域，推动相关产业链的形成和发展。

2. 技术正外部性

CCUS 技术的研发与应用不仅需要汇聚多方领域的技术智慧与力量，更是一项促进相关领域技术创新与进步的重大举措。在集群内部，多产业间的技术交流与合作将进一步推动 CCUS 技术的深入发展，并以此带动更多相关产业的创新进程，形成以技术创新为主导的良性发展生态。同时随着 CCUS 技术的不断成熟与推广，其相关的技术与知识体系也将在更广泛的范围内得到传播与运用，有力地推动相关产业的整体技术进步与升级。这一过程不仅彰显了技术的扩散与普及，更将为产业的长远发展注入强大的技术驱动力。

在 CCUS 技术的发展进程中，多领域的协同合作至关重要。化学工程、机械工程、地质工程等领域的深度参与和融合，将进一步释放技术协同效应，优化区域集群内的技术资源配置，提高技术应用的效能与影响力。

3. 经济正外部性

CCUS 集群的运营和技术的应用，对于企业而言，具有不可或缺的重要意义。它不仅有助于降低能源消耗和生产成本，提升能源利用效率和生产效益，更是企业实现可持续发展、增强国际竞争力的关键所在。同时，CCUS 技术的推广和运用，还能创造更多的就业机会和经济效益，为国家的经济发展注入新的活力。

CCUS 集群通过集中建设、共享基础设施（如捕集装置、运输管道、封存设施）和运维服务，有效降低了单个企业的初期投资成本和长期运营成本。这种成本分摊机制使得中小企业也能负担得起 CCUS 技术的应用，从而扩大了技术的适用范围。CCUS 技术促进了资源的循环利用，如将捕集的二氧化碳转化为有价值的化学品或用于增强型采油（EOR），这不仅减少了废物排放，还为企业创造了新的收入来源，提高了资源利用效率和经济附加值。而掌握先进 CCUS 技术的企业在国际市场上将更具竞争力，能够吸引更多客户和合作伙伴，进一步巩固和扩大市场份额。此外，CCUS 集群内的企业通过应用该技术，能够更有效地管理能源消耗，减少能源浪费。例如，在工业生产过程中，通过捕集并封存排放的二氧化碳，可以降低能源转换过程中的热损失，提高整体能源效率。同时，由于能源利用效率的提高和废物排放的减少，企业的生产成本也将相应下降，增强了企业的盈利能力和市场竞争力。

随着 CCUS 集群的发展，将产生大量的就业机会。CCUS 集群的发展将带来从研发、建设、运营到管理、服务等全链条的就业机会，涵盖了技术、工程、管理、市场等多个领域。在研发与设计环节，高素质的科研人员和工程师可以对 CCUS 项目的整体规划与设计、管道布局及场地选择方面提供专业帮助和支持；在项目建设与安装环节，则需要大量的施工人员、技术人员以及项目经理来确保项目按时、按质、按量完成。美国智库"第三条道路"（Third Way）的预测显示，新的 CCUS 项目能够带来大量的建造业岗位。例如，在北达科他州一项燃煤电厂90%捕集项目预计会创造至少 2000 个建造业岗位；而在后期的运营和维护环节，需要操作员负责捕集设备、封存设施的日常运营与维护，确保设备安全、稳定、高效运行。监测与分析人员对捕集、运输、封存过程中的数据进行实时监测与分析，评估项目效果，调整优化运营策略。维修技师负责设备的定期检修与故障排查，确保设备长期稳定运行。如雪佛龙技术风投公司和西方石油低碳风投公司等企业在 CCUS 项目中的参与，显示了运营与维护环节对专业人才的需求。同时，在管理和服务环节，项目的统筹管理、市场推广和专利申请则为市场营销人员、财务人员以及法律相关从业者提供了大量岗位。而以项目为主延伸的其他产业也提供了额外的就业机会，比如随着 CCUS 技术的普及，相关教育与培训机构也将应运而生，提供专业培训与技能提升服务。

CCUS 集群的建设为地区经济的繁荣发展注入了新的活力。此外，CCUS 技术的研发和应用也将吸引高素质人才的参与，进一步推动人才的培养和集聚，为 CCUS 技术的持续发展与应用提供有力支撑。

4. 社会正外部性

CCUS 集群的发展对于提升社会对气候变化和环境保护的意识具有重要作用。通过系统的推广和宣传工作，使广大民众更加深入地认识到气候变化的严重性和影响，以及采取减缓和适应措施的必要性。这有助于在全社会形成绿色低碳的发展共识，为推动可持续发展奠定坚实的社会基础。例如：与电视、广播、报纸等主流媒体合作，发布关于 CCUS 技术的新闻、专题报道和深度解析，提高公众对 CCUS 技术的认知度。利用互联网、社交媒体等网络平台，发布 CCUS 技术的相关信息、科普文章、视频资料等，通过广泛的网络传播扩大影响力。此外，普及型公众教育也是一个重要的渠道。在 CCUS 集群区域或相关科技园区内设立公众教育中心，通过展览、互动体验等方式向公众普及 CCUS 技术及其环境效益。也可以组织专家、学者和 CCUS 项目负责人举办科普讲座、研讨会，分享 CCUS 技术的最新进展和成功案例，增强公众对 CCUS 技术的信心和兴趣。制作并发放关于 CCUS 技术的宣传册、海报、折页等宣传资料，方便公众随时了解和学习。同时组织环保志愿者参与推广行动，带动公众关注气候变化，倡导绿色生活，节能减排、垃圾分类、低碳出行，共促可持续发展。

三、CCUS 集群与增长极理论

（一）增长极理论的提出及概念

增长极概念最初于 20 世纪 50 年代由法国经济学家佩鲁（Francois Perroux）提出，被认为是西方区域经济学中经济区域观念的基石，是"不平衡发展论"的依据之一，旨在解释经济增长过程和区域发展的规律。其主要观点是区域经济发展应首先依靠那些具有优势和先进技术的区域或产业，并且对它们进行政策支持和资源倾斜（刘芬等，2007）。

增长极的概念包括两个方面：狭义经济增长极与广义经济增长极。其中，狭义经济增长极包括产业增长极和区域增长极。产业增长极是指那些在一定时期内具有高增长率，能够带动其他产业发展的产业。这些产业通常具有技术优势、市场优势或资源优势，能够实现规模经济和集聚效应，从而推动整个经济的发展。区域增长极则是指那些在一定区域内具有较高经济增长率的地区。这些地区通常拥有较好的基础设施、人力资源、自然资源或市场优势，能够吸引投资、促进产业集聚和创新能力提升，从而成为区域经济增长的引擎。广义经济增长极是指所有能够推动经济增长的积极因素和增长点，包括但不限于制度创新、对外开放程度以及消费热点等。

增长极理论对于经济发展具有重要的指导意义。首先，它强调了经济发展的非均衡性，即经济增长不会同时出现在所有地方和所有产业，因此需要优先发展那些具有优势的产业和地区。其次，它指出了增长极的辐射效应，即增长极的发展不仅能够带动自身经济增长，还能够通过产业链、技术链和价值链等途径，促进周边地区的经济增长。最后，它强调了政府在经济发展中的作用，即政府应该通过制定政策和规划，引导和促进优势产业和地区的发展，从而实现整个经济的增长。

（二）增长极理论的内涵

增长极理论认为，经济空间是以抽象的数字空间为基础，经济单位并非地理位置上的实体，而是体现在产业间的数学关系中，表现为经济元素之间的经济联系。经济发展的核心动力在于技术进步和创新；创新主要集中于规模较大、增长迅速且与其他部门关联效应强烈的产业，他将这类产业称为推进型产业。

增长极的形成往往依赖于创新和推动性产业的发展。这些产业具有技术先进、规模大、增长快、产业关联性强等特征，能够吸引各种生产要素，如资本、技术、人才等，形成区域发展的动力源。其推动力主要来自产业间的互动和关联效应。在增长极中，各产业之间存在着密切的关联，相互促进、共同发展。这种互动关系不仅有利于产业自身的升级和优化，还能带动相关产业的共同发展，进一步增强区域的整体竞争力。然而，增长极的发展并不是孤立的。它需要周边地区的配合和支持，形成完整的产业链和产业集群。通过与周边地区的协作，增长极可以充分发挥其优势，实现资源的最优配置和效益的最大化。政府在增长极的形成和发展过程中也扮演着重要的角色。政府必须将增长极理论与本区域实际情况相结合，通过制定相关政策、提供公共服务、优化营商环境等方式，为增长极的发展提供有力的支持和保障（颜鹏飞等，2001）。

（三）CCUS 集群的增长极理论解释

1. 创新驱动的发展引擎

围绕主导工业部门组织的高度协同且富有活力的产业群体，不仅具备迅速增长的能力，还能通过乘数效应推动其他部门的发展。其中，主导企业及项目的增长作用尤为重要。创新是推动这一增长引擎的关键动力，尤其在环保意识增强和低碳经济需求的大背景下，CCUS技术面临着更高的要求和挑战。只有通过不断创新，才能解决技术瓶颈，提高技术效率和可行性，降低成本，进一步扩大其应用范围。此外，创新不仅涉及技术研发，还包括商业模式、运营管理等方面的创新。例如，创新性的运输模式可以降低集群整体成本；持续的创新使得更高效、低能耗的捕集技术得以实现，为大规模应用提供了可能。同时，创新商业模式，有助于实现CCUS技术的商业化运作，推动技术的普及和应用。

2. 资源整合的增长引擎

资源整合在CCUS集群的发展中同样具有重要意义，集群经济的发展需要各类经济要素的联动整合，在寻求到合适的推动产业后，需要在技术及资源方面与其相匹配，在单纯的地理区位上实现多产业的资源整合配置。一方面，资源整合能够优化CCUS集群的资源配置，提高资源利用效率。在CCUS技术的发展和应用过程中，需要各方面的资源支持，如技术、人才、资金等。通过整合这些资源，可以更好地发挥各自的优势，推动集群的整体发展。例如，共建共享基础设施及交通要道，通过技术及物资的资源整合，形成自身特有的增长极。另一方面，资源整合有助于推动CCUS集群的产业链完善。不同环节的企业和机构通过资源整合，可以实现优势互补，形成协同效应，提升整个产业链的竞争力。例如，通过整合科研机构、设备制造企业、工程建设单位等资源，可以形成完整的CCUS技术研发、生产和应用产业链。

3. 政策引导的发展引擎

政策在CCUS集群的发展中发挥着重要的指导作用。一方面，政策的引导可以明确CCUS集群的发展方向和目标，为其提供明确的发展路径。政府可以通过制定相关政策，鼓励和促进CCUS技术的研发、推广和应用，为其发展创造良好的政策环境。另一方面，政策的引导有助于协调各方面的资源和利益关系。在CCUS集群的发展过程中，涉及多个领域和部门，政策的制定和实施可以平衡各方的利益诉求，协调各方面的资源和力量，共同推动 CCUS 集群的发展。例如，政府可以通过税收优惠、财政补贴等政策措施，鼓励企业加大 CCUS 技术的研发和应用投入。而在 CCUS 集群发展中，更为需要的是宏观经济政策和相关绿色融资政策等支持。通过 CCUS 集群的示范带头作用，政府可以更为准确地把握政策所施力的锚点，通过集中投资和开发具有比较优势的地区或产业，形成经济增长的新极点，从而在实现环境效益的同时减轻企业经济成本压力和集群的前期建设投资压力。

四、CCUS 集群与交易成本理论

（一）交易成本理论的提出及概念

交易成本理论解释了为什么某些市场交易会存在成本，以及这些成本是如何影响市场运行的。该理论由经济学家罗纳德·科斯（Ronald Coase）在 20 世纪 30 年代提出，是现代企业理论的重要组成部分，解释了企业产生的原因。交易成本理论认为，市场交易中存在着信息不对称、不确定性、机会主义行为和资产专用性等问题，这些问题会导致交易成本的产生。科斯的交易成本理论为企业理论的发展奠定了基础，指出企业可以通过内部组织的方式来解决市场交易中的问题。同时它也为制度经济学的发展提供了重要的启示，即制度的作用在于降低交易成本，提高经济运行的效率。

在经济发展的进程中，随着市场的日益复杂化，交易成本理论的重要价值越发显现。面对外部环境的不确定性和内部组织的复杂性，现代企业亟须通过有效的制度安排来降低交易成本，进而提升自身的竞争力和实现可持续发展。同时，政府也需通过合理的制度设计与政策制定，以降低市场交易成本，从而促进经济的稳定增长和社会的前进步伐（Ronald Coase，1937）。

（二）交易成本分类及成因

在交易成本理论中，成本可以分为以下四类。

第一，信息成本，是指在交易过程中获取、处理和传播信息所需要花费的成本。在市场经济中，信息是一种重要的资源，而信息的不完全、不对称和不确定性可能导致交易的困难和风险。信息成本常常出现在寻找交易伙伴、了解商品或服务的详细信息、谈判合同条款等方面。

第二，谈判成本，是指在达成交易协议过程中所需要花费的成本。谈判是交易双方就交易条件、价格、质量、交货期等进行协商和达成一致意见的过程。谈判成本可能包括时间成本、人力成本和物资成本等，例如参加谈判的人员的差旅费、住宿费等。

第三，执行成本，是指在履行交易合同过程中所需要花费的成本。执行成本主要涉及监督和管理交易执行的过程，以确保交易双方履行合同条款。执行成本可能包括对商品或服务的监督、检查和质量控制等方面的费用。

第四，风险成本，是指在交易中由于不确定性、风险和潜在损失所需要花费的成本。风险成本可能包括对潜在损失的保险费用、应对风险所需的额外准备金等。在某些情况下，风险成本可能很高，甚至可能导致交易无法达成。

交易成本的发生有着多样化的原因，其中包括信息不对称、有限理性、机会主义行为以及资产专用性等。这些原因相互交织，影响着交易的顺利进行，增加了交易的成本。

首先，信息不对称是导致交易成本增加的一个重要原因。这种情况通常发生在交易双方对交易信息的掌握程度不同，信息优势的一方可能利用这种优势来获取更多的交易利益，而信息劣势的一方则可能因为缺乏足够的信息而陷入被动，这无疑增加了交易的复杂性和成本。

其次，有限理性也是导致交易成本上升的一个重要因素。在交易过程中，交易双方都存在一定的认知和决策局限性，无法完全理性地处理交易问题。这可能导致交易双方在决策过程中出现失误，或无法达成共识，从而增加交易的成本。

再次，机会主义行为也是交易成本增加的一个原因。在交易过程中，一方可能会利用信息优势或对方的不完美理性，采取欺骗、违约等行为来获取自身利益的最大化。这种行为不仅损害了交易的公平性，也增加了交易的风险和成本。

最后，资产专用性也是导致交易成本上升的一个因素。某些资产只能在特定的交易中使用，如果交易终止或中断，这些资产可能面临大幅贬值的风险。

（三）CCUS 集群的交易成本理论解释

成本降低的原理是指通过各种手段和方法，降低企业生产、运营和管理等环节的成本，以提高企业的盈利能力和市场竞争力。而成本降低的原理主要包括规模效应、优化资源配置、技术创新、供应链管理、价值工程和目标成本管理等方面。通过这些原理的应用，企业可以有效地降低生产和管理成本，提高盈利能力和市场竞争力。在 CCUS 集群的背景下，交易成本主要体现在多个方面，包括但不限于二氧化碳捕集及压缩成本、管道运输成本、提高采收率（EOR）成本、信息交流成本、长期运营成本和二氧化碳封存成本。下面我们将从这些方面详细解释这些 CCUS 集群的交易成本。

1. 二氧化碳捕集及压缩成本

在 CCUS 集群中，二氧化碳的捕集和压缩是关键环节，而这需要耗费大量的能源和设备。集群模式能够通过规模效应，有效降低这一成本。大量的捕集设施可以共同分摊固定投资成本，同时，由于规模的扩大，设备的运行效率可能会更高，能源消耗也可能因此降低。此外，集群内的共享设施和技术扩散也有助于降低这一环节的成本。

2. 管道运输成本

二氧化碳的管道运输是CCUS集群中的重要环节，涉及长距离、大流量的运输。在此过程中，交易成本不可避免。集群模式可以通过共建共享管道基础设施，降低这一成本。此外，通过优化运输路线和提高运输效率，集群还可以进一步降低管道运输成本。

3. 提高采收率成本

提高采收率是利用二氧化碳驱替地层原油的过程。在这一过程中，需要综合考虑地质、工程和经济因素。CCUS集群可以通过技术交流和合作，降低EOR技术的研发和应用成本。同时，集群内的企业可以共同分摊油田开发和运营的成本，从而降低单个个体的成本压力。

4. 信息交流成本

在CCUS集群中，信息的交流和共享至关重要。这涉及技术、市场、政策和法规等多个方面。通过建立信息交流平台和机制，集群内的企业可以降低信息搜寻和获取的成本。同时，信息的共享还有助于降低由于信息不对称带来的风险和不确定性。

5. 长期运营成本

CCUS集群的长期运营是一个复杂而多维的过程，它不仅关乎技术的持续应用与优化，还涉及设备维护、安全管理、环境监测等多个关键方面。为了确保集群的高效稳定运行，集中管理和专业化运营显得尤为重要。通过实施集中管理，CCUS集群内的企业可以共享一套完善的管理体系和资源，避免重复建设和资源浪费。这种管理方式有助于统一标准、规范流程，从而提高整体运营效率。同时，集中管理还能更好地协调集群内的各项活动，确保各环节之间的无缝衔接，进一步提升集群的综合竞争力。

专业化运营则是降低长期运营成本的关键。CCUS技术涉及众多专业领域，包括化学、工程、地质、环境科学等。通过引入专业化的运营团队，集群内的企业可以共享这些专业人才和技术资源，无须各自单独承担高昂的研发和运营成本。专业化团队能够针对集群的具体需求，提供定制化的解决方案，不断优化运营策略，从而实现成本的有效控制。

此外，共享专业人才和技术资源还能促进集群内的技术创新和知识共享。专业人才之间的交流与合作，有助于激发新的创意和想法，推动CCUS 技术的不断进步。这种创新氛围不仅有助于提升集群的整体技术水平，还能为集群内的企业带来更多的商业机会和发展空间。

6. 封存成本

二氧化碳的封存是 CCUS 集群中的重要环节，需要综合考虑地质结构、环境影响和安全因素。封存成本的降低可以通过技术创新和规模化运营来实现。集群内的企业可以共同投资研发更高效、安全的封存技术，并通过共享封存设施降低这一成本。

通过规模效应、共享设施、技术交流和合作等方式，集群可以有效降低二氧化碳捕集及压缩成本、管道运输成本、EOR 成本、信息交流成本、长期运营成本和封存成本，这有助于提高 CCUS 集群的整体竞争力并推动其可持续发展。为了充分发挥这些优势和效应，需要政府、企业和相关机构的支持与合作，共同推动 CCUS 集群的发展和应用。同时，还需要进一步研究和完善相关政策法规，为 CCUS 集群的发展提供良好的环境和保障。

五、CCUS 集群与循环累积因果理论

（一）循环累积因果理论的提出及概念

循环累积因果理论是由著名经济学家缪尔达尔（Myrdal）在 1957 年提出的，他认为，经济发展过程在很大程度上表现为一个正反馈过程，即

一个良性循环不断自我增强、自我扩张的过程。经济发展是一个长期的过程，在这个过程中，初始的条件累积会产生自我增强的效应，而这种效应又会对初始条件产生反馈，进一步强化其影响。这种累积和反馈的循环过程会导致经济发展的路径依赖，即一旦走上某一路径，就可能持续下去，并难以转向其他路径。因此，初始条件的微小差异可能会在累积效应的作用下产生巨大的结果差异。该理论对于解释经济发展和现代化进程中的路径选择和锁定效应具有重要的意义。

循环累积因果理论的另一个重要观点是路径依赖。一旦一个国家或地区走上了某一经济发展路径，由于累积效应和自我增强机制的存在，这条路径可能会持续下去，并难以转向其他路径。这就解释了为什么某些国家或地区的发展道路会呈现出特定的模式和特点。为了打破路径依赖，实现经济的转型和升级，需要采取一系列的改革和创新措施。这些措施旨在创造新的初始条件，打破原有的累积和反馈循环，从而开辟一条新的发展路径。然而，这一过程往往充满挑战，需要坚定的决心和持续的努力。

（二）循环累积因果理论的效应

循环累积因果理论的两大效应是回流效应和扩散效应。回流效应是指，基于某种原因，某些资源和要素向某一地区集中，形成优势产业和人才汇聚地，进一步吸引更多的资源和要素，从而形成更加完善的产业体系和人才队伍，增强该地区的竞争力和竞争优势。扩散效应则是指，随着某一地区经济的发展和产业结构的升级，部分资源和要素会从该地区向周边地区扩散。

回流效应和扩散效应相互作用，共同推动地区经济的发展。回流效应使得地区经济得到提升，而扩散效应则使得这种提升成果能够惠及更广泛的地区，实现区域经济的协同发展。同时，扩散效应还能够缓解地区间经济发展的不平衡问题，缩小地区间的差距。此外，政府也可以通过制定相关政策和措施来促进回流效应和扩散效应的发挥。例如，建设优势产业集聚区、推动人才交流合作、加强区域合作等措施，可以促进资源和要素的流动和聚集，推动地区经济的快速发展。同时，政府还可以通过财政转移支付、扶贫开发等措施来缩小地区间差距，推动区域经济的均衡发展。

（三）CCUS 集群的循环累积因果理论解释

循环累积因果理论强调了因果关系的循环性和累积性。在经济学中，循环累积因果理论认为，某一初始条件的小变化，可能会引发一连串的后续反应，最终导致结果呈现出一种累积的放大效应。这个理论为理解 CCUS 集群的运作提供了独特的视角，以及解释了其对区域经济和产业发展的影响。

1. 循环性

循环性是指因果关系的相互依赖和相互作用。首先，CCUS 集群在捕集碳排放的过程中，起始于一个微小的碳吸收量。然而，这一看似微小的量，在经过一系列的利用和储存环节后，可能会产生巨大的影响。这是因为 CCUS 集群通过碳捕集、利用和储存的过程，实现了碳的循环再利用，从而减少了碳排放。在 CCUS 集群的背景下，循环性表现为多个方面。首先，CCUS 集群内部的各组成部分之间存在循环性。例如，碳捕集、利用和储存环节之间相互依存，形成一个完整的循环过程。其次，CCUS 集群与外部环境之间也存在循环性。例如，集群的产出可以满足市场需求，带动区域经济发展，同时区域经济的发展又可以为 CCUS 集群提供更好的发展环境和资源支持。

2. 累积性

累积性是指因果关系的积累效应。CCUS 集群的循环发展过程并不是线性的，而是呈现出一种累积的放大效应。每一次成功捕集和储存的碳，都为下一次的捕集提供了更大的可能性。这是因为随着 CCUS 集群的运行，其效率会得到提升，能够处理更多的碳排放。首先，随着技术的不断进步和经验的不断积累，CCUS 集群的碳捕集、利用和储存能力不断提升，这有助于降低成本和提高效率。其次，随着集群规模的扩大和产业链的完善，CCUS集群对区域经济的贡献不断累积，成为推动区域经济发展的重要力量。此外，除了技术和经验的累积外，政策和法规的完善也是推动CCUS集群发展的关键因素。随着国际社会对气候变化的关注度不断提高，政府对于CCUS技术的支持力度也在不断加大。这种政策的累积效应将为CCUS集群的发展提供更加稳定及有利的环境，也将会不断改善CCUS集群的发展环境，进一步促进技术的创新和产业的发展，有助于吸引更多的投资和人才，进一步促进集群的发展。

3. 综合效应

循环累积因果理论的综合效应是指通过循环性和累积性的相互作用，产生更加复杂和深远的影响。在CCUS集群的发展过程中，循环性和累积性的相互作用可以产生以下综合效应。首先，通过循环性和累积性的相互作用，CCUS集群可以实现自我强化和持续发展。其次，随着集群的不断发展和壮大，其对区域经济的贡献将更加显著，甚至可以引领区域经济的转型和升级。最后，通过循环累积因果理论的指导，政府可以制定更加科学和有效的政策措施，推动CCUS集群的健康和可持续发展。此外，这个理论也强调了初始条件的重要性。在CCUS集群的例子中，初始的条件可能是一个新的技术发明、政策出台或者资金投入。这些因素可能引发CCUS集群的发展，并进一步推动碳减排的进程。

六、CCUS集群与区域创新体系理论

（一）区域创新体系理论的提出及概念

区域创新体系理论的提出可以追溯到20世纪末，当时随着全球化进程的加速和知识经济的发展，创新成为推动经济发展的重要动力。在这个背景下，一些学者开始研究区域层面的创新现象，试图揭示不同区域在创

新能力和经济发展水平上的差异。经过深入的研究，他们发现区域内的企业、研究机构、高等教育机构、政府和中介机构等主体之间存在着密切的互动关系，这些互动关系对于推动区域创新具有重要作用。在此基础上，他们提出了区域创新体系理论，认为区域创新体系是指一个区域内与技术创新相关的主体、网络和环境之间的相互作用和协同发展的系统（桑媛媛，2009）。

在区域创新体系理论的发展过程中，一些学者也对它的概念进行了界定。其中比较有代表性的是欧洲创新记分牌（European Innovation Scoreboard，EIS）的定义。EIS 将区域创新体系定义为"区域内支持创新的环境和政策框架，它包括创新主体、创新网络、创新环境和创新政策等多个方面"。从这个定义可以看出，区域创新体系是一个多主体、多层次的复杂系统，它不仅包括各个主体之间的互动关系，还包括政策、环境等多个方面的因素（陈伟，2012）。

（二）CCUS 集群的区域创新体系理论解析

单一 CCUS 项目面临技术的商业化应用成本高、技术成熟度不足等挑战，而通过多产业集群协同发展可以有效地解决这些问题，并且技术的创新研发及推动型产业的发展是 CCUS 集群发展及建设的重要因素，而区域创新体系理论便提供了一种有效的思路。CCUS 集群的区域创新协同发展体系主要包括以下四个方面。

1. 创新主体

创新主体包括企业、高校、科研机构和政府机构等。这些主体在 CCUS 技术的研发、应用和商业化过程中发挥着各自的作用。企业是创新的主体，负责技术的产业化应用；高校和科研机构是创新的源泉，负责基础研究和应用研究；政府机构负责制定相关政策，引导和支持 CCUS 技术的发展。

2. 创新活动

创新活动包括技术创新、产品创新、市场创新和组织创新等。技术的不断创新可以推动产品升级和市场拓展，而组织创新则可以为创新活动提供更好的制度保障。

3. 创新网络

创新网络是指各个创新主体之间的合作网络。在 CCUS 集群中，企业之间可以形成技术合作联盟，共同开展技术研发和产业化应用；高校和科研机构之间可以共享研究成果和实验设备，提高研究效率；政府机构和中介机构则可以搭建平台，促进信息交流和资源共享。

4. 创新环境

创新环境包括政策环境、市场环境、社会环境和文化环境等。良好的政策环境和市场环境可以激发创新主体的活力，促进创新活动的开展；而社会环境和文化环境则可以为创新提供更好的支撑和保障。CCUS 集群作为推动碳减排的关键组织创新，其建设及发展具有诸多合理性和有利性。

首先，区域创新体系理论认为，创新是一个网络化、系统化的过程，需要不同主体之间的协同合作。CCUS 集群的建设可以促进区域内创新主体之间的交流与合作，形成一个充满活力的创新生态系统。这种协同合作可以产生"1＋1＞2"的效应，推动 CCUS 技术的创新和商业化应用。在 CCUS 集群中，企业、高校、科研机构等创新主体可以形成一个紧密的合作关系网络。企业是创新的主体，负责技术的产业化应用；高校和科研机构是创新的源泉，负责基础研究和应用研究；政府机构负责制定相关政策，引导和支持 CCUS 技术的发展。

其次，在 CCUS 集群中，知识的交流与共享可以加速技术的迭代升级和知识传播，推动 CCUS 技术的快速发展。例如，高校和科研机构可以通过人才培养和技术转让等方式将新知识传递给企业，企业则将这些新知识应用于产品研发和工艺改进，实现技术创新的商业化应用；资源的整合与共享也是 CCUS 集群发展的关键因素之一，通过共同使用实验设备和测试平台等方式，企业可以降低研发成本。共享交通基础设施可以减少碳运输的整体成本。这些资源的整合与共享有助于降低创新成本、提高创新效率、推动 CCUS 技术的快速发展和广泛应用。此外，该理论还认为企业协作是推动创新的重要机制。在 CCUS 集群中，企业之间通过有效的协作、互动、交流，激发企业的创新活力，促使企业不断进行技术升级和产品改进，并且实现资源共享和优势互补，降低创新风险和成本。企业之间还可以共同开展技术研发项目，分担研发成本和风险。

最后，从区域创新体系理论的角度来看，政策引导和支持对创新活动具有重要作用。但政策怎样制定、向哪些方面制定、怎样施行及怎样监管核查才是重中之重。通过 CCUS 集群的建设，可以在运营的全周期合理调整及出台适合其发展的政策，有效地缓解集群产业创新技术的成本负担和资金压力，并且可以为其他区域的政府因地制宜地制定适合其区域 CCUS 集群项目的政策。

本章小结

本章系统而深入地探讨了 CCUS 集群的多重经济学理论解释及其对社会经济发展的广泛影响。从 CCUS 集群概述入手，强调了集群在降低成本、共享基础设施、促进技术交流与降低封存风险等方面的优势。集群化模式不仅使得碳排放企业能够更高效地实施碳捕集与封存，还通过规模效应显著降低了单位成本。

随后，本章从外部性理论视角分析了 CCUS 集群带来的多重正外部效应，包括环境、技术、经济和社会层面的正向推动作用。环境正外部性体现在减缓全球气候变化、促进生态平衡上；技术正外部性则促进了 CCUS 及相关领域的技术创新与产业升级；经济正外部性通过降低成本、提高资源利用效率、创造就业机会等方式，为企业和国家经济发展注入新动力；社会正外部性则通过提升公众环保意识，构建绿色低碳社会共识。进一步，本章借助增长极理论阐释了 CCUS 集群作为区域经济发展新引擎的作用机制，强调了创新驱动、资源整合和政策引导的重要性。通过集群化模式，CCUS技术成为推动区域经济快速增长的关键力量，实现资源的优化配置和高效利用。此外，交易成本理论与循环累积因果理论的应用，为分析CCUS集群如何降低交易成本、实现良性循环提供了有力支持。通过集群化运营，可以显著降低信息成本、谈判成本、执行成本等，提高市场交易的效率和公平性。同时，循环累积因果理论揭示了CCUS集群在促进区域经济协同发展、缩小地区差距方面的积极作用。最后，本章还探讨了CCUS集群与区域创新体系理论的紧密联系，强调了创新主体间的协同合作对于推动CCUS技术创新和商业化应用的重要性。通过构建完善的区域创新体系，可以有效促进CCUS技术的研发与应用，为应对气候变化、实现可持续发展贡献力量。

本章参考文献

［1］陈伟.区域创新体系的内涵、分类及城市群创新演进趋势［J］.当代经济，2012（17）.

［2］胡志坚，苏靖.区域创新系统理论的提出与发展［J］.中国科技论坛，1999（6）.

［3］林迎星.中国区域创新系统研究综述［J］.科技管理研究，2002（5）.

［4］刘芬，邓宏兵，李雪平.增长极理论、产业集群理论与我国区域经济发展［J］.华中师范大学学报（自然科学版），2007（1）.

［5］柳卸林.区域创新体系成立的条件和建设的关键因素［J］.中国科技论坛，2003（1）.

［6］桑媛媛.区域创新体系理论综述［J］.现代商贸工业，2009，21（1）.

［7］生态环境部规划院.中国二氧化碳捕集利用与封存（CCUS）年度报告（2024）［R］.2024.

［8］徐桂华，杨定华.外部性理论的演变与发展［J］.社会科学，2004（3）.

［9］颜鹏飞，邵秋芬.经济增长极理论研究［J］.财经理论与实践，2001（2）.

［10］杨虎涛，徐慧敏.演化经济学的循环累积因果理论——凡勃伦、缪尔达尔和卡尔多［J］.福建论坛（人文社会科学版），2014（4）.

［11］ Coase, Ronald H. The Nature of the Firm ［M］. London: Economica, 1937.

［12］ Cooke P. Regional innovation system: The role of governance in the globalized world ［M］. London: UCL Press, 1996.

［13］ Erkko Autio. Evaluation of rtd in regional systems of innovation ［J］. European Planning Studies, 1998 (4).

第七章 全球 CCUS 集群分布现状
及未来发展趋势

一、全球 CCUS 项目现状与分布特点

(一) 各大洲 CCUS 项目分布特征

全球 CCUS 项目设施呈现以欧美占据主导、亚洲高速发展、非洲零散分布的格局。图 7-1 清晰地呈现了 CCUS 项目在各大洲的整体分布情况。北美洲，特别是美国和加拿大的地区 CCUS 设施分布较为密集；欧洲的 CCUS 设施数量仅次于北美洲，其中挪威的设施数量达到了 27 个，远远高于欧洲其他国家。此外，英国和荷兰等国家也已经有了多个示范项目，并计划进一步扩大 CCUS 设施布局；亚洲和大洋洲区域内，日本、澳大利亚和中国是积极开发和应用 CCUS 的主要国家；南美、非洲和中东地区的分布相对稀疏，但在非洲的北部也有着一些试点项目和潜在的存储地点，未来，在这些地区可能会有新的项目落地，这一部分将会在本章第三节进行详细分析。

1. 主要国家 CCUS 项目分布特征及原因分析

整体来看，全球 CCUS 设施的分布不仅反映了各国所具备的减少温室气体排放的潜力，同时也揭示出地域资源禀赋、技术水平和政策导向对于 CCUS 设施建设和发展的重要影响。为了更直观地看到全球 CCUS 项目的集中分布情况，这里针对全球 CCUS 项目计数前 10 位的国家和 CO_2 处理量

总和进行呈现，如图7-2所示。可以看到，拥有CCUS项目数量前10位的国家为美国、英国、加拿大、澳大利亚、挪威、荷兰、中国、法国、德国、丹麦，这些国家的CCUS项目在全球范围内占比达到了75%，而从项目对外公布的年最低处理量[①]来看，正在运行以及规划建设CCUS项目数量排名前十位的国家，每年能够处理的CO_2数量高达8.97亿吨，占全球CO_2排放的82%，即少数头部国家在规划的项目数目与年碳减排量均处于领先地位。此外，排名前十位的国家均是位于北美洲、欧洲和大洋洲的发达国家，呈现这种分布态势有以下六个原因。

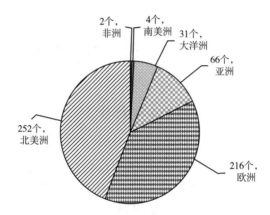

图7-1 全球不同地区的CCUS项目分布

资料来源：笔者根据IEA. CCUS Projects Database数据绘图。

（1）技术研发与创新。发达国家往往拥有更先进的科研体系和创新能力，在CCUS技术研发上处于领先地位。它们投入大量资源进行基础研究、技术创新以及示范项目的实施，从而积累了丰富的实践经验和技术专利。

（2）政策支持与法规健全。发达国家通常对CCUS等低碳技术有长期稳定的政策支持，包括财政补贴、税收优惠及立法保障等，有助于大规模商业化CCUS项目的开发和应用。

（3）资金实力较为雄厚。发达国家的经济体量较大，金融体系发达，

---

① 宣布的或实际的捕获、运输和/或储存二氧化碳的能力，单位为每年百万吨二氧化碳。当宣布捕获容量为一个范围时，或有多个可用值时，"年最低处理量"表示下限，"年最高处理量"表示上限。

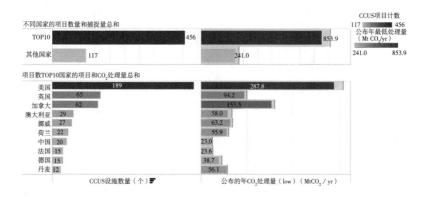

图 7 - 2　全球 CCUS 项目计数 Top10 的国家和 CO_2 处理量总和

资料来源：笔者根据 IEA. CCUS Projects Database 数据绘图。

能够为 CCUS 项目的初期研发投入巨资，以及承担项目运行期间的高昂成本，包括设施建设和运营维护等。

（4）基础设施完善。发达国家的能源基础设施普遍较为先进和完善，这有利于 CCUS 技术与其他清洁能源技术的整合和耦合，比如将捕集的二氧化碳用于提高石油采收率（EOR）或注入地下进行地质封存。

（5）产业成熟度高。发达国家相关产业链配套齐全，从设备制造、工程设计到技术服务都有成熟的供应商和服务网络，这对于 CCUS 项目的快速部署和规模化应用具有重要意义。

（6）环境与社会效益。由于对环境保护和气候变化议题高度重视，发达国家的社会舆论压力和减排需求强烈，使得 CCUS 技术更容易获得社会认同和支持，进而得到广泛应用。

2. 各国 CCUS 项目典型案例分析

以美国为例，美国 CCUS 数量高居全球第一，处在规划和运行阶段的项目数量达到 189 个，年最低处理量达到了 2.878 亿吨。美国拥有全球顶尖的科研机构和企业，同时也作为世界上最大的经济体之一，工业生产活动遍布全国，其中的化石燃料发电厂和其他重工业是温室气体排放的重要来源，大量的这类产业集中在能源丰富的页岩区和大型工业区域，比如得克萨斯州、北达科他州等地区。在 2018 年，得克萨斯州的 796 个工厂年产生了 3.9 亿吨的 CO_2 排放，其中有 60% 来自大型化石燃料发电厂（Future Markets，2023）。大量温室气体排放为 CCUS 技术提供了潜在的应用对象，部署 CCUS 设施的需求非常迫切。

而在欧洲，以挪威为例。挪威项目数达到 27 个，在欧洲 CCUS 领域处于领先地位。挪威之所以规划了较多的 CCUS 项目，原因主要在于其是欧洲重要的石油和天然气生产国，尤其是海上油气产业较为发达，在这种产业背景下，挪威有更强烈的动机推进碳减排项目以达成在《巴黎协定》中承诺的减排任务。此外，挪威地下存在大量深层盐岩层，地质条件决定了其适宜发展 CCUS 技术。一方面，盐岩具有良好的密封性能，能够防止被捕集的 CO_2 泄漏到地表或地下水层中，只需要将 CO_2 注入盐岩层，高压下的液态或超临界态 CO_2 将与周围岩石发生化学反应或物理吸附，从而实现长期稳定储存。另一方面，在挪威北海地区有许多已经开采完毕或者即将枯竭的油气田，这些油气田的地质构造是封闭性较好的，有现成的钻井和管道基础设施，因此可以便捷地将捕集的 CO_2 注入其中进行封存。这些地质因素决定了挪威率先布局 CCUS 设施，现如今，挪威已经建立起一套成熟且颇具规模的二氧化碳运输和地下封存网络（甘满光，2023）。

（二）全球 CCUS 项目 CO_2 年处理能力

1. 全球不同建设阶段的 CCUS 项目分布特征

根据《巴黎协定》设定的目标，各国需要大幅度减少温室气体排放以在 21 世纪内将全球气温上升幅度控制在 2℃ 以内。根据伍德麦肯兹（Wood Mackenzie，2021）的报告，截至 2040 年，世界各国必须将年碳排放量减少至少 40%，以实现巴黎协定的目标。CCUS 技术能够直接从大型排放源（如燃煤电厂、燃气发电厂和工业过程）捕集 CO_2，并通过地质储存或转化为其他工业产品的方式防止 CO_2 进入大气层，从而在源头上削减二氧化碳排放量。在现阶段许多国家仍高度依赖化石燃料以满足其能源需求，通过采用 CCUS 技术，这些国家能够在继续使用化石燃料的同时显著减少碳排放，为过渡到大规模可再生能源应用阶段提供了缓冲时间，这对于能源密集型的经济体脱碳至关重要，是实现"净零排放"目标的重要途径之一。基于此，许多国家都在加大 CCUS 项目部署力度。

图 7 - 3 呈现了全球不同进展阶段的 CCUS 项目情况，截至 2023 年 2 月，世界范围内总共规划了 573 个 CCUS 项目，这些项目分别处于计划建设、正在建设、正在使用、停止使用和暂缓使用[①]等阶段。目前 499 个项目仍然在计划部署中，占比 87.09%，包括正在建设的 23 个项目，大部分的项目预计在 5~10 年后才能投入使用；正在使用的项目有 47 个。可以看出，大多数项目处于计划和建设阶段，未来几年随着 CCUS 技术进步，项目会呈现规模化增长，这对于减少温室气体排放、促进能源转型的潜在贡献不容小觑。

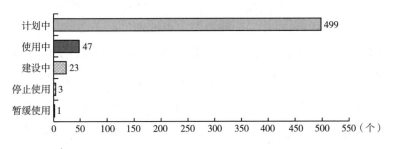

图 7 - 3　全球不同进展阶段的 CCUS 项目数

资料来源：笔者根据 IEA．'CCUS Projects Database 数据绘图。

2. 不同建设阶段 CCUS 项目 CO_2 处理能力

从全球不同进展阶段 CCUS 项目 CO_2 年处理量来看，排除掉少部分未公布 CO_2 年处理量的项目，目前统计的全球 CO_2 年处理量为 9700 万吨左右，CO_2 年处理量较小；处在计划中的项目预期年处理能力总和能达到 10.84 亿吨，预计当所有项目建成并投入使用后，CO_2 年处理量能达到 11.83 亿吨左右（见图 7 - 4）。

---

① 项目停止使用 6 个月以上为暂缓使用，若项目宣布永久关停，则归于停止使用阶段。

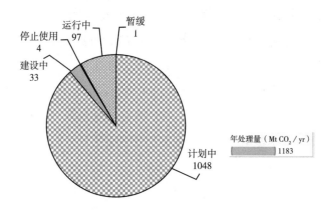

图7-4 全球不同进展阶段 CCUS 项目 CO₂ 年处理量

资料来源：笔者根据 IEA. CCUS Projects Database 数据绘图。

图 7-5 展示的是单个 CCUS 项目 CO₂ 处理能力，可知大部分项目 CO₂ 处理能力小于 200 万吨/年，全球范围内年处理量大于 2000 万吨/年的项目数仅有 8 个，且都处于项目规划阶段（Planned），预计在 2024~2030 年才能投入使用。CO₂ 年处理量最高的项目是位于德国和挪威的 CCUS 管道项目（Wintershall dea-Fluxys belgium-germany pipeline），其 CO₂ 处理量达到了 3000 万吨/年，该项目计划将德国南部工业集群的排放物通过管道网络输送到德国—比利时边境，接着 CO₂ 将通过在比利时的网络运输到

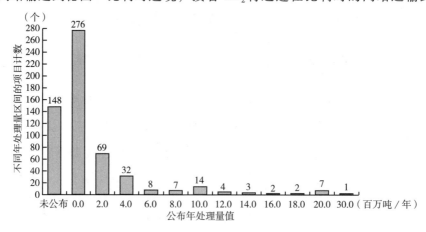

图7-5 不同 CO₂ 年处理量差异下 CCUS 项目分布

资料来源：笔者根据 IEA. CCUS Projects Database 数据绘图。

比利时北海沿岸的泽布吕赫，最后运输到 Wintershall Dea 的 CCS 储存地点（Wintershall Dea，2022）。

总体而言，即便各国已经计划建设许多 CCUS 项目，但大多数项目年 CO_2 处理能力依然处于较低水平。根据 IPCC 的报道，全球若想实现 CO_2 净零排放，到 2070 年至少需要年处理 2400 亿吨 CO_2，因此未来需加快项目建设以应对日渐凸显的气候变化问题。

（三）最终投资决策对 CCUS 运行周期的影响

1. 依据最终投资决策进行项目统计

最终投资决策（final investment decision，FID）是指在大型项目开发过程中，项目所有者或投资者基于详尽的前期研究、可行性分析、经济评估、环境影响评价以及法律合规性审查等一系列准备工作后，作出是否正式投入资金并开始建设项目的决定。这一决策通常发生在项目规划到建设，再到运营周期的关键节点上，一旦作出正面的投资决策，就意味着各方将承担起相应的财务责任，并启动项目的建设或执行阶段（IEA，2023）。

在 CCUS 项目建设周期中，最终投资决策非常重要，因为这些项目往往投资额巨大且涉及建成后的长期运营，甚至涉及不同国家之间的合作，各投资方需要对市场需求、技术成熟度、成本效益、政策风险等多方面因素进行深思熟虑和全面考量。图 7-6 显示了全球最终投资决策与非最终投资决

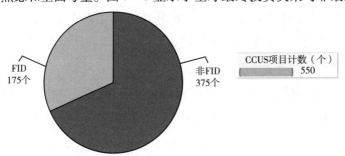

图 7-6　全球 CCUS 项目 FID 与非 FID 占比（截至 2023 年）

资料来源：笔者根据 IEA. CCUS Projects Database 数据绘图。

策的对比情况，可以看到有 375 个项目并没有宣布最终投资决策时间，这也说明了大部分项目仍然处于早期规划阶段，并未正式进入建设阶段。

2. 不同大洲 CCUS 项目 FID 率及原因分析

如图 7 - 7 所示，按大洲分布来对比 FID 与非 FID 项目数量，北美洲的 CCUS 项目规划仍处于全球领先地位，且大部分项目都已作出了最终投资决策，预计在未来 3 ~ 5 年会有大批项目落地，迎来项目集中建成和运营高峰期，进一步巩固其在全球 CCUS 领域的优势地位。欧洲的 CCUS 项目仅次于北美洲，但是其 FID 率最高，达到了 73%。总体来看，项目规划数目多的大洲，其 FID 率也较高，普遍达到了六成以上。

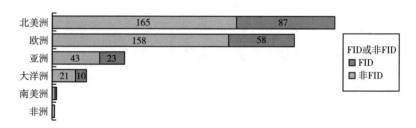

图 7 - 7　全球不同地区 FID 与非 FID 项目数量（截至 2023 年）

资料来源：笔者根据 IEA. CCUS Projects Database 数据绘图。

CCUS 项目从正式对外公布到最终投资决策的落实之间，通常会经历一段时间间隔，这一时间差的存在可归因于以下四个因素。

（1）技术成熟度和经济可行性。许多 CCUS 技术仍处于研发或示范阶段，其长期可靠性和经济效益尚不完全明确。投资者在决定是否进行大规模商业化部署前，需要等待更确凿的证据证明这些技术能够在工业规模上实现高效运作，并且成本是在可控的范围内。

（2）政策不确定性。各国政府对 CCUS 项目的支持政策以及相关的法律法规框架往往具有一定的不确定性，包括补贴额度、税收优惠、排放权交易市场规则等，这使得投资者在评估项目风险时难以作出最终确定的投资决策。

（3）环境和安全考量。地质储存的安全性、长期稳定性以及潜在泄漏风险是 CCUS 项目必须克服的关键挑战。在确保所有环境影响得到充分评估并有妥善应对措施之前，很难达到作出最终投资决定的标准（高慧丽，2021）。

（4）国际合作和协调难题。有一部分 CCUS 项目涉及跨境运输和储存问题，比如多个国家通过管道将 CO_2 运输到另一个国家适宜封存点进行封存，要在不同国家间建立一个统一的标准，需要一个协商的过程，要想让多个国家达成共识需要一定的时间。

如今全球规划中的 CCUS 项目，许多并没有明确提及最终投资决策时间，这是因为多数此类项目集中在 2021～2023 年才正式对外公布，还没有进入项目启动建设阶段。故上述提及的种种前置条件和复杂流程，从项目宣布到落实最终投资决策通常需要经历一个不可避免的延后期限。

3. 从 FID 到项目落地时间差

对于公布了 FID 时间的项目，从作出最终投资决策后再到项目投入使用也存在着一个时间差。如图 7 - 8 所示，有 54% 左右的项目在官宣后的 1～2 年内就会投入使用，83% 的项目在官宣 FID 后的 3～4 年内都会进入正常使用阶段，有少部分项目可能基于不同的原因而导致整个项目落地周期较长。分析发现，对于现阶段已经投入使用的项目中，有些项目因为建设时期较早，当时的 CCUS 技术较不成熟，所以导致了建设过程中遇到诸多困难而拖延了最终落地时间。比如位于挪威的 Snohvit CCS 项目，最终决策投资时间在 2002 年，但是项目在 2008 年才投入使用，即便在投入使用后，在运营过程中也出现了一系列问题——该项目在 2009 年时，由于注入的干燥二氧化碳与储层中的剩余水结合后提高了盐度，使得井筒附近地层中出现盐类沉淀，降低了储层的渗透性（即岩石允许流体通过的能力），进而影响了 CO_2 注入操作（Olav Hansen，2013）。

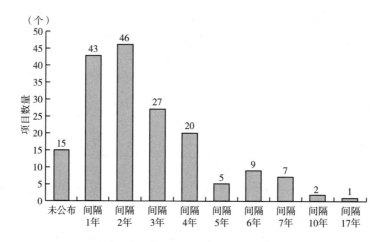

图 7 – 8　从官宣 FID 时间到项目最终运营的周期间隔

资料来源：笔者根据 IEA. CCUS Projects Database 数据绘图。

总体而言，现阶段项目建设周期较长，短期内能真正落地并投入使用的项目较少。未来亟须相关技术进步来缩短项目落地时间，同时着重考虑技术创新与风险评估，确保 CCUS 项目早日呈规模化。

4. CCUS 项目 FID 率变化趋势

对于目前仍处在规划阶段中的项目，除了位于英国的彭布罗克净零中心（Pembroke Net Zero Centre，PNZC）项目外，都会在 2035 年之前落地。英国的这个项目官宣 FID 时间为 2023 年，而计划投入使用时间为 2040 年，间隔达到 17 年，规划期较为长远，是因为它的目标不仅仅是封存 CO_2，而是在 2040 年直接实现集团内部碳中和（RWE，2022）。

观察图 7 – 9 可知，CCUS 项目数量随年份的变化趋势，CCUS 项目 FID 率呈现两端高、中间低的趋势。早期 CCUS 项目 FID 率较高，之后几年 FID 率较低，近两年 FID 率又呈上升趋势。早期 FID 官宣率较高，是因为整个市场中相关项目数量较少，直到从 2021 年开始 CCUS 相关项目才大幅增加。在中期，投资界一直对 CCUS 市场持谨慎态度，认为其技术不完美，没有成本竞争力。然而在近两年，随着各国政府对采取行动解决气候问题的紧迫性的明确认识以及 CCUS 技术的改进等，越来越多的投资者认为市场已经趋于成熟。因此，CCUS 技术的投资在 2021 年开始迅速增加，各国政府和工业界已经承诺为 CCUS 项目提供超过 250 亿美元的专项资金（Future Market，2023）。政策支持与资金承诺，以及各大工业部门积极参与，提振了市场信心，为实现碳中和目标提供了有力支持。

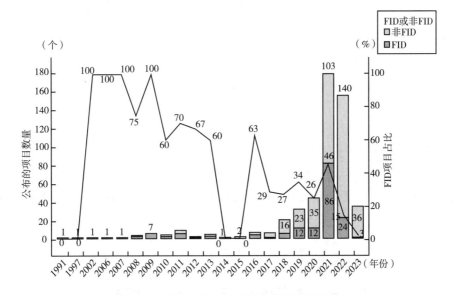

图 7 - 9　FID 与非 FID 项目数量的趋势变化

资料来源：笔者根据 IEA. CCUS Projects Database 数据绘图。

（四）全球 CCUS 项目运行效能

1. 按大洲分布的 CCUS 项目年 CO_2 处理量高值与低值

CCUS 设施所具备的年处理量并不是一个固定的值，而是分为处理量低值和处理量高值。其中，低值代表着项目设施年至少处理的 CO_2 数量；高值通常是理想情况下项目设施满负荷运行状态下可以达到的年处理量。满负荷运行对设备损耗较大，并且发电厂或工业设施的排放量可能随生产负荷的变化而波动，CCUS 设施为适应这种变化，其捕集量往往会随排放量产生动态变化，故而实际处理量可能达不到年处理量高值。

图 7 – 10 展示了按大洲分布的 CCUS 项目 CO_2 年处理量高值与低值情况，可知北美洲、欧洲、大洋洲和亚洲占据了 CO_2 年处理量的绝大部分，这与 CCUS 项目在全球的分布情况一致。值得注意的是，前文指出，北美洲的 CCUS 项目数量最多，部署范围最大，但是从图 7 – 10 来看，虽然欧洲 CCUS 项目相对于北美洲较少，但无论是公布的年处理量低值还是高值，均高于北美洲，其年处理量高值甚至高达 5.75 亿吨，占到了全球范围内年处理量的 49% 左右。

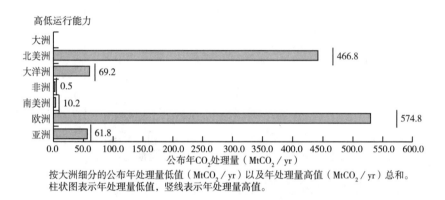

按大洲细分的公布年处理量低值（$MtCO_2$ / yr）以及年处理量高值（$MtCO_2$ / yr）总和。
柱状图表示年处理量低值，竖线表示年处理量高值。

图 7 – 10　全球不同地区 CCUS 项目 CO_2 年处理量分布

资料来源：笔者根据 IEA. CCUS Projects Database 数据绘图。

总体而言，欧洲技术更为成熟，通过有限的项目基数实现了较高的碳减排效率，彰显了其在碳捕集和封存领域深度研发和高效执行的双重优势。

2. 各大洲 CCUS 项目具体分布及典型案例

图 7 – 11 展示了各大洲具体的 CCUS 项目的分布情况，散点图中每一个点代表一个具体的 CCUS 设施。对于大部分 CCUS 设施而言，散点位于 45°线附近，这意味着项目对外公布的年最低处理量和年最高处理量是一致的。但是观察欧洲的项目可以发现，一部分项目表现出了较高的处理上限能力。更进一步分析发现，只有 1 个项目展现出了较大的高低处理量差异，是同时位于比利时和挪威的比利时—挪威石油运输干线（Fluxys-

Equinor Belgium-Norway Trunk Line)项目（低位处理量为 2000 万吨/年，高位处理量为 4000 万吨/年），该项目由 Equinor 运营，项目包含长达 1000 千米的出口干线，从比利时运输 CO_2，到达挪威大陆架的海床下并在那里进行永久地封存。该项目有较大的处理量变幅，可能归因于其独特的跨国运营模式和复杂的物流链设计，一定程度上增加了实施过程中的不确定性，即输送能力、跨境许可与监管要求，以及海底地质封存的可变性，都可能是影响处理量预估值差异显著的原因，各国和地区应该结合自身条件选择适宜本国的 CCUS 项目。

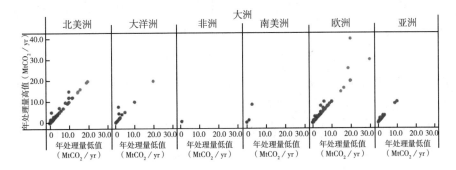

图 7-11 全球不同地区 CO_2 年处理量的 CCUS 项目分布

资料来源：笔者根据 IEA. CCUS Projects Database 数据绘图。

（五）全球不同类型 CCUS 项目分布情况

1. 不同类型 CCUS 项目介绍及其占比情况统计

CCUS 项目有不同的类型，具体可以分为完整链（full chain）、捕集（capture）、运输（transport）、封存（storage）、运输及封存（T&S）、CO_2 捕集后的利用（CCU）。

（1）完整链。完整链是指将捕集自特定设施的 CO_2 安全、有效地运输至预先选定的注入点，包含从捕集到运输，再到封存的全过程。通常由单一项目运营商全程主导和执行，负责整合各个环节的技术解决方案，以确保全过程的连续性与可控性，不涉及多方复杂的合作运营模式。该运营商须具备先进的技术和丰富的管理经验，从而有效地将捕集自不同生产环节的高纯度 CO_2 通过罐车、船舶以及管道进行运输，并在地质构造适宜的区域实现永久性的地质封存。

（2）捕集。捕集指仅专注于 CO_2 捕集的项目，其核心功能集中于从工业排放源或其他温室气体释放点高效地分离并收集 CO_2。这类项目并不涵盖与 CO_2 运输网络的构建、维护或相关的存储设施开发工作，当它们在独立运行时，仅解决了整个链条中的捕集这一环节。

（3）运输。运输指仅用于 CO_2 运输的项目，涵盖了从捕集源头到最终封存地点的全过程物流解决方案。在这样的项目中，CO_2 先通过先进的捕集技术在工业排放点或直接空气捕集设施中被分离出来，然后以适宜的状态（如高压气态或低温液态）进行高效安全的运输，CO_2 可以通过卡车或船只运输，但最常见、最便宜和最有效的方法是管道运输，现阶段 CO_2 通常以浓相或液态在高压管道中进行输送。

（4）封存。封存仅限二氧化碳存储项目，包括专用存储和二氧化碳提高采收率（EOR）。

（5）运输及封存。运输及封存同时包含二氧化碳运输和储存的项目。

（6）CO_2 捕集后的利用。捕集 CO_2 以供使用的项目（不包括内部使用，如尿素生产），在气候行动中展现出了显著的积极影响。这些项目通过先进的捕集技术，能够明确追踪和确保捕集的二氧化碳源自特定的排放源，从而在源头上减少温室气体排入大气。

目前，大部分 CCUS 项目设施是用于捕集 CO_2 以及后续的运输环节和封存环节，没有明确规定它的具体用途。图 7-12 显示了全球不同类别 CCUS 项目占比情况，仅仅有 5.58% 的项目修建是为了将 CO_2 用于其他工业生产。因为在 CO_2 利用环节，虽然将捕集的 CO_2 转化为有价值的化学品或用于提高石油采收率（EOR）等领域具有潜力，但这些技术的商业化应用范围有限，成本效益尚不理想，并且市场对 CO_2 需求量不足以消化大规模捕集的 CO_2。因此，全球近一半的 CCUS 项目优先保证减排效果，即专注于捕集与安全储存，等待利用技术进一步发展和市场需求扩大后，可能会逐步增加 CO_2 资源化利用的比重。

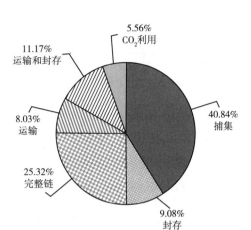

图 7 - 12 全球不同类别 CCUS 项目分布

资料来源：笔者根据 IEA. CCUS Projects Database 数据绘图。

2. 不同进展阶段的 CCUS 项目数量统计

图 7 - 13 展示了不同类型项目所处的发展阶段。捕集 CO_2 仅仅是 CCUS 技术的第一步，只有在将 CO_2 收集后才能进行后续的流程，比如可以就地封存，或者是通过管道运输到适合封存的地点，又或是对 CO_2 进行利用。目前正在运行的项目中，完整链类型项目占据绝大多数，达到了 33 个；只用于捕集的项目有 3 个，分别是位于加拿大的 NWR CO_2 回收装置（North West Redwater CO_2 Recovery Unit）、WCS Redwater CO_2 回收装置（WCS Redwater CO_2 Recovery Unit）项目以及日本的福冈三川电厂（Mikawa Power Plant BECCS Fukuoka Prefecture）项目，合计最低 CO_2 处理量达 178 万吨/年，并且这部分 CO_2 在捕集后都用于驱油；用于封存的项目只有 1 个，是位于加拿大的 Clive CO_2-EOR 项目，合计最低 CO_2 处理量达 44 万吨/年；CO_2 利用的项目有 3 个，分别是阿赛洛项目（Arcelor LanzaTech Carbalyst Ghent）、地平线 CO_2 尾矿捕集与封存项目（Horizon H_2 capture tailings CCS）以及壳牌佩尔尼斯炼油厂油渣气化项目（Shell heavy residue gasification CCU-Pernis refinery），合计最低 CO_2 处理量达 95.3 万吨/年。可以明显地发现，在现阶段运行的项目中，CO_2 处理量都是较小的。

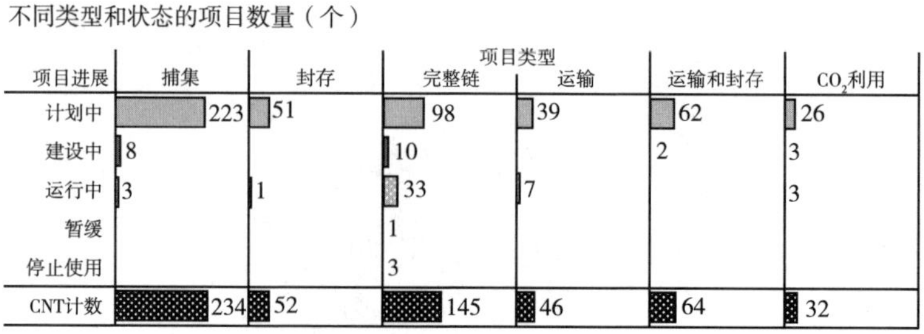

不同类型和状态的项目数量（个）

| 项目进展 | 捕集 | 封存 | 项目类型 | | | | |
			完整链	运输	运输和封存	CO₂利用
计划中	223	51	98	39	62	26
建设中	8	10			2	3
运行中	3	1	33	7		3
暂缓			1			
停止使用			3			
CNT计数	234	52	145	46	64	32

图 7 – 13　不同发展阶段下 CCUS 项目的分布

资料来源：笔者根据 IEA. CCUS Projects Database 数据绘图。

正在规划的项目中，大部分是用于 CO_2 捕集的项目，预计处理量达到了 2.27 亿吨/年，且绝大多数捕集后的 CO_2 会用于封存，这与前文的分析一致，即 CO_2 的利用技术仍未成熟，现阶段不具备经济效益。

3. 不同类型 CCUS 项目 CO₂ 年处理量

观察图 7 – 14 可以发现，用于捕集的项目数量很多，但单个的捕集项目年处理 CO_2 能力较小，大部分年处理量集中于 0 ~ 20 万吨/年，有极个别处理能力较大的项目，但是这些项目都处在规划阶段，预计在 3 ~ 10 年内才会陆续落地。用于运输的项目年处理量相较于捕集项目要更大，原因可能是，用于捕集的项目往往是企业内部，捕集后单个企业在一定范围内进行封存，单个企业 CO_2 排放量和利用量都是有限的。但是在用于 CO_2 运输的项目中，大部分都是联合多家企业或者是国家之间的，涉及多方，比如在欧洲，德国、比利时等国家会将 CO_2 通过管道运输到挪威的北海海床以进行永久封存，挪威的天然地理条件决定这里可以大量储存 CO_2，其储存容量远大于当前实际需要封存的 CO_2 量，因此提供了巨大的潜在储存资源。又如位于比利时的安特卫普 CO_2 运输项目（Antwerp CO_2 export hub phase），该项目由液化空气集团、巴斯夫、北欧化工、埃克森美孚、英力士、道达尔能源、安特卫普港等合作建设，工程计划研究一套共享的 CO_2 液化装置，具有储存和海上装载装置以用于跨境运输[1]。

————————

[1]　The Antwerp@ C project takes a major next step towards halving CO_2 footprint [EB/OL]. http：//prez. ly/fdVb.

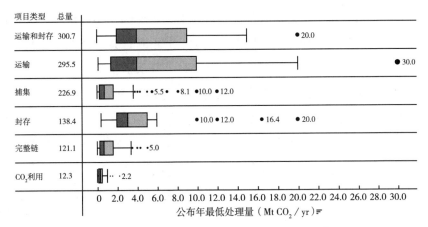

图 7 - 14　不同类型项目进展阶段和年处理量

资料来源：笔者根据 IEA. CCUS Projects Database 数据绘图。

基于此，加强国际合作，共同推进大型碳捕集与运输项目的实施，利用各国地理与优势资源互补，是加速构建全球碳封存体系、有效应对气候变化挑战的关键路径。未来应该进一步鼓励和支持这类跨国界、多企业参与的合作模式，提升封存能力，促进全球低碳转型。

4. 不同类型 CCUS 项目 CO_2 年处理量及 FID 率

结合项目最终决策时间和项目处理量来看，用于捕集的项目已趋于规模化和标准化。如图 7 - 15 所示，可以看出不同项目类型公布的 CO_2 年处理量和最终投资决策在不同类型项目中的占比，仅用于运输的 CCUS 项目合计年运输 3.28 亿吨的 CO_2，而同时包含运输和封存的项目年处理量达到了 3.11 亿吨/年；用于利用的 CO_2 量非常小，每年只有 1230 万吨的 CO_2 被用于生产各种清洁产品，只占 1.03%。

用于封存的项目大部分没有宣布最终投资决策，这是因为封存项目大部分都是 2023 年宣布计划建设的，仍处在项目初期规划阶段，远未到作最后决策的时间，对比之下就能发现，用于捕集和完整链的项目 FID 宣布率较高，分别达到了 36% 和 37%。

捕集和完整链 CCUS 项目 FID 宣布率较高的原因有很多。首先，这两类项目技术路径和实施策略已经达到了相当成熟的水平。这种成熟度不仅体现在对核心技术和工艺流程的深入理解上，还反映在项目管理、风险控制以及经济模型的优化方面。随着技术细节的不断打磨和完善，这些项目能够提供更加可靠和可预测的成果，从而显著降低了投资者面临的不确定性。因此，决策者和投资者在作出最终投资决定时，往往能拥有更高的信心和更低的风险感知，使得项目更快推进至下一阶段。其次，CCUS 项目官宣时间大部分集中在 2021 年，如图 7 – 16 所示，分别占到了 45.92% 和 28.36%，都是近期的项目，项目实施流程已经较为完善，项目启动时已拥有了较为完善的执行流程，这给予了投资人充分的时间来作出最终投资决策。

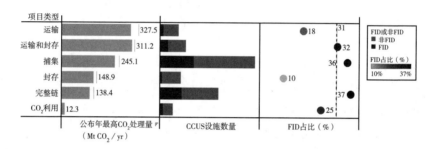

图 7 – 15　不同类型项目 CO$_2$ 年处理量及 FID 占比分布

资料来源：笔者根据 IEA. CCUS Projects Database 数据绘图。

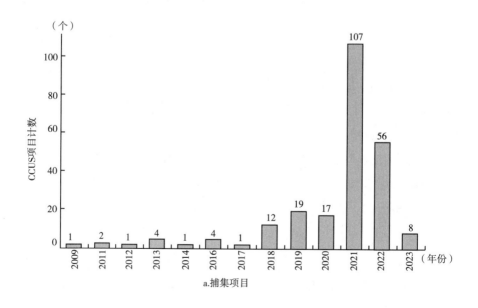

a. 捕集项目

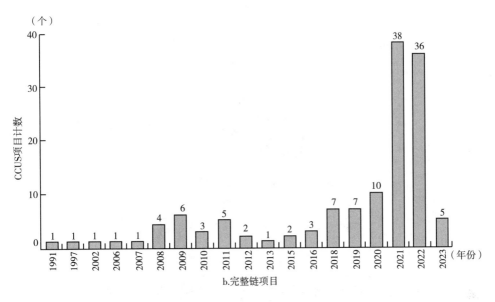

图 7-16　捕集项目宣布 FID 时间和完整链项目宣布 FID 时间

资料来源：笔者根据 IEA. CCUS Projects Database 数据绘图。

（六）碳捕集后不同用途的 CCUS 项目分布

1. 碳捕集后不同用途的 CCUS 项目分布情况

CO_2 在通过 CCUS 装置捕集后，有着不同的用途，具体来看分为仅用于封存（dedicated storage）、提高石油采收率（EOR）、用于生产其他产品（use）（见图 7-17）。目前，世界范围内统计的所有阶段中的 CCUS 项目里，大部分 CCUS 装置捕集 CO_2 后是仅用于封存的，数量达到了 352 个。相比于 CO_2 的利用，封存能提供更长期、更稳定且规模更大的减排量，原因是在工业生产过程中将 CO_2 转化为有价值的化学品或产品，这些产品最终仍可能通过降解或燃烧再次释放 CO_2，而地质封存可以保证数百年乃至数千年的隔离时间。

排除掉仅用于封存以及未提及 CO_2 用途的项目，CO_2 被捕集后主要用于提高石油采收率（EOR）的项目共计 61 个。利用 CO_2 来提高石油采收率（EOR）是一种通过注入 CO_2 到已开采接近枯竭的油藏中，以增加剩余

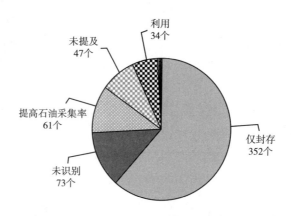

图 7 – 17   CO₂捕集后不同利用方式的分布

资料来源：笔者根据 IEA. CCUS Projects Database 数据绘图。

石油的可采出量的技术。当液态或超临界状态的 CO_2 被注入油藏后，它会溶解在原油中，导致油藏压力上升和原油体积膨胀，能够显著降低原油的黏度，同时增加了注入流体的总体积，改变了油水流度比，有利于推动油水界面向前推进，扩大驱油范围，从而将原本难以驱动的原油从岩石孔隙中挤出，极大地提高了驱油效率。注入的 CO_2 一部分将随着开采过程与原油一起返回地面，并在地面进行分离处理，将 CO_2 重新捕集，另一部分则可能在地下长期滞留，实现地质封存。

全球现在还有 34 个项目将捕集后的 CO_2 用于生产其他产品，比如当作化工原料合成甲醇、尿素，在农业领域充当气体肥料等。举例来说，根据液化空气集团的报告，位于法国的液化空气集团生物质能（Air Liquide Total Energies Grandpuits Biorefinery）项目，该项目旨在将道达尔能源（Total Energies）的一处基地改造为生物精炼厂，其计划安装年捕集110000 吨 CO_2 的设备，捕集后的 CO_2 可以被用于农业食品和工业品生产。

总体而言，大部分项目倾向于将捕集的 CO_2 进行永久封存。但如果考虑 CO_2 的利用途径，会发现将捕集后的 CO_2 用于提高石油采收率的应用最为广泛。尽管理论上捕集后的 CO_2 能够作为原料用于合成氢气、制造水泥、混凝土等工业过程，但在实际应用中，这些途径尚未形成规模化效应，经济可行性也尚待验证。EOR 技术的广泛利用是得益于其成熟的产业链、可观的市场需求以及相对稳定的经济效益。相较而言，合成氢气、制造建筑材料新型应用亟须更多政策支持和产业投资以推进其商业化进程。目前，各国也在推进 CO_2 除了 EOR 外的利用途径，例如，2023 年国家能源集团依托锦界 15 万吨碳捕集装置，利用粉煤灰、炉渣等固废的原料理化特性和矿化反应活性，制备出高强度、高固碳率、负碳排放的矿化建材产品[1]，探索出了一种新的 CO_2 利用途径，这是一个良好的开端。

未来，应该持续加大政府与企业合作力度，构建一个涵盖封存、EOR、氢气合成、建材制造等多元路径的 CO_2 循环利用体系。

2. 按大洲统计的不同用途 CCUS 项目分布情况

从大洲分布来看（见图 7 – 18），虽然欧洲和北美洲 CCUS 项目总数量差距较小，但北美洲规划的提高石油采收率（EOR）的项目数量高居第一，这是由其本身的资源禀赋、成熟的石油工业基础设施、合适的地质条件以及相应的政策支持所决定的。

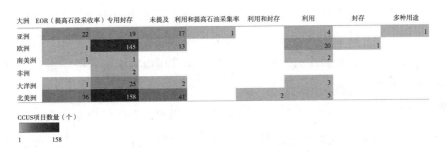

图 7 – 18 全球不同地区 CO_2 利用方式的分布

资料来源：笔者根据 IEA. CCUS Projects Database 数据绘图。

美国得克萨斯州西部和加拿大的部分地区拥有大量适合进行 CO_2-EOR 作业的油田，一方面，这些地区有充足的枯竭或半枯竭油藏，其地质结构适合储存大量的 CO_2；另一方面，美国和加拿大是传统油气生产大国，拥有高度发达的石油工业基础设施和技术实力，能够较为容易地改造现有设

---

① 首批出釜！国家能源集团制出二氧化碳矿化砖［EB/OL］. 能源，https：//www.inengyuan.com/tan/11809.html.

施以适应 CO_2-EOR 技术的应用，这有助于降低项目的开发风险。在政策扶持方面，两国政府都曾出台过鼓励和支持 CCUS 项目的政策。例如，美国联邦政府通过 45Q 税收抵免政策等措施为高排放企业提供了经济上的激励，对于采用 CO_2-EOR 技术的企业给予一定数额的补贴，从而提高了相关项目投资的积极性（谢薇，2021）。通过将大量捕集的二氧化碳注入枯竭油田，不仅实现了资源的有效再利用，还大幅度提高了石油产量，这一实践在美国已有数十年的历史，并形成了相当成熟的商业运作模式和技术体系，目前美国大约有 2/3 的 CO_2 被注入地下以用于提高石油采集率（牛皓，2023）。

相较而言，欧洲更侧重于 CO_2 用于生产其他产品。在欧洲，将 CO_2 捕集后，将其用于生产其他产品的项目数达到了 20 个，比如用于生产合成燃料等[1]。这一类项目数量远远高于北美洲的 5 个，这是因为北美洲和欧洲产业分布不同，欧洲作为工业化较早地区之一，其成员国众多，各个国家根据自身资源禀赋、技术优势以及市场需求发展了不同的工业类型，如汽车制造、航空航天、精密机械、化工、制药、可再生能源、先进材料、食品加工等。欧盟内各国之间的产业分工协作也较为明显，形成了高度一体化的产业链，相较于欧洲在多种二氧化碳利用途径上的积极探索和广泛应用，美国在直接将捕集到的 CO_2 用于非能源行业或工业过程中的低碳改造方面可能略显保守。美国虽然在石油化工领域处于世界领先水平，但其经济优势更显著地体现在规模庞大且发达的第三产业，尤其是服务业、信息技术和金融等领域。因此，在应对高碳排放问题上，美国的 CCUS 项目部署重点主要聚焦于那些具有显著温室气体排放特征的工业部门，如火力发电、钢铁制造以及化工生产等。

未来，随着各项技术的完善，更多的 CO_2 利用途径会被开发出来，在缓解气候问题的同时，也为经济的可持续发展提供新的动力。

---

① Norsk e-Fuel 官网，https：//www.norsk-e-fuel.com/。

（七）不同行业中 CCUS 项目的分布特征

1. 不同行业中 CCUS 项目数统计

美国能源信息署（IEA）数据库将行业分为了 12 个类别，分别为生物燃料、天然气加工、电力和热力、制氢/氨、CO_2 传输与封存、CO_2 封存、CO_2 传输、水泥、钢铁、直接空气捕集、其他燃料转化以及其他工业[①]。

总体而言，电力、热力和制氢行业因其高碳排放特性，加之政策大力推动，已成为 CCUS 技术应用的重点领域，而钢铁和水泥等行业因成本问题而导致减排困难，难以在高昂的减碳成本与经济效益间找到平衡点。但长期来看，随着技术发展，CCUS 依然是重工业绿色转型的关键途径。

具体来看，如图 7-19 所示，电力和热力行业的 CCUS 项目数量最多达到了 83 个，这是因为电力和热力行业是最早被政策聚焦纳入碳减排的行业，燃煤电厂等大型集中发电设施释放大量二氧化碳，呈现显著的高碳排放特征，因此也成为 CCUS 技术的重要应用场景。从制氢/氨行业中捕集 CO_2 的项目数量也较多，达到了 73 个，目前常用的制氢方法是天然气和水蒸气催化，在这一过程中生成的 CO 会进一步通过变化反应生成 CO_2。这一类型的 CCUS 项目大部分处于规划建设阶段，可以预期在未来 5~10 年内，对氢气这种清洁能源的市场需求会大幅提高，届时此类项目数会出现大幅增长，同时用捕集后的 CO_2 制造氢气的技术也将会得到大规模应用。钢铁和水泥等关键排放密集型行业减排难度非常大，因为其无法在不产生 CO_2 的条件下进行生产。比如水泥行业中，根据全球碳捕集与封存研究院（Global CCS Institute，GCI）的报告，石灰石会分解为氧化钙和 CO_2，无论生产水泥过程中使用何种燃料或能源，每生产 1 吨氧化钙（水泥的主要成分）都将产生

---

① 其他工业包括冶炼铝、造纸等行业。

0.785 吨二氧化碳，在这一生产过程中每年会产生超过 20 亿吨的 CO_2 排放量。

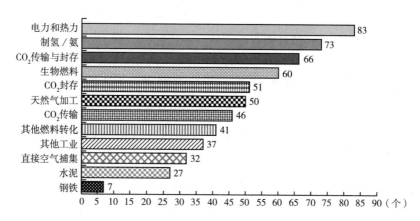

图7-19 不同行业 CCUS 项目的分布

资料来源：笔者根据 IEA. CCUS Projects Database 数据绘图。

目前用于钢铁行业的 CCUS 项目非常少，在全球范围内只有 7 个。钢铁行业作为能源密集型行业，在生产过程中会产生大量 CO_2，这意味着需要更大型的捕集设施和更高效的处理系统，同时这也意味着更高昂的成本。以中国为例，中国同时面临着产能过剩和产业结构调整、绿色转型升级的压力，在一定时间内无法兼顾节能减排和保持盈利能力，因此可能目前规划的此类项目数量较少。

值得注意的是，全球规划和运行的直接空气捕集（DAC）项目有 32 个。DAC 技术可以直接从空气中捕集 CO_2，这部分 CO_2 可以永久封存或者用于食品加工、与氢结合生产合成燃料。目前规划的 DAC 项目较少，首先是因为该技术还不够成熟；其次，CO_2 从生物质发电厂和化学工业等点源直接捕集成本相较于 DAC 手段更低。但随着各个国家进行脱碳的进程，这些排放点源会减少，届时要实现净零排放，DAC 会得到最广泛的应用，预期这类项目在未来会出现一定程度的增长。

2. 不同行业中各类型 CCUS 项目及 FID 率统计

在不同行业的 CCUS 项目中，CO_2 被捕集后的用途存在一定的差异，这是因为项目的分布与实施策略很大程度上受制于行业本身的特有条件和其所处的地理环境。

具体从不同类型、不同行业的 CCUS 项目分布数来看（见图 7 - 20），电力和热力行业以及氢/氨气生产、生物质能、水泥、其他工业等，捕集类型的设施数占绝大多数；天然气加工行业呈现不同的特征，其完整链设施数占比非常大，在所有项目类型中占比达到了 86%，这是由其行业特性决定的（天然气通常从沉积岩层中开采，产生的 CO_2 往往就近在加工设施所在的地区寻找合适的地质结构，比如枯竭油气田或者深层不可采煤层等，将捕集的 CO_2 注入这些地下构造中进行封存。这种做法可以减少长途运输带来的额外成本和风险，通常单个企业就能完成 CO_2 从捕集到封存的流程，并不需要各方合作进行远距离传输后再在别处进行封存）。

但是，CCUS 项目计划捕集量高的行业，却并不意味着也有着高的 FID 率，相比之下，生物质能、天然气加工行业计划捕集量虽然不及前者，却有着较高的 FID 率。

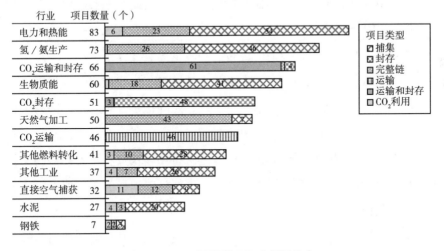

图 7 - 20 不同类型 CCUS 项目分布

资料来源：笔者根据 IEA. CCUS Projects Database 数据绘图。

如图 7 - 21 所示，用于 CO_2 运输的项目达到了 3.28 亿吨/年，高居各行业的第一，但宣布了最终决策时间的项目数量占比较少，故而这些项目最终落地时间较晚；生物质能行业 CO_2 处理量较少，仅有 3050 万吨/年，但是最终决策时间宣布率达到了 62%。

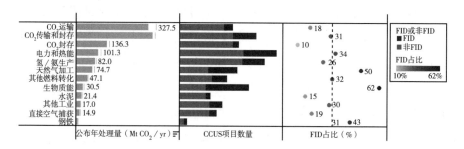

图 7-21 CCUS 项目 CO_2 处理量、数量和 FID 占比的行业分布

资料来源：笔者根据 IEA. CCUS Projects Database 数据绘图。

究其原因，FID 率较高的行业具有更为成熟的 CCUS 技术或更清晰的商业模型。例如，生物质能和天然气加工行业可能已经在碳捕集技术上有了一定程度的掌握，能够预见明确的投资回报路径，从而促使投资者更快地作出最终决策。另外，政策和法规的支持也可能是影响 FID 率的关键因素。政府对某些行业的补贴、税收优惠或碳交易机制可能会吸引更多的投资，加速 FID 的进程。例如，一些国家或地区可能会优先支持生物质能或天然气加工项目，以促进清洁能源转型和减少温室气体排放。

行业自身的稳定性与市场需求也是重要因素。生物质能和天然气加工行业可能受益于稳定的市场需求和供应链，这降低了投资风险，提高了投资者的信心，从而加速了 FID 的决策过程。

金融市场的偏好也可能起到作用。金融机构和投资者可能更倾向于投资那些具有较低技术和市场风险的项目，即使这些项目的规模或潜在影响可能小于其他行业。

综上所述，尽管"CO_2 运输和封存"等行业的 CCUS 项目计划捕集量高，但由于技术成熟度、政策支持、行业稳定性和金融市场偏好等方面的差异，故其 FID 率可能低于生物质能、天然气加工等行业。因此，在评估 CCUS 项目的潜力和进展时，不仅要关注其理论上的减排能力，还要考虑实际操作中的各种制约因素。

图 7 – 22 展示了不同行业单个项目年处理量分布，观察可知，除了将 CO_2 用于运输和用于封存的项目外，其余行业项目的 CO_2 年处理量都较小，大部分集中在 0 ~ 300 万吨/年。诸如"CO_2 运输"与"CO_2 封存"这样的领域，由于其技术特性和应用场景的特殊性，往往需要大规模、高效率的碳处理设施，这自然形成了处理量上的绝对优势。

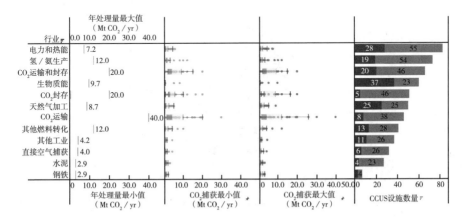

图 7 – 22　不同行业 CCUS 项目年处理量与 FID 占比分布

资料来源：笔者根据 IEA. CCUS Projects Database 数据绘图。

二、全球 CCUS 集群现状与分布特点

（一）全球 CCUS 集群概述

相较于以往依赖单个排放点、由独立企业单独运作的传统 CCUS 价值链架构，建立 CCUS 集群这样的区域性中心在管理层面无疑更为复杂，需要多方协调配合。然而，集群也蕴含着优势——集合式运输和封存基础设施建设及运营过程中形成的规模经济效益明显，特别是在压缩处理、脱水净化、管道建设和地下封存等环节上，成本得以大幅度摊薄。

基于此，如图 7 – 23 所示，当前全球规划的 573 个 CCUS 项目中，有超过半数，即占比达到 56. 89% 的项目已整合纳入至少 1 个 CCUS 区域集

群内发展，而另外 43.11% 的项目尚未被归入任何区域集群框架下运作。这一数据表明，目前已有更多的项目选择了集群化发展模式，并且其数量超过了独立于集群之外的项目总数。基于这一趋势分析，未来预计会有更多 CCUS 项目倾向于并入全球范围内的集群网络，持续提高集群内项目的整体比例[①]。

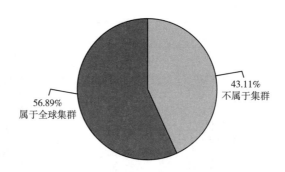

图 7 - 23　全球 CCUS 集群式与非集群式的项目分布

资料来源：笔者根据 IEA. CCUS Projects Database 数据绘图。

　　CCUS 集群中心具备强大的潜能，能够引领整个工业区域实现深度脱碳转型，并在此过程中创造新的就业机会，同时吸引清洁技术与新兴产业入驻。鉴于其所带来的显著的社会经济效益以及对全球气候目标达成的关键作用，相较于孤立的单一项目，集群模式更有可能赢得政府的有力支持和投资青睐。

（二）全球 CCUS 集群的规模

1. 现阶段 CCUS 集群建设进展统计

　　尽管 CCUS 集群化发展是未来 CCUS 发展的趋势，然而，就现状而言，集群规划与建设仍处在起步阶段。具体而言，大多数现有集群仅围绕单一的 CCUS 项目为核心展开，尚未实现多项目协同与资源整合，这

---

　　① 预测项目数会在第三节分析。

在很大程度上受限于资金投入不足、核心技术瓶颈以及配套基础设施的欠缺。

如图 7 - 24 所示，一个典型的 CCUS 集群要求构建一套完整的综合体系，该体系通常由多个互相关联的项目单元整合而成。然而，在当前全球范围内规划中的 93 个 CCUS 集群中，大部分集群中心目前仅包含单个项目以构成其核心组成部分，这占据了集群总数的大部分，比如位于美国的埃米蒂斯 CO_2 捕集与封存集群（Aemetis CCS），仅包含 CO_2 运输过程；又如冰岛的科达集群（Coda terminal），仅包含 CO_2 封存。这一现状说明了大多数此类集群尚处于概念规划和起步阶段，距离形成规模庞大且功能完备的区域性大型 CCUS 集群中心尚有一段发展历程。这些集群需要经过一段时期的发展积累，通过逐步纳入更多元化的项目元素和基础设施建设，才能最终实现区域内大规模碳捕集、有效利用及安全封存的目标。

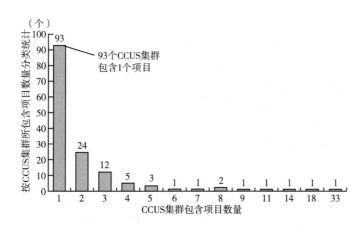

图 7 - 24　全球 CCUS 集群项目分布

资料来源：笔者根据 IEA. CCUS Projects Database 数据绘图。

2. 规模化 CCUS 集群举例分析

如图 7 - 25 所示，也有一些集群已经形成了较为成熟的体系，这些集群可以为世界其他国家起到一个示范作用，比如美国的中西部 CO_2 运输集群（Midwest carbon express），该集群规划在 2024 年投入使用，包含了 33

个项目。这个集群是由艾奥瓦州、明尼苏达州、北达科他州、南达科他州和内布拉斯加州的 30 多家乙醇工厂共同合作的，将在生物精炼厂的发酵过程中捕集二氧化碳，压缩后输送到北达科他州，并储存在地下深层。这样做将大大减少乙醇生产的碳足迹，并提高乙醇和农业的长期经济可行性（Leah Douglas，2021）。英国现有 4 个较为成熟的 CCUS 集群，比如北方耐力伙伴关系（Northern Endurance Partnership）集群，它由 18 个单个项目构成，涉及制氢、电力和热力、其他工业、CO_2 传输与封存等多个行业，是全球内涉及领域最广的集群，集群由油气巨头 BP、埃尼、挪威国家石油公司、壳牌、道达尔和英国国家电网等联手成立，BP 作为运营商。多方合作在英国北海开发海上 CO_2 运输和储存基础设施，计划通过采用碳捕集、氢能和燃料转换相结合的手段，预期在 2030 年实现 CO_2 净零排放（Rob Watts，2021）。

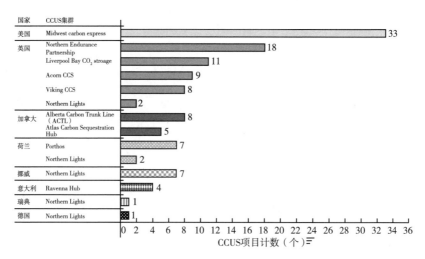

图 7 – 25　全球代表性 CCUS 集群的分布

资料来源：笔者根据 IEA. CCUS Projects Database 数据绘图。

另一个有代表性的集群是位于挪威的北极光集群（Northern Lights），北极光集群是艾奎诺公司、壳牌有限公司和道达尔能源公司合资的北海 CO_2 封存项目，通过船舶将来自北欧和西欧多个工业排放源的 CO_2 运送到北海，在地下咸水层进行封存，预计 2024 年布雷维克水泥厂和 Fortum Oslo

Varme 的发电厂会加入这一产业集群，进一步扩大其现有规模（窦立荣，2023）。项目整体位于挪威，但其涉及挪威、英国、荷兰和德国等多个国家，是分布式区域集群的最佳代表。分布式区域集群是指，若在当地没有较为合适的 CO_2 封存地点，可以考虑建设一个较为分散的集群中心，用船舶或管道将 CO_2 运送到远处的封存点。与基于管道的本地式区域中心相比，使用船舶进行大规模运输的成本更为昂贵，但船舶运输方案有两项优势，即它可以支持 CCUS 区域中心的逐步发展，并让一个封存设施能够为多个较小的 CCUS 排放集群服务（桑树勋，2022）。

从全球 CCUS 集群规划来看，资金链的稳定性与技术的成熟度是制约 CCUS 集群规模化发展的两大关键因素。一方面，高昂的前期投资与长期运营成本构成了一道难以逾越的门槛，抑制了私营部门的参与热情；另一方面，技术难题的攻克尚需时间，特别是在提高碳捕集效率、降低能耗、确保封存安全性等方面，仍存在诸多不确定性，阻碍了集群化项目的快速推进。

因此，要推动 CCUS 集群规模化，既要加大财政支持与政策引导，营造良好的投融资环境，也要强化技术研发与创新，突破关键技术瓶颈，同时完善相关法律法规与标准体系，为 CCUS 集群的长远发展奠定坚实基础。

（三）各大洲和国家 CCUS 集群分布

从全球来看，北美洲规划的 CCUS 集群数目处于领先地位，达到了 76 个，这些项目涵盖了不同工业领域，包括能源生产、制造业和化工行业。欧洲在 CCUS 集群中心部署上数量也较多，集群数目共计 48 个（IEA database，2023）。

无论是北美洲还是欧洲，不断攀升的碳价以及各国政府对净零排放目标的庄严承诺都在驱动各利益相关方积极探索和采纳大规模的工业脱碳策略，这种趋势不仅体现在独立项目的规模扩展上，更表现在跨区域、跨国界的整合协作层面，即通过共享研发成果、优化资源配置、构建联合产业链等方式，共同推动 CCUS 技术在全球范围内的规模化应用和商业化进程，以期实现减排目标，促进形成全球绿色可持续发展的新格局。

　　具体到不同国家 CCUS 集群分布来看，美国、加拿大、英国等北美洲和欧洲国家仍然处于领先地位，美国计划建设和正在运行的集群中心达到了 44 个，加拿大达到了 32 个（见图 7 – 26）（IEA database，2023）。

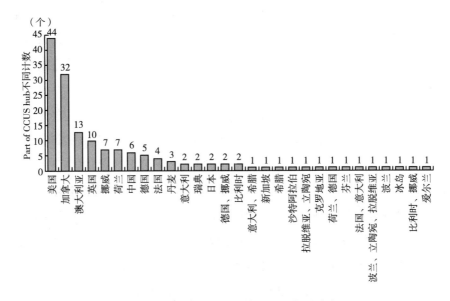

图 7 – 26　全球不同地区的 CCUS 集群分布

资料来源：笔者根据 IEA. CCUS Projects Database 数据绘图。

　　美国的集群发展较早，主要分为两个类型：第一类 CCUS 产业集群是石油公司在排放地将 CO_2 捕集后，再运输到适宜地点进行封存。石油公司采集石油时高浓度的 CO_2 和天然气处理厂生产的 CO_2 在被捕集后，通过管道等将 CO_2 运输到枯竭的油田进行储存。这类产业集群在 CCUS 集群发展的探索阶段就已经形成，已经有多年的运行历史，在美国现有的 7 个集群中，有 6 个都是由工业排放源捕集、CO_2 传输再封存项目构成的集群，典型集群如 Cortez Pipeline 集群，其将 CO_2 捕集后从科罗拉多州运输到得克萨斯州以进行封存。第二类 CCUS 产业集群是对生产生物质燃料燃烧过程中产生的 CO_2 排放进行捕集和封存，碳源是生物燃料行业生产的 CO_2，碳汇是油藏。这类产业集群在 CCUS 产业发展的政策驱动阶段逐渐发展起来，典型集群包括埃米蒂斯 CO_2 捕集与封存集群（Aemetis CCS）、中西部

CO₂ 运输集群（Midwest carbon express）等。

北美洲与亚洲地区所规划的 CCUS 集群数量较多，且多数项目聚焦于国内层面，较少涵盖跨国合作。相较之下，欧洲的 CCUS 集群规划则广泛地跨越国界。欧洲诸国地域有限，因此捕集的二氧化碳需长途运送至适宜的封存点进行永久封存。非洲以及其他发展中地区迄今尚未展现出大规模的 CCUS 项目布局，这一现状很大程度上是因为当地经济条件与资源分配的局限性。

（四）不同类型 CCUS 集群分布

从图 7-27 可以看出，通常所包含项目数量越丰富的 CCUS 集群意味着其涵盖的项目类型更为多样和全面。

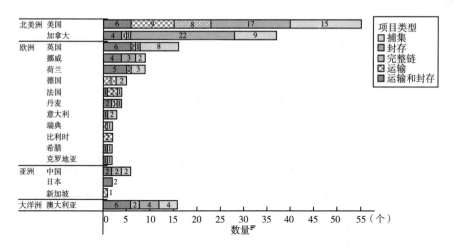

图 7-27　全球不同地区 CCUS 集群的类型分布

资料来源：笔者根据 IEA. CCUS Projects Database 数据绘图。

以美国为例，其境内的多个集群不仅在数量上颇具规模，而且囊括了从二氧化碳捕集、运输到封存以及覆盖整个产业链条的所有项目类型。特别是加拿大与英国，尽管它们所拥有的集群总量相对较小，但却展现出项目类型的广泛性和综合性，即在有限的集群中，也包含了诸如单独捕集、运输与封存相结合乃至完整价值链等多元化的 CCUS 项目类型。这给了其他国家一些启示——即使在资源和地理条件的限制下，依然能通过优化配置，构建高效且功能完备的 CCUS 体系。

对于榆林市而言，其拥有丰富的煤炭资源，应吸收国际成功案例的经验，结合自身资源禀赋和市场需求，考虑建立覆盖捕集、运输以及封存的 CCUS 集群，确保项目类型的多样化。

（五）按不同行业划分的 CCUS 集群分布

北美洲和欧洲的 CCUS 项目集群不仅数目较多，且所涉及的行业较为丰富，形成了一个完整且多元化的系统，而亚洲诸国 CCUS 项目集群虽然也在加快规划中，但主要还是集中在 CO_2 运输和封存，这体现了集群发展的不均衡性。亚洲等地应该学习借鉴欧美的集群思路，加速技术迭代创新，构建新型集群。

如图 7-28 所示，筛选各大洲具有代表性的国家所拥有的 CCUS 集群，可以看出，尽管各国家内部集群的项目行业构成呈现出各异的特点和分布态势，但无一例外地，所有集群均涵盖了 CO_2 运输和封存环节，这也正说明了 CO_2 运输与安全封存是 CCUS 项目集群的核心。

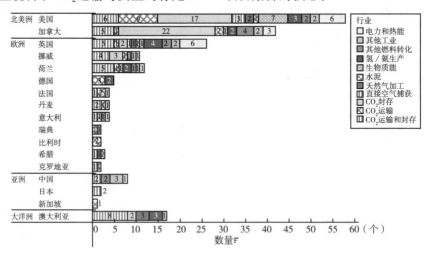

图 7-28 全球不同地区 CCUS 集群的行业分布

资料来源：笔者根据 IEA. CCUS Projects Database 数据绘图。

以美国、加拿大、英国以及挪威等国家为例，其境内的 CCUS 集群内含项目的行业覆盖范围更为广泛且综合，不仅体现了不同产业对于低碳技术的多元需求，也展现了这些国家在推动整体脱碳战略上的成熟布局和实践经验。

第八章中，我们将通过具体案例分析的方式，进一步详尽探讨这些国家集群内部所涉猎的不同行业领域及其项目实施细节，从而揭示其在推进 CCUS 产业化进程中的独特策略与成功实践。

三、全球 CCUS 项目与集群发展预测

（一）全球 CCUS 项目发展趋势预测

1. CCUS 技术发展背景

随着《巴黎协定》约定的时间逼近，碳减排任务越来越重，想要把全球变暖水平限制在 2℃ 以内并努力做到 1.5℃，净负排放量需要限制在每年 100 亿~200 亿吨 CO_2，也就是需要在 21 世纪剩余的时间中，共计清除 1000 亿~10000 亿吨 CO_2。这需要有多种措施并行来达到净零排放，比如推广可再生能源、低碳工业生产、负碳排放技术等。其中，在 2030 年时，每年利用 CCUS 技术处理的 CO_2 量需达到 16 亿吨（Samantha McCulloch，2021），但是目前正在规划的 CCUS 项目年处理量只有 11.78 亿吨，正在运行的项目数量更少，如前文所述，全球 CCUS 正在运行的项目处理能力只有大约 0.97 亿吨/年，所以必须加快全球 CCUS 项目和集群的建设。

CCUS 技术的大规模发展是一个渐进的过程，尽管相关研究自 20 世纪 70 年代就开始，但 CCUS 技术的实质性大规模发展则是在进入 21 世纪之后逐步加速的。

在早期，气候变化问题并未受到重视，直到 2001 年，联合国政府间

气候变化专门委员会（IPCC）开展 CCS 专题报告研究，并在 2005 年给出一个明确的 CCS 定义，即将 CO_2 从工业或相关能源产业排放源中分离处理，输送并进行封存到地质构造中，这才使得 CCUS 技术逐步受到各国重视，开始发展（李阳，2023）。

　　具体到全球范围内的大规模商业化部署和示范项目的发展，如图 7 - 29 所示，最早的 CCUS 项目在 1972 年投入使用，是位于美国得克萨斯州的特雷尔天然气加工厂（Terrell Natural Gas Processing Plant）项目，项目采用一种可吸收 CO_2 的物理溶剂，用溶剂从高压天然气流中分离 CO_2[①]，根据全国石油委员会（National Petroleum Council，NPC）的报告，这个项目主要目的是用于提高石油采收率（EOR），某种意义上它对全球 CCUS 建设具有一定的示范性。大约在 2000 年以后，随着国际社会对气候变化问题关注度提高以及相关政策支持和技术进步，CCUS 项目开始增多。从图 7 - 29 中可以看出，大规模的项目预计将会在 2023 ~ 2030 年投入使用。

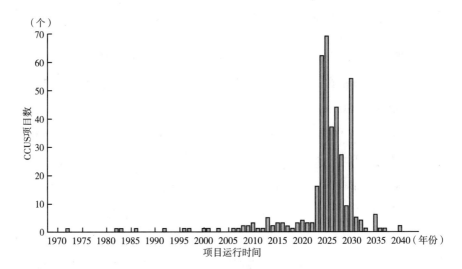

图 7 - 29　全球 CCUS 项目实际及计划运行时间

资料来源：笔者根据 IEA. CCUS Projects Database 数据绘图。

　　① The University of Edinburgh. Val Verde Gas Plants and CO_2 Pipeline Details［EB/OL］．（2021 - 01 - 23）［2024 - 12 - 15］．https：//www. geos. ed. ac. uk/sccs/project-info/85.

近年来，随着各国政府对净零排放目标的承诺和相关激励政策的出台，以及科研机构和企业加大投入研发更高效、低成本的 CCUS 技术，CCUS 相关领域正在快速发展中。例如，在中国，新疆 CCUS 中心已成为油气行业气候倡议组织（OGCI）在全球部署的首批 5 个 CCUS 产业促进中心之一，它是一个与外部企业合作完成 CO_2-EOR 项目捕集和封存流程的完整链 CCUS 项目，其排放源来自某石化公司产生的工业尾气，由民营企业新疆 DH 石油技术有限公司进行捕集，后者通过对该石化公司的制氢装置进行改造，建成了 1000 万吨的二氧化碳捕集液化装置，对该石化公司甲醇厂天然气制氢产生的驰放气进行捕集液化，获得高纯度二氧化碳——CO_2 初始浓度为 41%，经液化分离后纯度高达 99.96%。[①]

然而，真正实现广泛的大规模应用仍面临技术和经济上的挑战，现阶段存在较高昂的成本、能耗高以及长期安全性和环境影响等问题，这导致了 CCUS 技术的大规模商业化还需要较长一段时间。

2. CCUS 技术未来发展趋势

2015 年，IPCC 发布《全球升温 1.5℃ 特别报告》，气候变化问题进一步受到全球重视，也正是从 2015 年开始，从全球范围来看，规划的 CCUS 项目呈现出增长趋势。

如图 7 - 30 所示，2021 年宣布了 190 个新 CCUS 项目，比 2020 年多了 143 项，增加了约 3 倍。究其原因在于，因新冠疫情而延期到 2021 年的《联合国气候变化框架公约》第二十六次缔约方大会（COP26）在格拉斯哥举行，经过两周的谈判，各缔约方最终完善了《巴黎协定》实施细则，对市场机制、透明度和国家自主贡献共同时间框架等议题的遗留问题谈判，最终达成了一致。因此，在明晰了各方责任后，各国也加大了对 CCUS 项目的重视程度，于 2021 年集中宣布了大规模的项目。与之相对应，2022 年公布的新项目数量有所减少，为 165 项。由于 IEA 数据库统计截至 2023 年 4 月，预估 2023 年、2024 年、2025 年对外宣布

的项目数量会呈现一个增加趋势，以此匹配协议规定的减排要求。

2021 年，IPCC AR6 在第一工作组报告（IPCC，2021）再次重申了 DACCS 和 BECCS 等碳移除技术负排放效应对实现全球温控目标的重要性，并在 2022 年发布的第三工作组报告中，从减碳、零碳、负碳三个维度，拓展了 CCUS 技术体系的内涵和外延并对其进行重新定位——CCUS 技术不仅是化石能源系统净零排放的关键技术，还是工业部门大规模减排的重要选择，具有大规模负碳效应。可以预期在未来 5~10 年内，会有更多的 CCUS 项目宣布建设。

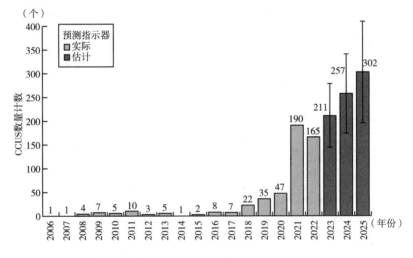

图 7 - 30　不同年份 CCUS 项目的数量分布

资料来源：笔者根据 IEA. CCUS Projects Database 数据绘图。

3. 各大洲不同进展阶段 CCUS 项目数统计

北美洲和欧洲规划和建设的 CCUS 项目处于全球领先地位，但许多发展中国家也积极履行自己的碳减排义务与责任。

如图 7 - 31 所示，大部分计划中的项目仍位于北美洲和欧洲，其中美国正在计划中的 CCUS 项目数量居全球第一，达到了 158 项。英国规划中的 CCUS 项目达到了 65 个。南美洲和非洲 CCUS 项目较少，原因很好理解，这些地区的经济结构、能源基础设施以及技术研发和投资环境相较于发达国家较为滞后。在这两个地区许多国家工业化程度不一，化石燃料使用规模较小且分散，很多化石能源依赖于进口，如智利石油对外依存度约为 50%、天然气对外依存度接近 90%，在国内可能并不具备封存条件，这类国家更多地倾向于直接发展清洁能源以减少碳排放，智利在《2050 年智利能源政策》中提出到 2035 年和 2050 年，可再生能源发电占比达到 60% 和 70%；巴西则计划到 2023 年前，可再生能源在一次能源供应中占比达到 43%，可再生能源发电量在总发电量中占比达到 86%。此外，由于 CCUS 技术复杂且成本较高，需要大量资金投入

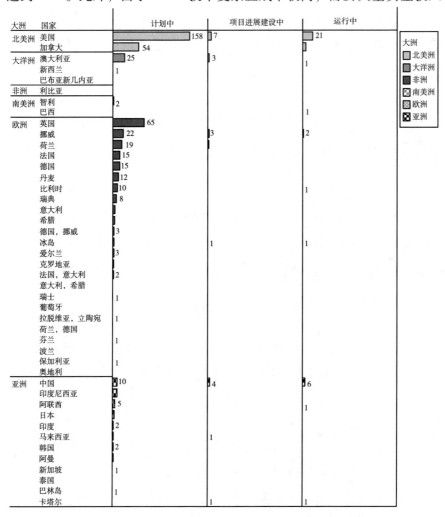

图 7－31　按 CCUS 项目进展阶段统计的项目数量分布

资料来源：笔者根据 IEA. CCUS Projects Database 数据绘图。

和政策支持，而南美洲和非洲的部分国家财政能力有限，难以支撑大规模 CCUS 项目的研发和部署。另外，缺乏成熟的碳市场和国际技术转移也是限制这些地区 CCUS 项目发展的因素之一。

值得注意的是，在亚洲印度尼西亚计划中的 CCUS 项目数有 10 个，与中国持平。印度尼西亚虽然作为一个发展中国家，但高度履行碳减排责任，基于其本国巨大的自然资源潜力，印度尼西亚与阿布扎比主权财富基金穆巴达拉投资（Mubadala Investment）旗下的石油和天然气公司穆巴达拉能源（Mubadala Energy）等展开合作，他们在签署的协议中构建了一个整体框架，对寻求应用 CCUS 技术的上游项目进行共同投资[1]，促使其积极发展 CCUS 技术。协议计划捕集来自钢铁、燃煤发电等工业活动的碳排放，再将捕集到的 CO_2 用轮船或管线运输，最后封存在地下岩层结构。印度尼西亚已在苏门答腊、爪哇北部和西部、巴布亚和马塞拉开发碳捕集与封存项目，该国计划在 2030 年前，使至少 51% 的能源来自再生能源，同时目标在 2060 年或更早之前实现碳中和，使再生能源在能源组合中占比达到 85%。2023 年 11 月 8 ~ 10 日，碳数字会议（CDC）在巴厘岛举行，会议提到印度尼西亚具有成为世界碳贸易中心的巨大潜力（Nusarina Yuliastuti，2023）。印度尼西亚代表东南亚国家对全球碳减排起到了示范性作用，为构建低碳未来奠定了坚实基础。

4. 各地区不同进展阶段 CCUS 项目数量统计

尽管各大洲 CCUS 项目计划投入使用时间不尽相同，但现阶段规划的大部分项目都会在 2030 年前投入使用，这也和大部分国家宣布碳达峰的时间相吻合。如图 7 - 32 所示，北美洲现阶段宣布建设的大部分 CCUS 项目会集中在 2024 ~ 2027 年投入运行使用；欧洲、亚洲则是规划将在 2024 ~ 2030 年宣布大部分项目投入使用；非洲规划中的项目只有 1 个，是位于利比亚的 Structure A&E，项目由意大利能源巨头埃尼集团与利比亚国家石油公司联合开发的，总投资 80 亿美元，计划在 2026 年投入使用。

---

① 印度尼西亚国营油企积极布局 CCS［N］. Reccessary，2023 - 07 - 28.

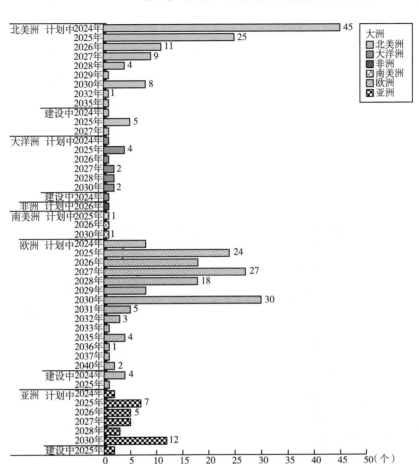

图 7-32　全球不同地区 CCUS 项目计划运行时间及数量

资料来源：笔者根据 IEA. CCUS Projects Database 数据绘图。

5. 现阶段 CCUS 项目面临问题与未来发展趋势

CCUS 项目问题的核心在于成本控制，CO_2 封存本身无法盈利，即便是 CCUS 减排成本最低的天然气加工业，CO_2 封存成本也达到了 20~27 美元每吨[①]。近年来规划的项目仍然主要是用于提高石油采收率，这具有一

---

　① IEA. CCUS in clean energy transitions ［EB/OL］. ［2022-06-01］. https：//www.iea.org/reports/ccus-in-clean-energy-transitions.

定的经济性。同时，北美洲、欧洲等发达经济体能够依托政策补贴及财政激励机制，有效推动二氧化碳的利用与封存技术研发。然而，对于众多发展中国家而言，受限于财政资源与政策框架，复制这一模式显得力有未逮。因此，国际社会亟须探索更为公平、包容的合作机制，助力发展中国家克服资金与技术壁垒，共同推进全球气候治理进程。

具体到各个大洲，如图 7-33 所示，除了北美洲、亚洲在近两年还有少量用于提高石油采收率（EOR）的项目投入使用外，其余大洲的 CO_2 在捕集后都是进行封存，没有产生其他用途。

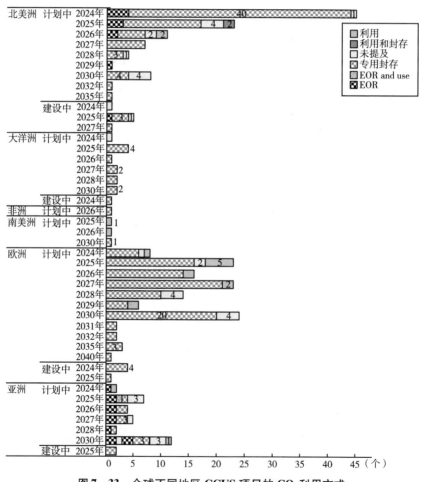

图 7-33 全球不同地区 CCUS 项目的 CO_2 利用方式

资料来源：笔者根据 IEA. CCUS Projects Database 数据绘图。

根据碳收集领导人论坛（CSLF）发布的 CCUS 路线图报告，到 2050 年，新一代捕集技术将发展成熟并实现商业化推广，相比当前技术可实现能耗和成本均降低 30% 以上。届时 CCUS 技术产业化需求大幅增加，随着多个产业集群的形成，规模化效应将逐步显现。CO_2 用于驱油、化工产品、混凝土建筑材料的成本将显著下降，预计分别为 $-60 \sim -45$ 美元/吨 CO_2、$-80 \sim 320$ 美元/吨 CO_2、$-30 \sim 70$ 美元/吨 CO_2，具有可盈利机会（彭雪婷，2022），技术与规模化效益得以显现，各方因利益驱动会加快 CCUS 集群的建设工程。

图 7 – 34 通过饼图更直观地表现了 CCUS 项目从现阶段主要用于驱油，逐步过渡到后期捕集、封存等多元化利用的变化趋势。

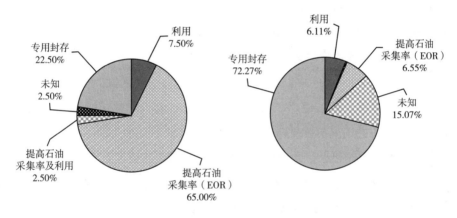

图 7 – 34　运行中项目（左）和规划中项目（右）的利用方式分布

资料来源：笔者根据 IEA. CCUS Projects Database 数据绘图。

从时间维度上来看，目前正在使用的 CCUS 项目捕集的 CO_2 大部分用于提高石油采收率，占比达到了 65%，但是现阶段正在规划的 CCUS 项目中，也就是未来投入使用的设施大部分是仅用于封存（dedicated storage），这一部分占比达到了 71.62%。根据洛基山研究所的报告，从经济性角度，中短期的 CCUS 可以与成熟油气田 EOR 相结合，而长期应以咸水层封存为主以提高封存量。

预计到 2030 年，全球减排战略的核心将显著转向大规模的二氧化碳封存，这是国际和国内政策法规积极引导的结果，各国法律法规日益倾向于支持并强制实施将二氧化碳长期安全储存，而非仅仅依赖其再利用。届时大量原本排放至大气层的 CO_2 将会通过先进的 CCS 技术捕集并输送至深地质构造中进行安全且长久的隔离存储。这一举措不仅响应了确保全球温升控制在一定阈值内的迫切需求，而且也体现了在继续利用传统化石资源的同时，如何才能借助技术创新来有效应对环境挑战的战略布局。另外，尽管 CO_2 的利用（如用于生产化学品或增强石油采收率等）同样重要，但涉及将其投放到不同的生产流程中，对整个生命周期内的碳足迹评估复杂，存在潜在的二次排放风险，而封存则避免了这些不确定性，更加符合严格的环保标准，鉴于其长期气候效益及当前技术经济性，封存会成为实现中期减排目标更为关键的一环。

在 2024 ~ 2035 年，各个国家或地区结合自身优势、地质条件和行业特点，CCUS 项目数量呈现出不同的发展趋势。

如图 7 - 35 所示，在北美地区中，2024 年有一大批与生物质能行业相关的 CCUS 项目会投入使用，从 2025 年开始，电力和热能是其主要的应用领域。欧洲的情况比较复杂，涉及的行业较多，但在 2024 ~ 2035 年，每一年都有 CO_2 运输和封存的项目投入使用，这是因为欧盟在 2022 年推出了一项名为零排放网络（CCUS ZEN）的方案，其目标是在今后数十年内建立一个大型 CCUS 网络，该网络计划由 14 个合作伙伴和来自 8 个欧盟成员国的约 60 个网络伙伴组成，包括在整个 CCUS 价值链中工作的组织，以及 CCUS 基础设施、港口、运输、船舶、管道行业、能源和二氧化碳储存领域的组织。另外，欧洲电力和热能领域、生物质能等相关领域的项目也呈现逐步增加态势。亚洲方面，近五年规划了较多与天然气加工相关的 CCUS 项目。

总体来看，这些项目的分布情况表明，各国和地区对碳捕捉与储存技术的需求正在逐步增长，尤其是在能源密集型产业中更为明显。然而，由于每个大洲和国家或地区的具体情况有所不同，因此对于这种技术的具体需求也会有所差异，这种差异性，不仅要求决策者在制定相关策略时须兼顾本地实际情况，也使得国际技术交流与合作变得尤为重要，以期在全球范围内促进 CCUS 技术的协同发展。

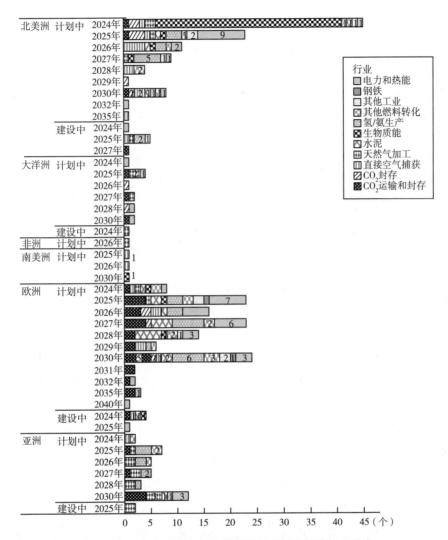

图 7 - 35　全球不同地区计划建设 CCUS 项目的行业分类

资料来源：笔者根据 IEA. CCUS Projects Database 数据绘图。

（二）全球 CCUS 集群未来分布情况

1. 各大洲及国家集群分布趋势预测

当前运行的 CCUS 项目中，独立运作的项目仍占据较大份额，如图 7 - 36

所示，集群化项目的比例仅为 29.79%，这意味着大部分项目尚未整合进集群模式内。然而，展望 2024 年及未来即将投入运行的项目，可以观察到一个显著趋势，即归属于集群范畴的项目所占比例出现了大幅度跃升，预计将高达 63.66%，这标志着 CCUS 领域正经历着从分散向集群化发展模式的重要转型。

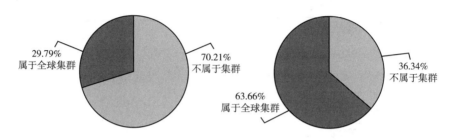

图 7 - 36 CCUS 集群与非集群项目的运营分布

注：正在运行的是否属于集群中的项目（左）与规划阶段是否属于集群的项目（右）。
资料来源：笔者根据 IEA. CCUS Projects Database 数据绘图。

从国家层面分析，如图 7 - 37 所示，美国、加拿大、英国、挪威、澳大利亚等发达国家拥有较多计划建设和运行中的 CCUS 集群，而发展中国家尚未进行到大规模发展集群的阶段。

典型代表是美国，其拥有最多的 CCUS 集群。美国国家石油委员会（NPC）有着清晰的 CCUS 集群发展规划：5 ~ 7 年内启动建设 CCUS 项目，未来 15 年继续增大基础投资的同时使 CCUS 形成集群规模化，未来 25 年发展至成熟阶段[①]。

欧洲的集群呈现了明显的多国家、跨区域合作特点，代表性集群有德国碳网（Connected to German Carbon Grid）、$ECO_2 CEE$、$EU_2 NSEA$ 等，这类集群的特点是都属于 CO_2 传输与封存类型，将 CO_2 从排放地运输到适宜封存的国家和地区进行永久储存，比如 Connected to German Carbon Grid 集群，它是由鹿特丹港、Chemelot 和德国莱茵兰地区之间的四条管道组成，该集群将荷兰和德国的大型国内工业集群与整个走廊上的分支机构连接起

---

① CCS 国家地方联合工程研究中心. 美国国家石油委员会提出 CCUS 规模化部署路线图 [EB/OL]. (2020 - 06 - 01) [2025 - 1 - 22]. https://ccus.nwu.edu.cn/info/1011/1348.htm.

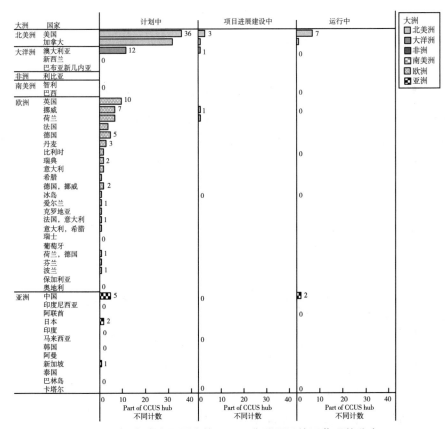

图 7-37　全球主要国家的 CCUS 集群项目的运营现状分布

资料来源：笔者根据 IEA. CCUS Projects Database 数据绘图。

来以形成一个"三角洲走廊"①。

关于中国，虽然 CCUS 集群总数不多，但在运行中的比例较高，运行中两个集群分别为江苏油田和胜利油田，这是两个典型的 CCUS 提高石油采收率（EOR）示范区——江苏油田以低渗透、低采收率油藏为目标，预计在 10 年内实现 CO_2 年处理量达 3000 万吨②。齐鲁石化——胜利油田 CCUS 示范工程涵盖碳捕集、利用和封存三个环节，是中国最大的 CCUS 全产业

① Shell. Delta corridor links industry with clean H_2 and offshore CCS solutions［N］. Shell Nederland，2022 - 04 - 06.

② 江苏油田首个二氧化碳驱油采油 CCUS 示范区启动运行［EB/OL］. 北极星碳管家网，https：//news. bjx. com. cn/html/20220418/1218470. shtml.

链示范基地，目前 CO_2 捕集后主要用于提高石油采收率，按照规划，2025 年胜利油田二氧化碳注入能力为 300 万吨，2030 年达到 1000 万吨（刘小溪，2023）。

集群化固然是 CCUS 项目未来的发展趋势，但现阶段仍然在法规标准、配套基础设施和技术成熟度等方面存在一定挑战。对于中国而言，集群缺乏法律法规和标准体系支撑，我国应该借鉴国际上的成功经验，尽快建立符合我国国情的 CCUS 集群框架。

2. 不同地区 CCUS 集群规划比较分析

观察图 7 - 38 可知，北美洲大部分集群预计在 2024 年和 2025 年投入使用。欧洲在 2024 ~ 2031 年都有大量的计划中的集群建设项目，并且在 2031 年后仍有少量新建的集群项目继续推进，这表明欧洲对于 CCUS 技术的部署有着长期而坚定的承诺。

另外，北美洲、亚洲、大洋洲等大部分地区的国家仅规划了未来 3 ~ 5 年的项目，而欧洲眼光更加长远，规划到了未来 15 年的项目，这一差异凸显了欧洲在全球气候行动中的领导角色。

然而，伍德麦肯兹高级研究分析师指出，尽管 CCUS 集群发展保持增长势头，但要实现 2050 年气候目标，全球 CCUS 产能规模还需要至少增长 7 倍，大部分欧洲企业对 CCUS 发展前景并不乐观，认为其在 2035 年前不会大规模应用，这也是欧洲制定和执行长远规划的原因之一（Woodmackenzie，2023）。

再从国家层面分析。如图 7 - 39 所示，在北美洲，CCUS 集群建设以碳捕集设施为核心，美国和加拿大两国在此领域的集群数量占据显著比重，且预计在 2024 ~ 2030 年持续保持年均增长态势，同时美国也规划了一些全链条集群，涉及捕集、运输、利用与封存，旨在最大化发挥集群效能，这也是未来 CCUS 集群的发展方向。

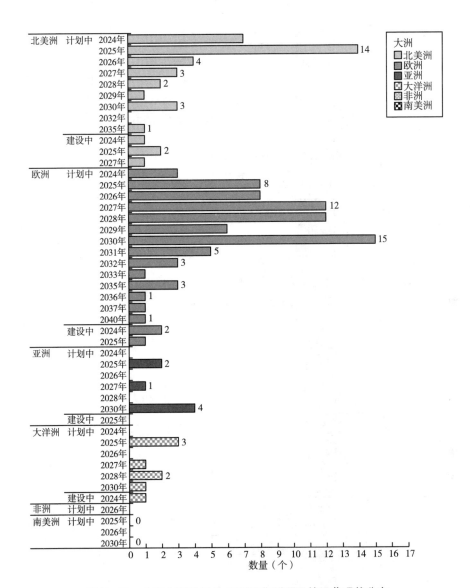

图 7 − 38　全球主要地区的 CCUS 集群项目的运营现状分布

资料来源：笔者根据 IEA. CCUS Projects Database 数据绘图。

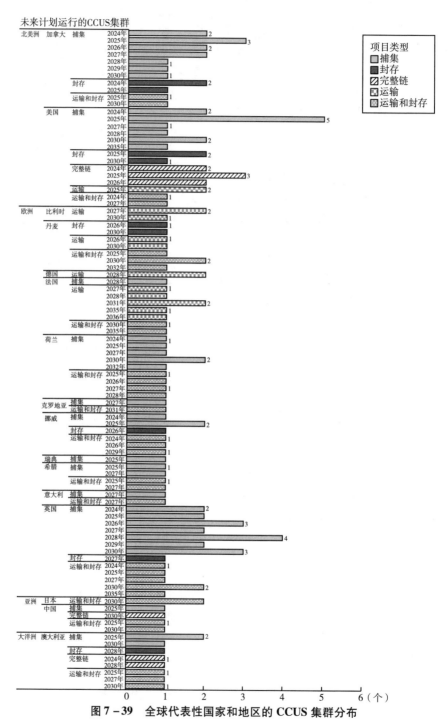

图 7-39　全球代表性国家和地区的 CCUS 集群分布

资料来源：笔者根据 IEA. CCUS Projects Database 数据绘图。

在欧洲地区，CCUS 战略则着重于 CO_2 的运输与长期安全封存环节，形成了一批以此为重点的集群项目。大洋洲国家在 CCUS 产业链布局上呈现出多样性特征，不仅包括碳捕集的源头控制，还涉及二氧化碳的长距离输送、有效封存，以及整个 CCUS 价值链条的优化，形成了多层次的产业链发展模式。

亚洲的集群项目以中国和日本为代表。举例来说，中国 2030 年预计会修建新的全链条集群项目，即齐鲁石化—胜利油田项目，这标志着中国在 CCUS 技术集成与应用方面的坚定步伐，旨在通过集群效应推动 CCUS 技术的商业化与规模化应用。

（三）全球 CCUS 集群未来重点发展展望

目前大部分的 CCUS 项目和集群位于北美洲和欧洲，但是其他大洲和地区也具备很大的增长潜力，举例如下。

（1）亚洲的印度半岛。巴基斯坦、孟加拉国以及印度沿海和近海地区很适合进行封存集群建设，其中，印度西部和中部具有玄武岩地层，其所蕴含的矿物与 CO_2 反应生成稳定的碳酸盐产物可以达到永久、稳定的封存效果；巴基斯坦境内排放的 CO_2 可以在印度河流域的陆上和海上进行储存；孟加拉国拥有众多陆上气田，储存 CO_2 潜力也较大。

（2）东亚。地处东亚的中国在西部有十几个盆地，很适合进行 CO_2 封存。但工业产生的碳排放主要集中在东部，从东部运输到西部成本较高，研发出新的技术以实现降本增效需要时间，目前可以考虑在海上进行封存。例如，中国在广东、广西、浙江、江苏、山东和辽宁等沿海区域建成了规模超过 2000×10^4 吨/年原油加工能力的石化园区，这些石化园区碳排放量普遍较高，排放点分布集中，且通常具有高浓度碳源，很适合布局海上 CCUS 集群项目以实现碳减排。研究发现，近海的珠江盆地具有优异的储盖层配置和较弱的结构活动性，是天然的封存点（李林涛，2023）。

（3）东南亚。东南亚现阶段集群数量也较少，但是印度尼西亚和马来西亚都拥有成熟的石油和天然气行业。相应地，这两个国家的陆上和海上都有几个非常合适的储存点；印度尼西亚的苏门答腊岛和爪哇岛在排放中心附近也都有合适的储存盆地。

（4）中东地区。中东地区蕴含丰富的石油资源，在生产过程中产生的碳排放较多，但该地区正在运行的 CCUS 项目只有 3 个，地质封存是其减排的主要手段，适合地质封存的地点有沙特阿拉伯中东部的威迪安（Widyan）和鲁伯哈里盆地（Rub al Khali）以及红海盆地。

（5）非洲地区。非洲目前规划和运行的 CCUS 集群和项目数量非常少，但并不意味着非洲不具备良好的 CO_2 储存条件。北非的碳排放集中在地中海沿岸的摩洛哥、阿尔及利亚、突尼斯和埃及。相关研究发现，尼罗河三角洲盆地的枯竭油气田有较高的 CO_2 储存能力；位于西非的安哥拉、尼日利亚和塞拉利昂有许多大型的沉积盆地，而西非的碳排放主要集中在尼日尔三角洲地区，这里有许多大型油田和天然气田，尼日尔三角洲盆地的地质具有很厚的沉积填充物，本身就很适合 CO_2 的储存，未来可以在尼日利亚的拉各斯、瓦里和哈科特港地区的炼油厂和工业设施开发 CCS 网络，利用陆上和海上油气田与盐水储层来储存；非洲大陆的南部以及西南边缘的近海处也适合进行 CO_2 储存，调查发现在卡鲁盆地西部，陆上存在合适的岩性和沉积厚度。

（6）大洋洲。澳大利亚中部、西部的近海盆地适合储存 CO_2；新西兰的工业碳排放源集中在塔拉纳基盆地，在这个盆地周围有许多具有储存潜力的枯竭油气田。

（7）俄罗斯和中亚地区。俄罗斯是世界第四大 CO_2 排放国。排放集中在俄罗斯西部、西南部和中南部人口稠密的地区。俄罗斯和中亚的地质储存潜力很大，储存潜力预计能达到 560 亿吨 CO_2；蒙古国存在着沉积盆地，总沉积厚度超过 3 千米。目前在蒙古国的东部进行了一些油气勘探和生产作业，勘探发现蒙古国国内具备一定的 CO_2 封存条件。

（四）全球未来 CCUS 集群选址标准及范例

1. CCUS 集群选址标准

前文提到未来 CO_2 捕集后以封存为主（CCS），根据伍德麦肯兹的报告，是否可以作为 CCS 储存地（没有考虑国家和政策激励因素），需要通过四步来进行分析（Woodmackenzie，2023）。第一步，排放源所处的地区是否有成熟的近海石油和天然气盆地，以及附近是否现存有成熟的天然气管道；第二步，确定排放源所处行业（液化天然气工厂、发电厂、炼油厂、天然气加工）；第三步，量化地下储存的潜力，选取枯竭油田或未来 5 年内停产的油田以及符合特定地质标准的油田进行封存，同时要求排放源和油田之间距离不超过 100 千米；第四步，选址点需要能够储存 35 年以上的 CO_2 才能判定为合格的封存点。

2. CCUS 集群选址标准示范案例

根据以上四点，伍德麦肯兹（2023）给出了四个例子来判定如何选取合适的 CO_2 封存点。

（1）埃及亚历山大工业群。此工业集群包含的液化天然气工厂和炼油厂是埃及北方海岸最大的 CO_2 排放点源设施，其中的 ELNG 工厂每年产生 1.7 亿吨的 CO_2 排放。另一个埃尔梅克斯炼油厂每年排放 1.4 亿吨的 CO_2，集群位于尼罗河三角洲盆地东侧的南部，尼罗河三角洲盆地是一个多产的天然气盆地，在该集群 100 千米范围内有 2 个枯竭油气田，潜在 CO_2 储存能力是 1.78 亿吨，预计可以使用 39 年，故按照判断标准，该工业集群作为 CCS 项目选址是合格的。

（2）特立尼达和多巴哥。特立尼达和多巴哥靠近西海岸的大型发电厂和液化天然气厂是主要的碳排放源，其中 Atlantic 液化天然气厂是最大的排放源，每年产生超过 500 万吨二氧化碳，在其 100 千米范围内有 5 个枯竭的油气田可作为潜在 CCS 点，这些油气田分布在两个盆地里，哥伦布盆地能封存 100 万吨的 CO_2，特立尼达盆地近海部分能封存 300 万吨 CO_2，特立尼达盆地陆上部分封存能力为 600 万吨 CO_2，合计能处理 1000 万吨 CO_2，封存量太小，显然不符合 CCS 的标准。

（3）马来西亚液化天然气有限公司（MLNG）。MLNG 天然气厂位于马来西亚沙捞越州的民都鲁，每年产生约 860 万吨的 CO_2，在天然气厂周围的 100 千米内，有 3 个枯竭的油气田符合 CO_2 封存标准，其 CO_2 总封存容量为 8.6 公吨（Mt），这仅仅可以储存液化天然气工厂一年的排放量，因此这些油田本身并不具备开发成 CCS 的潜力，在液化天然气工厂 100 ~ 200 千米范围内，另有 15 个枯竭的油气田符合 CO_2 封存标准，总封存容量为 4.16 亿吨 CO_2。其中两个油田的储存容量潜力均超过 100Mt，即 E11 和 F23。其中，E11 气田是一个中心枢纽，油田内部有很多天然气管道，连接了液化天然气工厂和附近气田。根据液化天然气工厂 200 千米范围内点源的当前排放水平和枯竭气田的储存潜力，以 200 千米为半径，该 CCS 集群有 49 年的储存潜力，因此符合 CCS 标准。

（4）印度东戈达瓦里工业区。印度的东戈达瓦里工业区位于该国东部海岸，工业区内拥有一系列工业设施，包括炼油厂、发电厂、天然气加工厂、制造厂和化肥厂，其中主要的碳排放来源于卡基纳达市周围的发电厂，这些发电厂每年产生超过 150 万吨的 CO_2，在卡基纳达周边 100 千米的范围内，有 2 个已枯竭的气田及 1 个废弃油田，经过评估，具备符合 CO_2 储存标准的条件。这 3 处油气田共计可储存 132 万公吨的 CO_2，尤其是 Dhirubhai 海上枯竭气田，该气田作为中心枢纽，连接着其他海上气田输送天然气至陆地的设施，其独立拥有的 CO_2 储存潜力超过 100 亿吨，并且基于当前点源设施的实际排放水平以及这些枯竭油气藏所蕴含的储存潜能，理论上可以提供长达 52 年的 CO_2 封存时间。此外，在 150 千米外的维沙卡帕特南炼油厂每年产生的 CO_2 量超过 350 万吨，若将 Dhirubhai 油田专门用于收集该炼油厂的排放物并进行封存，则根据计算，该油田具备 36 年的储存能力。综上所述，这里也是一个切实可行的 CCS 集群选址。

本章小结

总体而言，全球 CCUS 项目和集群的发展经历了三个阶段。第一阶段是 1992 ~ 2004 年，这一时期 CCUS 逐渐被纳入气候变化评估中，2001 年，IPCC 把 CCS 认定为具有可行性的应对温室气体减排方案。第二阶段是 2005 ~ 2014 年，CCUS 技术得到广泛认可，业界普遍认为仅仅依靠清洁能源无法达到 IPCC 制定的 1.5℃ 的目标，必须辅以 CCUS、生物质能源的使用。第三阶段是 2015 年至今，CCUS 技术被明确为应对气候变化的不可或缺的减排组合，对于工业部门零碳能源系统重塑具有重要意义。现阶段正在运行的项目 CO_2 年处理量达 9700 万吨，规划中的项目 CO_2 年处理量达到 10.48 亿吨，距离 IPCC 设定的目标还有一定的距离，亟须加快 CCUS 项目的建设。

从全球范围来看，欧美等发达国家的 CCUS 项目建设依然处于领先地位。全球项目分布呈现欧美占据主导、亚洲高速发展、非洲零散分布的格局。这一分布特征背后，实质上反映了欧美国家长期以来在碳减排技术领域所进行的广泛而深入的探索与创新。这些国家不仅在科研层面持续投入，推动技术进步，还构建了一套全面而成熟的政策框架，包括各种激励措施，旨在鼓励私营部门和社会各界积极参与到减排行动中来。这种政策环境吸引了大量的资金流入，促进了碳减排技术的商业化和规模化应用，从而形成了一个良性循环，进一步巩固了它们在全球低碳技术领域的领先地位。发达国家应该通过资金援助、技术转移、合作开发等多途径支持亚非国家发展 CCUS 技术，促进全球绿色经济增长格局的形成，从而实现全球碳减排。

CCUS 集群仍处于早期规划阶段，且目前很少有真正实现集群规模化的项目，大部分零散运行的项目仍然聚焦于用 CO_2 进行驱油，因为当前阶段，其余 CO_2 利用暂不具备规模性经济效益，但在未来，CO_2 利用与转化的技术路径会更加完善，并且随着成本的降低，CCUS 技术不仅能够有效减少温室气体排放，对于依赖传统化石燃料的工业区也是新的经济增长点，具有巨大的发展潜力。

长远来看，CCUS 技术的成本效益改善将促进其在全球范围内的普及，尤其是对于那些难以减排的重工业领域，如钢铁、水泥制造等，提供了一条切实可行的低碳转型路径。随着技术的成熟和规模化应用，CCUS 有望成为全球应对气候变化、实现碳中和目标的关键技术之一。

本章参考文献

［1］窦立荣，孙龙德，吕伟峰，等．全球二氧化碳捕集、利用与封存产业发展趋

势及中国面临的挑战与对策［J］．石油勘探与开发，2023，50（5）：1083－1096．

［2］甘满光，张力为，李小春，等．欧洲 CCUS 技术发展现状及对我国的启示［J］．热力发电，2023，52（4）：1－13．

［3］高慧丽，范基姣．把二氧化碳"埋"在地下——我国二氧化碳地质封存研究及示范成果扫描［N］．中国自然资源报，2021－05－09．

［4］顾名筛．江苏油田首个二氧化碳驱油采油 CCUS 示范区启动运行［N/OL］．中国新闻网，2022－04－15．

［5］国家能源局．我国首个百万吨级 CCUS 项目全面建成投产［N/OL］．新华网，2022－09－02．

［6］李林涛，于航，李彦尊，等．珠江口盆地 CO_2 地质封存适宜性 GCA 评价［J］．中国海上油气，2023，35（1）：170－178．

［7］李阳，王锐，赵清民，方欣．中国碳捕集利用与封存技术应用现状及展望［J］．石油科学通报，2023（4）：391－397．

［8］刘小溪．端牢能源饭碗，争取新的胜利．［N］．中国石化报，2023－10－20．

［9］落基山研究所．碳中和目标下的中国化工零碳之路［R］．2022．

［10］能源．国家能源集团制出二氧化碳矿砖化．［EB/OL］．（2023－12－12）［2024－12－30］．https：//www. inengyuan. com/tan/11809. html.

［11］牛皓，杜琼，许川东等．美国二氧化碳强化采油应用情况及对中国 CCUS 应用的启示［J］．环境影响评价，2023，45（3）：50－55，62．

［12］欧盟加快布局 CCUS 促进实现净零目标［N/OL］．中国石油新闻中心，2023－06－27．

［13］彭雪婷，吕昊东，张贤．IPCC AR6 报告解读：全球碳捕集利用与封存（CCUS）技术发展评估［J］．气候变化研究进展，2022，18（5）：580－590．

［14］桑树勋，刘世奇，陆诗建，等．工程化 CCUS 全流程技术及其进展［J］．油气藏评价与开发，2022，12（5）：711－725，733．

［15］碳捕集与封存国家地方联合工程研究中心．美国国家石油委员会提出 CCUS 规模化部署路线图［EB/OL］．（2020－06－01）［2025－1－22］．https：//ccus. nwu. edu. cn/info/1011/1348. htm.

［16］IEA. Section 45Q Credit for Carbon Oxide Sequestration［EB/OL］．（2023－08－21）［2023－08－21］．https：//www. iea. org/policies/4986－section.

［17］中国国际贸易促进委员会．印度尼西亚出台 CCS/CCUS 条例［EB/OL］．

（2023 – 07 – 31）［2023 – 07 – 31］. https：//www. ccpit. org/indonesia/a/20230731/2023 0731kpee. html.

［18］于航，刘强，李彦尊，等. 大规模海上 CCS/CCUS 集群项目研究与思考 ［J］. 石油科技论坛，2023，42（2）：90 – 95.

［19］张兆耕. 新疆油田 CCUS 驶入发展快车道 ［N］. 石油商报，2023 – 03 – 30.

［20］Air Liquide. Circular economy：Air Liquide and TotalEnergies innovate to produce renewable and low-carbon hydrogen at the Grandpuits Zero Crude Platform ［R］. 2022.

［21］Equinor. Fluxys and Equinor launch solution for large-scale decarbonisation in North-Western Europe ［R］. 2022.

［22］Future Markets. The global market for carbon capture，utilization and storage markets，applications，production，products and producers ［R］. 2023.

［23］Global CCS Institute. CCS Networks in the circular carbon economy：Linking emissions sources to geologic storage sinks ［R］. 2021.

［24］Global CCS Institute. Global Status of CCS 2021 ［R］. 2021.

［25］IEA. CCUS in clean energy transitions ［EB/OL］. ［2022 – 06 – 01］. https：// www. iea. org/reports/ccus-in-clean-energy-transitions.

［26］IEA. World energy outlook ［R］. 2023.

［27］IPCC. Climate change 2021：The physical science basis ［M］. Cambridge：Cambridge University Press，2021.

［28］Leah Douglas. Focus：Giant pipeline in U. S. Midwest tests future of carbon capture ［N］. Reuters，2021 – 11 – 24.

［29］National Petroleum Council. Meeting the dual challenge：A roadmap to At-Scale deployment of carbon capture，use，and storage ［R］. 2019.

［30］Norsk e-fuel. We turn CO_2 and water into the sustainable fuel of the future ［EB/ OL］. （2023 – 12 – 4）［2024 – 12 – 30］. https：//www. norsk-e-fuel. com.

［31］Nusarina Yuliastuti. IDCTA：Indonesia bisa jadi hub karbon dunia ［N］. Antaranews，2023 – 11 – 07.

［32］Olav Hansen et al. Snøhvi：The history of injecting and storing 1Mt CO_2 in the Fluvial Tubâen Fm ［J］. Energy Procedia，2013（37）：3563 – 3573.

［33］Rob Watts. Five proposed UK carbon capture projects meet government's eligibility test ［N］. Upstream，2021 – 08 – 03.

［34］RWE. Economic effects linked to the development of the Pembroke Net Zero centre ［R］. 2022.

［35］Samantha McCulloch. Carbon capture in 2021: Off and running or another false start? ［N］. IEA, 2021 – 11 – 24.

［36］Shell. Delta corridor links industry with clean H_2 and offshore CCS solutions ［N］. Shell, 2022 – 04 – 06.

［37］The University of Edinburgh. Val Verde Gas Plants and CO_2 Pipeline Details ［EB/OL］.（2021 – 01 – 23）［2024 – 12 – 15］. https://www. geos. ed. ac. uk/sccs/project-info/85.

［38］Wintershall Dea. Wintershall dea and equinor partner up for large-scale ccs value chain in the north sea ［R］. 2022.

［39］Wood Mackenzie. Carbon capture and storage （CCS） hub identification ［R］. 2021.

第八章　CCUS 集群的商业模式、挑战和配套支持

一、CCUS 集群的商业模式

The CCUS Hub 网站介绍了 CCUS 集群的商业模式[①]，该网站将商业模式分为三个部分进行介绍，分别为：CCUS 集群的价值链、排放企业的商业模式、运输和封存运营商的商业模式，本部分也采取了相同的行文思路。

（一）CCUS 集群的价值链

CCUS 集群的价值链通常包括三个部分：一个负责启动和管理价值链的集群开发商、多个捕集和供应二氧化碳的排放企业、一个运输和封存运营商。

1. 集群开发商

集群开发商可以是提供二氧化碳运输和储存服务的公司，例如英国的净零提塞得集群（NZT Power）就是由英国石油公司、埃尼、挪威国家石

---

① The CCUS Hub. Business models ［EB/OL］. https：//ccushub. ogci. com/policies-business-models/business-models/.

油公司、壳牌、道达尔和英国国家电网组成的北方耐力伙伴关系（The Northern Endurance Partnership）提供二氧化碳运输和储存服务，将二氧化碳从排放企业中捕集并输送到北海的安全海上储藏库，从而实现净零愿景①。

此外，集群开发商也可以是旨在开发战略基础设施以支持地区工业和就业的国有实体。例如，位于鹿特丹港的荷兰首个 CCUS 集群项目 Porthos，就是由荷兰能源管理公司（Energie Beheer Nederland）、荷兰天然气管网运营商（Gasunie）和鹿特丹港集团（Port of Rotterdam）共同合作推进的，该项目总投资超过 13 亿美元，旨在为地区工业提供脱碳解决方案，并促进当地就业。

另一个类型的集群开发商是寻求开发新市场的基础设施公司，比如管道公司。这些公司通常会寻求通过开发新的管道网络来支持 CCUS 集群的运输需求。集群开发商还可以是一批寻求脱碳整体解决方案的排放企业，这些企业通常希望通过加入集群来减少自身的碳足迹，同时推动整个行业向更可持续的方向发展。

2. 排放企业

排放企业是指在运营过程中捕集二氧化碳的实体，它们需要将捕集的二氧化碳净化至符合规格的质量标准，然后进行压缩，以便于存储或运输。若采用船舶作为运输工具将二氧化碳运送至封存地点，排放企业还需承担确保二氧化碳在储罐中安全封存的任务，并对港口的装载基础设施进行管理与维护，以保障整个封存流程的安全与顺畅。

3. 运输和封存运营商

运输和封存运营商是指专门负责接收来自排放企业的二氧化碳，通过管道或船舶将其安全运输至指定的封存地点的实体。到达封存地点后，这

---

① Net Zero Teesside. Delivering a Net Zero Teesside [EB/OL]. https：//www. netzeroteesside. co. uk/.

些运营商继续承担关键职责，即将二氧化碳注入地下，确保其长期安全封存。

（二）排放企业的商业模式

排放企业的商业模式在于它们需要通过稳定的收入流来支撑捕集、净化和压缩二氧化碳所需的高额初始投资，后续还需要与运输和封存运营商进行合作，向其支付运输和封存的费用。

这些收入的来源十分广泛，主要受制于特定的监管环境和市场动态，特别是最终用户对于低碳产品和服务的需求情况。在 CCUS 集群发展的当下阶段，一些有前瞻性的国家政府正在采取行动，为排放企业提供一次性资本补助，以减轻其财务负担并加速技术的部署。例如，英国推出的 CCS 基础设施基金，以及挪威政府对 Longship 项目的国家级财政支持，都是旨在通过公共资金的注入，鼓励私营部门在 CCUS 领域的投资与创新。

在 CCUS 集群中，排放企业面临着各种风险，这些风险可以分为项目风险和难以规避的风险两大类。项目风险通常与技术实施、成本估算和运营挑战有关，而难以规避的风险则涉及收入风险、跨链风险和长期封存责任风险方面。

一方面，排放企业面临着围绕技术、施工、价格和运营的项目风险，这些风险在所有基础设施投资项目中普遍存在，因为它们涉及新技术的不确定性和市场动态的变化。企业必须考虑技术成熟度、成本超支的可能性以及运营过程中任何不可预见的挑战。对于参与集群项目的排放企业而言，具体的项目风险包括预期处理的碳排放量是否能够得到保证，以及在长期运营中潜在的碳泄漏风险。此外，由于集群项目往往涉及多个利益相关方，管理多方合作中的复杂关系也构成了一项潜在风险。

另一方面，排放企业还面临一些难以通过内部手段降低的风险，即难以规避的风险：收入风险，与碳定价机制直接相关，若碳价不足以覆盖 CCUS 的成本，则企业的经济效益将受到威胁；跨链风险，CCUS 价值链上的各个环节紧密相连，任一环节的失败都可能波及其他部分，形成系统性的连锁反应；长期封存责任风险，CCUS 技术的一个核心要素是碳的长期安全封存，但随着时间的推移，确保封存完整性的责任和成本持续存在，构成了一个长期的财务和环境责任。

为了应对这些风险，排放企业需要与运输和封存运营商在商业谈判中明确风险分配条款，同时探索创新的融资模式、保险机制和技术保障措施，以减轻不确定性带来的影响，并确保 CCUS 集群的可持续性和经济可行性。

（三）运输和封存运营商的商业模式

运输和封存运营商的核心商业模式在于通过收费机制来充分覆盖其为排放企业运输及封存所捕集二氧化碳排放物所承担的各项成本，还能确保实现合理的利润。这种收费机制旨在确保运营商的投资、运营支出得到补偿，并为投入资本带来回报。收费结构通常包含以下关键组成部分：连接费用，即运输和封存运营商将排放企业接入运输基础设施所需费用；容量费用，即根据排放企业将二氧化碳送入运输与封存系统的多少进行收费；商品费用，即根据排放企业基于实际运输和封存的二氧化碳量收取费用。

鉴于当前碳价水平偏低，加之低碳产品市场需求尚在形成初期，运输和封存的商业模式可能需要政府层面的支持。基于市场条件和政府介入程度的不同，商业模式可大致归为以下三类。

1. 国家承包商模式

当市场驱动力和政策激励不足时，政府扮演着主导角色。投资与运营成本主要由政府承担或担保，政府将规划、开发与运营外包给国营或私营实体。以挪威的 Longship 项目为例，第一阶段中，挪威政府承担了高达 80% 的投资成本和 95% 的运营成本，而北极光合资公司（Northern Lights JV）则负责市场拓展[①]。

---

① The CCUS Hub. Northern Lights/Longship [EB/OL]. https：//ccushub. ogci. com/focus_hubs/ northern-lights/.

2. 政策扶持市场模式

此模式下，政府对市场进行局部干预，同时允许其他部分存在受监管的竞争。运输和封存运营商负责运输和封存基础设施的开发，承担接收所有排放企业捕集的二氧化碳的责任。虽然运营商可能是私营企业，但其运作受到严格监管。

针对碳运输和封存基础设施的开发，英国政府正在推行一种受监管的资产基础方法。其中包括为 Net Zero Teesside 项目定制的方案，这正是政策扶持市场模型的一个例子。按照这种方法，运输与封存运营商需从政府监管机构处取得许可，凭借此许可，运营商有权向其服务用户收取特定的费用，用于建设和运营碳运输与封存网络。值得注意的是，收费标准由监管机构制定，其依据是在特定时期内批准的合理成本支出，以确保所有收费既能覆盖必要的运营成本，又能体现公平与合理性，从而保障整个系统健康、可持续地运行。

3. 自由化市场模式

在市场和政策激励足够强劲的环境下，私营企业自主地进行管道建设和封存地点的管理，无须政府直接指导。这意味着它们享有相应的商业决策自由，包括技术选择、风险管理以及收益分配等方面。这种模式下，企业根据市场需求和经济效益自行决定投资规模与方向，促进了市场活力和技术创新，同时也要求企业具备强大的财务实力和技术能力，以确保项目的可行性和长期稳定性。

美国的 CCUS 基础设施建设即遵循此模式，如路易斯安那州的集群，其初始封存点可能位于成本较低的陆上区域，未来可能会形成类似油气行业的集群效应，在私营部门为 CCUS 项目开发的基础设施的基础上形成集群。

在 CCUS 集群的运营过程中，运输和封存运营商面临封存责任与监管风险、地质与技术风险和运输与基础设施风险。

首先，运输和封存运营商的核心风险之一是承担长期的二氧化碳封存责任，这包括从注入到监测再到长期管理的整个封存周期内的责任。

其次，地质与技术风险方面，为了评估和降低地质风险，运营商必须在项目早期阶段投入资金进行封存场地的容量量化，如地震勘探和钻探等。这些前期投资旨在减少地质不确定性，为潜在客户建立信心，促进CCUS 集群的发展。

最后，运输与基础设施风险方面，运营商还需设定二氧化碳接收标准，包括纯度和压力要求。虽然放宽这些标准可以降低排放企业在捕集、压缩和净化过程中的成本，但是二氧化碳中的杂质（如水、氮、硫氧化物、氮氧化物、一氧化碳、碳氢化合物和汞）可能会对运输和封存基础设施造成腐蚀及其他损害，增加维护成本和运营风险。

为了有效管理上述风险，运输和封存运营商应当做到以下三点：首先，时刻关注国内外政策动态，以便及时了解和适应政策变化，确保项目的合规性和稳定性。同时也可以参与监管框架的构建过程，提出合理的建议，以确保责任和风险在所有利益相关方之间得到合理分配。其次，运营商应当投资于地质勘探和评估工作，确保选择合适的地质构造进行二氧化碳的封存。通过采用先进的监测技术，可以有效地减少地质风险，并优化封存效率，确保封存过程的安全性和有效性。最后，为了平衡成本效益与基础设施保护，运输和封存运营商需要设定合理的二氧化碳质量标准。这不仅可以确保封存过程的高效运行，还可以避免长期运营中可能出现的额外成本，比如因二氧化碳纯度不足而导致的设备腐蚀等问题。

二、CCUS 集群商业化的挑战

CCUS 集群是在 CCUS 项目的基础上发展而来的，因此面临着与 CCUS 商业化相关的普遍挑战，例如 CCUS 集群的社会接受度较低，因为集群所需的基础设施可能跨越大片区域，会在一定程度上影响到沿途居民的生活环境，这增加了社会反对的可能性。集群需要政府有效的激励政策，一个集群可以使整个工业区去碳化、吸引新的清洁产业并创造就业岗位，在各个方面具有很高的价值，所以更需要多层次、可持续的支持等。除此之外，CCUS集群还面临着一些独特的挑战，主要包括二氧化碳跨境机制不完善和协调问题较复杂。

（一）跨境机制不完善

参考国际能源组织的报告，我们将跨境机制不完善分为两个层面：第一个层面是跨境二氧化碳管理基础设施不完善；第二个层面是跨境合作相关法律体系不完善。

1. 跨境二氧化碳管理基础设施不完善

CCUS集群可能跨越多个国家或地区，这要求不同国家或地区一同完善跨境二氧化碳管理基础设施，建立有效的合作机制。

首先，根据地质资源的位置以及排放企业的位置，大型CCUS集群可能需要更复杂的多模式运输系统。这可能涉及船舶、管道和火车，也可能涉及二氧化碳终端液化设施和储罐，这种更加复杂、可能跨越国界的基础设施会带来一些挑战。

其次，与小规模项目的单一排放源和简单捕集处理工艺不同，CCUS集群需要面对来自不同行业、不同工艺的复杂排放源，存在比较多的技术挑战和限制（于航等，2023），这要求具备高度的灵活性。不同排放源的排放特性（如二氧化碳浓度、杂质含量等）可能有所不同，这就需要开发通用或定制的解决方案来处理这些差异，确保所有排放源都能够高效地接入集群系统。

最后，技术兼容性和二氧化碳特性也是一个重要的考虑因素。在不同的压力和温度下，二氧化碳可以以不同的形态运输。在运输过程中保持适当的形态对安全和效率至关重要，特别是从一种模式转换到另一种模式时，例如从管道到船舶。此外，还需要确保各种系统在二氧化碳、特性和杂质等方面的兼容性。

2. 跨境合作相关法律体系不完善

跨境运输二氧化碳需要遵守与环境保护、运输和贸易有关的国际法规和协议。不同国家可能对危险材料的运输有不同的规定和标准。这需要两国之间签署双边或多边协议来管理跨境运输和储存活动。同时，还需要遵守不同国家的法律法规和国际条约，确保所有操作符合当地的环保、运输和贸易规定。

在许可和批准方面，CCUS 集群可能涉及多个司法管辖区，这意味着需要从多个政府机构获得必要的许可和批准，可能涉及不同的监管框架和程序，增加了项目的时间成本和不确定性。因此，需要与各个司法管辖区的相关部门密切合作，以确保项目顺利推进。

在碳核算方面，不同国家和地区之间在碳核算的方法论、报告要求和验证程序上可能存在差异，这可能会使认证过程复杂化，导致碳信用额度的验证含糊不清。这不仅增加了项目实施者的负担，还可能导致碳信用额度在全球范围内的可比性和互认性受到影响。

解决这些问题需要有效的国际合作、法规的统一和透明度、强有力的风险评估和管理、基础设施投资以及与利益相关者的持续沟通。随着二氧化碳跨境和多模式运输项目的增加，必须考虑和管理这些挑战，以确保二氧化碳运输的安全和高效。

（二）协调问题较复杂

CCUS 集群是一项多方利益相关者的工作，这大大增加了合作伙伴之间仔细沟通和协调的必要性。关于商业关系、风险管理和长期投资的决策都必须在排放者、运营商和政府之间达成一致，而他们的行为驱动因素各不相同[1]。为了有效解决这些复杂的协调问题，需要采取一系列措施。

---

① The CCUS Hub. The role of CCUS hubs [EB/OL]. https：//ccushub. ogci. com/ccus-basics/the-role-of-ccus-hubs/.

首先，建立有效的沟通机制至关重要。这包括定期举行多方会议，确保所有利益相关者都能及时了解项目的进展和变化，同时可以建立共享信息平台，便于各方分享数据和技术信息，促进透明度和信任。

其次，明确角色分配和责任划分也很重要。需要明确界定每个利益相关者的职责和权限，确保每个人都知道自己的任务和期望。可以制定出清晰的责任矩阵，列出每个活动的负责人和参与者，以避免责任重叠或遗漏。

最后，还需要制订详尽的项目计划，开发详细的项目时间表，包括里程碑和关键交付成果，确保各方对项目进度有共同的理解，设定明确的目标和绩效指标，以衡量项目的成功。通过这些措施，可以确保所有利益相关者都能理解彼此的需求和期望，从而有效地推进 CCUS 集群的发展。这不仅有助于解决协调问题，还能提高项目的成功率，促进 CCUS 技术的大规模应用。

另外，特别需要注意的是，在 CCUS 集群中，捕集与封存的关系复杂。二氧化碳排放企业需要有二氧化碳运输和封存基础设施才能开始规划他们的项目，而二氧化碳管理服务的开发者则需要通过与二氧化碳排放企业签订承购协议来确保需求，这样他们才能投资于昂贵的二氧化碳基础设施，这就引起了时间差问题。

从排放企业角度来说，存在项目启动与基础设施建设的时间差。二氧化碳排放企业在规划项目时，通常需要等待相应的运输和封存基础设施建成。然而，基础设施的建设往往需要较长的时间，这导致了项目启动和基础设施可用性之间的时间差，从而延缓了整个 CCUS 集群的部署速度。

从二氧化碳运输和封存商角度来说，存在投资与回报的时间差。二氧化碳管理服务的开发者在投资昂贵的基础设施之前，需要确保有足够的需求来支撑这项投资。然而，由于市场需求的变化和政策不确定性的存在，这种需求并不总是能够得到及时的确认，从而导致投资决策与实际需求之间的时间差。

各国政府在解决这个时间差问题中可以发挥关键作用。首先，可以提供财政补贴、税收减免等激励措施，降低排放企业初期的成本负担，鼓励企业更多参与到 CCUS 集群中。其次，政府可以加强基础设施建设，投资建设必要的运输和封存基础设施，包括管道网络、存储设施等，以确保这些基础设施能够及时到位，满足项目的需要。还可以通过公私伙伴关系等方式，吸引私人资本参与到基础设施建设中，加快建设和运营的速度。最后，建立风险分担机制，通过保险、担保等方式减轻企业的财务风险。提供技术援助和咨询服务，帮助企业更好地应对技术和市场不确定性。

三、CCUS 集群商业化的配套支持

鉴于 CCUS 集群在减少温室气体排放和实现可持续发展目标方面的重要作用，各国政府纷纷出台了一系列政策和措施来支持 CCUS 集群的商业化进程，包括提供税收优惠政策、提供财政奖励和补贴、建立并完善碳市场和碳交易机制等。下面我们将按照国家进行分类，重点讲述这些国家采取的一些主要措施。

（一）欧盟的配套支持

1. 欧洲创新基金*

欧洲创新基金（European Innovation Fund）是欧盟为气候政策设立的基金，聚焦能源和工业领域，旨在推出能降低欧洲工业碳排放的创新解决方案，支持其向气候中立转型，同时增强其全球竞争力。该基金是欧盟实现《巴黎协定》下全经济范围承诺和 REPowerEU 计划、氢能银行、绿色协议产业计划以及净零工业法案所提出的气候与能源优先事项的关键资金工具。

创新基金的资金来源于欧盟排放交易系统（EU Emissions Trading

---

* European Commission. What is the Innovation Fund？［EB/OL］. https：//climate. ec. europa. eu/eu-action/eu-funding-climate-action/innovation-fund/what-innovation-fund_en.

System，EU ETS）。2023 年，欧盟排放交易系统指令的修订增强了创新基金的规模和范围，基金总量从 4.5 亿个欧盟排放交易系统配额增加到约5.3 亿个配额，新增覆盖领域包括海运和航空业。自 2025 年起实施无重大损害（Do No Significant Harm，DNSH）原则，并更注重多重环境影响。此外，还引入了新的金融工具，如竞争性招标。基金还更加强调地理平衡，通过技术援助提升成员国的参与度，尤其是那些参与度较低的国家。

与前身 NER300 计划相比，创新基金提供更多的资金，采用更灵活的方式和简化选择过程，并对能源密集型行业的项目开放，未使用的NER300 计划资金也被转移至创新基金。基金的总金额取决于碳价，按 75 欧元/吨二氧化碳的价格计算，2020～2030 年可能达到约 400 亿欧元。

创新基金支持欧洲内的高创新性项目，与项目发起人分担风险，覆盖所有欧盟国家以及挪威、列支敦士登和冰岛。基金通过提案征集和竞争性招标程序提供资助，最高支持率可达 60%（常规补助）和 100%（竞争性招标），涵盖资本和运营成本减去前十年运营收益。资助按项目融资需求灵活发放，根据项目里程碑进度支付。此外，创新基金还通过 InvestEU 计划为欧盟催化剂伙伴关系的混合融资活动提供支持。符合条件的项目还可以获得项目开发援助，享受高质量的技术和财务咨询服务。

2. 欧盟共同和相互利益项目 *

共同利益项目（Projects of Common Interest，PCIs）是指连接欧盟各国能源系统的跨边界基础设施项目，旨在协助欧盟实现其能源政策和气候目标，确保所有公民享有负担得起、安全且可持续的能源供应，并遵循《巴黎协定》实现长期经济脱碳。成为 PCI 的项目必须对至少两个欧盟国家的能源市场和市场整合有显著影响，增强能源市场竞争，通过多样化能源来源保障欧盟能源安全，以及通过整合可再生能源贡献于欧盟的气候和能源目标。

---

　*　European Commission. Key cross-border infrastructure projects［EB/OL］. https：//energy. ec. europa. eu/topics/infrastructure/projects-common-interest-and-projects-mutual-interest/key-cross-border-infrastructure-projects_en.

相互利益项目（Projects of Mutual Interest，PMIs）是由欧盟与非欧盟国家合作推广的项目，有助于实现欧盟的能源和气候目标，同时也支持非欧盟国家自身的可持续发展目标。这是 2022 年修订的欧洲能源网计划（Trans-European Networks for Energy，TEN-E）政策后新增的项目类型。成为 PMI 的项目需要显著地促进欧盟及其涉及的非欧盟国家的脱碳目标，包括通过电网整合可再生能源和向主要消费中心及储存站点传输可再生发电。

获得 PCI/PMI 状态的项目享有多种益处，包括加速规划与许可授予，单一国家授权机关能在 3～5 年内完成许可获取，改善监管条件，降低行政成本等。在资金支持方面，PCIs 和 PMIs 有权申请来自连接欧洲设施计划（Connecting Europe Facility，CEF）的资金支持。在过去十年里，得益于 TEN－E 政策和通过欧洲基金、凝聚力基金等提供的财政支持，西欧和北海地区、北欧和波罗的海地区以及中欧和东南欧地区完成了多条新的电力传输线、天然气管道、储气设施和液化天然气终端建设，结束了这些地区的能源市场孤立状态，创建了一个真正互联的欧洲网络。

3. 《净零工业法案》*

2023 年 3 月，欧盟提出了一项名为《净零工业法案》（Net-Zero Industry Act）的提案，旨在将碳捕集、利用与封存技术列为八项战略气候技术之一，设定到 2030 年达到每年 5000 万吨存储容量的目标，并为发展存储能力提供支持，甚至可能强制执行。法案旨在优先发展关键的净零技术，并据此将技术分为两个类别："净零技术"与"战略性净零技术"。"战略性净零技术"特指那些对于欧盟达成减排目标尤为关键的技术，并且这些技术的产品能够迅速地投入市场。对于这类技术，法案规定了额外的支持措施，包括将它们纳入"净零技术战略项目"。

《净零工业法案》的出台，不仅是欧盟实现自身气候目标的重要手段，

---

* European Commission. Net Zero Industry Act ［EB/OL］. https：//single-market-economy. ec. europa. eu/publications/net-zero-industry-act_en.

也是其在全球绿色工业发展中提升领导地位的关键战略。法案鼓励的技术创新和研发投入，将推动欧盟在关键技术领域的突破，提升其在全球市场的竞争力。并且，通过提升本土清洁能源技术制造能力，欧盟将减少对外部能源的依赖，有助于欧盟应对全球能源市场的波动。与此同时，这也将带动相关产业的升级，为欧盟经济的可持续发展提供新的动力，有助于欧盟在全球绿色工业产品和服务市场中占据更大的份额。

4. 欧盟碳边境调节机制 *

欧盟碳边境调节机制（Carbon Border Adjustment Mechanism，CBAM），也被称为碳边境税或碳关税（carbon border tax），是指在实施国内严格气候政策的基础上，要求进口或出口的高碳产品缴纳或退还相应的税费或碳配额，鼓励非欧盟国家减少排放，并降低"碳泄漏"的风险，落实欧盟和全球气候目标。CBAM 将于 2023 年 10 月开始逐步实施过渡期，整个机制预计在 2026 年全面运行。这意味着在此期间，进口商和出口商将逐渐适应新的规则，而欧盟将有机会微调机制的各个方面，以确保其有效性和公平性。

CBAM 的实施有可能激励欧盟以外地区的碳捕集、利用与封存技术的发展和应用。由于 CBAM 增加了高碳商品的进口成本，这可能会促使非欧盟国家的企业和政府投资于 CCUS 技术，以降低其出口商品的碳足迹，从而避免或减少支付 CBAM 费用。这种激励效应有助于推动全球范围内的低碳技术和实践，促进全球减排努力。

5. 修订《伦敦议定书》**

修订《伦敦议定书》，允许跨境运输二氧化碳。欧洲几个拟议的海上二氧化碳封存项目正计划使用航运而非管道作为主要的运输方式，这可在将封存与二氧化碳来源连接起来方面提供宝贵的灵活性，并降低初期整合

＊ The CCUS Hub. Policy support mechanisms for CCUS hubs［EB/OL］. https：//ccushub. ogci. com/policy-support-mechanisms-for-ccus-hubs/.

＊＊ International Energy Agency. Looking for something?［EB/OL］. https：//www. iea. org/reports/ ccus-in-clean-energy-transitions/regional-opportunitie.

风险。随着挪威和荷兰获得《伦敦议定书》二氧化碳捕集与封存（CCS）出口修正案的"临时适用"，在欧洲和其他地区发展 CCUS 集群的一个主要法律障碍于 2019 年得到解决。

《伦敦议定书》原本禁止以海底封存为目的跨越国界运输二氧化碳，2009 年对议定书进行了修订，以消除这一障碍，但要使修正案生效，必须获得 2/3 缔约方的批准，在达到这一比例方面进展甚微。2019 年，《伦敦议定书》缔约方批准了一项决议，允许已批准 2009 年修正案的国家出口和接收二氧化碳用于近海地质封存，从而消除了发展区域二氧化碳运输基础设施的一大障碍。

2019 年 10 月，挪威和荷兰在英国的支持下，以"关于临时适用 2009 年二氧化碳捕集和储存出口修正案的决议"的形式达成了一项临时解决方案。该决议强调了 CCUS 技术作为降低大气中二氧化碳浓度水平的一种手段的作用，并规定在未获得全面批准的情况下临时采用 2009 年修正案，在一些其余国家的支持下，该提案被接受。

6. 可持续能源生产刺激计划 *

可持续能源生产刺激计划（SDE ++ 计划）是荷兰政府推出的一个旨在支持二氧化碳减排项目的计划，它基于合同差价机制（Contract for Difference，CFD），通过提供补贴来支持碳捕集、储存与利用等技术。补贴的强度限额通过申请程序确定，申请人可以根据项目需求提出补贴申请，获得的资金支持通常为期 12 ~ 15 年，计划将持续至 2035 年。

补贴机制方面，SDE ++ 计划对每个技术的非营利部分提供补贴，即技术成本（基准费率）与产品市场价值（校正金额）之间的差额。每种技术都有一个固定的基准费率，代表该技术的成本价格。申请人的申请金额必须等于或低于基准费率，较低的申请金额可能会提高获得补贴的机会。项目产生的收益（如电力、热能、可再生气体、氢气或先进可再生燃

---

* Netherlands Enterprise Agency. Stimulation of sustainable energy production and climate transition（SDE ++）[EB/OL]. https：//english. rvo. nl/subsidies-financiering/sde.

料等）通过校正金额体现，该金额每年设定一次。校正金额有一个最低限值，即基础能源价格或基础温室气体金额，该限值基于整个补贴期内预期收入的 2/3 计算。

2024 年，SDE++ 技术可以申请的最大补贴强度为每吨二氧化碳 400 欧元。虽然补贴强度超过 400 欧元的技术仍然可以申请 SDE++ 补贴，但这些项目的非营利部分可能无法得到全额补偿。

（二）美国的配套支持

1. 基础设施投资与就业法案[*]

基础设施投资与就业法案（Infrastructure Investment and Jobs Act，IIJA）是美国政府于 2021 年 11 月 15 日签署成为法律的一项重要立法。该法案包含自 1997 年美国能源部（Department of Energy，DOE）开始资助碳捕集研究以来，在碳管理领域最大的单一投资。以下是 IIJA 关于碳管理方面的主要内容。

IIJA 为碳管理相关项目提供了总计 121 亿美元的资金支持。这笔资金将分配给示范项目、试点项目、前端工程设计研究、共享运输基础设施、储存场地开发、许可程序、州政府补助以及直接空气捕集等多个领域。IIJA 采取了一种全面的方法来构建碳管理生态系统，主要集中在四个政策领域：CCUS 的研发与示范、碳运输与储存基础设施及许可、碳利用市场的开发、碳移除优先事项。

IIJA 与重建更好未来法案（Build Back Better Act，BBBA）中提出的45Q 税收抵免增强措施相辅相成，共同构成了迄今为止由一国提出的最大规模的碳捕集商业化投资。IIJA 的政策条款将帮助资助必要的研发与基础设施建设，为实现 2050 年的碳中和目标铺平道路。如果 BBBA 得以通过，

---

[*] Clean Air Task Force. Carbon Management Provisions in the Infrastructure Investment and Jobs Act [EB/OL]. https：//www.catf.us/resource/carbon-management-provisions-in-the-infrastructure-invest-ments-and-jobs-act/.

其条款将为投资碳管理项目提供长期的市场激励，这两项法案共同代表了对美国全面脱碳未来的一个重要、关键且及时的投资。

2. 直接空气捕集项目补助 *

2022 年 12 月 13 日，美国能源部清洁能源示范办公室与化石能源和碳管理办公室合作，宣布提供 35 亿美元资金，用于开发四个国内区域性直接空气捕集中心。该计划旨在推动直接空气捕集（Direct Air Capture，DAC）技术的发展、部署和商业化，以创造高质量就业机会、减少污染，并加强美国在全球清洁能源技术领域的竞争力。

该计划下的首个资助机会公告提供了超过 12 亿美元的资金，用于开始构思、设计、规划、建设和运营直接空气捕集中心，预计未来几年还会有更多机会。

区域直接空气捕集中心计划将开发四个国内直接空气捕集中心。每个中心都将以商业规模展示一种 DAC 技术或成套技术，每年从大气中捕集至少 100 万公吨二氧化碳的潜力。一旦捕集，二氧化碳将被永久储存在地质构造中或转化为新产品。

（三）英国的配套支持

1. 大型碳捕集与封存中心的直接支持 **

2023 年 3 月 15 日，伦敦碳捕集与储存协会（CCSA）作为欧洲碳捕集、利用与储存行业的贸易组织，对英国政府在 2023 年春季预算中确认的 200 亿英镑 CCUS 计划资金表示欢迎。英国政府承诺在未来 20 年内提供总计 300 亿英镑的资金支持，用于支持每年储存 2000 万～3000 万吨二氧

---

* U. S. Department of Energy. Regional Direct Air Capture Hubs［EB/OL］. https：//www. energy. gov/oced/DACHubs.

** Carbon Capture Storage Association. Government Provides a Springboard to UK CCUS Industry with £20 billion for Early Deployment［EB/OL］. https：//www. ccsassociation. org/all-news/ccsa-news/government-launches-uk-ccus-industry-with-20-billion-for-early-deployment/.

化碳的项目。

　　此次预算确认的 200 亿英镑资金将启动 CCUS 项目的早期投资，为英国特别是英格兰东海岸、西北部以及北威尔士地区的私营投资和就业创造提供支持，预计将创造高达 5 万个高技能工作岗位。CCSA 首席执行官赫伯特（Ruth Herbert）表示，此次资金确认标志着 CCUS 行业的一个转折点，为投资者提供了英国政府致力于推进 CCUS 的信心。

　　自项目启动两年后，现在可以开始实施首批 CCUS 集群项目。行业正在开发一系列项目，以支持英国各地工业区的净零战略。其他地区也在期待能够继续推进碳捕集与封存项目，并希望政府进一步承诺部署更多项目。

　　CCSA 是加速 CCUS 商业部署的领先欧洲协会，与成员企业、政府和其他组织合作，确保 CCUS 能够以满足净零目标所需的速度和规模得到开发和部署。CCSA 目前拥有 100 多家会员公司，包括来自管理、法律和金融咨询领域的公司，这些公司在探索和开发碳捕集的不同应用，二氧化碳通过管道和船舶运输、利用、地质储存及其他永久储存解决方案方面较活跃。

2. H2H Saltend[*]

　　H2H Saltend 项目是迈向 2040 年建成世界上首个净零碳工业集群的大胆而务实的第一步。这个项目可以在英国到 2050 年实现净零碳排放的过程中发挥领导作用，更新英国最大的工业集群，并释放技术，使英国走在全球氢经济的前沿。

　　挪威石油公司 Equinor 拥有超过 20 年的安全储存碳排放和从天然气中生产氢的经验。Equinor 已向英国供应能源超过 35 年，并成为净零亨伯（Zero Carbon Humber）联盟的一部分。Equinor 的 H2H Saltend 项目是一个 600 兆瓦的低碳氢气生产厂，配备碳捕集功能，它是英国首批获得规划许可的同类产品和规模的项目之一，旨在将亨伯区打造成为国际低碳氢气中

---

　　[*]　Equinor. H2H Saltend［EB/OL］. https：//www. equinor. com/energy/h2h‑saltend.

心，并大幅减少碳排放。

亨伯地区拥有丰富的工业专长和多样性，是英国其他地区无法比拟的。H2H Saltend 项目将利用亨伯地区的独特优势及其地理位置来部署和发展英国首个低碳氢基础设施，用于氢气生产和二氧化碳排放。转向低碳氢能源而非化石燃料对于推动英国在 2050 年前实现净零排放至关重要，氢能源为目前依赖化石燃料的现有产业提供了实用且可扩展的脱碳解决方案，在亨伯地区建立一个成熟的氢经济体系可以很好地支持英国未来的脱碳行动，并具有无限的发展潜力。

2021～2025 年，项目将进入成熟阶段，Equinor 将通过私人和公共支持作出最终投资决定。2025～2029 年，H2H Saltend 锚定项目和低碳基础设施的工程设计与建设工作将在这一阶段展开。2029～2030 年，H2H Saltend 将开始生产低碳氢气，作为 Triton 电力公司和 Saltend 化工园区的燃料。同时，低碳化学品生产也将在此期间启动。二氧化碳运输和储存基础设施将捕集的碳排放物安全地储存在海床之下。2030 年之后，随着项目的推进，Saltend 的氢气生产能力将进一步扩大，包括将 Triton 的燃料转换为 100% 的氢气。此外，运输 Saltend 生产的氢气将为该地区其他排放源的脱碳提供选择，同时将在 Aldbrough 开发氢储存设施。

3. 可调度电力商业模式 *

与可再生能源相辅相成的灵活发电能力可以成为 CCUS 集群不可或缺的一部分，为集群地区的企业提供可靠的低碳电力。

可调度电力商业模式（dispatchable power agreement business model summary，DPA）是为电力 CCUS 提出的合同框架，它是基于第四轮分配轮次的差价合约（contracts for difference，CfD）的标准条款和条件，但经过调整以使天然气发电的 CCUS 设施能够在满足电力需求方面扮演中间角色，取代未经 CCUS 改造的热力发电厂。DPA 提出了一项可用性支

---

* The CCUS Hub. Policies and regulations［EB/OL］. https：//ccushub. ogci. com/policies-business-models/policies-regulations/.

付，这项支付与设施的性能挂钩，旨在激励提供低碳、非天气依赖的调度发电容量。无论设施是否在调度发电，都会计算并支付可用性支付，因此不会激励设施取代成本更低、碳排放更低的发电来源，如可再生能源和核能[①]。

为了确保电力 CCUS 设施优先于高碳替代方案发电，英国提议设立一项变动支付，以反映电力 CCUS 设施相较于未经过 CCUS 改造的参照电站的额外发电成本。

4. 《绿色工业革命十点计划》[*]

英国提出了《绿色工业革命十点计划》，该计划涵盖清洁能源、交通、自然和创新技术等方面和领域，旨在推动英国在 2050 年之前消除其导致气候变化的因素。该计划将动用超过 120 亿英镑的政府资金，将在全国支持及创造多达 25 万个高技能绿色就业岗位，目标截至 2030 年时促进 3 倍以上的私营部门投资。

处于此项计划核心的是英国工业重地，包括东北地区、约克郡、亨伯地区、英格兰西中部地区、苏格兰及威尔士，这将推进绿色工业革命，并创造适用于未来的绿色清洁就业机会及产业。

英国首相在《绿色工业革命十点计划》中承诺，在 2020 年前创建两个碳捕集集群，并于 2030 年之前再创建两个碳捕集集群，这些集群将支持政府实现工业脱碳的雄心，并使英国在不断增长的碳捕集市场中处于领先地位。2021 年 11 月，英格兰西北部和北威尔士的 HyNet 集群以及提赛德（Teesside）和亨伯（Humber）的东海岸集群被选为第一阶段的优先集群（Track 1 clusters），将于 21 世纪 20 年代中期部署，这些集群将成为政府 CCUS 计划支持的首批考虑对象。

① Department for Business. Energy and industrial Strategy [EB/OL]. https：//www.gov.uk/government/publications/carbon-capture-usage-and-storage-ccus-business-models.

* GOV. UK. PM outlines his Ten Point Plan for a Green Industrial Revolution for 250000 jobs [EB/OL]. https：//www.gov.uk/government/news/pm-outlines-his-ten-point-plan-for-a-green-industrial-revolution-for-250000-jobs. zh.

（四）澳大利亚的配套支持

1. 澳大利亚碳信用单位计划*

澳大利亚碳信用单位计划（Australian Carbon Credit Unit，ACCU）是一个旨在帮助澳大利亚实现其温室气体减排目标的政策工具，这个计划通过创建交易碳信用单位来激励减排。每创造 1 个 ACCU 意味着在澳大利亚境内移除了 1 吨二氧化碳当量的温室气体排放。

ACCU 是一种可交易的商品，可以由减排项目的所有者在公开市场或通过私人协议销售给需要抵消其排放的实体，这些实体包括政府、企业或其他组织。政府定期举行拍卖，购买 ACCU 来实现其减排目标，私营部门也可以通过购买 ACCU 来履行其自愿或强制性的减排义务。同时，ACCU 的生成和交易受到严格的监管，以确保其质量和完整性，清洁能源监管局负责监督项目的注册、监测、报告和核查，以及 ACCU 的颁发和注销。

澳大利亚正在考虑让 ACCU 与国际碳信用市场接轨，这意味着允许澳大利亚企业使用国际碳信用来满足其减排目标。这一举措可能会增加 ACCU 的流动性和市场深度。

2. 碳创新补助计划**

西澳大利亚州于 2021 年推出碳创新补助计划（Carbon Innovation Grants Program），这是一项旨在支持创新技术和方法以减少温室气体排放的资助计划。这项计划特别聚焦于那些能够促进工业和能源领域低碳转型的项目。该计划由环境监管部通过竞争性程序管理，总额为 1500 万美元，计划分三轮拨款。第一轮融资已于 2022 年 12 月完成，共收到 22 份申请，

---

* Australian Government, Clean Energy Regulator. Carbon capture and storage method ［EB/OL］. https：//cer. gov. au/schemes/australian-carbon-credit-unit-scheme/accu-scheme-methods/carbon-capture-and-storage-method.

** The Government of Western Australia. Carbon Innovation Grants Program ［EB/OL］. https：// www. wa. gov. au/service/community-services/grants-and-subsidies/carbon-innovation-grants-program.

经过严格评估，9 个项目脱颖而出，获得了总计 424 万美元的资助，以推进其碳减排项目。

（五）加拿大的配套支持

1. 税收抵免政策*

加拿大政府于 2022 年推出了一项 CCUS 技术的投资税收抵免政策，有效期至 2030 年，之后抵免比例将逐步减少直至 2040 年终止。该计划主要适用于在阿尔伯塔省、不列颠哥伦比亚省和萨斯喀彻温省进行地质封存的项目，同时也涵盖了混凝土矿物化过程。为确保投资用于合格用途，即专用地质封存和混凝土封存，政府设计了一套抵免回收机制，一旦项目中二氧化碳的实际封存用途比例低于计划中的合格用途，将按比例回收部分已提供的投资税收抵免。

项目需在首个申请抵免的纳税年度起的前 20 年内，每年制作并公开一份气候风险披露报告，不达标的企业将面临罚款。大型 CCUS 项目，即总合格支出达到 2.5 亿美元及以上的，还需提交知识分享报告，促进行业内的信息流通。此外，政策还考虑到了非常情况下的设备停运问题，允许在计算抵免回收时排除这部分时间，同时对未偿还的抵免回收金额施加利息。

2. 阿尔伯塔省的排放减少信用系统**

阿尔伯塔省的排放减少信用系统（Technology, Innovation and Emissions Reduction System, TIER）是一个经过改进的系统，自 2020 年 1 月 1 日起正式生效，旨在促进工业设施探索创新减排途径，激励这些 CCUS 技

---

　　* Government of Canada. Additional Design Features of the Investment Tax Credit for Carbon Capture, Utilization and Storage: Recovery Mechanism, Climate Risk Disclosure, and Knowledge Sharing［EB/OL］. https://www.canada.ca/en/department-finance/news/2022/08/additional-design-features-of-the-investment-tax-credit-for-carbon-capture-utilization-and-storage-recovery-mechanism-climate-risk-disclosure-and-k. html.

　　** Alberta. Technology Innovation and Emissions Reduction System［EB/OL］. https://www.alberta.ca/technology-innovation-and-emissions-reduction-system.

术的应用和推广，以保持竞争优势并节约成本。

TIER 系统引入了信用机制，如捕集与储存抵消、封存信用和捕集认可吨数。这些信用作为一种金融工具，可用于抵消企业的排放量，从而在经济上鼓励减排。这个体系为阿尔伯塔省提供了自主管理其排放问题的途径，避免了联邦政府的直接干预，同时也延续了该省长达 20 年来在减排行动上的努力。

2020 年夏季，阿尔伯塔省政府与当地利益相关者及民众就 TIER 体系进行了深入交流，确保该体系的设计既符合环境需求，也服务于经济目标。持续的对话促使政府在 2020 年 7 月对相关法规进行了调整，使得监管流程更为高效和成本效益更高。这一举措旨在保障阿尔伯塔省的产业与全球同行业者在公平的竞争环境中运作，同时不会削弱减排成果。

3. 联邦碳污染定价体系 *

根据《温室气体污染定价法》，联邦碳污染定价体系由两个部分组成：一是燃料监管费；二是工业监管交易系统——联邦产出定价系统。联邦产出定价系统旨在确保为工业排放者提供价格激励，以减少其温室气体排放并刺激创新，同时保持竞争力并防止"碳泄漏"，即工业设施从一个地区转移到另一个地区以避免支付碳污染价格的风险。

本章小结

本章深入探讨了 CCUS 集群的商业模式及其面临的挑战与配套支持措施。首先，我们介绍了 CCUS 集群的价值链，CCUS 集群的价值链包括三个部分：一个负责启动和管理价值链的集群开发商、多个捕集和供应二氧化碳的排放企业和一个运输和储存公司。之后我们介绍了排放企业的商业模式与运输和封存运营商的商业模式。其中，排放企业的商业模式关键在

---

* Government of Canada. Output-Based Pricing System ［EB/OL］. https：//www. canada. ca/
en/environment-climate-change/services/climate-change/pricing-pollution-how-it-will-work/output-based-
pricing-system. html.

于它们是否有稳定的收入流来支撑高额的初始投资，并从中获得经济利益；运输和封存运营商的商业模式则探讨了如何构建和运营运输及封存基础设施，以及如何通过提供服务获得收益。

除了面临着与 CCUS 商业化相似的挑战外，CCUS 集群商业化还面临着独特的挑战，主要包括跨境机制不完善和协调问题较复杂。跨境机制不完善体现在跨境二氧化碳管理基础设施不完善、跨境合作相关法律体系不完善；协调问题较复杂体现在 CCUS 集群涉及多方利益相关者，包括政府、企业和社会公众等，协调难度较大，并且在 CCUS 集群中，捕集与封存的关系也较为复杂。

为了克服挑战，各国政府提供了相应的配套支持。欧盟提供了财政支持、法律框架和技术研发等方面的配套措施，以促进 CCUS 集群的发展；美国通过提供税收减免、研发资金和技术示范项目等方式，鼓励企业和科研机构参与到 CCUS 集群中；英国则通过设立专门的基金和提供政策支持来推动 CCUS 技术的应用；澳大利亚和加拿大同样采取了类似的措施，包括提供财政激励、建立监管框架和技术合作项目等，以支持 CCUS 集群的商业化进程。

本章参考文献

［1］于航，刘强，李彦尊，等．大规模海上 CCS/CCUS 集群项目研究与思考［J］．石油科技论坛，2023（2）：90 – 95．

［2］Alberta. Technology innovation and emissions reduction system ［EB/OL］. https：//www. alberta. ca/technology-innovation-and-emissions-reduction-system.

［3］Australian Government，Clean Energy Regulator. Carbon capture and storage method ［EB/OL］. https：//cer. gov. au/schemes/australian-carbon-credit-unit-scheme/accu-scheme-methods/carbon-capture-and-storage-method.

［4］Carbon Capture Storage Association. Government provides a springboard to UK CCUS industry with £20 billion for early deployment ［EB/OL］. https：//www. ccsassocia-tion. org/all-news/ccsa-news/government-launches-uk-ccus-industry-with-20-billion-for-early-deployment/.

[5] Clean Air Task Force. Carbon management provisions in the Infrastructure Investment and Jobs Act [EB/OL]. https://www. catf. us/resource/carbon-management-provisions-in-the-infrastructure-investments-and-jobs-act/.

[6] Department for Business. Energy and industrial strategy [EB/OL]. https:// www. gov. uk/government/publications/carbon-capture-usage-and-storage-ccus-business-models.

[7] Equinor. H2H Saltend [EB/OL]. https://www. equinor. com/energy/h2h-saltend.

[8] European Commission. Key cross-border infrastructure projects [EB/OL]. https:// energy. ec. europa. eu/topics/infrastructure/projects-common-interest-and-projects-mutual-interest/key-cross-border-infrastructure-projects_en.

[9] European Commission. Key cross-border infrastructure projects [EB/OL]. https://energy. ec. europa. eu/topics/infrastructure/projects-common-interest-and-projects-mutual-interest/key-cross-border-infrastructure-projects_en.

[10] European Commission. Net Zero Industry Act [EB/OL]. https://single-market-economy. ec. europa. eu/publications/net-zero-industry-act_en.

[11] Government of Canada. Additional design features of the investment tax credit for carbon capture, utilization and storage: Recovery mechanism, climate risk disclosure, and knowledge sharing [EB/OL]. https://www. canada. ca/en/department-finance/news/2022/08/additional-design-features-of-the-investment-tax-credit-for-carbon-capture-utilization-and-storage-recovery-mechanism-climate-risk-disclosure-and-k. html.

[12] Government of Canada. Output-based pricing system [EB/OL]. https://www. canada. ca/en/environment-climate-change/services/climate-change/pricing-pollution-how-it-will-work/output-based-pricing-system. html.

[13] GOV. UK. PM outlines his ten point plan for a green industrial revolution for 250000 jobs [EB/OL]. https://www. gov. uk/government/news/pm-outlines-his-ten-point-plan-for-a-green-industrial-revolution-for-250000-jobs. zh.

[14] International Energy Agency. CCUS policies and business models [R]. 2023.

[15] International Energy Agency. Looking for something? [EB/OL]. https://www. iea. org/reports/ccus-in-clean-energy-transitions/regional-opportunitie.

[16] Net Zero Teesside. Delivering a Net Zero Teesside [EB/OL]. https://www.

netzeroteesside. co. uk/.

[17] Netherlands Enterprise Agency. Stimulation of sustainable energy production and climate transition (SDE++) [EB/OL]. https：//english. rvo. nl/subsidies-financiering/sde.

[18] The CCUS Hub. Business models [EB/OL]. https：//ccushub. ogci. com/policies-business-models/business-models/.

[19] The CCUS Hub. Policies and regulations [EB/OL]. https：//ccushub. ogci. com/policies-business-models/policies-regulations/.

[20] The CCUS Hub. Policy support mechanisms for CCUS hubs [EB/OL]. https：//ccushub. ogci. com/policy-support-mechanisms-for-ccus-hubs/.

[21] The CCUS Hub. The role of CCUS hubs [EB/OL]. https：//ccushub. ogci. com/ccus-basics/the-role-of-ccus-hubs/.

[22] The Government of Western Australia. Carbon innovation grants program [EB/OL]. https：//www. wa. gov. au/service/community-services/grants-and-subsidies/carbon-innovation-grants-program.

[23] U. S. Department of Energy. Regional direct air capture hubs [EB/OL]. https：//www. energy. gov/oced/DACHubs.

第九章　国际 CCUS 集群的代表性案例

一、代表性案例——美国

美国在 CCUS 领域的建设、运营及发展处于全球前沿位置，拥有多个商业化运营且成效突出的 CCUS 项目，以及一个技术先进、体系完善的 CCUS 集群。全球第一个 CCUS 设施于 1972 年在美国得克萨斯州建立，为美国后续的 CCUS 建设提供了宝贵经验与指引。截至 2024 年 7 月，碳捕集与封存设施发展成效显著。目前有 50 个设施在运营（其中 3 个是专门的运输和/或存储项目），44 个正在建设中（其中 7 个是运输和/或存储项目），其中 19 个位于美国。[①] 从 2010 年起，墨西哥湾地区有得克萨斯州、路易斯安那州和联邦机构对其海上陆地进行研究投资，经过十几年的发展，现在墨西哥湾地区已经成为全球最大的 CCUS 集群。这一集群的建立与运营，进一步夯实了美国在全球 CCUS 领域的领先地位，同时也彰显了美国在应对气候变化方面的坚定决心和卓越成就，有力推动了能源结构的优化和转型升级，为全球碳减排事业作出了巨大贡献。本小节就对美国 CCUS 集群进行介绍，包括应用领域、优势条件、技术成熟度和融资渠道，并对具体的集群项目展开介绍[②]。

[①] Global CCS Institute. Global Status Report 6［EB/OL］. https：//www. globalccsinstitute. com/wp-content/uploads/2024/11/Global-Status-Report-6-November. pdf，2024.

[②] IEA（International Energy Agency）. CCUS in the power sector：Technology and policy challenges［R］. 2021.

（一）美国 CCUS 集群的应用领域

1. 能源生产领域

在美国的能源生产领域，CCUS 集群发挥着重要作用，已经成为实现可持续发展目标的关键推动力之一，尤其在天然气加工产业中表现较为突出，能够有效降低相关过程中的 CO_2 排放。例如，在墨西哥集群中的世纪植物项目，从 2010 年起开始运营，使用 CO_2 用于天然气加工过程中。此外，EOR 是美国 CCUS 应用的一个重要方向，美国众多 CCUS 设施所捕集的 CO_2 广泛应用于提高石油采收率。例如，墨西哥湾 CCUS 集群中的佩特拉诺瓦项目，该项目连接得克萨斯州汤普森市（休斯敦西南部）的 W. A. 教区燃煤电厂和西牧场油田，将从燃煤电厂捕集的 CO_2 通过管道运输至油田用作 EOR，实现了每天存储约 4000 吨 CO_2[①]，每天提高石油采收量约 5000 桶。CCUS 集群在美国能源领域的商业化应用提供了成功的案例，随着技术的不断进步和政策的支持，CCUS 集群有望进一步降低成本，提高效率，推动大规模的部署，从而吸引更多私营部门的投资。

2. 工业生产领域

在工业生产方面，美国 CCUS 集群应用广泛涵盖了化肥、钢铁和化学品等关键领域。位于墨西哥湾得克萨斯州的空气产品公司 CCUS 项目于 2013 年开始运营，用于氢气生产，CO_2 捕集能力为每年 90 万吨。位于路易斯安那州的 PCS 氮的项目，于 2013 年开始运营，用于生产氨（肥料），CO_2 捕集能力为每年 30 万吨。美国 CCUS 集群项目在工业生产中对于这些高碳排放行业实现减排目标具有重要意义，促进低碳能源解决方案的发展，并为依赖化石燃料的产业提供过渡方案，使其能够在保持经济活动的同时，逐步转向更加环保的生产方式。

---

① Bui M, et al. Carbon capture and storage (CCS): The way forward [J]. Energy & Environmental Science, 2018.

在美国，除墨西哥湾 CCUS 集群外，CCUS 在其他领域也有小规模应用。如丢弃舱体装置项目从垃圾处理中捕集 CO_2，伊利诺伊州工业碳捕集与封存项目在乙醇生产中实施 CO_2 捕集技术。这两个实例展现了美国 CCUS 技术在不同工业领域的应用潜力，证明其不仅可服务于传统能源行业，也能在垃圾处理和乙醇生产等领域发挥作用，为减少这些行业碳排放提供可行方案。尽管目前应用规模较小，但重要性不可忽视。随着技术进步和广泛采纳，这些初期项目预示着 CCUS 技术未来有广阔发展空间和巨大减排潜力。截至 2023 年 9 月，墨西哥湾 CCUS 集群有 121 个项目正在开发或建设，其中不少项目借鉴了其他领域的 CCUS 技术先进经验，未来 CCUS 在该集群中将推广到更多行业[①]。

（二）美国 CCUS 集群的优势条件

1. 先发起步优势

美国的 CCUS 项目开展较早，一些设施在 20 世纪 70 年代和 80 年代就已开始运行。例如，1972 年，位于墨西哥湾得克萨斯州的 Terrell 天然气公司就开始捕集 CO_2 并将其供应给当地的石油生产商用于 EOR 操作。这些早期项目为美国积累了宝贵的实践经验。多年以来，美国已经拥有了成规模且涵盖了不同的行业和领域的 CCUS 项目，包括商业项目、试点项目和示范项目等。截至 2020 年，美国有 10 个商业 CCUS 设施在运行，总 CO_2 捕集能力约为 25 公吨/年，占全球容量的近 2/3。由于早期项目的积累，美国在 CCUS 技术的研发、工程设计以及实际操作方面积累了丰富的经验，形成了成熟的技术体系和管理流程。这种经验不仅有助于优化现有设施的性能，降低运营成本，还能够为新项目的规划和建设提供指导，减少试错成本，为发展 CCUS 集群打下了坚实的基础。

---

① Meckel T A, Bump A P, Hovorka S D, et al. Carbon capture, utilization, and storage hub development on the Gulf Coast [J]. Greenhouse Gases: Science and Technology, 2021, 11 (4): 619 – 632.

2. 人才技术优势

在美国 CCUS 技术的发展历程中，不断进行着各种技术的尝试与应用。起初，仅为简单的 CO_2 捕集和利用，而后逐渐发展出更为先进的捕集技术，包括化学吸收、物理分离、膜分离以及钙循环等[1]。在 CO_2 运输和存储方面，美国拥有广泛的 CO_2 管道网络，并且正在探索诸如大规模 CO_2 运输船舶等新技术。长期的实践与项目实施，为美国培养了一大批 CCUS 领域的工程师、科学家和技术人员，此外，美国的科研机构和高等教育系统以其强大的科研实力为 CCUS 技术的持续创新提供了源源不断的智力支持。这些人才和技术优势对于美国未来 CCUS 集群建设具有重要意义。一方面，有助于加快新技术的研发和商业化进程，使 CCUS 技术更加高效、经济；另一方面，经验丰富的专业团队能够确保新建项目的设计、建设和运营达到高标准，从而提高项目的整体成功率。

3. 成本控制优势

在美国，CCUS 集群的成本优势主要体现在规模经济与共享基础设施两个方面。在墨西哥湾沿岸和科罗拉多州的高度工业化区域，排放源集中，CO_2 存储资源丰富，并且存在对使用 CO_2 提高石油采收率（EOR）的需求，这些条件为 CCUS 集群的部署提供了理想的环境。这些地区由于拥有密集的排放源和可用的存储资源，能够通过共享运输和存储基础设施来利用规模经济，从而显著降低成本[2]。此外，美国持续不断的 CCUS 项目建设推动了广泛的 CCUS 管道网络的铺设。由于管道运输成本受到规模的影响较大，因此大规模的运输能够显著降低单位成本[3]。通过这种方式，不仅提升了 CCUS 技术的经济可行性，还为未来更大规模的 CCUS 集群项

---

[1]　McCoy S T & Rubin E S. An engineering-economic model of pipeline transport for CO_2 storage [J]. Environmental Science & Technology, 2008.

[2]　Heath G, et al. Modeling the economic impacts of carbon capture and storage（CCS）on the U. S. power sector [J]. Environmental Science & Technology, 2016.

[3]　Rubin E S, et al. The economics of carbon capture and storage：A key element of a low-carbon economy [J]. Journal of Environmental Economics and Management, 2015.

目奠定了运输基础。

4. 地质封存优势

美国拥有多种适合 CO_2 存储的地质结构，如深盐水层、枯竭的油气储层等。这些地质结构能够有效地封存 CO_2，防止其泄漏到大气中。在美国，CO_2 被注入地下后，可以通过结构圈闭、溶解度圈闭、残余圈闭和矿物圈闭等多种机制被永久封存。据测算，美国的潜在 CO_2 封存容量巨大，估计达到约 8000 亿吨，这相当于美国约 160 年的当前能源部门排放总量[1]。在墨西哥湾沿岸地区、怀俄明州、科罗拉多州和蒙大拿州等地区拥有丰富的存储资源，其中大约 2/3 的存储容量（550Gt）在陆上，主要分布在盐水层中。此外，美国多数 CO_2 排放源靠近潜在的地质存储地点，这为 CCUS 集群实施提供了便利。大约 85% 的工业设施和发电厂的排放源位于距离潜在存储地点 100 千米范围内，这些排放源占总排放量的 80%，这有利于降低运输成本，提高 CCUS 集群的可行性。[2]

5. 政策支持优势

美国政府对 CCUS 集群的发展给予了强有力的政策支持。2011～2023年，美国国会为 CCUS 研究和相关项目拨款总计 53 亿美元。2009 年的《美国复苏与再投资法案》提供了 34 亿美元，2021 年的《基础设施投资和就业法案》在 2022～2026 年提供了 82 亿美元的预先拨款。除直接的拨款支持之外，还颁布实施了 45Q 税收抵免政策，为墨西哥湾 CCUS 集群建设投资提供了重要支持。该政策为墨西哥湾永久 CO_2 地质封存提供高达 50 美元/吨 CO_2 的税收抵免，或为集群内 EOR 其他 CO_2 利用项目提供高达 35 美元/吨的税收抵免。税收抵免的有效期为项目开始后的 12 年，

---

① Holloway S. Carbon capture and storage: The path to deployment [J]. Journal of the Geological Society, 2011.

② Meckel T A, Bump A P, Hovorka S D, et al. Carbon capture, utilization, and storage hub development on the Gulf Coast [J]. Greenhouse Gases: Science and Technology, 2021, 11 (4): 619 – 632.

且为了鼓励项目尽快开展，规定新项目必须在 2024 年 1 月 1 日前开始建设才能享受此政策。这些措施大大激励了企业投资墨西哥湾 CCUS 集群的积极性。①

在联邦政府层面的税收优惠之外，位于墨西哥湾集群内的州政府也发布了与 CCUS 相关的支持政策。得克萨斯州立法授权学校土地委员会通过得克萨斯州土地总署（Texas General Land Office）执行矿产租赁，资助教育基金（PSF），对集群内 CO_2 封存项目相关事宜进行管理。这些政策为墨西哥湾 CCUS 集群的发展提供了广泛的支持，涵盖了集群内不同的 CCUS 项目，鼓励企业采用 CCUS 技术降低碳排放，增强了投资者对 CCUS 项目的信心，促进了区域 CCUS 集群的发展。②

6. 完善的监管优势

美国拥有健全的法律和监管框架，确保地质 CO_2 存储地点的选择既合适又安全。因为墨西哥湾地区靠近海洋，且该区域是美国的重要工业区，经济价值巨大，所以选择安全的 CO_2 封存地点对墨西哥湾 CCUS 集群发展显得尤为重要。联邦政府相关部门在对墨西哥湾集群 CO_2 封存项目的审批过程中，会严格评估存储地点的地质条件和潜在风险等因素，以确保存储的安全性和有效性③。美国对 CO_2 除选址以外的其他方面也实行严格的管理，包括详细的建模、持续的监测、测量和验证等措施，以防止 CO_2 泄漏到大气中或污染地下水。例如，美国环保署（EPA）认定墨西哥湾集群注入 CO_2 地层封存，需要依据《安全饮用水法》的地下注入控制（UIC）计划获取特定的 Class VI 许可证，以确保地下饮用水源不受污染。同时，对于 CO_2 管理中的排放到空气的核算，有《清洁空气法》的温室气体核算规则提供指导。政府还会要求墨西哥湾集群中的项目开发者和相关部门通过

① NETL（National Energy Technology Laboratory）. The role of carbon capture and storage in the U. S. [J]. Energy System，2020.

② Gielen D & Luderer G. The role of carbon capture and storage in achieving Net Zero Emissions [J]. Nature Communications，2020.

③ Clark J L，et al. Scaling up carbon capture and storage for deep decarbonization of U. S. power sector [J]. Energy Policy，2020.

有效的利益相关者参与机制，解决公众对存储项目的担忧，从而增强公众对 CCUS 技术的接受度①。这些措施共同构成了一个全面的管理体系，为美国 CCUS 集群的可持续发展提供了坚实的法律和监管保障。

在州政府层面，墨西哥湾集群内的得克萨斯州和路易斯安那州也有完善的监管措施。得克萨斯州在 2009 年立法会议推进了多项 CCUS 相关议题，该州在 Class Ⅵ 规则的指导下，虽然目前未申请相关权限，但已将 CO_2 存储许可责任在铁路委员会（RRC）和环境质量委员会（TCEQ）之间进行了划分，2021 年还有法案（HB 1284）寻求将所有 CO_2 注入井的许可整合到铁路委员会。该项举措明确了 CO_2 封存的具体监管单位，有利于减少集群内企业的审批流程，促进集群内 CO_2 封存的建设进度②。路易斯安那州通过了《路易斯安那州二氧化碳地质封存法案》（Louisiana Geologic Sequestration of Carbon Dioxide Act），对存储设施许可、注入井的操作及监测等都有详细规定，通过详细的监管规定，确保能够及时发现可能出现的问题，并采取相应的措施进行解决，保障墨西哥湾 CCUS 集群的安全和可持续性。

（三）美国 CCUS 集群的技术成熟度

CCUS 能够在多大程度上为实现净零排放作出贡献，在很大程度上取决于技术进步。CCUS 的成熟度因技术类型和应用不同而有很大差异，一些技术已经成熟，可以在燃煤发电和制氢等应用中迅速扩大规模，而其他技术则需要进一步发展。

1. CO_2 捕集环节

墨西哥湾集群使用的 CO_2 捕集技术包括化学吸收和物理分离。化学吸

---

① U. S. Department of Energy（DOE）. Carbon management in the power sector：Opportunities and challenges［R］. 2022.

② Wang M，et al. Lifecycle assessment of carbon capture and storage in U. S. power plants［J］. Environmental Research Letters，2018.

收是一种常见的工艺操作，基于 CO_2 与化学溶剂（如乙醇胺化合物）之间的反应，通常使用两个色谱柱进行，该技术已被广泛应用于发电、燃料转化和工业生产等领域，如美国墨西哥湾地区得克萨斯州的 Petra Nova 发电项目。物理分离技术则通过吸附、吸收、低温分离或脱水和压缩等方式来捕集 CO_2，目前主要用于天然气加工和乙醇、甲醇和氢气生产，美国有 9 个大型工厂在运行时采用该技术，包括使用专有溶剂、真空变压吸附（VSA）或低温分离技术等。

2. CO_2 运输环节

是否拥有安全可靠地运输 CO_2 的基础设施是实现 CCUS 部署的关键因素之一。在墨西哥湾集群内部，大规模运输 CO_2 的两个主要选择是通过管道和船舶，管道是在陆上运输大量 CO_2 的最便宜的方式，根据距离和体积的不同，也可以在海上运输。短途和小批量的 CO_2 也可以通过卡车或铁路运输，但每吨 CO_2 运输成本会更高。在美国，管道运输已实践多年，并已大规模部署。在北美已经有一个广泛的陆上 CO_2 管道网络，且有总长度超过 8000 千米的管道主要分布在美国。美国 CO_2 管道系统分布情况具体如表 9 - 1 所示。

表 9 - 1　　　　　　　　　美国 CO_2 运输管道的地理分布

管道区域	长度（千米）
二叠纪盆地（西得克萨斯州、新墨西哥州、科罗拉多州）	4180
墨西哥湾沿岸（密西西比州、路易斯安那州、得克萨斯州东部）	1190
落基山脉（科罗拉多州、怀俄明州、蒙大拿州）	1170
中部大陆（俄克拉何马州、堪萨斯州）	770
其他（北达科他州、密歇根州）	345

资料来源：秦阿宁，吴晓燕，李娜娜，等．国际碳捕集、利用与封存（CCUS）技术发展战略与技术布局分析 [J]．科学观察，2022，17（4）：29 - 37.

3. CO_2 利用环节

在美国，CO_2 最大的消费者是化肥行业，每年使用大量 CO_2 作为尿素制造的原料，其次是石油和天然气行业，每年消耗 4000 万～5000 万吨用于提高采收率。现在也存在一些处于早期发展阶段的 CO_2 利用途径，为未来的 CO_2 利用提供了机会。例如，Carbon Cure 在科罗拉多 CCUS 集群内的工厂将 CO_2 用于建筑材料的生产，以取代混凝土中的水，或作为其水泥和建筑骨料的原材料，称为 CO_2 的固化。

4. CO_2 封存环节

早在 2004～2006 年，得克萨斯州利伯蒂县就进行了 Frio Ⅰ和 Frio Ⅱ CO_2 注入测试项目，这是美国最早的学术封存实验之一。该项目深入研究了 CO_2 在地下特定地层（渐新世弗瑞奥组砂岩，地下约 5000 英尺的含盐环境中，处于一个产油盐丘的侧翼）的注入和监测情况，为后续地质封存技术的发展提供了关键的理论支持和实践经验。

此后，对墨西哥湾沿岸地区的地质研究已经持续了数十年，包括对陆上和海上地质的详细勘查。该地区的地质结构为被动、向海倾斜的大陆边缘，其沉积楔在向海方向厚度增加，且在陆上和近岸区域存在较厚的潜在存储地层。研究人员对得克萨斯州和路易斯安那州近岸（内大陆架）的下中新世地质进行了详细的结构—地层解释，面积达 6300 平方英里，相关研究包括数千平方英里的集成 3D 地震数据、数千口井的测井数据以及区域测井对比等，这些工作为地质封存技术提供了精确的地质模型和数据支持。

通过一系列研究和评估，目前对墨西哥湾地区的 CO_2 存储资源有了较为准确的估计。例如，美国能源部国家能源技术实验室（NETL）和得克萨斯州土地总署（GLO）等机构的研究表明，在墨西哥湾更大区域内的存储容量可达数百亿吨 CO_2，仅在下中新世地层的海上存储估计就有 129 亿吨。这些明确的资源评估为地质封存技术的应用提供了坚实的资源基础，也体现了技术发展的成熟度，对墨西哥湾地区地质封存潜力有清晰的认识和把握。

（四）美国 CCUS 集群的融资渠道

1. 美国政府对 CCUS 集群的资金支持

美国政府为 CCUS 集群项目提供了大量资金支持。主要通过美国能源部（DOE）直接向集群项目提供资金支持和向使用 CCUS 技术的公司提供税收抵免来补贴碳捕集和封存。近些年来，投向集群内 CCUS 项目的资金数额和税收抵免的规模都有所增加[①]。

2009 年通过《美国复苏与再投资法案》（ARRA），截至 2023 年 9 月，美国通过该方案共计向 CCUS 项目提供了 34 亿美元资金支持，以推进 CCUS 在工业中的应用。[②]《基础设施投资和就业法案》[③]（IIJA）为相关的 CCUS 项目提供了 82 亿美元。2023 年，美国能源部宣布投入 12 亿美元，用于墨西哥湾和 CCUS 集群的得克萨斯州和路易斯安那州两个商业规模的直接空气捕集（DAC）设施的开发。[④]

自 2008 年以来，联邦政府通过《2008 年能源改进和扩展法案》，法案中确立的 48A 和 45Q 允许使用 CCUS 的公司申请税收抵免，以减少他们所欠的税款[⑤]。45Q 税收抵免政策经过 2018 年的修订后，每吨 CO_2 的补贴金额得到了大幅提升，采用递进式 CO_2 补贴价格的设定方式，具体补贴金额在第五章已有呈现，这里不过多赘述。2021 年 1 月 15 日，美国发布 45Q 条款最终法规，抵免资格分配制度更加灵活，明确私人资本有机会获得抵免资格。这种方式使得投资企业可以确保 CCUS 集群建设主体的现金流长期稳定，大大降低了项目的财务风险，从而鼓励企业投资建设 CCUS 集群。

---

①　ZEP（Zero Emissions Platform）. The Role of CCS in Achieving Net-Zero Emissions ［R］. 2020.

②③　White House. Infrastructure Investment and Jobs Act ［EB/OL］. https：//www. whitehouse. gov/briefing-room/statements-releases/2021/08/02/updated-fact-sheet-bipartisan-infrastructure-investment-and-jobs-act/.

④　IEA. Investment in direct air capture CO_2 ［EB/OL］.（2021 – 04 – 30）［2024 – 12 – 5］. https：//www. iea. org/policies/13070-investment-in-direct-air-capture-co2.

⑤　America Government. SCALE Act ［EB/OL］.（2020 – 12 – 17）［2024 – 12 – 5］. https：//www. congress. gov/bill/117th-congress/senate-bill/799/text.

2022 年 8 月 16 日，美国总统拜登签署《通胀削减法案》（The Inflation Reduction Act，IRA），这一法案对墨西哥湾集群和科罗拉多的 CCUS 建设，起到了显著推动作用。IRA 主要有四项内容，包括大幅增加了国内 CCUS 项目联邦所得税抵免（通常被称为"45Q 抵免"）的金额等，同时 IRA 还放宽了 CCUS 设施获取 45Q 税收抵免所必须满足的要求。先前法律规定的高门槛导致许多 CCUS 项目无法得到 45Q 税收抵免政策的补贴支持，而 IRA 法案降低了该门槛，极大地激励了 CCUS 集群建设发展。IRA 具体内容及税收激励政策见第五章，这里不过多赘述。

2. 私营部门是美国 CCUS 产业集群的重要资金来源之一

在过去几年时间里，美国大型石油公司一直在大力投资 CCUS 技术，抵消它们生产的能源商品产生的 CO_2 排放。例如 2014 年，墨西哥湾 CCUS 集群内部卡斯通商品国际公司（Castleton Commodities International）将在路易斯安那州沿着密西西比河在普拉克明斯教区南部建设一个新的甲醇制造厂并使用了 CCUS 技术，项目资本投资达 12 亿美元。埃克森美孚通过其低碳解决方案业务部门专注于下一代低排放燃料的创新，并与林德公司合作，每年将运输并永久封存 CO_2 多达 220 万吨。这些投资不仅有助于墨西哥湾 CCUS 集群建设，还能增强企业的可持续发展形象，符合日益严格的环境法规要求，并且会为企业带来新的收入来源，比如通过出售捕集的 CO_2 给需要进行 CO_2-EOR 的公司，或是利用捕集的 CO_2 创造负碳产品，从而在市场中占据竞争优势。

3. 金融部门的贷款和融资支持

一些大型商业银行，如摩根大通、美国银行等，积极开展绿色金融业务。对于 CCUS 集群这类具有环境效益的项目，它们会在贷款评估时给予一定的倾斜，提供相对优惠的贷款利率，或者在贷款审批流程上予以简化和加快，以鼓励此类项目的发展。一些金融机构可能会设立专门用于投资 CCUS 集群项目的专项基金。例如，高盛集团设立相关的气候投资基金，其中包括对 CCUS 集群项目的投资。美国政府对 CCUS 集群项目提供了一定的政策支持，这些政策支持为金融机构提供了信心，降低了项目的风险。同时，金融机构通过支持 CCUS 集群项目，可以展示其对环境可持续发展的承诺，提升企业形象和社会责任感[①]。

（五）美国墨西哥湾 CCUS 集群

美国墨西哥湾沿岸地区是美国最大的工业 CO_2 排放源之一，此区域有大量的发电厂、炼油厂、石化加工以及各种工业设施，CO_2 排放源密集分布，为实现 CO_2 捕集、利用与封存技术的规模经济提供了有利条件[②]。墨西哥湾沿岸拥有现成的商业 CO_2 输送管道和氢气管道网络，为 CCUS 集群建设提供了基础设施。此外，该区域还具有大规模的离岸盐水层存储潜力，这使得它非常适合进行 CCUS 项目的开发。地质研究表明，墨西哥湾的地质结构能够支持未来数十年内当前年度排放量的 CO_2 储存，且已有研究表明该地区的地质条件对永久性 CO_2 存储高度适宜。这些因素共同促成了墨西哥湾沿岸作为 CCUS 集群发展的理想场所。墨西哥湾 CCUS 集群的主要信息如表 9-2 所示。

表 9-2　　　　墨西哥湾 CCUS 集群主要信息

集群项目地点	美国墨西哥湾
集群项目开始时间	2004 年
CO_2 捕集项目	亚瑟港的空气产品氢气厂 CO_2 捕集项目（2013 年） 佩特拉诺瓦项目（2017 年）
CO_2 利用项目	黑斯廷斯油田的采油（EOR）
CO_2 封存项目	Frio Ⅰ 和 Frio Ⅱ 注入测试项目（2004 年和 2006 年）
CO_2 运输方式	管道运输
CO_2 封存区域	近海区域的含盐地层

资料来源：Meckel T A, Bump A P, Hovorka S D, et al. Carbon capture, utilization, and storage hub development on the Gulf Coast [J]. Greenhouse Gases: Science and Technology, 2021, 11 (4): 619–632.

① America Government. Financing Our Energy Future Act [EB/OL]. (2019–06–13) [2024–12–5]. https://www.congress.gov/bill/117th-congress/senate-bill/1034.
② Luo X & Zhang X. Regional carbon capture and storage clusters in the U S: A strategic framework [J]. Environmental Science & Technology, 2019.

1. 项目实施细节

（1）CO$_2$捕集环节。2013 年，美国空气产品公司在亚瑟港建设氢气厂 CO$_2$捕集项目，每年捕集约 100 万吨 CO$_2$，捕集的 CO$_2$通过管道运输至休斯敦西南部的黑斯廷斯油田以提升采油率（EOR）。2017 年，佩特诺瓦项目连接一个得克萨斯州汤普斯燃煤电厂 240 兆瓦的支流，每年捕集约 150 万吨 CO$_2$，并通过管道将 CO$_2$运输到西牧场油田进行 EOR。

（2）CO$_2$运输环节。CO$_2$的管道运输在墨西哥湾沿岸地区已经成熟。目前有两条主要的管道专门用于 CO$_2$运输。Denbury 资源运营的管道网络横跨四个州，总长度约 925 英里，其中包括从杰克逊穹顶向密西西比油田供应 CO$_2$的 NEJD 管道段，以及 Free State 管道（90 英里）、Delta 管道（110 英里）和 50 英里的 SONAT 管道。最新的部分是 2010 年完成的，从路易斯安那州唐纳森到得克萨斯州休斯敦的 320 英里段，该段管道在盖斯马和亚瑟港有互连点，用于纳入从工业设施捕集的 CO$_2$。该管道的西部终点位于得克萨斯州休斯敦西南部。第二条独立管道位于得克萨斯州墨西哥湾沿岸，从汤普斯到杰克逊县的西牧场油田，长 80 英里。[①]

（3）CO$_2$利用与封存环节。除了前述提到过的 EOR 项目外，佩特诺瓦项目每天可储存约 4000 吨 CO$_2$，并将石油采收率提高到每天 5000 桶。2004 年和 2006 年，在美国能源部的资助下，在得克萨斯州利伯蒂县进行 Frio Ⅰ和 Frio Ⅱ注入测试项目，将 CO$_2$注入渐新世弗瑞奥组砂岩中，在大约 5000 英尺深的盐水环境中进行封存实验，证明了该地区 CO$_2$地下储存的可行性[②]。墨西哥湾地区的地质条件有利于 CO$_2$封存，尤其是近海的得克萨斯州和路易斯安那州水域。该地区的地质研究详细，估计海上储存量巨大，例如中新世地层的储存量可达 129 亿吨，代表着该地区

[①] Smyth R C & Hovorka S D. Best management practices for offshore transportation and subsea storage of CO$_2$ [J]. U. S. Department of the Interior, 2018.

[②] Ringrose P S & Meckel T A. Maturing global CO$_2$ storage resources on offshore continental margins to achieve 2DS emissions reductions [J]. Scientific Reports, 2019.

可能有数十年的 CO_2 储存能力[①]。

2. 成本收益

税收抵免政策对墨西哥湾 CCUS 集群项目具有重要的推动作用。美国国税局税法第 45Q 条规定的税收抵免，为部署 CCUS 提供了有力支持。这些抵免自 2009 年就已存在，并在 2019 年根据《碳排放法案》得到显著扩大，2022 年的《通胀削减法案》进一步降低了获得税收抵免的门槛。税收抵免金额会逐年递增，为项目提供了可预测的财务未来。考虑到符合条件所需的最小产量和 12 年的税收抵免资格，墨西哥湾 CCUS 集群利用项目的最低净税收抵免价值约为 1000 万美元，提高采收率项目约为 4000 万美元，地质封存项目约为 5700 万美元。项目可行性在每年 50 万吨左右时，EOR 项目可获得约 2 亿美元的净税收抵免，地质储存项目可获得 2.85 亿美元的净税收抵免。[②] 这些数据表明，税收抵免政策为 CCUS 集群项目带来了可观的经济收益，降低了项目成本，提高了项目的商业可行性和吸引力，有力地激励了企业参与 CCUS 项目的积极性。

由于税收抵免政策为项目提供了可观的经济激励，使得更多的企业愿意投资于 CCUS 集群项目。这不仅有助于增加 CCUS 项目的数量，还能够促进项目规模的扩大。随着更多项目的实施，CCUS 技术将得到更广泛的应用和推广，从而推动整个行业的发展。此外，私人税务股本集团也因为看到了 CCUS 在税收抵免政策下的潜在更大金融机会，而更加关注这一领域，这将为 CCUS 集群项目带来更多的资金支持[③]。

[①] Wallace K J, et al. Regional CO_2 sequestration capacity assessment for the coastal and offshore Texas Miocene interval [J]. Greenhouse Gases: Science and Technology, 2013.

[②] AFRY & GaffneyCline. OGCI: CCUS Deployment Challenges and Opportunities in the GCC [EB/OL]. (2022 – 01 – 31). https://www.ogci.com/wp-content/uploads/2023/04/Gulf-CCUS-challenges-and-opportunities-Mar-2022_compressed.pdf.

[③] Vidas H, et al. Analysis of the costs and benefits of CO_2 sequestration on the U. S. outer continental shelf [J]. U. S. Bureau of Ocean Energy Management, 2012.

3. 项目影响

（1）应对气候变化。美国墨西哥湾 CCUS 集群发展对减少 CO_2 排放、应对气候变化具有重要意义。该地区是美国工业 CO_2 排放的最大集中地之一，通过实施 CCUS 项目，可以有效捕集和封存大量的 CO_2，从而降低温室气体排放，减轻对环境的负面影响。这有助于保护当地的生态系统，减少空气污染和气候变化对社会的潜在危害，提高居民的生活质量。此外，该项目的实施还可以为其他地区提供示范，推动全国范围内的碳减排行动，促进可持续发展。

（2）推动能源转型。美国墨西哥湾 CCUS 集群项目有助于推动能源行业的转型和可持续发展。该地区拥有多样化的能源和化工设施，通过实施 CCUS 技术，可以减少这些设施的碳排放，使其在满足能源需求的同时，更加符合环保要求。这将促进能源行业向低碳、清洁的方向发展，推动可再生能源与传统能源的融合，提高能源利用效率。此外，CCUS 技术还可以与其他能源技术相结合，如与液化天然气（LNG）出口设施相关的 CO_2 管理，为能源行业提供更多的发展机遇和创新空间。

（3）促进经济发展。墨西哥湾的 CCUS 集群项目对地区经济具有积极的推动作用。一方面，CCUS 项目的建设和运营将带动相关产业的发展，如管道建设、设备制造、工程服务等，增加经济活动和收入。另一方面，通过减少碳排放，企业可以避免因碳排放限制而可能面临的罚款或成本增加，提高企业的竞争力。CCUS 集群项目的发展还会为当地的教育资金提供支持，得克萨斯州通过土地管理和项目开发为永久学校基金（PSF）带来收益，从而对教育等社会领域产生积极影响，进一步促进地区的全面发展。

（4）加速技术创新。墨西哥湾的 CCUS 集群项目为 CCUS 技术的发展和创新提供了实践平台。通过大规模的实际应用，加速了 CCUS 技术创新。集群内部汇集了电力生产、炼油和石化加工等行业的大量 CO_2 排放源，通过将这些排放源的 CO_2 流合并处理，不仅实现了规模经济，降低了技术应用的成本，还为技术研发提供了丰富的数据支持和实践机会。项目中的集成化开发，将 CO_2 的捕集、运输到封存全流程优化，促进了不同技术环节之间的协同创新，提高了技术的整体效能。

二、代表性案例——加拿大

加拿大在 CCUS 领域的建设、运营及发展上处在全球领先地位，不仅拥有商业化运营且成果显著的 CCUS 项目，还部署了一个技术较成熟、体系较完备的 CCUS 集群。2014 年，加拿大成功建成了全球首个全流程 CCUS 项目，标志着 CCUS 技术发展迈出了具有历史意义的一步，为后续加拿大乃至世界的 CCUS 建设提供了丰富的经验和指导。随后在 2015 年，世界首个专门针对制氢油砂升级的 CCUS 项目正式投入商业化运营，这一项目的成功实施不仅为加拿大树立了标杆，也为全球 CCUS 技术的应用与发展提供了典范。2020 年，加拿大的 CCUS 领域再次迎来重大突破，首个大规模 CCUS 集群开始运营。这一集群的建立和运营，进一步巩固了加拿大在全球 CCUS 领域的领先地位，同时也展示了加拿大在应对气候变化方面的坚定决心和显著成就，推动了能源结构的优化和转型升级，也为全球碳减排事业贡献了重要力量。本小节就对加拿大 CCUS 集群进行介绍，包括应用领域、优势条件、技术成熟度和融资渠道，并分析具体的集群项目建设过程。

（一）加拿大 CCUS 集群的应用领域

1. 二氧化碳捕集来源角度

加拿大的 CCUS 集群涉及石油精炼和化肥生产领域的碳捕集，捕集类型属于工业分离。在工业生产过程中，尤其是涉及化工、能源等领域的生产，往往会产生大量的 CO_2，因此在工艺流程中一般会设置去除 CO_2 的工序，这不仅有助于降低碳捕集环节的成本，更在很大程度上提升了整个

CCUS 流程的经济性与实际操作的可行性[①]。

在石油精炼领域，CCUS 技术应用于物理吸收炼油厂废气中的二氧化碳，从而实现对排放物的有效控制。在化肥生产行业，CCUS 技术应用于捕集生产过程中产生的湿二氧化碳气流，并通过脱水处理，使这些二氧化碳得以安全、有效地被封存，进一步推动了化肥生产的绿色化与低碳化。

目前，加拿大也在部署水泥、化工、发电和氢气等行业的 CCUS 集群，建设更大规模的集群以降低捕集成本，减少捕集风险。

2. 二氧化碳运输方式角度

管道运输是当前较为成熟的运输方式，具有安全性高、运量大的优点，适用于大规模、长距离的运输场景。同时也需要持续监测来规避管道运输过程中的管道腐蚀和二氧化碳泄漏等风险。加拿大 CCUS 集群连接多个捕集源和输送管道，能够实现二氧化碳的高效运输。且运输管道已经达到世界领先的容量，未来，有望连接更多的排放源，扩大集群规模，从而降低整体运行成本，为应对气候变化贡献更多力量。

3. 二氧化碳最终用途角度

在加拿大现有的 CCUS 集群中，捕集的二氧化碳主要被注入已枯竭的油藏，用以增强石油采收率（EOR）并实现其永久封存。目前，加拿大正积极探索二氧化碳储存的多样化途径，拓宽二氧化碳的应用领域。2021年，艾伯塔省推出了碳储存中心战略，利用该地区广泛分布的深层盐水含水层，为大型工业二氧化碳排放源提供了非 EOR 途径的永久储存方案。目前加拿大已有 80% 的 CCUS 集群依托该碳储存中心，部署了对二氧化碳的直接地质封存。

---

① 王静，龚宇阳，宋维宁，阳平坚. 碳捕获、利用与封存（CCUS）技术发展现状及应用展望 [EB/OL]. （2021 - 07 - 15）[2024 - 10 - 20]. https://www.craes.cn/xxgk/zhxw/202107/t20210715_847263. shtmlhttps://www.craes.cn/xxgk/zhxw/202107/t20210715_847263. shtml.

（二）加拿大 CCUS 集群的优势条件

1. 经验丰富

加拿大积累了大规模能源开发、地下处置和注入地质构造的深厚经验。早在 1985 年 Joffre EOR 项目就开始向地下注入二氧化碳用于提高石油采收率[①]，之后又对与天然气加工相关的酸性气体（包括二氧化碳）进行地下处置[②]。早期的 CCUS 技术探索为后续开展 CCUS 项目积累了大量的实践经验，2014 年和 2015 年相继运营的 Boundary Dam 和 Quest 项目更是为之后的 CCUS 集群发展奠定了坚实的基础。加拿大在 CCUS 领域积累的广泛且深厚的经验不仅有助于本国的 CCUS 集群建设，也为其他国家的 CCUS 部署提供了可借鉴的宝贵经验。

2. 降低成本

加拿大现有的 CCUS 集群位于其能源之都——艾伯塔省的工业中心（埃德蒙顿地区）。这里是加拿大最大的石化产品和天然气加工地区，形成了一个巨大的碳排放源，能够持续供应大量的二氧化碳用以驱油和直接封存，这种稳定的碳源供应显著降低了 CCUS 集群的运营成本和风险。此外，埃德蒙顿作为艾伯塔省的管道运输枢纽，拥有世界级的基础设施。这里交织着庞大的管道网络，覆盖了广泛的地区[③]。这些现有的管道设施为二氧化碳的输送提供了极大的便利，从而显著减少了 CCUS 集群在基础设施建设方面的投入成本。

---

① Boe Report. Alberta has tonnes of room to grow carbon storage［EB/OL］.（2021 - 03 - 31）［2024 - 10 - 25］. https：//boereport. com/2021/03/31/alberta-has-tonnes-of-room-to-grow-carbon-storage/.

② Government of Alberta. Carbon capture，utilization and storage-Development and innovation［EB/OL］. https：//www. alberta. ca/carbon-capture-utilization-and-storage-development-and-innovation.

③ Invest Alberta. Petrochemicals & Natural Gas：Supplying the global marketplace［EB/OL］. https：//investalberta. ca/petrochemicals/.

3. 地质条件

加拿大拥有庞大的地质存储空间和优越的地质存储条件。有学者指出，加拿大西部沉积盆地地质构造稳定，拥有处于不同衰竭阶段的油气藏和广泛的盐层，是封存 CO_2 的理想区域。该学者将盆地划分成七个区域，发现中心区域包括艾伯塔省中东部和萨斯喀彻温省中西部非常适宜二氧化碳的封存（Bachu et al，2002）。加拿大正在运营的 CCUS 集群就建立在存储地点优良的艾伯塔省。加拿大西部沉积盆地面积广阔，达到了约1400000 平方千米，覆盖了不列颠哥伦比亚省东北部、艾伯塔省、萨斯喀彻温省以及西北地区西南部的部分地区。该盆地复杂而致密的地质特征是确保 CO_2 安全封存的关键因素（Rajkumar et al，2021）。进一步地，有学者利用模型对艾伯塔省的 15143 个油田和 68327 个气田的二氧化碳封存量进行了估算，结果显示，艾伯塔省油田的存储容量为 52 亿吨，气田的CO_2 储量为 415 亿吨，但大多数气田仍处于生产阶段，尚不能进行地质封存（Zhang et al，2022）。

4. 政策支持

CCUS 集群的建立和发展离不开加拿大政府出台的相关政策和法规，具体体现在碳定价体系与碳市场、CCUS 监管框架和良好的投资环境。

碳定价体系与碳市场。2016 年加拿大政府制定了碳定价体系（联邦基准），包含所有温室气体，全部省份和地区都要遵守并可进一步完善符合当地实际情况的定价体系。体系规定了两个碳定价系统：一是针对汽油、柴油、天然气等化石燃料征收费用，称为燃料费。规定 2018 年的碳价为每吨10 美元，并以 10 美元/吨的价格逐年递增，到 2022 年为 50 美元/吨①。随后在 2021 年，加拿大政府进一步强化了碳定价政策，发布了 2023～2030 年的新的碳定价联邦基准。在新的框架下，基于价格的碳定价系统以 2022 年

---

① Government of Canada. Pan-Canadian Approach to Pricing Carbon Pollution. https：//www.canada.ca/en/e-nvironment-climate-change/news/2016/10/canadian-approach-pricing-carbon-pollution. html.

的每吨50美元作为起点，规定了每年15美元的递增机制，到2030年碳价达到每吨170美元①。

　　基于产出的工业定价制度（OBPS）。针对大型工业排放者，根据其碳排放量进行定价，并通过碳排放配额交易机制实现减排目标。OBPS允许温室气体信用抵消，并在碳市场上进行交易。并且规定温室气体排放上限每年都要有所下降②。加拿大政府通过制定高额的碳价、开放碳市场，不仅为减少温室气体排放提供了强有力的经济激励，也为CCUS技术的集群发展创造了有利条件。正在运营的CCUS集群位于艾伯塔省，遵循该省的排放抵消体系③。表9-3展示了加拿大各省和地区在截至2024年实行的碳定价体系。

表9-3　　　　　　　　　　加拿大不同区域的碳定价体系

省/地区	燃料费	基于产出的定价系统	限额与交易
纽芬兰与拉布拉多	联邦	省级	否
新斯科舍省	联邦	省级	否
爱德华王子岛	联邦	联邦	否
新不伦瑞克省	联邦	省级	否
魁北克	否	否	省级
安大略	联邦	省级	否
不列颠哥伦比亚省	否	否	省级
马尼托巴省	联邦	联邦	否
努纳武特	联邦	联邦	否
育空	联邦	联邦	否
艾伯塔省	联邦	省级	否

---

①② Government of Canada. Update to the Pan-Canadian Approach to Carbon Pollution Pricing 2023 - 2030 ［EB/OL］. https：//www. canada. ca/en/environment-climate-change/services/climate-change/pricing-pollution-how-it-will-work/carbon-pollution-pricing-federal-benchmark-information/federal-benchmark-2023 - 2030. html.

③ Government of Alberta. Alberta Emission Offset System ［EB/OL］. https：//www. alberta. ca/alberta-emission-offset-sys-tem.

省/地区	燃料费	基于产出的定价系统	限额与交易
萨斯喀彻温省	联邦	省级	否
西北地区	否	否	省级

注：信息统计截至 2024 年。

资料来源：Government of Canada. Carbon pollution pricing systems across Canada ［EB/OL］. https：//www. canada. ca/en/environment-climate-change/services/climate-change/pricing-pollution-how-it-will-work. html.

CCUS 监管框架与投资环境。加拿大通过最新出台的立法，构建了一个全面且严格的监管框架，旨在确保 CCUS 项目从设计、建设、运营到关闭的全生命周期均符合高标准的环境要求[①]。同时，多个省份如不列颠哥伦比亚省和艾伯塔省等，已实施孔隙空间占有权监管制度，进一步强化了监管力度（Howard et al，2023）。为了营造更加优越的投资环境，加拿大政府在 2022 年的联邦预算中大力推动 CCUS 投资税收抵免，明确规定了 2022 ~ 2030 年各类 CCUS 项目的税收优惠政策，例如直接从空气捕集（DAC）二氧化碳的项目可享受 60% 的税收抵免，其他碳捕集项目则为 50% 等，2031 ~ 2040 年的税率均降低 50%（即 DAC 降至 30%，所有其他项目降至 25%，运输、储存和利用税率为 18.75%）（International CCS Knowledge Centre，2023）。

2022 年生效的清洁燃料法规（CFR）为 CCUS 技术带来了额外的信用创造机遇。该法规鼓励燃料生产商依据其减排成效创建信用额度，并提供了三种获取额度的途径，其中之一便是通过 CCUS 及可再生电力等项目降低汽油与柴油的碳强度。这些信用额度不仅可用于满足法规要求，还可在市场上进行交易，从而进一步推动了 CCUS 技术的商业化进程[②]。

---

① CCUS. CA. Canadian Government's New Legislation on Carbon Capture and Storage ［EB/OL］.（2023 - 12 - 15）［2024 - 10 - 25］. https：//ccus. ca/canadian-governments-new-legislation-on-carbon-capture-and-storage/.

② Government of Canada. Compliance with the Clean Fuel Regulations ［EB/OL］. https：//www. canada. ca/en/environme-nt-climate-change/services/managing pollution/energy-production/fuel-reg-ulations/clean-fuel-regulations/com-pliance. html.

（三）加拿大 CCUS 集群的技术成熟度

加拿大的 CCUS 集群形成了一套高效且综合的管理体系。从工业源头精准捕集二氧化碳开始，利用先进的捕集技术确保高效、低能耗的捕集过程。再通过大容量的运输网络，将捕集的二氧化碳安全、快速地输送至封存地点，实现永久封存，减少大气排放。

1. 捕集领域

加拿大的 CCUS 集群在碳捕集方面目前采用的是物理分离法，该方法具有选择性强、吸收量大等特点，特别适用于那些 CO_2 浓度排放较高的行业，例如石油化工、煤化工、天然气加工等领域。这种方法可以大量有效地吸收二氧化碳，还可以在一定程度上降低成本，提高经济效益。此外，在已运营的 CCUS 项目中，也使用了不同的捕集方法，例如，Boundary Dam 项目采用了胺基溶剂化学吸收法，通过吸收和解析过程将二氧化碳从烟气中分离出来，并实现了高达 90% 的捕集效率。2024 年，加拿大的研究人员已经成功地设计出具有增强二氧化碳吸附能力的材料，使直接空气捕集技术在经济上更加可行[①]。这些捕集技术都为未来 CCUS 集群的碳捕集技术提供了宝贵的经验与参考。

2. 运输领域

加拿大的 CCUS 集群主要采用高效且经济的管道进行二氧化碳的长距离、大规模运输。在艾伯塔省，管道网络已将众多工业设施与油田相连，用于增强油气回收（EOR）。管道运输确保了二氧化碳在封闭环境中快速、安全地移动，有效降低了泄漏风险。同时，加拿大正积极研究其他运输方式，以更好地适应不同 CCUS 项目的特定需求。

---

① CCUS. CA. Breakthroughs in Direct Air Capture Technology in Canada［EB/OL］.（2024 - 2 - 8）［2024 - 11 - 5］. https：//ccus. ca/breakthroughs-in-direct-air-capture-technology-in-canada/#more-158.

3. 利用与封存领域

在二氧化碳利用与封存方面，集群目前将捕集到的二氧化碳用于提高石油采收率并进行永久封存。且正在计划和建设的 CCUS 集群大多也直接进行封存，少数几个用于提高石油采收率。加拿大拥有丰富的地质资源，为二氧化碳的地下封存提供了理想条件。封存地点经过严格的地质调查和评估，确保二氧化碳的长期稳定性和安全性。在封存过程中，加拿大还采用了先进的监测技术，地下监测二氧化碳在封存地点的迁移和分布情况与盖层的稳定性；近地表监测土壤、井水、地下水，确保二氧化碳不会泄漏；在大气中监测周围二氧化碳浓度以便及时作出响应[1]。

（四）加拿大 CCUS 集群的融资渠道

1. 政府资助

加拿大政府（包括联邦和省级政府）采取了一系列积极措施，包括提供资金补助、实施各项计划、创建专门基金以及出台具体政策法规，以此来直接和间接地促进 CCUS 技术的开发和实施，同时为加拿大实现清洁能源转型、应对气候变化作出了积极贡献。加拿大联邦政府通过直接资金援助的方式，积极扶持多个 CCUS 项目的推进。例如，Boundary Dam 项目历经多次失败才得以成功，其中最不可或缺的就是加拿大政府提供的 2.4 亿加元资金补助（胡璇，2020），凸显出了政府支持在关键技术研发和产业化过程中的重要性。同样，Quest 项目也成功获得了联邦政府的 9200 万美元补助，并且艾伯塔省政府也给予了高达 5.72 亿美元的资助[2]。为了推动 CCUS 集群的发展，联邦政府和省政府也提供了大量的补助资金。加拿大

---

① Government of Alberta. Carbon capture, utilization and storage-Environmental safety [EB/OL]. https：//www. alberta. ca/carbon-capture-utilization-and-storage-environmental-safety.

② IEA. Grant support for CCUS projects in Alberta and Saskatchewan [EB/OL]. (2020 - 7 - 1) [2024 - 11 - 5]. https：//www. iea. org/policies/11687-grant-support-for-ccus-projects-in-alberta-and-saskatchewan？ s = 1.

政府实施的能源研究开发计划（PERD）和能源创新计划（EIP）为联邦研究人员和外部合作伙伴提供了资金支持，以推动 CCUS 领域的研发工作。同时，政府创建的多个基金如清洁燃料基金、加拿大增长基金、SDTech 基金、低碳经济基金等，也都在为 CCUS 的技术开发、示范及商业化应用提供坚实的资金支持和帮助①。此外，加拿大政府在 2021 年的预算中宣布投资 3.19 亿美元用于研究、开发和示范，以提高 CCUS 技术的商业可行性，并特别提及了关于 CCUS 的投资税收抵免。随后在 2022 年联邦预算中，大力推动 CCUS 投资税收抵免。提出自 2022 年起的五年内提供高达 26 亿美元的可退还投资税收抵免，以激励 CCUS 技术的深入开发与广泛应用，帮助行业实现净零排放②。

2. 机构投资

金融机构的投资是 CCUS 集群建设融资的重要补充。加拿大的 CCUS 集群获得了加拿大养老金计划投资委员会（CPPIB）高达 3.05 亿美元的资金支持，这笔资金为项目的顺利进行提供了有力保障。此外，加拿大基础设施银行（CIB）在 CCUS 基础设施项目中发挥了重要作用，通过项目加速资金为前端工程和设计（FEED）提供大量资本支持。此外，加拿大政府还向 CIB 提供了一系列优先投资类别，包括清洁能源（50 亿美元）和绿色基础设施（50 亿美元）。在 2022 年的预算中，加拿大政府进一步扩大 CIB 的功能，以支持私营部门主导的基础设施项目，加速了加拿大的低碳经济转型，涵盖了清洁燃料生产、氢气的生产、运输与分配，以及 CCUS 技术的研发等多个领域。如今，CIB 现有的绿色基础设施投资已能够支持私营部门主导的 CCUS 基础设施项目，特别是那些旨在连接多个碳

①　Natural Resources Canada. Canada's carbon management strategy［EB/OL］. https：//natural-resources. canada. ca/climat-e-change/canadas-green-future/capturing-the-opportunity-carbon-management-strategy-for-canada/canadas-car-bon-management-strategy/25337#fn8.

②　Natural Resources Canada. Canada opens call for carbon capture research, development and demonstration projects［EB/OL］.（2022 - 7 - 7）［2024 - 11 - 5］. https：//www. canada. ca/en/natural-resources-canada/news/2022/07/canada-opens-call-for-carbon-capture-research-development-and-demonstration-projects. html.

排放源的 CCUS 集群基础设施建设，这无疑是未来 CCUS 集群融资的重要渠道。

3. 私营企业

私营企业是加拿大 CCUS 集群另一资金来源。随着全球对气候变化和碳排放问题的日益关注，越来越多的私营资本开始关注 CCUS 领域，并愿意为具有潜力的项目提供资金支持。他们往往具有更强的技术创新能力和市场敏锐度。在 CCUS 集群项目中，私营企业可以通过引入新技术、优化运营流程等方式，降低项目成本，提高项目的经济效益。例如，加拿大 Quest 项目就是一个成功的案例。该项目由壳牌牵头，通过创新的方式实现了成本比预计低 35% 的显著成果。艾伯塔碳干线项目也由一家私人企业沃尔夫中游公司（Wolf Midstream）资助。由六大油砂生产商共同组成的路径联盟（Pathways Alliance）为其提出的 CCUS 集群项目也已投资了数十亿美元[①]。体现了私营企业对于 CCUS 集群项目的重视程度和投入力度。

（五）加拿大艾伯塔省碳干线[*]

艾伯塔省碳干线（Alberta Carbon Trunk Line，ACTL）是加拿大的一项重要的 CCUS 集群项目，于 2020 年正式投入运营。该集群从艾伯塔省工业中心地区的炼油厂（NWR Sturgeon Refinery）和化肥生产厂（Nutrien Redwater Fertilizer）中捕集二氧化碳，然后通过一条长达 240 千米的管道将二氧化碳运输到艾伯塔省中部和南部的油田中，用以提高石油采收率（EOR），并确保二氧化碳得到安全封存。这条管道是全球二氧化碳运输设施中容量最大的，每年可以运输高达 1460 万吨的二氧化碳。Wolf Midstream（Wolf）公司负责拥有并运营该集群的二氧化碳捕集和管道运输系

---

① International CCS Knowledge Centre. Q&A with Kendall Dilling of Pathways Alliance [EB/OL]. (2023 - 1 - 30) [2024 - 11 - 5]. https：//ccsknowledge.com/news/qanda-with-kendall-dilling-of-pathways-alliance.

* 本小节的数据均来自 2019 年和 2022 年 ACTL 知识共享报告。

统。而 Enhance Energy（Enhance）公司则专注于 EOR 业务，是这个集群的碳利用与封存环节的所有者和运营商。表 9 - 4 列出了该集群的主要信息。

表 9 - 4　　　　　　　　　ACTL 集群项目关键信息

项目名称	Alberta Carbon Trunk Line（ACTL）
运营时间	2020 年
二氧化碳来源	Redwater 化肥厂、Sturgeon 炼油厂
捕集地点	艾伯塔省工业中心地带，埃德蒙顿东北部
二氧化碳运输类型	管道运输（240km）
二氧化碳封存类型	EOR
封存地点	艾伯塔省红鹿市附近
碳捕集与运输环节运营商	Wolf Midstream
碳利用与封存环节运营商	Enhance Energy

资料来源：Government of Canada. Alberta Carbon Trunk Line（ACTL）［EB/OL］. https：//natural-resources. canada. ca/energy/publications/16233.

1. 项目实施细节

碳捕集环节。在二氧化碳捕集环节中 Redwater 化肥厂和 Sturgeon 炼油厂采用了不同的二氧化碳捕集与分离技术。化肥厂的碳捕集装置接收到的是含有 CO_2 和水的蒸汽相的高温流，因此需要在进入管道前将水去除，优先使用乙二醇作为冷却介质对入口气流进行冷却，然后进入入口分离器，将冷凝水从湿 CO_2 气流中分离出来。将 CO_2 压缩至中压，使用三甘醇脱水系统脱水，使用氨制冷系统将二氧化碳制冷至液态，然后以 17926 千帕的压力泵入 ACTL 管道，以输送至线路末端的 EOR 油田进行永久储存。炼油厂的碳捕集装置安装在气化供氢环节，利用低温甲醇作为吸收介质在低温高压下进行物理吸收，将二氧化碳从气流中分离出来，进行压缩后进入 ACTL 管道运输至封存地点。2022 年，化肥厂和炼油厂的二氧化碳捕集率为 98% 和 95.2%。

运输环节。运输的管道共有 240 千米长，其中共用的运输管道长 223 千米，有 5 千米长的管道用于炼油厂的二氧化碳运输过程，化肥厂用 12

千米的管道将二氧化碳运输至管道连接处。2022 年，平均每天有 2835 吨二氧化碳运输至封存地点，7 月份达到最高运输量，为 12.9 万吨。通过计算我们可以发现 ACTL 当前的运输量尚未达到其最大设计容量的 1/10，显示出较低的运输效率。因此，该管道具备连接更多二氧化碳排放源的潜力，有望为更多工厂提供碳排放的有效解决方案，进而提升集群的整体运输效率，并有助于进一步降低运营成本。

利用与封存环节。经过综合评估，位于加拿大艾伯塔省红鹿市附近的 Clive 油藏被选定为理想的二氧化碳封存地点，预计封存潜力高达 18.8 亿吨。该油藏为水驱类型，本身富含碳氢化合物，且长期注水作业已验证其二氧化碳可注入性。至 2022 年底，已有超 320 万吨二氧化碳被安全封存在地下约 1900 米处。为确保封存的安全可靠，实施了全面的监测、测量与验证（MMV）措施，涵盖地震成像技术观测地下结构、井下流体化学监测、地面及土壤气体通量测量、地下水质量跟踪以及大气二氧化碳含量评估。这为封存过程提供了重要的数据支持，也提供了大量碳捕集和封存技术的宝贵资料，有助于研究者们更好地理解和改进这一技术。

2. 成本收益

ACTL 集群的经济投入主要涵盖两大方面：初始设备成本与后续运营成本。

设备成本。设备成本涵盖了化肥厂与炼油厂中用于捕集二氧化碳的设备、分离压缩装置、运输管道以及注射设施等，这些基础设施的全面建设耗资高达 9.88 亿美元。

运营成本。在运营层面，集群需承担日常能源消耗、设备定期维护与保养、员工薪酬福利、管理费用，以及封存过程中的监测、测量与验证等多个环节。根据 2022 年 ACTL 知识共享报告，该年度的总运营成本为 6351 万美元。

在资金支持与收益方面，集群不仅获得了 6300 万美元的联邦资金注入，还享受到了艾伯塔省提供的 3.26 亿美元补助，并依据省级资助协议，还需投入 1.69 亿美元以推动集群发展。此外，ACTL 集群项目还成功获得艾伯塔省技术创新与减排（TIER）计划的认可，有权获取抵消信用。在 2020~2022 年，集群已登记并成功利用这些抵消信用获取了相应收益。

3. 项目影响

创造就业机会。该项目的实施将带来显著的社会效益。在 2019 年的建设高峰期已经成功创造了超过 1000 个直接就业岗位，并且预计在整个项目寿命期间，将间接增加 8000 个工作岗位。在施工阶段，项目需要大量劳动力参与，从而为当地居民提供直接的工作岗位，改善他们的生活状况。而在运营期间，需要专业的工程师、技术人员和操作人员来确保系统的正常运行和维护，此外，项目还将通过带动相关产业发展，间接创造更多就业机会。

提高石油采收率。ACTL 项目将捕集到的二氧化碳用于提高石油采收率。这种技术可以使得原本难以开采的石油资源得以利用，在增加石油产量的同时也提高了能源利用效率。

技术创新与发展。该 CCUS 集群的实施促进了碳捕集与封存领域的技术革新与发展。在二氧化碳的捕集、运输及封存环节中，融合了高效捕集、安全运输与可靠封存等多项关键技术及装备。

示范效应与国际合作。ACTL 集群的成功实施为全球碳减排和应对气候变化提供了有益的经验和示范。该项目在技术方面的探索和实践也会为其他国家提供借鉴和参考。未来，可以积极地与其他国家开展合作，共同推动 CCUS 技术的发展和应用，为全球应对气候变化作出积极贡献。

三、国际 CCUS 集群发展经验总结

通过研究和分析美国与加拿大这两个国家的案例，并结合上篇第四章中澳大利亚和挪威在 CCUS 项目方面的发展优势和宝贵经验，我们可以得出，CCUS 集群与单个项目类似，其能够迅速发展的主要原因在于多个关键因素的共同作用：技术创新是 CCUS 项目发展的核心驱动力，能够不断

推动成本降低与运营效率提升；政策扶持与资金投入为项目奠定了坚实基础，确保其发展势头；健全的监管框架是必不可少的，完善的监管体系则如同安全网，保障项目顺利推进并强化环保与安全；跨部门协作可以整合资源，提升实施效率，是 CCUS 集群发展的另一关键；产业链的紧密协同则促进了项目流畅运作与经济效益最大化。

CCUS 集群除了与 CCUS 项目具有以上共同特点外，还展现出成本控制和风险减少等独特优势。通过集群化的发展模式，可以实现规模经济，降低单位成本。集群内的企业通过共享基础设施和技术、共同抵御风险，进一步削减运营成本并增强整体韧性。

（一）成本控制优势

美国和加拿大两国通过部署 CCUS 集群，有效发挥了规模经济优势。这些集群汇聚了众多碳排放源，并共用运输与封存等基础设施，大幅削减了整体开支。在美国，墨西哥湾沿岸与科罗拉多州的工业重镇，不仅碳排放量大，而且地质条件适宜 CO_2 封存。这些地区通过基础设施的共享，实现了成本的高效控制。加拿大方面，艾伯塔省的埃德蒙顿区域作为石化与天然气加工的核心地带，是一个巨大的碳排放源，能够供应大量的二氧化碳，且多个排放源共用运输管道，进一步降低了 CCUS 集群的运营成本。

（二）风险减少优势

集群内的企业可以通过合作机制，促进技术创新共享、确保二氧化碳稳定供应，并实现产业链协同与资源整合，有效降低各类风险。在生产技术领域，集群内的企业可以共同研发和共享先进的 CCUS 技术，在削减研发成本的基础上，又能够分散技术风险。从捕集风险角度，由于集群内包含多个碳排放源，即使部分企业因停产或设备整修而无法供应二氧化碳，整个集群的运营也不会受到太大影响，显著降低了运营风险。从资源整合层面来看，企业通过资源整合能够共同抵御市场波动和技术变革等外部挑战，显著提升了整体的抗风险能力。纵观整个产业链，集群内的企业涵盖了从碳捕集、运输至封存的完整产业链，企业间紧密合作，优化资源配置，进一步减少了供应链风险。

两国均实行税收抵免政策来推动 CCUS 的部署，为各国提供了政策借鉴。美国政府推出了 45Q 税收抵免政策以鼓励二氧化碳的捕集、利用和封存。近年来两次提升抵免金额。2018 年对政策进行修订后，规定到 2026 年，地质封存和 EOR 或 CCU 的碳补贴价格将分别提高至 50 美元/吨和 35 美元/吨；2022 年《通胀削减法案》进一步将抵免金额提升至 85 美元/吨和 60 美元/吨，采用 DAC 技术时更可达 180 美元/吨和 135 美元/吨，为二氧化碳捕集利用提供了显著的经济激励。加拿大政府同样在 2022 年联邦预算中推出税收优惠，针对 CCUS 项目给予不同比例的抵免。在 2022 ~ 2030 年，采用直接空气捕集技术的项目可以享受高达 60% 的税收抵免，而其他碳捕集项目则可以获得 50% 的税收抵免。涉及二氧化碳运输、储存和利用的 CCUS 项目也能获得 37.5% 的税收抵免。为了鼓励早期投资，加拿大政府还规定在 2031 ~ 2040 年，各类项目抵免率减半，分别降至 30%、25% 和 18.75%。

税收抵免政策为 CCUS 技术的发展创造了良好的投资环境，在减轻项目经济压力的同时还能最大限度激发投资者的热情，为 CCUS 技术的推广与运用提供了坚实支撑，有力推动了低碳经济的转型步伐。税收抵免政策的成功实践也为全球其他国家和地区推进 CCUS 技术提供了重要参考和政策借鉴。各国可借鉴其精髓，结合本国国情，制定符合本国的税收优惠政策，以促进 CCUS 技术的广泛应用，携手应对全球气候变化的严峻挑战。

本章小结

本章选取了美国和加拿大作为典型案例，深入探讨了国际上先进的 CCUS 集群的部署和应用现状。通过分析这些集群在应用范围、优势条件、技术成熟度、融资渠道以及具体项目实施等方面的细节，总结其发展优势，并提炼出了一些宝贵的借鉴经验。

美国在 CCUS 技术领域处于全球领先地位，目前规划、建设及运营中的 CCUS 集群数量达到 86 个，居世界之首。CCUS 技术在美国的应用范围广泛，覆盖了包括水泥生产、燃煤发电在内的多个行业。美国政府为 CCUS 技术的发展提供了政策扶持，这包括财政资助和税收减免措施，这些激励政策促进了企业对 CCUS 项目的投资。加拿大的 CCUS 集群部署紧随其后，目前规划、建设及运营中的 CCUS 集群数量为 30 个。加拿大的 CCUS 集群涉及石油精炼和化肥生产领域的碳捕集，主要将捕集的二氧化碳用于提高石油采收率并进行永久封存。加拿大政府通过制定碳定价体系和投资税收抵免等政策，为 CCUS 技术的集群发展创造了有利条件。

在本章中，我们也详细分析了两个具有代表性的 CCUS 集群项目，分别是位于美国墨西哥湾的 CCUS 集群以及位于加拿大艾伯塔省的碳干线（ACTL）项目。美国墨西哥湾 CCUS 集群项目通过铺设专门的管道网络，将工业设施产生的二氧化碳运输至油田，被用于提高原油采收率（EOR）。加拿大艾伯塔省的 ACTL 项目则致力于从该省的工业中心地区的炼油厂和化肥生产厂中捕集二氧化碳，通过管道网络运输到油田进行 EOR。这两个项目不仅展示了 CCUS 技术在实际应用中的潜力，也为全球碳减排提供了宝贵的经验和示范。

在深入研究美国和加拿大 CCUS 集群有效部署的成功案例后，我们可以发现，除了上篇提到的技术创新驱动、政策支持保障、健全的监管体系、多部门合作推动和产业链协同发展等关键因素外，成本和风险的控制优势在集群模式的发展中发挥着重要作用。此外，美国和加拿大实施的税收抵免政策也为 CCUS 的部署创造了优越的投资环境，为其他国家提供了有效的政策经验。

本章参考文献

[1] 胡璇. 加拿大碳捕集、利用与封存技术现状及中加合作的有关问题与建议 [J]. 全球科技经济瞭望，2020，35（2）：32 – 34.

［2］王静，龚宇阳，宋维宁，阳平坚. 碳捕集、利用和封存（CCUS）技术发展现状及应用展望［J］. 中国环境科学，2024，44（1）.

［3］America Government. Carbon Capture Modernization Act［EB/OL］. （2021 – 03 – 10）［2024 – 12 – 5］. https：//www. congress. gov/bill/117-congress/house-bill/1760.

［4］America Government. Carbon Capture, Utilization, and Storage Tax Credit Amendments Act of 2021［EB/OL］. （2021 – 03 – 25）［2024 – 12 – 5］. https：//www. congress. gov/bill/117th-congress/senate-bill/986/text.

［5］America Government. Financing Our Energy Future Act［EB/OL］. （2019 – 06 – 13）［2024 – 12 – 5］. https：//www. congress. gov/bill/117th-congress/senate-bill/1034.

［6］America Government. SCALE Act［EB/OL］. （2020 – 12 – 17）［2024 – 12 – 5］. https：//www. congress. gov/bill/117th-congress/senate-bill/799/text.

［7］Bachu S, Stewart S. Geological Sequestration of Anthropogenic Carbon Dioxide in the Western Canada Sedimentary Basin：Suitability Analysis［J］. Journal of Canadian Petroleum Technology, 2002, 41（2）.

［8］Boe Report. Alberta Has Tonnes of Room to Grow Carbon Storage［EB/OL］. （2021 – 03 – 31）［2024 – 10 – 25］. https：//boereport. com/2021/03/31/alberta-has-tonnes-of-room-to-grow-carbon-storage/.

［9］Bui M, et al. Carbon Capture and Storage（CCS）：The Way Forward［J］. Energy & Environmental Science, 2018.

［10］CCUS. CA. Breakthroughs in Direct Air Capture Technology in Canada［EB/OL］. （2024 – 2 – 8）［2024 – 11 – 5］. https：//ccus. ca/breakthroughs-in-direct-air-capture-technology-in-canada/#more-158.

［11］CCUS. CA. Canadian Government's New Legislation on Carbon Capture and Storage［EB/OL］. （2023 – 12 – 15）［2024 – 10 – 25］. https：//ccus. ca/canadian-governments-new-legislation-on-carbon-capture-and-storage/.

［12］Clark J L, et al. Scaling Up Carbon Capture and Storage for Deep Decarbonization of U. S. Power Sector［J］. Energy Policy, 2020.

［13］Gielen D, & Luderer G. The Role of Carbon Capture and Storage in Achieving Net Zero Emissions［J］. Nature Communications, 2020.

［14］Government of Alberta. Alberta Carbon Trunk Line project：Knowledge sharing report, 2019［R］. 2020.

［15］ Government of Alberta. Alberta Carbon Trunk Line project: Knowledge sharing report, 2022 ［R］. 2023.

［16］ Heath G, et al. Modeling the Economic Impacts of Carbon Capture and Storage (CCS) on the U. S. Power Sector ［J］. Environmental Science & Technology, 2016.

［17］ Holloway, S. Carbon Capture and Storage: The Path to Deployment ［J］. Journal of the Geological Society, 2011.

［18］ Howard K, Milne C, et al. Pore Space as a Resource: A Discussion of the Policy and Regulatory Framework for Carbon Capture, Utilization, and Storage ［J］. Alta. L. Rev., 2023 (61): 183.

［19］ IEA (International Energy Agency). CCUS in the Power Sector: Technology and Policy Challenges ［R］. 2021.

［20］ IEA. Grant support for CCUS projects in Alberta and Saskatchewan ［EB/OL］. (2020 - 7 - 1) ［2024 - 11 - 5］. https: //www. iea. org/policies/11687-grant-support-for-ccus-projects-in-alberta-and-saskatchewan? s = 1.

［21］ IEA. Investment in Direct Air Capture CO_2 ［EB/OL］. (2021 - 04 - 30) ［2024 - 12 - 5］. https: //www. iea. org/policies/13070-investment-in-direct-air-capture-co2.

［22］ International CCS Knowledge Centre. CCUS Investment Tax Credit-PRIMER (Spring 2023) ［R］. 2023.

［23］ International CCS Knowledge Centre. Q&A with Kendall Dilling of Pathways Alliance ［EB/OL］. (2023 - 1 - 30) ［2024 - 11 - 5］. https: //ccsknowledge. com/news/qanda-with-kendal-l-dilling-of - pathways-alliance.

［24］ Luo X & Zhang X. Regional Carbon Capture and Storage Clusters in the US: A Strategic Framework ［J］. Environmental Science & Technology, 2019.

［25］ McCoy S T, & Rubin E S. An Engineering-Economic Model of Pipeline Transport for CO2 Storage ［J］. Environmental Science & Technology, 2008.

［26］ Natural Resources Canada. Canada Opens Call for Carbon Capture Research, Development and Demonstration Projects ［EB/OL］. (2022 - 7 - 7) ［2024 - 11 - 5］. https: //www. canada. ca/en/natu-ral-resources-canada/news/2022/07/canada-opens-call-for-carbon-capture-research-develop-ment-and-demonstration-projects. html.

［27］ NETL (National Energy Technology Laboratory). The Role of Carbon Capture and Storage in the U. S. Energy System ［R］. 2020.

［28］Rajkumar P, Pranesh V, Kesavakumar R. Influence of CO_2 retention mechanism storage in Alberta tight oil and gas reservoirs at Western Canadian Sedimentary Basin, Canada: Hysteresis modeling and appraisal ［J］. Journal of Petroleum Exploration and Production Technology, 2021（1）.

［29］Ringrose P S & Meckel T A. Maturing global CO_2 storage resources on offshore continental margins to achieve 2DS emissions reductions ［J］. Scientific Reports, 2019.

［30］Rubin E S, et al. The Economics of Carbon Capture and Storage: A Key Element of a Low-Carbon Economy ［J］. Journal of Environmental Economics and Management, 2015.

［31］Smyth R C & Hovorka S D. Best management practices for offshore transportation and subsea storage of CO2 ［J］. U. S. Department of the Interior, 2018.

［32］U. S. Department of Energy（DOE）. Carbon Management in the Power Sector: Opportunities and Challenges.［R］. 2022.

［33］Vidas H, et al. Analysis of the costs and benefits of CO_2 sequestration on the U. S. outer continental shelf ［EB/OL］.（2021 – 07 – 15）［2024 – 10 – 20］. https://www. craes. cn/xxgk/zhxw/202107/t20210715_847263. shtml.

［34］Wallace K J, et al. Regional CO_2 sequestration capacity assessment for the coastal and offshore Texas Miocene interval ［J］. Greenhouse Gases: Science and Technology, 2013.

［35］Wang M, et al. Lifecycle Assessment of Carbon Capture and Storage in U. S. Power Plants ［J］. Environmental Research Letters, 2018.

［36］White House. Infrastructure Investment and Jobs Act ［EB/OL］. https://www. whitehouse. gov/briefing-room/statements-releases/2021/08/02/updated-fact-sheet-bipartisan-infrastructure-investment-and-jobs-act/.

［37］ZEP（Zero Emissions Platform）. The Role of CCS in Achieving Net-Zero Emissions ［R］. 2020.

［38］Zhang K, Lau H C, Chen Z. Regional carbon capture and storage opportunities in Alberta, Canada ［J］. Fuel: A Journal of Fuel Science, 2022.

中国榆林CCUS集群的建构与发展

第十章 榆林 CCUS 集群建构的现实条件

一、榆林建立 CCUS 集群的现实条件

(一) 经济支持条件

榆林市坐落在中国陕西省的北部边界，地理位置独特，位于黄土高原与华北平原接壤的交会区域，具有较为优越的区位条件和丰富的自然资源，作为西北地区的一个重要区域性中心城市，榆林市近年来展示了强劲的经济活力。首先，榆林市经济增长速度明显加快。如表 10 - 1 所示，2013 ~ 2022 年，地区生产总值从 2746.31 亿元增长到 6543.65 亿元，增长额为 3797.34 亿元，年均增速达 10.13%，超过了西安同期的 GDP 年均增速。值得注意的是，从 2020 ~ 2022 年，西安的 GDP 增量仅为 1462.78 亿元，而榆林的 GDP 增量为 2399.72 亿元，几乎是西安 GDP 增量的 2 倍。榆林市经济的迅猛增长为 CCUS 技术的研发和应用提供必要的资金支持，不仅促进了相关技术的进步和成本的降低，还为榆林构建 CCUS 集群提供了稳固的财政支持。

表 10 - 1　　　　　　　　西安和榆林地区生产总值　　　　　　单位：亿元

年份	西安市地区生产总值	榆林市地区生产总值
2013	4960.23	2746.31
2014	5576.98	2917.42

续表

年份	西安市地区生产总值	榆林市地区生产总值
2015	5932.86	2461.2
2016	6396.36	2725.24
2017	7418.04	3284.95
2018	8499.41	3818.28
2019	9399.98	4149.12
2020	10023.73	4143.93
2021	10751.31	5621.25
2022	11486.51	6543.65

资料来源：陕西省统计局. 陕西统计年鉴［M］. 北京：中国统计出版社，2023.

其次，榆林地区能源矿产资源丰富，加速促进了榆林市的工业产业聚集。由表 10 - 2 的数据可知，2021 年榆林市规上工业企业数量创下历史新高，达到 1024 家，与此同时，规上工业总产值也突破了 7000 亿元，比 2020 年增长 63.95%。2022 年规上工业总产值进一步攀升至 9052.72 亿元，比 2020 年的 4593.24 亿元，增长了近 2 倍，显示出榆林市工业经济持续健康发展的良好态势，也为榆林市 CCUS 集群的发展创造了有利条件。

表 10 - 2   2013～2022 年榆林市规上工业企业单位数和总产值

年份	规模以上工业企业单位数（家）	规模以上工业总产值（亿元）
2013	700	3120.82
2014	635	3393.85
2015	688	3121.34
2016	767	3272.5
2017	839	4142.71
2018	860	4502.3
2019	994	4803.22
2020	1017	4593.24
2021	1024	7530.54
2022	997	9052.72

资料来源：榆林市统计局. 榆林统计年鉴［M］. 北京：中国统计出版社，2023.

最后，人口因素在经济可持续发展中扮演着重要角色。榆林市是一个人口大市，2022 年榆林市常住人口为 361.61 万人，自然增长率为 0.26%，较陕西省 −0.28%，高出 0.54%，较全国水平 −0.6%，高出 0.86%[①]。因此，相较于全省及全国范围内的人口自然减少趋势，榆林表现出巨大的人口发展潜力。人口增长带来的知识化趋势，为榆林培养了一批具备 CCUS 专业知识和技术技能的人才。通过与当地高校和研究机构合作，建立专门的培训中心和实践基地，榆林能够不断输出满足市场需求的专业人才，确保 CCUS 技术领域的持续进步。此外，人口增长通常意味着社会经济结构的稳定，而稳定的社会经济环境可以降低项目实施过程中的不确定性和风险，增加企业在 CCUS 项目上进行长期投资的信心，吸引国内外资本的流入。随着丰富的人力资源保障和大量资本的注入，CCUS 技术的应用范围将得到极大拓展，并助力榆林地区构建高度集成、协同发展的 CCUS 集群。

（二）技术条件

相较于其他类型的文献，专利文献是技术信息传播的关键渠道，具备独特的新颖性和实用性，而一个地区专利申请的数量，可以作为衡量该地区技术创新能力和技术发展水平的一个重要指标。因此，本章从专利的角度分析榆林推进 CCUS 集群的技术优势。

1. 全球 CCUS 技术专利申请发展现状

从近 20 年全球专利申请情况来看，CCUS 技术的发展趋势整体上呈现出增长的态势（见表 10 − 3）。从 2005 年开始，全球技术研发进入高速发展期，CCUS 专利申请量快速增长至 2012 年的阶段性峰值 744 项，随后全球技术研发开始出现明显回落。与此同时，中国在 CCUS 技术领域快速崛

① 榆林市统计局. 榆林统计年鉴［M］. 北京：中国统计出版社，2023.
陕西省统计局. 陕西统计年鉴［M］. 北京：中国统计出版社，2023.
国家统计局. 中国统计年鉴［M］. 北京：中国统计出版社，2023.

起，2008 年中国 CCUS 专利申请量首次超过美国，并在 2015 年《巴黎协定》签署后迎来高速增长期，于 2019 年达到了 579 项的峰值，成为拉动全球技术研发的关键力量（劳慧敏等，2023）。从 CCUS 专利的区域集中度来看（见表 10 – 3），2002～2020 年，中国、美国、日本、欧洲和韩国成为 CCUS 技术领域的创新中心，这五个国家或地区的 CCUS 专利申请总量占全球 CCUS 专利总申请量的 80%。其中，中国的 CCUS 专利申请数量位居榜首，远远高于排名第二的美国，且近十年来，中国在 CCUS 专利申请方面持续保持领先地位，展现了其在全球范围内的强大竞争力。

表 10 – 3　　　　2002～2020 年全球主要国家 CCUS 专利申请数量　　单位：项

年份	中国专利数量	美国专利数量	韩国专利数量	欧洲专利数量	日本专利数量	全球专利数量
2002	17	26	5	6	33	135
2003	20	23	10	7	36	150
2004	21	27	3	3	33	153
2005	35	19	8	6	37	186
2006	37	33	12	4	24	220
2007	57	61	22	10	35	319
2008	92	58	24	19	47	388
2009	112	81	36	19	55	517
2010	179	99	48	13	64	627
2011	215	89	62	37	65	659
2012	242	109	75	32	60	744
2013	287	85	82	19	32	714
2014	326	80	77	11	37	700
2015	342	62	60	11	32	669
2016	423	64	53	8	44	782
2017	501	71	31	12	31	776
2018	538	51	39	15	42	815
2019	579	58	36	20	35	858
2020	440	40	11	2	10	587

资料来源：劳慧敏，陶沛，俞锋华. 基于专利视角的 CCUS 技术发展战略研究——以浙江省为例［J］. 科技通报，2023（3）.

2. 中国省际 CCUS 技术专利申请发展现状

从我国各省份的 CCUS 专利申请量来看（见表 10 - 4），2002 ~ 2006 年，CCUS 专利申请量在各省零星出现；2007 ~ 2011 年 CCUS 专利申请的范围逐渐扩大，天津、山西、福建、江西、山东、湖北等地实现了 CCUS 专利申请量从无到有的突破，陕西省的 CCUS 专利申请量也从最初的 2 件上升到了 11 件；2012 ~ 2016 年，除西藏之外，内地 30 个省份都加快了 CCUS 技术的研究，其中，包含陕西省在内的 14 个省份的专利申请量均超过了 35 件，北京以 276 件的 CCUS 专利申请量位列第一；2017 ~ 2021 年，北京继续保持其在全国 CCUS 技术领域的领先地位，专利申请量高达 696 件。同时，江苏、陕西、广东等 10 个省份 CCUS 专利申请量均超过了 100 件。特别需要指出的是，陕西省 CCUS 专利申请量快速增长，达到了 164 件，仅次于北京和江苏，位列第三，这不仅彰显了陕西省在全国范围内 CCUS 技术的领先地位，更为榆林市打造区域性 CCUS 集群提供了强有力的技术支撑。依托已经建成和正在建设的 CCUS 项目，通过持续的技术创新和技术转化，榆林市可以更好地利用本地资源和技术优势，进一步强化其在 CCUS 领域的核心竞争力，最终实现构建 CCUS 集群的目标。

表 10 - 4　　　　　2002 ~ 2021 年中国各省份 CCUS 专利申请量

地区	2002 ~ 2006 年		2007 ~ 2011 年		2012 ~ 2016 年		2017 ~ 2021 年	
	专利申请量（件）	占比（%）	专利申请量（件）	占比（%）	专利申请量（件）	占比（%）	专利申请量（件）	占比（%）
北京	8	22.22	74	23.42	276	22.10	696	23.63
天津	—	—	7	2.22	48	3.84	131	4.45
河北	1	2.78	16	5.06	54	4.32	72	2.44
山西	—	—	11	3.48	25	2.00	47	1.60
内蒙古	—	—	2	0.63	4	0.32	12	0.41
辽宁	2	5.56	10	3.16	56	4.48	108	3.67
吉林	1	2.78	—	—	3	0.24	29	0.98
黑龙江	1	2.78	1	0.32	1	0.08	16	0.54

续表

地区	2002～2006 年		2007～2011 年		2012～2016 年		2017～2021 年	
	专利申请量（件）	占比（%）	专利申请量（件）	占比（%）	专利申请量（件）	占比（%）	专利申请量（件）	占比（%）
上海	2	5.56	37	11.71	55	4.40	146	4.96
江苏	4	11.11	48	15.19	112	8.97	342	11.61
浙江	1	2.78	19	6.01	83	6.65	158	5.36
安徽	1	2.78	3	0.95	23	1.84	98	3.33
福建	—	—	3	0.95	11	0.88	48	1.63
江西	—	—	1	0.32	7	0.56	38	1.29
山东	—	—	12	3.80	83	6.65	145	4.92
河南	4	11.11	11	3.48	42	3.36	44	1.49
湖北	—	—	13	4.11	58	4.64	119	4.04
湖南	—	—	6	1.90	36	2.88	128	4.34
广东	1	2.78	15	4.75	70	5.60	160	5.43
广西	—	—	2	0.63	54	4.32	37	1.26
海南	—	—	—	—	2	0.16	5	0.17
重庆	1	2.78	7	2.22	26	2.08	44	1.49
四川	5	13.89	3	0.95	31	2.48	62	2.10
贵州	—	—	—	—	8	0.64	17	0.58
云南	—	—	3	0.95	22	1.76	20	0.68
陕西	2	5.56	11	3.48	39	3.12	164	5.57
甘肃	1	2.78	1	0.32	4	0.32	27	0.92
青海	—	—	—	—	1	0.08	1	0.03
宁夏	1	2.78	—	—	4	0.32	15	0.51
新疆	—	—	—	—	11	0.88	17	0.58

资料来源：高苏凡，高振轩．基于专利分析的我国碳捕集、利用与封存技术的发展态势研究 [J]．科技传播，2022（21）．

（三）地质条件

二氧化碳地质封存是 CCUS 中最重要的核心技术之一，其受到沉积盆地规模和特定地质条件的制约。地层中天然二氧化碳气藏的客观存在，说明二氧化碳是可以被安全封存于具有一定地质条件的地层中，尤其是以超临界状态被安全封存于地层中。

鄂尔多斯盆地榆林—神木地区被认为是最有利于二氧化碳咸水层地质封存的优选场所之一。首先，鄂尔多斯盆地榆林—神木地区具备优越的储集条件。从中生界三叠系延长组到下古生界奥陶系马家沟组，均有储集体发育区，特别是中生界三叠系延长组长 10 段向下至上古生界二叠系石千峰组千 5 段，岩性主要为河流、三角洲、滨浅湖沉积的砂岩、泥岩组合，不含油气。总体上，该地区砂岩、泥岩厚度变化大，宏观和微观非均质性强，咸水层多层系发育，储盖层配置良好，岩性圈闭发育，有利于二氧化碳地质封存。

其次，鄂尔多斯盆地榆林—神木地区具备稳定的地质构造背景。该区域位于伊陕斜坡的东北部，伊陕斜坡的地形特征表现为整体向西倾斜，但地层倾角非常小，不到 1 度（孙玉景等，2018）。此外，榆林—神木地区从晚古生代至中生代期间，经历了长时间的持续沉积过程，形成了多个连续且完整的地层序列，其间并未出现沉积间断现象，整体构造十分稳定，适宜二氧化碳地质封存的工程实施。

最后，榆林—神木地区的地层埋深条件符合 CO_2 地质封存的安全要求。当埋深 800 米左右时，按平均地温梯度约 0.029℃/米和基准温度 11℃计算，CO_2 可达到超临界状态。此时，CO_2 密度接近液体、黏度接近气体，具有很强的溶解能力，极大地促进了其在地质结构中的稳定存储（张小莉等，2023）。而榆林—神木地区从三叠系延长组长 10 段至二叠系石千峰组底部，地层埋深多数超过 800 米，地层分布稳定，厚度变化较小，满足 CO_2 注入咸水层后地质封存的安全性。

（四）市场需求条件

碳中和目标的提出意味着国内碳减排目标由相对减排量向绝对减排量转变，这也预示着减排策略从传统的能源消费总量和强度的"双控"机制，逐步转变为涵盖碳排放总量和强度"双控"新机制，从而确保在能源结构调整与利用效率提升的基础上，进一步强化对碳排放的直接管控。落实国家碳达峰碳中和目标的内部需求，正推动 CCUS 技术从战略储备阶段快速升级为现实解决方案。

在中国经济持续快速发展的同时，煤炭在能源结构中的主导地位在短期内不会发生显著变化，这导致二氧化碳排放量不断上升，国内减排需求与日俱增。当前主要的减排方式包括提高能源效率、使用新能源以及捕集与封存二氧化碳，相比于提高能效和新能源替代这两种方法，CCUS 技术凭借其显著的减排效果在未来减排方案中展现出广阔的发展前景。预计到 2030 年，对 CCUS 技术的需求将达到近 1 亿吨；到 2050 年，将超过 20 亿吨/年；至 2060 年，则有望达到约 23.5 亿吨/年。特别是考虑到中国现有的电力装机容量及对能源安全的需求，火力发电行业将成为 CCUS 技术应用的重点领域，预计到 2060 年可实现约 10 亿吨/年的二氧化碳减排。同时，在钢铁、水泥、化工等行业的生产效率提升和生产产量达到峰值后，仍需依靠 CCUS 技术进一步减排。[①]

作为榆林地区的支柱行业，电力和热力生产及供应业、石油加工、炼焦以及核燃料加工业等能源行业不仅是榆林地区二氧化碳排放的重要源头，同时也是与 CCUS 技术具有巨大的耦合潜力和应用空间的领域。一方面，对于榆林地区而言，CCUS 技术目前是实现化石能源净零排放的唯一可行方案。2022 年，榆林市规模以上工业综合能源消费量为 6443.78 万吨标准煤，占陕西省能源消费总量的 40.03%[②]，巨大的能源消费需求无法全部通过风能、光伏等可再生能源满足，仍会有部分能源消费来自化石能源（张贤等，2021），化石能源燃烧过程中大量碳和氧结合释放热量，这种能量利用方式决定了二氧化碳的排放将不可避免。要实现能源系统的净零排放，这部分化石能源的碳排放只能依靠 CCUS 技术削减。

另一方面，CCUS 技术是火电参与零碳电力调峰的重要技术前提。从

---

① 中国 21 世纪议程管理中心，全球碳捕集与封存研究院，清华大学. 中国二氧化碳捕集利用与封存年度报告（2023）［R］. 2023.

② 榆林市统计局. 榆林统计年鉴［M］. 北京：中国统计出版社，2023.
陕西省统计局. 陕西统计年鉴［M］. 北京：中国统计出版社，2023.

2013～2022 年，榆林地区规模以上工业企业电力消费量从 1978693 万千瓦时上升到 6344244 万千瓦时①，增长了 3.2 倍，持续增长的电力需求对未来零碳电力系统的稳定性和灵活性提出了更高要求。可再生能源主导的电力供应链长期面临季节性不平衡、系统惯性低等多重技术挑战，极大地增加了电力系统在供应端和消费端的不确定性。而 CCUS 技术能够有效推动火电参与零碳电力调峰，即在保持净零排放的同时，避免因季节性或极端事件引发的电力短缺，提供稳定、清洁、低碳的电力（张贤等，2021）。从煤炭化工到电力生产等多个领域，榆林地区对 CCUS 技术的市场需求推动了该地区 CCUS 技术的应用。同时，随着国家层面对 CCUS 技术减排需求的不断增加，与 CCUS 技术相关的财政补贴、税收优惠等一系列政策陆续出台，也为榆林地区提供了强有力的政策支持，榆林地区发展 CCUS 技术、构建 CCUS 集群正迎来前所未有的机遇。

二、榆林建立 CCUS 集群的产业体系

榆林市作为国内已知的第二大产煤城市，在煤炭资源方面具有得天独厚的优势。该区域含煤面积占全市总面积的 54%，已探明煤炭储量 1500 亿吨，占全省、全国煤炭总储量的 86% 和 20%（盛瑞和袁映奇，2022）。根据表 10 - 5 的数据，2013～2022 年的十年间，榆林市的原煤产量呈现显著的增长态势。2013 年榆林市的原煤产量为 3.39 亿吨，到 2022 年增长至 5.84 亿吨，增幅达 72.27%。此外，榆林市原煤产量在陕西省内的占比始终维持在 65% 以上，并且在过去十年中持续攀升，增加了 10.62 个百分点，充分说明了榆林市在陕西省乃至全国煤炭生产领域的战略地位。

---

① 榆林市统计局. 榆林统计年鉴 [M]. 北京：中国统计出版社，2023.

表 10 – 5 榆林市原煤产量分布

年份	榆林市原煤产量（亿吨）	陕西省原煤产量（亿吨）	榆林市原煤产量占陕西省原煤产量的比重（%）
2013	3.39	5.01	67.66
2014	3.63	5.20	69.81
2015	3.61	5.22	69.16
2016	3.62	5.12	70.70
2017	4.00	5.70	70.18
2018	4.56	6.23	73.19
2019	4.64	6.34	73.19
2020	5.17	6.79	76.14
2021	5.52	7.00	78.86
2022	5.84	7.46	78.28

资料来源：榆林市统计局. 榆林统计年鉴［M］. 北京：中国统计出版社，2023.
陕西省统计局. 陕西统计年鉴［M］. 北京：中国统计出版社，2023.

（一）榆林市产业能耗

1. 榆林市能源消耗现状

如图 10 – 1 所示，除 2018 年的综合能源消耗量有所下降之外，2013 ~ 2022 年总体上榆林市规模以上工业综合能源消耗量呈现较快增长势头。其中 2022 年榆林市规上工业综合能源消费量为 6443.78 万吨标准煤，相较于 2013 年增加了 3978.98 万吨标准煤，增长了约 1.6 倍；相较于 2021 年的 5447.15 万吨标准煤，增加了 996.63 万吨标准煤，增幅为 18.3%。随着能源消耗量的不断上升，二氧化碳的排放量也相应增加，通过采用先进的 CCUS 技术，提高能源使用效率，从而实现产业发展和生态环境保护的包容性增长就显得尤为重要。

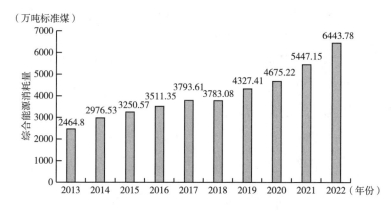

图 10 - 1　榆林市规模以上工业综合能源消耗量

资料来源：榆林市统计局. 榆林统计年鉴 [M]. 北京：中国统计出版社，2023.

2. 榆林市主要行业能源消耗现状

分行业来看，能源消耗呈现明显的集中性。表 10 - 6 的数据显示，2013～2022 年，电力、热力的生产和供应业的综合能源消耗量最高，达到了 12821.49 万吨标准煤，占 10 年间全部规上工业能耗的 31.52%；其次是化学原料及化学制品制造业和石油加工、炼焦及核燃料加工业，所占比重分别为 29.7%、14.04%，三者共占全部规模以上工业能耗的 75.26%。这三大行业不仅是高耗能行业，恰恰还是榆林市工业的支柱产业。

表 10 - 6　　　　　2013～2022 年榆林市主要行业综合能源消耗量

主要行业名称	总综合能源消耗量（万吨标准煤）	总综合能耗占比（%）
煤炭开采和洗选业	3569.75	8.78
石油和天然气开采业	320.22	0.79
石油加工、炼焦及核燃料加工业	5710.51	14.04
电力、热力的生产和供应业	12821.49	31.52
化学原料及化学制品制造业	12081.07	29.70
有色金属冶炼及压延加工业	2174.91	5.35

资料来源：榆林市统计局. 榆林统计年鉴 [M]. 北京：中国统计出版社，2023.

具体来看各行业的能耗变化情况（见表 10 - 7）。2013～2022 年，六大行业中增长最快的行业是化学原料及化学制品制造业，从 511.92 万吨标准煤增长到 2537.49 万吨标准煤，增长了 3.96 倍；其次是电力、热力的生产和供应业，综合能耗增加了 894.62 万吨标准煤。相较于 2021 年，尽管 2022 年电力、热力的生产和供应业的综合能耗有所减少，但化学原料及化学制品制造业的能耗却增长了 35.28%，石油加工、炼焦以及核燃料加工业的综合能耗也上升了 33.5%，其他行业如有色金属冶炼及压延加工业、煤炭开采和洗选业等行业的综合能耗呈现不同程度的上升。

表 10 - 7　　　　　　榆林市规模以上工业综合能源消费量　　　单位：万吨标准煤

年份	煤炭开采和洗选业	石油和天然气开采业	石油加工、炼焦及核燃料加工业	电力、热力的生产和供应业	化学原料及化学制品制造业	有色金属冶炼及压延加工业
2013	176.19	12.47	367.85	888.00	511.92	122.89
2014	281.11	12.28	409.46	1004.22	707.46	154.09
2015	320.48	9.91	426.03	1059.19	959.46	80.80
2016	324.32	11.31	553.94	1141.93	1008.37	82.90
2017	438.51	8.28	573.18	1208.99	1042.95	86.74
2018	410.94	219.43	726.24	1133.76	1122.23	115.14
2019	397.62	5.99	732.72	1321.81	1061.27	365.40
2020	395.33	13.79	693.48	1489.86	1254.17	341.89
2021	409.90	13.73	525.72	1791.11	1875.75	350.43
2022	415.35	13.03	701.89	1782.62	2537.49	474.63

资料来源：榆林市统计局. 榆林统计年鉴［M］. 北京：中国统计出版社，2023.

榆林市规模以上工业企业综合能耗持续上升，尤其是电力、热力的生产和供应业以及石油加工、炼焦及核燃料加工业，资源消耗量巨大，资源综合利用率较低，亟须部署 CCUS 技术并构建 CCUS 集群，通过整合不同的企业资源实现单位 GDP 能耗的下降，减少污染，从而助力榆林地区工业部门实现深度减排，推动榆林地区从资源依赖型经济转向创新驱动型经济。

（二）榆林产业结构

1. 榆林市产业结构发展现状

榆林地区能源经济尤为突出，而农产品加工业、新能源开发以及中高端技术产业等第一、第三产业的发展速度相对较慢。由表 10 − 8 可知，2013 ~ 2022 年，榆林市第一产业占比从 6.2% 下降至 4.8%，这与地区生态环境、地区发展战略等有关；第三产业占比轻微下降，总体保持在 30% 左右；第二产业产值占总产值的比重从 69.3% 上升到了 71.4%，且 10 年来占比都在 61% 以上。特别地，榆林市 2022 年第二产业比重远超全国第二产业比重 31.5 个百分点，可见榆林市对第二产业的高度依赖。

表 10 −8　　　　　　榆林市三次产业产值占总产值比重　　　　　单位:%

年份	第一产业占总产值比重	第二产业占总产值比重	第三产业占总产值比重
2013	6.2	69.3	24.5
2014	6.4	68.3	25.2
2015	7.8	61.3	30.9
2016	8.0	61.2	30.8
2017	6.7	64.3	29.0
2018	6.1	64.9	29.0
2019	6.0	64.5	29.4
2020	6.6	62.4	31.1
2021	5.2	68.9	25.9
2022	4.8	71.4	23.8

资料来源：榆林市统计局．榆林统计年鉴 ［M］．北京：中国统计出版社，2023.

从第二产业内部各行业来看（见表 10 −9），2022 年，煤炭开采和洗选业，石油和天然气开采业，石油、煤炭及其他燃料加工业，电力、热力的生产和供应业，化学原料和化学制品制造业等五大行业在工业产值中占比超过了 90%。其中，煤炭开采和洗选业占工业总产值的比重为 52.71%，以压倒性的优势成为第二产业中产值最高的产业。这些行业中，多数属于能源工业，据统计，2022 年榆林市规模以上能源工业占比 83.1%，同比增长 19.1%，而非能源工业占比 16.9%，同比增长 14.2%[①]，虽然非能源工业占比也在增长，但煤炭等化石能源仍然是支撑榆林市经济发展的核心力量。

表 10 - 9   **2022 年榆林市规模以上工业产值增速及占比**   单位:%

主要行业	增速	占工业总产值的比重
煤炭开采和洗选业	16.3	52.71
石油和天然气开采业	29.0	8.65
石油、煤炭及其他燃料加工业	38.8	12.22
电力、热力的生产和供应业	1.9	9.10
化学原料及化学制品制造业	6.3	9.35
有色金属冶炼及压延加工业	42.3	3.12

资料来源：榆林市统计局. 榆林统计年鉴［M］. 北京：中国统计出版社，2023.

2. 榆林市产业结构空间演变

从三次产业在各区县的分布来看（见表 10 - 10），榆林市第一、第三产业主要分布在东南部六县；神木、府谷、榆阳、横山、靖边、定边等北六县（区）的第二产业占比较大。表 10 - 10 的数据显示，2022 年北六县（区）第二产业增加值占总产值的比例均高于 65%，其中神木市和府谷县第二产业增加值占比均在 78% 以上。这一数据表明，榆林市北部地区已形成显著的能源化工产业集群效应，呈现出较强的产业协同发展格局。榆林地区承载着大量的工业活动，尤其是在煤炭加工转化产业上表现突出，凭借坚实的工业基础，比如完善的输煤管道网络、电力传输系统以及相关的物流体系等基础设施，榆林市能够确保能源的有效输送与分配以及整个能源化工产业链的稳定运作，从而为 CCUS 技术的实施提供必要的支持。此外，区域内成熟的产业链条使得碳排放源能够与 CCUS 技术提供商之间形成有效的对接，有利于实现碳排放的集中处理与再利用，多重因素彰显了榆林地区构建 CCUS 集群方面的巨大的潜力。

[①] 榆林市统计局. 榆林统计年鉴［M］. 北京：中国统计出版社，2023.

表 10 – 10   2022 年榆林市各县区三次产业增加值占总产值的比重   单位:%

榆林市各县区	第一产业占比	第二产业占比	第三产业占比
神木市	1.25	82.54	16.21
府谷县	1.30	78.10	20.60
榆阳区	3.16	69.81	27.03
衡山区	9.00	68.00	23.00
靖边县	7.50	65.70	26.80
定边县	9.18	67.44	23.38
绥德县	20.60	8.80	70.60
清涧县	31.00	23.00	46.00
米脂县	19.40	33.50	47.10
佳县	24.86	39.25	35.90
吴堡县	21.00	14.50	64.50
子洲县	24.10	34.20	41.70

资料来源:榆林市统计局. 榆林统计年鉴 [M]. 北京:中国统计出版社,2023.

三、榆林建立 CCUS 集群的企业基础

(一) 榆林市碳排放的空间分布特征

与第二产业的空间分布特征类似,2020 ~ 2021 年榆林市碳排放量呈现出从北部地区向南部地区逐步递减的特征。根据 2020 年榆林市各区县碳排放数据,榆林市北部和西南部地区是碳排放的重点区域,其中,榆阳区、神木市与府谷县的碳排放量尤为突出,碳排放总量占神木市、府谷县、榆阳区、横山区、佳县、米脂县、靖边县及吴堡县八个县区总排放量的 92.19%。[①] 2021 年,东北部地区的碳排放量出现明显增长,随着榆阳区碳排放量的下降,东北部的神木市和府谷县成为碳排放量最高的前两名地区。碳排放区域的集中分布使得二氧化碳的运输变得极为便利,从排放

———————

① 资料来源:基于实地调研所得。

源头至封存地点的二氧化碳运输距离显著缩短，大大降低了运输成本，这意味着在该区域内构建 CCUS 集群可以最大限度地发挥规模效应，从而提升整个 CCUS 集群的经济效益。

（二）榆林市碳排放的空间地理分布

地区碳排放的主体之一是企业，尤其是工业企业和能源生产企业。鉴于数据的可获得性，我们对 2020 年榆林市各区县主要企业的碳排放情况进行分析，其中 59 家企业中，碳排放总量超过 100 万吨的企业有 22 家，其碳排放总量约占这 59 家企业碳排放总量的 85.69%。此外，这些企业的地理分布较为集中，43 家企业位于神木市，合计碳排放量占比超过 50%；有 10 家企业位于榆阳区，合计碳排放量占比为 25.6%；横山区 4 家企业占比为 18.59%，而其他各区县碳排放量占比相对较小。① 集中分布的资源为榆林市煤矿和煤炭加工等企业提供了稳定的原料供应，使得该区域成为煤矿等企业理想的选址地，最终导致了碳排放的高度集中。但同时企业的集聚也促进了资源共享和技术交流，加速 CCUS 商业化进程和技术迭代升级，为榆林地区加快构建 CCUS 集群提供了切实可行的条件。

（三）榆林市 CCUS 项目实施情况

作为一项绿色低碳技术，CCUS 技术被公认为化石能源实现低碳化利用的最有效技术之一。聚焦榆林地区，可以看到当地企业在实施 CCUS 项目方面已经取得了一些进展与成就。

（1）国华锦界能源有限公司 15 万吨/年燃烧后二氧化碳捕集和封存全流程示范项目。该项目由中国化学工程第十四建设有限公司（以下简称十四化建）承建，依托国华锦界公司 1 号 600 兆瓦亚临界机组，开展了先进的燃煤电厂化学吸收法二氧化碳捕集技术研究和工业示范。2021

---

① 资料来源：基于实地调研所得。

年6月该项目正式投产，成功实现了从燃煤电厂烟气中大规模捕集二氧化碳，产出纯度为99.5%的工业级合格液态二氧化碳产品（张利萍，2022），可用于驱油、咸水层封存及矿化等领域。该项目的成功投运为我国形成适用于燃煤电站烟气二氧化碳高效、低能耗捕集的新技术体系起到了极大的促进作用。

（2）陕西延长石油榆林煤化有限公司二氧化碳捕集项目。2022年6月，陕西延长石油建成投产榆林煤化有限公司30万吨/年二氧化碳捕集装置项目。该项目基于煤制甲醇装置和相关设施，运用物理吸收法中的低温甲醇洗技术来高效捕集二氧化碳，经压缩、冷凝液化生产纯度达到99.6%的液体二氧化碳产品（康宇龙等，2020）。所捕集的二氧化碳全部用于延长石油下属油田的二氧化碳驱油和地质封存，每年可减少二氧化碳排放30万吨[①]。而且，该装置的二氧化碳捕集成本为每吨105元，在国内煤化工领域内，这一成本处于较低水平。项目如期成功投产，标志着延长石油CCUS技术已从先导性试验迈入工业化示范放大新阶段（王向华和杨晓梅，2022）。

（3）榆林城投佰盛化学科技有限公司100万吨液体二氧化碳捕集利用项目。榆林城投佰盛化学科技公司投资建设综合回收利用中煤陕西榆林能源化工公司煤化工尾气年产100万吨液体二氧化碳（一期50万吨）、2万吨碳酸氢钠及1万吨工业氨水项目。该项目分为两期，一期项目于2022年11月建成，建设综合利用煤化工尾气年产100万吨液态二氧化碳生产线；二期项目于2023年10月落地，建设年产2万吨碳酸氢钠及1万吨工业氨水生产装置。项目建成后，每年可为榆林市减少二氧化碳排放量101.1万吨（汪家铭，2022）。其中，一期50万吨/年二氧化碳捕集利用生产线于2023年6月2日进入了试生产阶段，液态二氧化碳产品主要应用于周边油田注井驱油和地下封存等领域[②]；年产2万吨碳酸氢铵及年产

① 新华社.陕西年捕集30万吨煤化工二氧化碳项目投产［EB/OL］.中华人民共和国中央人民政府，2022.

② 榆林城投佰盛化学公司：二氧化碳捕集利用，推动绿色低碳发展［EB/OL］.榆林市生态环境局，2024.

1 万吨工业氨水生产线于 2024 年 4 月 1 日开始试车，碳酸氢钠主要用于农用化肥，而工业氨水主要用于烟气脱硝、铵盐加工、农药等（吕晶，2024）。

此外，长庆气田第一净化厂尾气 CO_2 捕集及运输项目使用硫黄回收装置末端尾气作为原料气，选择胺液捕集十丙烷制冷液化工艺进行的 CO_2 液化捕集（杨光等，2022），每年能够捕集约 10 万吨二氧化碳。还有位于榆神工业区的国能榆林化工有限公司规划的 100 万吨/年~300 万吨/年的二氧化碳捕集与封存项目以及陕西未来能源化工 100 万吨/年的二氧化碳捕集项目①。

本章小结

本章探讨了榆林建立 CCUS 集群的现实条件。第一，从宏观经济角度来看，榆林市经济增长迅速，为 CCUS 集群的发展奠定了坚实的财政基础；技术上，2017~2021 年，陕西省 CCUS 技术专利申请量位列全国第三，为榆林利用本地资源和技术优势构建 CCUS 集群提供便利条件；地质条件上，鄂尔多斯盆地榆林—神木地区被认为是最有利于二氧化碳咸水层地质封存的优选场所之一；国家层面对 CCUS 技术减排需求的不断增加也为榆林地区构建 CCUS 集群带来前所未有的机遇。第二，从中观产业体系角度来看，2013~2022 年，榆林市规模以上工业综合能源消耗量的快速增长以及高耗能行业带来碳排放的不断增加，加速推动了榆林地区构建 CCUS 集群来实现减污降碳。产业结构上，"一产小、二产大、三产弱"的特征明显，且第二产业集中在北部及西南部地区，坚实的工业基础能够确保整个能源化工产业链的稳定运作，彰显了榆林地区构建 CCUS 集群方面的巨大潜力。第三，从微观企业基础视角看，企业的集聚能够通过促进资源共享和技术交流，加速榆林 CCUS 的商业化进程和技术迭代升级。此外，榆林市积极推动 CCUS 技术的应用，已有多个示范项目投入运行或规划中，展现了榆林市在 CCUS 技术领域的进展与潜力。

---

① 基于作者实地调研所得。

本章参考文献

［1］方圆．落实"双碳"目标化工建设企业大有可为——陕西国华锦界 15 万 t/a 二氧化碳捕集（CCS）示范工程建设纪实［J］．石油化工建设，2021（5）．

［2］高苏凡，高振轩．基于专利分析的我国碳捕集、利用与封存技术的发展态势研究［J］．科技传播，2022（21）．

［3］国家统计局．中国统计年鉴［M］．北京：中国统计出版社，2023．

［4］康宇龙，白艳伟，江绍静，等．延长石油碳捕集、利用与封存全流程技术特色与工程实践［J］．应用化工，2020（7）．

［5］劳慧敏，陶沛，俞锋华．基于专利视角的 CCUS 技术发展战略研究——以浙江省为例［J］．科技通报，2023（3）．

［6］李卓越．榆林城投佰盛化学公司：二氧化碳捕集利用，推动绿色低碳发展．榆林市生态环境局，2024．

［7］刘牧心，梁希，林千果．碳中和背景下中国碳捕集、利用与封存项目经济效益和风险评估研究［J］．热力发电，2021（9）．

［8］吕晶．高碳城市的低碳之路［N］．榆林日报，2024﹣08﹣30（004）．

［9］陕西省统计局．陕西统计年鉴［M］．北京：中国统计出版社，2023．

［10］盛瑞，袁映奇．资源型城市经济绿色转型发展——以陕西省榆林市为例［J］．青海金融，2022（10）：47﹣51．

［11］孙玉景，周立发，焦尊生．鄂尔多斯盆地奥陶系马家沟组 CO_2 封存的地质条件研究［J］．西北大学学报（自然科学版），2018（3）．

［12］汪家铭．陕西榆林建设 100 万吨液体二氧化碳捕集利用项目［J］．四川化工，2022（1）．

［13］王向华，杨晓梅．陕西：抓住"碳"机遇发力碳减排［N］．陕西日报，2022﹣09﹣14（008）．

［14］新华社．陕西年捕集 30 万吨煤化工二氧化碳项目投产［EB/OL］．中华人民共和国中央人民政府，2022．

［15］杨光，王登海，薛岗，等．长庆气田碳减排技术应用现状及展望［J］．油气与新能源，2022（2）．

［16］榆林市统计局．榆林统计年鉴［M］．北京：中国统计出版社，2023．

［17］张利萍．为"双碳"目标托底的 CCUS ［J］．中国石油和化工产业观察，2022（6）．

［18］张贤，郭偲悦，孔慧，等．碳中和愿景的科技需求与技术路径 ［J］．中国环境管理，2021（1）．

［19］张贤，李凯，马乔，等．碳中和目标下 CCUS 技术发展定位与展望 ［J］．中国人口·资源与环境，2021（9）．

［20］张小莉，李亚军，冯淳，等．榆林—神木地区 CO_2 咸水层封存甜点优选 ［J］．西北大学学报（自然科学版），2023（6）．

［21］中国 21 世纪议程管理中心，全球碳捕集与封存研究院，清华大学．中国二氧化碳捕集利用与封存年度报告（2023）［R］．2023．

第十一章 榆林建立 CCUS 集群的潜在收益

一、经济收益

传统商业模式的核心意义在于为企业创造利润，这通常涉及确定目标市场、明确价值链、优化成本和收入结构，从而为客户创造价值。对于 CCUS 项目而言，最大的价值在于其独特的减排能力。为了支持碳中和目标的实现并加速 CCUS 项目的建设，有必要探讨企业在当前环境下是否能够开展大规模的 CCUS 项目。本章以榆林煤化工企业年捕集量为 50 万吨的二氧化碳捕集、驱油与封存（carbon capture, utilization and storage with enhanced oil recovery, CCUS-EOR）项目为例，进行详细分析。

由于驱油效率、碳价以及油价波动的不确定性，直接评估经济收益的方法存在不现实性，因此可以通过分析 CCUS 项目的成本构成及其未来可能的下降趋势，来论证 CCUS 项目的潜在经济价值。通过这种方式，不仅能为榆林地区发展 CCUS 产业集群提供有力的参考和支持，也为其他地区探索绿色转型路径提供了有益借鉴。

假设 CCUS-EOR 技术随石油开采项目部署，项目总成本包括开采成本与部署 CCUS-EOR 的额外成本。针对某个石油开采项目，可以分析部署 CCUS 带来的额外成本及其结构，主要包括碳捕集、运输、封存与利用等环节，其中封存与利用环节主要针对驱油封存进行重点分析。

（一）成本分析

CCUS-EOR 的成本可概括为：

$$C_{CCUS} = C + T + U \qquad\qquad (11-1)$$

其中，C_{CCUS} 表示 CCUS 全流程成本，C 为捕集成本，T 为运输成本，U 表示封存与利用成本。

1. 二氧化碳捕集成本

相较于其他行业，煤化工厂的二氧化碳捕集成本较低。这是由于煤化工过程中的 CO_2 浓度较高，且在某些情况下，CO_2 本身就是生产过程的一个副产品，因此更容易捕集。例如，陕西延长石油榆林煤化有限公司二氧化碳捕集项目的捕集成本仅为 105 元/吨。

2. 运输成本

CO_2 罐车运输主要用于陆上运输，是指将压缩后的 CO_2 以液态形式装载在大型罐车中，通常每车可装载量约为 10 吨。根据运输距离和重量计费，一般情况下运费超过 1 元/（吨·千米），长距离运输不具备经济性。管道运输是指通过管道网络来输送捕集的 CO_2，其预估成本为 $0.5 \sim 0.8$ 元/（吨·千米）（谭新等，2024）。假设以管道运输的方式进行二氧化碳输送，且运输距离为 150 千米，那么运输成本为 $75 \sim 120$ 元/吨。

3. 封存与利用成本

地质封存成本通常在 60 元/吨左右，在 CO_2 利用方面，由于涉及化学利用、物理利用和生物利用等多方面多领域，成本差异较大。这里重点考虑的 CO_2 驱油是指将捕集到的 CO_2 用于提高石油采收率，同时进行地质封存，是一种将封存和利用相结合的技术。虽然在循环利用 CO_2 驱油环节成本有所增加，但该技术利用现有油井进行 CO_2 封存，其整体成本较低。因此，可以采用 60 元/吨作为封存与利用成本。

（二）成本展望

目前榆林煤化工企业年捕集量为 50 万吨的 CCUS – EOR 项目的总成本为 240 ~ 285 元/吨，事实上未来 CCUS – EOR 的成本下降空间较大。其中，碳捕集是最有望降低成本的环节。一方面，通过技术创新，如电化学分离技术、新型膜分离等新兴技术来降低成本。另一方面，未来随着 CCUS-EOR 项目集群发展，CO_2 气源更广，不仅可来自自身油气田和自备电厂，也可来自距离较远的大规模工业园区，包括炼化厂、化工厂、电厂、热厂等，这样的供应链多元化能通过规模效应进一步降低捕集成本。基于各项技术的成本学习曲线分析，预计到 2030 年，碳捕集成本可能在现有水平上减少 10% ~ 30%；到 2050 年，有望再下降 70%。在运输和封存环节，随着 CCUS 集群的发展，通过建设 CO_2 输送网络，统筹源、网、储、汇各环节设施布局与运行，推动源汇匹配优化和运输走廊共建共享，成本也将一定程度下降。预计到 2030 年，运输和封存成本有望再分别下降 10% 和 20%；到 2050 年，有望再分别下降 40% 和 50%（谭新等，2024）。

综合考虑上述各方面的成本下降趋势，可以预见，到 2050 年，榆林煤化工企业的 CCUS-EOR 项目成本有望降低至 125 ~ 143 元/吨，这将显著改善项目的经济收益。因此，随着成本的持续下降，榆林构建 CCUS 集群的战略意义愈发凸显，不仅有助于强化项目的经济可行性，确保其在市场竞争中的优势地位，同时也大大增强了 CCUS 项目的环境友好性，为实现区域乃至国家层面的碳减排目标提供坚实的技术支撑和实践范例，从而推动绿色低碳循环经济的发展。

二、环 境 收 益

目前我国有着急迫的减碳需求，根据国际能源署（International Energy Agency，IEA）最新发布的《2023 年度二氧化碳排放状况报告》，中国在 2023 年的碳排放总量增长了 5.65 亿吨，总量攀升至 126 亿吨，与 2022 年相比增幅约为 4.7%，表明我国在碳减排的推进过程中仍面临着严峻的挑战[①]。

化石能源行业是我国碳排放的主要来源，CCUS 技术的应用可以极大程度上帮助化石能源行业实现碳减排，甚至净零排放，具有可观的负碳效应。榆林是中国最主要的能源产区之一，2022 年，榆林全市生产原煤 5.8 亿吨，占全国产量的 13%；生产原油 1108.6 万吨，占全国产量的 5.4%；生产天然气 219.8 亿立方米，占全国产量的 10%[②]。2023 年，榆林生产原煤 6.06 亿吨、原油 1078.46 万吨、天然气 229.15 亿立方米，分别占全国总产量的 13%、5.2%、9.9%[③]。2023 年 12 月 6 日，国家发展改革委发布《首批碳达峰试点名单》，确定 25 个城市、10 个园区为首批碳达峰试点城市和园区，榆林便是其中之一[④]。因此，榆林能否实现碳达峰、碳中和，对于中国的减碳事业具有十分重要的意义，CCUS 技术是榆林实现"双碳"目标的强有力推手。

与碳捕集、碳利用相比，碳封存的减排效果更为稳定，理论上可以实现二氧化碳永久减排，因此，可以聚焦于二氧化碳的封存来论证榆林建立 CCUS 集群的潜在环境收益。榆林的二氧化碳地质封存潜力十分可观，以

---

① 国际能源署 . 2023 年度二氧化碳排放状况报告 [R/OL]. https://iea. blob. core. windows. net/assets/33e2badc-b839-4c18 − 84ce-f6387b3c008f/CO2Emissionsin2023. pdf.

② 榆林市统计局 . 2022 年榆林市国民经济和社会发展统计公报 [EB/OL]. http://111. 20. 184. 131/tjj/tjsj/tjgb/202305/t20230508_220588. html.

③ 榆林市统计局 . 2023 年榆林市国民经济和社会发展统计公报 [EB/OL]. https://tjj. yl. gov. cn/tjsj/tjgb/202404/t20240419_1738609. html.

④ 国家发展和改革委员会 . 关于印发首批碳达峰试点名单的通知 [EB/OL]. https://www. ndrc. gov. cn/xxgk/zcfb/tz/202312/P020231206516198001294. pdf.

位于榆林的鄂尔多斯盆地陕北斜坡地区为例，该地区的深部咸水层是极具潜力的二氧化碳封存地点。

（一）国际 CO_2 地质封存潜力的评价方法

随着技术经济条件的不断改变，CO_2 地质封存潜力也会随之持续不断地变化，因此碳收集领导人论坛（Carbon Sequestration Leadership Forum，CSLF）提出将 CO_2 地质封存潜力划分为理论上的封存潜力、有效的封存潜力、实际可达到的封存潜力、可匹配的封存潜力 4 个层级。这 4 个层级之间相互关联且逐级递进，可以用 CO_2 地质封存资源金字塔来形象表述，如图 11－1 所示。理论封存潜力指的是一种最理想的封存状态，它不考虑任何物理极限、经济能力、技术水平及法律法规许可等制约因素的影响，包含资源金字塔的所有资源量。有效封存潜力所包含的资源量较理论封存潜力较少，这是由于其考虑了地质和工程方面的因素对封存量的影响。实际封存潜力在有效封存潜力的基础上进一步收紧约束条件，将技术水平、基础设施配套、法律及法规约束、经济能力等影响因素也纳入评估过程中。匹配封存潜力包含的资源量最少，是在实际封存潜力的基础上，进一步又将碳源匹配问题、供给能力和注入能力等影响因素纳入评估过程。

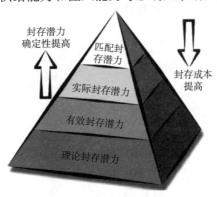

图 11－1　CO_2 地质封存资源金字塔

资料来源：张冰，梁凯强，王维波，等. 鄂尔多斯盆地深部咸水层 CO_2 有效地质封存潜力评价 [J]. 非常规油气，2019，6（3）：15－20.

就深部咸水层 CO_2 地质封存潜力的评价方法来看，目前国际上主流的方法是欧盟的评价方法、美国能源部的评价方法以及碳收集领导人论坛（CSLF）的评价方法，这三种评价方法的计算结果都是基于一定的假设条件而得出的。与其他两种评价方法相比，CSLF 法所基于的假设条件相比于其他方法更为合理，因此本书认为，基于该方法进行计算所得到的结果更加符合 CO_2 在咸水层中封存的真实潜力值。因此，本章采用 CSLF 提出的方法对位于榆林的鄂尔多斯盆地陕北斜坡地区的 CO_2 地质封存潜力进行具体测算。

另外，由于 CSLF 法提出的有效封存系数仅适合于构造地层圈闭机理计算，而美国能源部采用的方法以有效封存系数 E 反映 CO_2 占据整个孔隙体积的比例，更贴合鄂尔多斯盆地深部咸水层的地质情况。因此，本章采用 CSLF 法的计算过程，对鄂尔多斯盆地深部咸水层有效封存量进行测算，但有效封存量系数借鉴美国能源部方法所采用的数值，将其取值为 0.024。

（二）榆林斜坡地区 CO_2 地质封存潜力的评价

CSLF 法认为，深部咸水层的 CO_2 地质封存潜力由构造地层封存、溶解封存、残余气封存三个部分组成。具体核算方式如下。

1. 构造地层封存的理论封存量

$$M_{CO_2s} = V_{trap} \cdot \theta \cdot (1 - S_{wirr}) \cdot \rho_{CO_2r} = A \cdot H \cdot \theta \cdot (1 - S_{wirr}) \cdot \rho_{CO_2r}$$

$$(11 - 2)$$

2. 溶解封存的理论封存量

$$M_{CO_2d} = A \cdot H \cdot \theta \cdot (\rho_s X_{sCO_2} - \rho_i X_{iCO_2}) \approx A \cdot H \cdot \theta \cdot \rho_i \cdot S_{CO_2} \cdot M_{CO_2}$$

$$(11 - 3)$$

3. 残余气封存的理论封存量

$$M_{CO_2r} = \Delta V'_{trap} \cdot \theta \cdot S_{CO_2t} \cdot \rho_{CO_2r} \qquad (11 - 4)$$

4. 深部咸水层中封存的总潜力

（1）理论封存量：

$$M_{CO_2ts} = M_{CO_2s} + M_{CO_2d} + M_{CO_2r} \qquad (11-5)$$

（2）有效封存量：

$$M_{CO_2es} = E \cdot M_{CO_2ts} \qquad (11-6)$$

公式中所涉及名称的具体含义如表 11 – 1 所示。

表 11 – 1　　　　　　CSLF 法核算公式涉及的名称及含义

名称	含义
M_{CO_2}	CO_2 在深部咸水层中构造地层封存的理论封存量，$10^6\,t$
V_{trap}	构造或地层圈闭的体积，$10^6\,m^3$
S_{wirr}	残余水饱和度，%
ρ_{CO_2r}	在地层条件下 CO_2 的密度，kg/m^3
A	圈闭的面积，km^2
H	储层的有效厚度，m
θ	储层岩石的孔隙度，%
M_{CO_2d}	CO_2 在深部咸水层中溶解封存的理论封存量，$10^6\,t$
ρ_s	地层水被 CO_2 饱和时的平均密度，kg/m^3
ρ_i	初始的地层水的平均密度，kg/m^3
X_{sCO_2}	地层水被 CO_2 饱和时 CO_2 占地层水的平均质量分数，%
X_{iCO_2}	原始 CO_2 占地层水的平均质量分数，%
S_{CO_2}	CO_2 在地层水中的溶解度，mol/kg
M_{CO_2}	CO_2 的摩尔质量，$0.044\,kg/mol$
M_{CO_2r}	CO_2 在深部咸水层中残余气封存的理论封存量，$10^6\,t$
V'_{trap}	原先被 CO_2 饱和然后被水浸入的岩石体积，该参数可理解为评价单元内整个深部咸水层的体积，$10^9\,m^3$
S_{CO_2t}	液流逆流后被圈闭的 CO_2 的饱和度，%
M_{CO_2ts}	深部咸水层总的理论封存量
E	有效封存量系数，取 0.024
M_{CO_2es}	深部咸水层总的有效封存量

经计算，陕北斜坡构造单元 CO_2 溶解理论封存量为 45867.64×10^6 吨，残余气理论封存潜力为 282600.72×10^6 吨。综合以上结果，陕北斜坡深部咸水层 CO_2 的有效封存量为 7883.24×10^6 吨，是鄂尔多斯盆地六个一级构造单元（包括伊盟隆起、渭北隆起、晋西挠褶带、陕北斜坡、天环坳陷、西缘断褶带）中 CO_2 有效封存潜力最大的。鄂尔多斯盆地六个一级构造单元各自的 CO_2 有效封存潜力如图 11 – 2 所示（张冰等，2019）。由此可见，榆林地区的鄂尔多斯盆地陕北斜坡在深部咸水层封存 CO_2 领域拥有巨大的发展潜力，这一潜力为解决榆林因油气资源开发利用而带来的大规模碳排放问题提供了解决方案。由此来看，在榆林地区建立 CCUS 集群具有十分可观的环境收益。

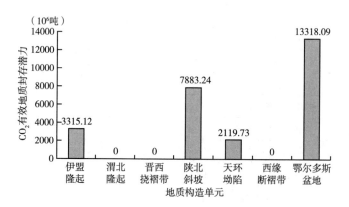

图 11 – 2　鄂尔多斯盆地深部咸水层 CO_2 有效地质封存潜力

资料来源：张冰，梁凯强，王维波，等. 鄂尔多斯盆地深部咸水层 CO_2 有效地质封存潜力评价 [J]. 非常规油气，2019，6（3）：15 – 20.

（三）榆林斜坡地区 CO_2 地质封存案例：姬塬油田

2014 年，国家发展和改革委员会、科技部联合发起了长庆姬塬油田黄 3 区 CCUS 国家示范工程项目，该项目位于陕西省榆林市陕北斜坡地区，由中国石油立项，中国石油、陕西省科技厅等部门共同研究，是一项通过科学试验建设的国家级示范工程[①]。

截至 2024 年 7 月 26 日，长庆姬塬油田 CCUS 试验项目稳步推进，埋碳量突破 30 万吨，标志着黄 3 区二氧化碳驱先导试验项目取得阶段性进展。该先导试验项目于 2017 年 7 月开始试注。项目开始后，科研人员紧密跟踪开发动态、认真分析试验数据、及时调整开发策略、不断优化实施方案，通过"9 注 37 采"整体注入，实现开发形势持续向好，单井产能稳步上升，含水量持续下降。截至 2024 年 7 月 26 日，试验区累计增油3.72 万吨，效果显著。针对姬塬油田侏罗系边底水油藏递减快、采收率低的开发矛盾，科研人员充分利用前期的 CCUS 相关经验，结合现有技术优势，在黄 436 延 9 油藏开展重力辅助二氧化碳驱试验，气顶蓄能压锥效果明显。在该井组试采 6 口井，目前埋碳量达 2.4 万吨，增油 0.23 万吨。2024 年 4 月 30 日，项目组在黄 257 区开展重力辅助二氧化碳驱试验，目前埋碳量达 0.8 万吨。[②]

三、社 会 收 益

在榆林建立 CCUS 集群的社会收益主要表现为增加就业岗位。根据油气行业气候倡议组（Oil and Gas Climate Initiative，OGCI）的研究数据，到2050 年，在国内部署 CCUS 可以累计创造 $4 \times 10^6 \sim 1.2 \times 10^7$ 个工作岗位。

根据美国智库 Third Way 的预测，埃克森美孚在怀俄明州的两项工业碳捕集扩建项目预计能直接创造 388 个工作岗位；北达科他州的一项燃煤电厂高比例碳捕集项目则预计至少新增 2000 个建筑业岗位；得克萨斯州新启动的两座采用创新技术实现全二氧化碳捕集的 12 万千瓦垃圾发电厂，

---

① 陕西网榆林频道 . "长庆姬塬油田黄 3 区 CCUS 国家示范工程项目"喜提第十一届"母亲河奖""绿色项目奖"提名［N/OL］. https：//www. ishaanxi. com/c/2023/1115/3000590. shtml，2023.

② 中国石油报 . 长庆姬塬油田 CCUS 增油效果显著［N/OL］［2024 - 07 - 29］. https：//baijiahao. baidu. com/s？id = 1805878170476532861&wfr = spider&for = pc.

将同时带来 150 个运营岗位和 500 个建筑业岗位；此外，该州正建设的世界最大空气碳捕集装置，预计将创造 1000 个建筑业岗位及 100 个运营岗位。①

尽管目前来看美国的示范项目仅仅解决了一小部分的就业问题，但是其保全了部分石油行业专业人员的力量，这对于能源界具有十分重要的意义。美国能源界正积极呼吁政府延长 45Q 政策的有效期，以推动 CCUS 技术的广泛应用，进而促进就业增长和经济复苏。据美国碳利用研究理事会预测，若实施一项温和的 CCUS 推广计划，使全美约 10% 的电力来自 CCS 电厂，将催生 27 万~78 万个新增就业岗位，并带来每年 700 亿~1900 亿美元的 GDP 增长。类似地，英国的研究也表明，电力系统中 10%~20% 的装机容量配备 CCS，每年能为英国新增 1.5 万~3 万个工作岗位，并创造 20 亿~40 亿英镑的经济价值。②

此外，国内学者还就发展 CCUS 对于就业的效应进行了预测。如侯荟芸等（2024）就不同煤电退役路径下 CCUS 技术的社会效益进行了评估，认为 CCUS 的大规模应用将会填补因煤电退役而造成的就业缺口，2022~2060 年将会增加 2708 万左右的就业岗位。

目前已有的数据也验证了建立 CCUS 集群对于就业的积极影响。陕西延长石油集团拥有多个 CCUS 示范项目并取得了多项 CCUS 相关的技术突破，是榆林推进 CCUS 集群建设的主力军。2022 年，陕西延长石油集团招聘 900 余人，其工作地点主要集中于榆林和延安，2023 年招聘 800 余人，若在榆林成功建立 CCUS 集群，预计位于榆林的各家企业未来招聘人数将持续上升，并且与 CCUS 有关的岗位将大幅度增加。

本章小结

本章将视角聚焦于榆林地区，主要采取定量的方式分析了在榆林地区

---

① Technology News Focus. Systems International Announces Two Power Plants [R]. 2019.

② Carbon Capture & Storage Association. The economic benefits of carbon capture and storage in the UK [EB/OL]. https://www.tuc.org.uk/sites/default/files/carboncapturebenefits.pdf, 2014.

建立 CCUS 集群所能够带来的潜在经济收益、环境收益和社会收益。经济收益方面，以榆林煤化工企业 CCUS-EOR 项目为例，根据二氧化碳捕集成本、运输成本以及封存与利用成本，最终得出年碳捕集量为 50 万吨 CO_2-EOR 项目，总成本为 240~285 元/吨，并预测到 2050 年，总成本将进一步下降至 125~143 元/吨。环境收益主要体现为减排效应，以位于榆林地区的鄂尔多斯盆地陕北斜坡为例，采用 CSLF 法对陕北斜坡的地质封存潜力进行测算，得到其有效封存量为 7883.24×10^6 t 的结论，是鄂尔多斯盆地六个一级构造单元中二氧化碳有效封存潜力最大的。社会收益主要体现为对就业的推动作用。根据油气行业气候倡议组（OGCI）的研究数据，到 2050 年，在国内部署 CCUS 可以累计创造 4×10^6~1.2×10^7 个工作岗位。总的来看，在榆林建设 CCUS 集群的各项潜在收益是十分可观的。

本章参考文献

［1］杜倩，苗娟，李曼平 . "长庆姬塬油田黄 3 区 CCUS 国家示范工程项目"喜提第十一届"母亲河奖""绿色项目奖"提名［陕西网榆林频道］［N/OL］. https：//www. ishaanxi. com/c/2023/1115/3000590. shtml，2023 - 11 - 15.

［2］国家发展改革委办公厅 . 关于印发首批碳达峰试点名单的通知［EB/OL］.（2023 - 11 - 28）［2024 - 12 - 4］. https：//www. ndrc. gov. cn/xxgk/zcfb/tz/202312/t20231206_1362471. html.

［3］侯荟芸，杨琳 . 不同煤电退役路径下 CCUS 技术的综合效益评估［J］. 洁净煤技术，2024（10）.

［4］李莉 . 长庆姬塬油田 CCUS 增油效果显著［N］. 中国石油报，2004 - 07 - 29.

［5］谭新，罗大清，宋欣和 . 考虑驱油与碳减排双重效益的 CCUS-EOR 经济性及发展模式分析与探讨［J］. 油气地质与采收率，2024（2）.

［6］姚嘉惠，翁瑞峰 . 新质生产力本身就是绿色生产力［EB/OL］. https：//baijiahao. baidu. com/s? id = 1799330439841361285&wfr = spider&for = pc.

［7］榆林市统计局 . 2022 年榆林市国民经济和社会发展统计公报［R］. 2023.

［8］榆林市统计局 . 2023 年榆林市国民经济和社会发展统计公报［R］. 2024.

［9］张冰，梁凯强，王维波，等 . 鄂尔多斯盆地深部咸水层 CO_2 有效地质封存潜

力评价［J］. 非常规油气, 2019 (3).

［10］朱玲玲, 朱伟, 贾庆, 等. 浅谈"双碳"背景下的二氧化碳捕集利用与封存［J］. 中国水泥, 2022 (6).

［11］Carbon Capture & Storage Association. The economic benefits of carbon capture and storage in the UK［R］. 2014.

［12］International Energy Agency. CO_2 emissions in 2023［R］. 2024.

［13］Systems International Inc. Systems International announces two power plants［J］. Technology News Focus, 2019.

第十二章　榆林建立 CCUS 集群的机遇与挑战

一、榆林建立 CCUS 集群的机遇

（一）政策支持

1. 国家政策支持

在国内建设 CCUS 集群的主要目的是服务于国家的"双碳"目标，也就是碳达峰、碳中和目标。该目标于 2020 年 9 月被明确提出，具体指的是力争于 2030 年前实现碳达峰，2060 年前实现碳中和。针对该目标，国家于 2021 年把开展 CCUS 重大项目纳入国家"十四五"规划，出台了一系列与 CCUS 有关的政策，明确提出要大力发展 CCUS 技术，支持建设 CCUS 示范项目。在碳达峰、碳中和"1 + N"政策体系框架下，我国 CCUS 政策日趋完善，其中顶层政策设计"1 + N"具体内容如下。

"1 + N"中的"1"指的是两个发挥统领作用的文件，即《中共中央国务院关于完整准确全面贯彻新发展理念做好碳达峰碳中和工作的意见》（以下简称《意见》）以及《2030 年前碳达峰行动方案》（以下简称《方案》）。《意见》明确了我国实现碳达峰、碳中和的时间表、路线图，提出要推进 CCUS 技术的研发、示范和产业化应用的规模化，加快建设全流

程、集成化、规模化的 CCUS 示范项目;《方案》则将相关指标和任务更加细化、实化、具体化,从工业领域碳达峰行动、科技创新、资金和国际合作等方面提出要求,建设 CCUS 示范项目。

"1 + N"中的"N"指的是在上述两个文件的基础上,国家针对重点领域或行业发布的相应碳达峰方案,具有代表性的是针对能源领域、工业领域、石化化工领域以及科技领域的政策。具体与 CCUS 相关的政策及内容如表 12 - 1 所示。

表 12 - 1   "双碳"目标下国家 CCUS 相关政策和规划

政策类型	政策名称	发布年份	主要内容
国家"1 + N"政策顶层设计	《中共中央 国务院关于完整准确全面贯彻新发展理念做好碳达峰碳中和工作的意见》	2021	推进碳捕集利用与封存技术研发、示范和产业化应用的规模化,加快建设全流程、集成化、规模化的二氧化碳捕集利用与封存示范项目
	《2030 年前碳达峰行动方案》	2021	5 处提到 CCUS,从工业领域碳达峰行动、科技创新、资金和国际合作等方面提出要求,建设全流程、集成化、规模化二氧化碳捕集利用与封存示范项目
重点领域/行业碳达峰方案	《推动能源绿色低碳转型 做好碳达峰工作的实施方案》	2022	研发新一代高效、低能耗碳捕集材料、吸收剂和装置,加强对于大型二氧化碳增压输送技术的研究力度,力争突破二氧化碳封存监测、泄漏预警等核心技术,开展二氧化碳资源化利用技术研发,推进准噶尔盆地、渤海湾盆地、松辽盆地、鄂尔多斯盆地等油气 CCUS 产业示范基地建设
	《工业领域碳达峰实施方案》	2022	在钢铁领域推进碳捕集利用封存等技术实现突破应用;在建材领域实现窑炉碳捕集利用封存技术的产业化示范;在石油化工领域加快部署大规模碳捕集利用封存产业化示范项目

续表

政策类型	政策名称	发布年份	主要内容
重点领域/行业碳达峰方案	《减污降碳协同增效实施方案》	2022	推动碳捕集利用与封存技术在工业领域的应用
	《石化化工行业碳达峰实施方案》	2022	围绕石化化工行业节能减排、二氧化碳捕集利用、可再生能源制氢等领域
	《科技支撑碳达峰碳中和实施方案》	2022	以二氧化碳捕集和利用技术为重点，开展 CCUS 与工业过程的全流程深度耦合技术研发示范，聚焦于 CCUS 技术的全生命周期能效提升和成本降低，着眼长远加大 CCUS 与清洁能源融合的工程技术研发，开展陆上和海洋地质封存、矿化封存的技术研究，力争实现捕集成本大幅下降，实现到 2025 年单位二氧化碳捕集能耗比 2020 年下降 20%，到 2030 年下降 30%
	《建立健全碳达峰碳中和标准计量体系实施方案》	2022	到 2030 年，碳捕集、利用与封存及生态碳汇标准逐步健全，加快生态系统固碳和增汇、碳捕集利用与封存、直接空气碳捕集等碳清除技术标准研制

资料来源：《中国区域二氧化碳地质封存经济可行性研究——中国二氧化碳捕集利用与封存（CCUS）年度报告（2024）》。

2. 陕西省政策支持

陕西积极响应国家的政策指导，发布了一系列"双碳"目标下省级层面的 CCUS 相关政策，具有代表性的政策文件包括《陕西省碳达峰实施方案》《关于完整准确全面贯彻新发展理念 做好碳达峰碳中和工作的实施意见》《陕西省工业领域碳达峰实施方案》，各项政策文件的发布时间及主要内容如表 12 − 2 所示。

表 12 – 2　　　　　"双碳"目标下陕西省 CCUS 相关政策和规划

政策名称	发布年份	主要内容
《陕西省碳达峰实施方案》	2022	①钢铁领域：围绕氢冶金、二氧化碳捕集利用一体化试点示范，推动低品位余热供暖发展，鼓励钢化联产，促进钢铁产业低碳化发展； ②建材领域：探索开展窑炉烟气二氧化碳捕集利用，推动建材领域绿色化发展； ③低碳研发应用方面：鼓励二氧化碳规模化应用，支持二氧化碳捕集利用与封存、二氧化碳合成化学品等技术研发和示范应用； ④低碳发展动能方面：围绕高耗能行业推广合同能源管理、环境污染第三方治理等模式，培育壮大节能环保、清洁生产、清洁能源、碳捕集利用与封存固化等新产业、新业态； ⑤绿色技术合作方面：支持陕西省研究机构及高等学校与国外学术机构就新能源、储能、二氧化碳捕集利用与封存等领域展开合作交流
《关于完整准确全面贯彻新发展理念 做好碳达峰碳中和工作的实施意见》	2022	加强绿色低碳技术研发应用，在二氧化碳捕集利用封存固化领域开展技术攻关，推进二氧化碳捕集利用封存技术的规模化应用
《陕西省工业领域碳达峰实施方案》	2023	①推动绿色低碳技术的研发与突破：重点支持低碳零碳工业流程再造技术、高效储能、能源电子、氢能、碳捕集利用封存、温和条件下二氧化碳资源化利用等关键核心技术取得突破； ②建立资源综合利用示范项目：鼓励钢化联产，支持开展氢冶金、二氧化碳捕集利用一体化试点示范项目，低品位余热供暖项目

资料来源：《中国区域二氧化碳地质封存经济可行性研究——中国二氧化碳捕集利用与封存（CCUS）年度报告（2024）》。

　　《陕西省碳达峰实施方案》由陕西省人民政府于 2022 年发布，鼓励在钢铁领域、建材领域、低碳研发应用领域、低碳发展动能领域、绿色技术合作领域引进和推广 CCUS 相关技术，建立 CCUS 示范项目。《关于完整准确全面贯彻新发展理念 做好碳达峰碳中和工作的实施意见》由陕西省人民政府于 2022 年发布，指出在二氧化碳捕集利用封存固化领域开展技术攻关，推进该技术的规模化应用。《陕西省工业领域碳达峰实施方案》由陕西省人民政府于 2023 年发布，重点支持 CCUS 技术在工业领域的应用。

3. 榆林市政策支持

作为首批碳达峰试点城市，榆林市政府十分重视低碳发展，这与建立 CCUS 集群的最终目标高度一致。为实现低碳发展，榆林市政府采取的主要措施如下。

首先，形成系统的顶层低碳政策体系。榆林成立了碳达峰碳中和领导小组工作专班，邀请院士领衔参与碳中和背景下的发展思路谋划，通过推动能耗"双控"向碳排放"双控"转变、开展全流程 CCUS 技术示范、打造"西部氢谷"、推进煤炭有序减量替代、培育壮大新兴产业、加快能源结构调整等多项有力举措，全面推动榆林市的绿色低碳高质量发展。

其次，开发"三转三补"低碳发展新思路[①]。"三转"即推动资源开发向保障国家综合能源供给安全转变、产业体系由能源化工主导向多元融合多极支撑转变、发展动力由资源驱动向科技引领创新驱动转变；"三补"即以资源禀赋和应用场景优势补区位劣势、以政策资金优势补创新劣势、以产业规模优势补产业单一劣势。

最后，给予资源开发利用行业信贷支持，鼓励其实现绿色转型。截至 2021 年 9 月末，榆林市投向采矿业、制造业与电力、燃气及水的生产和供应业贷款余额达到 1009.85 亿元，占全部行业贷款的 62.79%[②]。

（二）企业合作机遇

1. 国家能源集团将加大对榆林 CCUS 示范项目的投资力度

2024 年初，国家能源集团明确将深化在陕西省的重大项目布局，致

---

① 榆林：以改革之勇创新之力开放之姿引领发展之变［N/OL］．榆林日报，http：//szb. ylrb. com/ylrb/html/2024/20240611/20240611 _001/20240611 _001 _02 _5143. html？searchWord =% E4% B8% 89% E8% BD% AC% E4% B8% 89% E8% A1% A5，2024.
② 榆林市政策研究督察办公室．金融支持榆林能源化工产业高质量发展中存在的问题及建议［EB/OL］．https：//prs. yl. gov. cn/dycg/202210/t20221009_1648936. html.

力于高质量打造榆林煤油化新能源新材料领域的创新示范基地，以推动区域能源产业的创新发展①。在榆林能源革命创新示范区创建部署会上，榆林市政府、国能榆林化工有限公司以及中国石油天然气股份有限公司长庆油田分公司共同签署了《陕西榆林 CCUS/CCS 战略合作框架协议》，标志着三方在 CCUS 及 CCS 技术领域的合作迈出了实质性步伐②。

2. 山东京韵泰博助力榆林 CCUS 负碳科技基地建设

陕西省榆林市府谷县被誉为全球的镁业中心，其镁产量占据了全球市场的半壁江山以上。榆林市天龙镁业有限责任公司自 2001 年创立以来，便是府谷县金属镁生产的先行者，在民营企业中独树一帜。历经二十载的发展，该公司不仅在榆林市享有盛誉，更在金属镁行业内崭露头角。

京韵泰博作为国内 CCUS 负碳技术领域的佼佼者，致力于技术创新与应用的前沿探索，旨在成为该领域的技术与应用领航者。

山东京韵泰博负碳科技有限公司与榆林市天龙镁业有限责任公司签约，共同建设 CCUS 负碳科技基地，此项目作为有色金属行业内规模最大的 CO_2 直接利用 CCUS 全产业链示范工程，不仅填补了陕西省在该领域的空白，更将构建一个年产能达 100 万吨的二氧化碳转化体系，以及一套集"成果卓越、技术尖端、模式成熟、支撑可持续发展"于一体的有色金属行业 CCUS 碳中和与循环经济典范。该项目选址于陕西省榆林市，积极响应了国家对于高排放行业（如有色金属行业）提前布局并推进全流程、集成化、规模化二氧化碳利用一体化试点示范项目的号召。项目投产后，预计年处理能力将包括超过 200 万吨的镁渣固体废弃物，实现 CO_2 减排 100 万吨，并生产负碳科技产品超 300 万吨。③

---

① 陕西网络广播电视台.2024 年 2 月 1 日 赵一德赵刚与国家能源集团董事长刘国跃一行座谈［N/OL］. http：//www. shaanxi. gov. cn/sy/sp/sxxwlb/202402/t20240202_2316173_wap. html.

② 国家能源集团. 余兵参加榆林能源革命创新示范区创建部署会［EB/OL］. https：//www. ceic. com/gjnyjtww/chnjtyw/202403/ef2d7ff6f3dd4d32a2d61ad86bf60147. shtml.

③ 金台资讯. 有色金属行业百万吨级 CCUS 全产业链工业化项目成功签约［EB/OL］. https：//baijiahao. baidu. com/s？id＝1787759487028857819&wfr＝spider&for＝pc，2024.

3. 壳牌 CCUS 技术落地榆林

陕西省榆林市榆林经济技术开发区是国家能源化工基地的核心构成部分，其正处于转型升级与高质量发展的关键阶段。该阶段既能为榆林带来许多发展机遇，也需要其应对不小的挑战。

壳牌公司在碳捕集与封存（CCS）技术领域深耕细作已超过 20 年，通过持续的研发与实践，已成功构建起一套完备的全产业链技术体系，壳牌公司因此稳居行业前沿地位。截至 2024 年，壳牌已在全球范围内成功部署了多个标志性项目，诸如加拿大的 QUEST 项目与挪威的北极光项目等，并进一步在全球范围内积极寻求与其他国家新的项目合作契机。

2022 年 4 月，壳牌与榆林经济技术开发区携手合作，正式签订了关于碳捕集、利用与封存（CCUS）的联合研究协议。双方将共同开展技术与经济可行性的深入研究，旨在借助壳牌在 CCS 领域的先进技术和丰富经验，助力榆神工业园实现大规模的碳减排目标。此次合作标志着双方在低碳发展道路上的紧密"携手"，推动以 CCS 产业集群为核心的低碳工业园区的建设与运营，实现减碳与发展的双赢局面。①

（三）国内 CCUS 技术取得突破

1. 二氧化碳直接空气捕集技术突破

2024 年，由中能建（上海）成套工程有限公司联合上海交通大学共同研发攻关、拥有完全自主知识产权的亚洲最大、国际领先的年 600 吨级二氧化碳直接空气捕集（DAC）装置"碳捕块 CarbonBox"，成功通过百吨级模块满负荷可靠性运行验证，填补了我国在超大吨位高浓度工业级 DAC 工程装备领域的空白，标志着我国在二氧化碳直接空气捕集技术方面取得重大突破。

---

① 榆林经开区与壳牌（中国）公司签署战略合作协议［EB/OL］. 人民网，http：//sn. people. com. cn/n2/2022/0414/c347857 - 35222748. html，2022.

"碳捕块 CarbonBox"凭借其先进的技术，可广泛应用于绿色甲醇、绿色航空燃油等环保燃料的合成过程中，同时也为碳交易服务提供了有力支持。其直接从空气中捕集的二氧化碳，作为纯净且环保的碳源，符合国际 ISCC 标准，有效解决了生物质碳源面临的原料供应波动大、地域限制强等难题，确保了绿色碳源的稳定、大批量生产，为绿色燃料合成扫除了碳源获取的障碍。

在国家"双碳"目标持续深化实施的背景下，"碳捕块 CarbonBox"凭借其模块化的设计优势，能够灵活适应不同企业机构在碳减排与碳交易方面的个性化需求。无论是大规模集中式、分布式部署，还是移动式应用，都能轻松实现，突破了地域和时间的限制，为碳捕集配额分配、项目减排开发、国际碳关税应对、零碳建设规划及气候投融资等多元化需求提供了一站式的"碳中和"解决方案，助力政府机构、大型企业及高碳排放行业顺利迈向低碳未来[①]。该项技术的突破，不仅可以进一步拓展榆林建立 CCUS 集群在技术上的可行性，还可以为集群未来的碳减排与碳交易提供助力。

2. 二氧化碳的管道运输技术突破

2024 年，密相/超临界 CO_2 管道断裂控制研究"科学家 + 工程师"队伍，攻克了管道止裂韧性计算、止裂器设计制造等核心技术，为我国首条百万吨级密相/超临界 CO_2 管道的应用提供了有力支撑。

该队伍由中国石油集团工程材料研究院有限公司与西安交通大学携手组建，以密相/超临界 CO_2 长输管道断裂控制技术为总体研究目标，围绕止裂韧性计算、止裂器设计、选型和制造等关键技术展开深入研究。李群教授作为首席科学家，率领其科学家团队，采纳尖端的有限元分析技术，对裂纹扩展过程实施了精准模拟，为构建和优化止裂韧性预测模型奠定了坚实基础，并主动寻求与国内外研究机构的合作机会，携手促进该领域技

---

① 科技日报. 亚洲最大二氧化碳直接空气捕集装置通过验证 [N/OL]. https://digitalpaper. stdaily.com/http_www. kjrb. com/kjrb/html/2024 – 07/24/content_575157. htm? div = – 1.

术的革新与发展。与此同时，首席工程师李鹤教授指挥工程师团队，专注于密相/超临界 CO_2 环境下管材适用性的评估、管道及管材标准的制定等工程实践问题，借助全尺寸爆破与泄漏测试，证实了止裂器的实效与信赖性。这一"科学家与工程师"结合的团队，充分利用各自的专业强项，汇聚了油气储运、断裂力学、智能结构设计与控制等多个学科的创新资源，形成了跨学科的合作力量。

在团队努力下，已形成了一套完整的 CO_2 管道断裂控制理论及止裂韧性计算软件，为密相/超临界 CO_2 管道止裂韧性指标制定及管材选用提供了依据。同时，团队还开发了钢套筒和玻璃纤维两种止裂器，可在管道不能自身止裂的情况下，保障管道安全。这些创新成果不仅为我国密相/超临界 CO_2 管道输送技术的发展奠定了坚实基础，也为全球碳中和目标的实现提供了有力支持①。该项技术的突破，拓展了榆林建立 CCUS 集群可备选的 CO_2 输送管材种类，有利于保障榆林 CCUS 集群的 CO_2 输送安全。

（四）中国碳交易市场的发展与完善

目前国内二氧化碳排放权交易（以下简称碳交易）正在不断发展完善，未来必然会为榆林建立 CCUS 集群带来更大的潜在经济收益。自 2011 年起，我国在北京、天津、上海、重庆、广东、湖北、深圳 7 个省市启动了地方碳交易试点工作。2020 年，《全国碳排放权交易管理办法（试行）》和《全国碳排放权登记交易结算管理办法（试行）》征求意见稿出台。2021 年 1 月 1 日，全国碳市场首个履约周期正式启动，涉及 2225 家发电行业的重点排放单位；同年 2~3 月，《碳排放权登记管理规则（试行）》《碳排放权交易管理规则（试行）》《碳排放权结算管理规则（试行）》正式施行，为碳市场建设和运行提供法律保障，标志着全国统一碳排放权交易市场建设进入新阶段。

---

① 密相/超临界二氧化碳管道断裂控制研究实现突破，秦创原创新驱动平台建设典型案例——人才引育篇［EB/OL］. 秦科技，2024-08-12.

我国确立碳交易试点以来，政府和企业在探索实践中取得了一定成效，"排碳有成本，减碳有收益"理念逐步形成。2023 年，全国碳市场碳排放配额（CEA）年度成交量达到 2.12 亿吨，较 2022 年增长 3 倍，年度成交额为 144.44 亿元，日均成交量达到 87.58 万吨。碳价整体呈现平稳上涨态势，由全国碳排放权交易市场启动时的 48 元/吨，上涨至 2024 年 7 月 26 日的收盘价 91.6 元/吨，上涨了 90.8%[①]。碳交易所能够带来的经济收益，是榆林建设 CCUS 集群所能获得的潜在经济收益的重要组成部分，国内二氧化碳排放权交易的发展，有助于榆林 CCUS 集群在未来获得更为可观的经济收益。

二、榆林建立 CCUS 集群的挑战

（一）高昂的成本

榆林建立 CCUS 集群最主要的挑战是高成本的投入。碳捕集方面，现有技术条件下的投资和运维成本很高。以火电厂为例，安装碳捕集装置将增加 140 ~ 600 元/吨 CO_2 的运行成本，加之 CO_2 目前主要用罐车输送，运输成本高，致使发电成本大幅增加。目前最成熟的碳捕集技术是有机胺法，这种方法下胺液和能源（蒸汽）消耗较大，每捕集 1 吨二氧化碳，需要消耗 0.5 ~ 1 千克胺液和 1.4 吨蒸汽，成本较高（刘斌，2022）。碳运输方面，运输方式主要有罐车运输、管道运输和船舶运输，估算每百千米每吨碳的运输成本在 80 ~ 120 元，如果考虑安全性和环境影响等因素，运输成本还将进一步提高。碳封存方面，可以分为陆地封存和海洋封存，陆地封存通常选择地下深处的咸水层或枯竭油气井，需要做大量的地质勘探和工程设计工作，海洋封存选择在海洋深处，需要进行海上施工和设备安

[①] 生态环境部. 全国碳市场发展报告（2024）[R/OL]. https：//www.mee.gov.cn/ywdt/xwfb/202407/W020240722528848347594.pdf, 2024.

装，据估算，每吨二氧化碳的封存成本在 50～100 元，成本较高（叶晓东等，2024）。

《中国区域二氧化碳地质封存经济可行性研究——中国二氧化碳捕集利用与封存（CCUS）年度报告（2024）》指出，到 2030 年，全流程 CCUS（按 250 千米运输计）技术成本为 310～770 元/吨 CO_2；到 2060 年，将逐步降至 140～410 元/吨 CO_2。尽管国家会提供一定的帮助，但建立 CCUS 集群所需要的高昂成本还是会给榆林市政府带来不容忽视的财政压力，这将会阻碍榆林 CCUS 集群的建设。

（二）技术未完全成熟

就 CO_2 的利用技术来看，CO_2 分子具有不易活化、反应路径复杂、产品选择性低等特性，这些特性阻碍了 CCUS 技术的推广和应用。就 CO_2 捕集技术来看，目前只有高浓度点源（50%～90% 浓度的烟气）碳捕集技术很成熟，然而低浓度点源（5%～15% 浓度的烟气）占榆林碳排放总量的绝大部分，主要来自发电、水泥等大型难减排行业。

国际上二氧化碳捕集主要使用第一代技术——燃烧后捕集 + 化学吸收法，尚处于大规模示范和应用阶段。第二代和第三代技术，如新型膜分离技术、新型吸收技术（离子液体法、相变吸收剂等）、新型吸附技术、增压富氧燃烧技术、化学链燃烧技术等均处于不同研发阶段，技术尚未完全成熟。二氧化碳化学利用技术均处于示范阶段，仍需进一步研究和优化，才能实现大规模工业化应用。以二氧化碳制备合成气和甲醇为例，目前重点围绕常规催化反应法或电化学法，催化反应法需要解决催化剂的活性、选择性和稳定性等问题，电化学法需要解决能耗较高和电极材料的问题。二氧化碳驱油技术虽然相对较成熟，但是如何评价并筛选出适合注二氧化碳提高采收率的油藏、如何进一步提高二氧化碳驱油效率、在二氧化碳驱油的过程中如何防腐防窜等问题均需要进一步攻关（叶晓东等，2024）。尽管榆林建设 CCUS 集群已经具有技术上的可行性，但目前所拥有的技术仍然具有很大的提升空间，不成熟的技术也是榆林建设 CCUS 集群的主要阻碍之一。

（三）市场接受度低

高昂的成本以及技术尚未达到足够的成熟度，共同构成了 CCUS 技术在市场上获得广泛认可的主要障碍。CCUS 技术的成本结构复杂，涵盖了设备购置、日常运营维护、二氧化碳的有效捕集以及长距离运输等多个环节，这些费用累加起来相当可观，从而在经济层面上削弱了其市场竞争力。特别是对于钢铁、水泥、化工等排放密集且排放量庞大的行业而言，实施 CCUS 技术意味着巨额的资金投入，许多企业在当前阶段对此持谨慎态度，缺乏主动采纳的积极性。

进一步而言，CCUS 技术的发展还面临着政策与法规支持不足的困境。由于缺乏明确的政策导向和法规保障，该技术在部分地区的推广和应用受到了限制，难以充分发挥其潜在的减排效益。这种外部环境的制约，也是导致 CCUS 技术市场接受度不高的重要原因之一（叶晓东等，2024）。市场接受度低意味着公众对于榆林的 CCUS 集群建设不够看好，这可能会影响建设所需资金的募集，从而阻碍集群的建设。

（四）环境风险

CCUS 技术在其全生命周期中伴随着一系列潜在的环境风险。这些风险涵盖了从捕集、运输、利用到封存的各个环节。具体而言，捕集过程中，由于增加了额外的能源消耗，可能会导致大气污染物排放量的上升，构成一定的环境威胁。同时，吸附溶剂在使用后可能产生残留废弃物，这些废弃物若处理不当，则会引发二次污染问题。

在运输和利用阶段，突发性泄漏是一个不容忽视的风险点，它可能直接破坏局地的生态环境，并对周边居民的健康构成潜在威胁。封存环节同样存在重大环境风险，如果封存工艺选择不当或封存场地选址不合理，就可能发生二氧化碳的突发性或长期缓慢性泄漏。这种泄漏不仅可能污染地下水，还可能导致土壤酸化，进而引发更广泛的生态破坏，对自然环境和人类生活造成长远的不利影响①。环境风险不仅会导致居民对于榆林 CCUS 集群建设的抵制态度，也意味着榆林建设 CCUS 集群具有一定的隐患。

（五）政策环境有待优化

在 CCUS 政策领域，中国与西方国家，特别是美国之间，存在显著的差距。以两国的 CCUS 政策对比为例，美国政府在推动商业 CCUS 项目部署方面采取了多元化的策略，包括公共资金的直接投入、财税优惠政策的实施、法规环境的积极营造以及能力建设活动的组织等。这些措施共同促进了商业 CCUS 项目的快速发展。

相比之下，中国目前在 CCUS 政策环境上尚显不足，特别是针对商业 CCUS 项目的部署与运营，缺乏一套完善的政策支持体系。美国通过直接为商业 CCUS 项目提供资金援助，组织跨区域合作以勘探 CO_2 封存资源，并深入进行源汇匹配研究，有效识别并解决了项目发展中的瓶颈问题。此外，美国还利用税法第 45Q 条款为商业 CCUS 项目提供税收激励，并通过制定严格的法规标准来规范 CO_2 的运输、注入和封存活动。

而中国政府当前的工作重心更多地放在 CCUS 技术的研发与示范上，尚未在国家层面上启动系统性的区域封存资源评估、源汇匹配等战略研究。同时，针对商业 CCUS 项目的建设运营，中国还缺乏专门的法规标准与有效的激励机制。因此，适合中国国情、能够推动商业 CCUS 项目可持续发展的运营模式尚未成熟。这意味着榆林建设 CCUS 集群缺乏可明确借鉴的标准，可能会导致该项目管理上的混乱。

---

① 环境保护部办公厅. 二氧化碳捕集、利用与封存环境风险评估技术指南（试行）［EB/OL］. https：//www. mee. gov. cn/gkml/hbb/bgt/201606/W020160624568856649202. pdf.

（六）法律法规有待完善

在中国，CCUS 项目目前往往被视作普通工程项目来执行，专门针对这一领域的法规与标准尚显不足。为了填补这一空白，我国环境保护部办公厅于 2016 年推出了《二氧化碳捕集、利用与封存环境风险评估技术指南（试行）》，该指南为 CCUS 项目环境风险评估工作确立了基本的原则、内容框架及操作流程，为后续同类项目的风险评估提供了宝贵的参考依据。随后，我国住房城乡建设部于 2018 年发布了《烟气二氧化碳捕集纯化工程设计标准》，专门针对新建、扩建或改建的烟气二氧化碳捕集纯化工程制定了详细的设计规范。

尽管如此，由于 CCUS 项目的特殊性和复杂性，现有适用于一般工程项目的法规标准难以全面满足其特定需求。特别是在 CO_2 的权属界定、CO_2 运输管道的设计与安全标准、地下空间使用权的明确，以及项目终止后的长期环境监测责任等方面，国内现行的法规框架尚未给出清晰、具体的指导或规定。因此，进一步完善 CCUS 项目相关法规标准，以更好地支撑和保障这一领域的发展，显得尤为迫切和重要（史明威等，2024）。目前不够明确的法律法规加大了榆林建设 CCUS 集群时所面临的不确定性，阻碍了榆林 CCUS 集群的建设。

本章小结

本章主要对榆林地区建立 CCUS 集群的机遇与挑战进行了阐述。机遇主要表现在：（1）政策支持，在国家层面、陕西层面以及榆林层面均有所体现；（2）企业合作机遇，包括国家能源集团、山东京韵泰博负碳科技有限公司以及壳牌与榆林相关企业的合作；（3）国内 CCUS 技术突破的机遇，国内在二氧化碳直接空气捕集技术以及管道运输技术方面均有重大突破；（4）政协委员的支持，贾正兰女士大力支持在榆林建设 CCUS 国家技术创新中心；（5）国内碳交易的发展，全国统一碳排放权交易市场建设进入新阶段，全国碳市场碳排放配额（CEA）年度成交量大幅增加，碳价大幅上升。挑战则表现在：（1）建立 CCUS 所需要的高昂成本，这体现在碳捕集、碳运输以及碳封存；（2）相关技术尚未完全成熟，技术层面还不足以支持 CCUS 实现大规模商业化；（3）CCUS 项目的市场接受度低，这主要是由于其高昂的成本和不够成熟的技术；（4）CCUS 技术本身所带来的环境风险，二氧化碳在捕集、运输、利用和封存环节均具有一定的环境风险；（5）与西方相比不够理想的政策环境，适合中国国情的商业 CCUS 项目运营模式尚未形成；（6）尚未完善的法律法规，CCUS 项目常作为一般工程项目开展，当前阶段具有针对性的法规标准较少。

本章参考文献

［1］陈虎，甄学宝. 刘国跃会见陕西省政协副主席、榆林市委书记张晓光［N/OL］. https：//www. ceic. com/gjnyjtww/chnjtyw/202403/350510dd977a4　d1a82697b8684465027. shtml，2024 - 03 - 23.

［2］胡中彤，郭耀东，折小东. 在习近平新时代中国特色社会主义思想指引下以改革之勇创新之力开放之姿引领发展之变——榆林市全面深化改革工作综述［N］. 榆林日报，2024 - 06 - 11.

［3］环境保护部办公厅. 二氧化碳捕集、利用与封存环境风险评估技术指南（试行）［EB/OL］.（2016 - 06 - 21）［2024 - 10 - 24］. https：//www. mee. gov. cn/gkml/hbb/bgt/201606/W020160624568856649202. pdf.

［4］靳向茹. 有色金属行业百万吨级 CCUS 全产业链工业化项目成功签约［EB/OL］. https：//baijiahao. baidu. com/s? id = 1787759487028857819&wfr = spider&for = pc，2024 - 01 - 11.

［5］李志坚，朱彬彬，龚华俊，等. 我国石化化工行业低碳化发展研究报告［J］. 化学工业，2022（4）.

［6］刘斌. 油气田企业推进 CCUS 技术应用面临的挑战及对策［J］. 石油科技论坛，2022（4）.

［7］刘园园. 亚洲最大二氧化碳直接空气捕集装置通过验证［科技日报］［N/OL］. https：//digitalpaper. stdaily. com/http_www. kjrb. com/kjrb/html/2024 - 07/24/content_575157. htm? div = −1, 2024 − 07 − 23.

［8］密相/超临界二氧化碳管道断裂控制研究实现突破, 秦创原创新驱动平台建设典型案例——人才引育篇［EB/OL］. 秦科技, 2024 − 08 − 12.

［9］陕西省工业和信息化厅 陕西省发展和改革委员会 陕西省生态环境厅. 陕西省工业领域碳达峰实施方案［EB/OL］.（2023 − 02 − 16）［2024 − 10 − 24］. http：//gxt. shaanxi. gov. cn/webfile/upload/2024/07 − 17/18 − 20 − 4109581129055632. doc.

［10］陕西省人民政府. 陕西省碳达峰实施方案［EB/OL］.（2022 − 07 − 22）［2024 − 10 − 24］. http：//www. shaanxi. gov. cn/zfxxgk/fdzdgknr/zcwj/nszfwj/szf/202302/t20230217_2275234_wap. html.

［11］陕西网络广播电视台. 2024 年 2 月 1 日 赵一德赵刚与国家能源集团董长刘国跃一行座谈［N/OL］. http：//www. shaanxi. gov. cn/sy/sp/sxxwlb/202402/t20240202_2316173_wap. html, 2024 − 02 − 02.

［12］生态环境部. 全国碳排放权登记交易结算管理办法（试行）［EB/OL］.（2020 − 11 − 02）［2024 − 10 − 24］. https：//www. mee. gov. cn/xxgk2018/xxgk/xxgk06/202011/W020201102383110193148. pdf.

［13］生态环境部. 全国碳排放权交易管理办法（试行）［EB/OL］.（2020 − 11 − 02）［2024 − 10 − 24］. https：//www. mee. gov. cn/xxgk2018/xxgk/xxgk06/202011/W020201102383108927962. pdf.

［14］生态环境部. 全国碳市场发展报告（2024）［EB/OL］.（2024 − 07 − 22）［2024 − 12 − 06］. https：//www. mee. gov. cn/ywdt/xwfb/202407/W0202407 225288483 47594. pdf.

［15］生态环境部. 碳排放权登记管理规则（试行）［EB/OL］.（2021 − 05 − 17）［2024 − 10 − 24］. https：//www. mee. gov. cn/xxgk2018/xxgk/xxgk01/202105/W020210519 636656625912. pdf.

［16］生态环境部环境规划院. 中国区域二氧化碳地质封存经济可行性研究——中国二氧化碳捕集利用与封存（CCUS）年度报告（2024）［EB/OL］.（2024 − 03 − 04）［2024 − 10 − 24］. http：//www. caep. org. cn/sy/tdftzhyjzx/zxdt/202403/W020240304596446 739999. pdf.

［17］史明威, 高仕康, 吕昊东, 等. 中美碳捕集利用与封存技术发展与政策体系对比研究［J］. 洁净煤技术, 2024（10）.

［18］叶晓东, 陈军, 陈曦, 等. "双碳" 目标下的中国 CCUS 技术挑战及对策

［J］. 油气藏评价与开发，2024（1）.

　　［19］榆林经开区. 榆林经开区与壳牌（中国）公司签署战略合作协议［EB/OL］.（2022 – 04 – 14）人民网，http：//sn. people. com. cn/n2/2022/0414/c347857 – 35222748. html.

　　［20］榆林市政策研究督察办公室. 金融支持榆林能源化工产业高质量发展中存在的问题及建议［EB/OL］.（2022 – 10 – 09）［2024 – 12 – 06］. https：//prs. yl. gov. cn/dycg/202210/t20221009_1648936. html.

　　［21］张立斌. 余兵参加榆林能源革命创新示范区创建部署会［EB/OL］.（2024 – 03 – 02）. 国家能源集团，https：//www. ceic. com/gjnyjtww/chnjtyw/202403/ef2d7ff6f3dd4d32a2d61ad86bf60147. shtml.

　　［22］赵婧. 贾正兰委员：促进能源绿色低碳转型 推动双碳战略实施［EB/OL］.（2024 – 03 – 10）. 陕西政协网，http：//www. sxzx. gov. cn/dsj/wyta/57072. html.

　　［23］中共陕西省委 陕西省人民政府. 关于完整准确全面贯彻新发展理念做好碳达峰碳中和工作的实施意见［EB/OL］.（2022 – 08 – 13）［2024 – 10 – 24］. http：//www. shaanxi. gov. cn/xw/sxyw/202208/t20220825_2248132. html.

　　［24］国务院. 2030 年前碳达峰行动方案［EB/OL］.（2021 – 10 – 24）［2024 – 10 – 24］. https：//www. gov. cn/gongbao/content/2021/content_5649731. htm.

　　［25］中共中央　国务院. 中共中央 国务院关于完整准确全面贯彻新发展理念做好碳达峰碳中和工作的意见［EB/OL］.（2021 – 09 – 22）［2024 – 10 – 24］. https：//www. gov. cn/gongbao/content/2021/content_5649728. htm.

　　［26］住房城乡建设部. 烟气二氧化碳捕集纯化工程设计标准［EB/OL］.（2016 – 06 – 21）［2024 – 10 – 24］. https：//www. mohurd. gov. cn/gongkai/zhengce/zhengcefilelib/201904/20190412_240165. html.

第十三章 榆林建立 CCUS 集群的政策激励体系

一、榆林建立 CCUS 集群发展的政策激励体系

(一) 国家支撑 CCUS 集群发展的政策激励体系

随着中国对 CCUS 技术的定位转变为碳中和关键技术，CCUS 在中国的地位不断上升，相应的政策支持力度也呈现逐步加大的趋势。可以按照四个阶段来梳理与 CCUS 相关的政策演进。

1. "十一五"阶段：减碳先声 (2006~2010 年)

2006 年 2 月，国务院发布《国家中长期科学和技术发展规划纲要 (2006~2020 年)》，首次将 CCUS 列为前沿技术之一。

2. "十二五"阶段：战略规划 (2011~2015 年)

"十二五"后，全球对 CCUS 的关注热度持续上升，中国国内对此的关注持续升温，相关的政策发布也是层出不穷，中国开始围绕 CCUS 制定整体性、战略性的规划部署计划，并明确战略目标。

2011 年，科技部发布了《国家"十二五"科学和技术发展规划》，明确要大力发展 CCUS 技术。"十二五"末期，国家发布的重点推广低碳技术目录已涵盖部分 CCUS 技术成果。与此同时，"十二五"阶段，国家政

策文件里也逐渐涉及 CCUS 相关的法律法规探讨、标准设定以及金融融资扶持等工作内容。

3. "十三五" 阶段：实践探索（2016～2020 年）

在 "十三五" 时期，中国持续推进 CCUS 技术与产业发展的规划与布局工作，在环境风险评估、技术标准构建、投融资扶持等方面展开了一系列实践行动（庞凌云等，2019），还进一步加大了试点示范工程项目的建设力度，为 CCUS 的规范化进程起到了极为有效的推动作用。

2016 年，国家发展改革委发布《能源生产和消费革命战略（2016～2030）》等规划。文件明确发展 CCUS 是中国中长期的重要工作并部署了相关的具体工作。

2019 年，科技部颁布了《中国碳捕集利用与封存技术发展路线图（2019 版）》报告。该报告更新了其在各个时间阶段的发展目标以及优先推进方向等关键内容。诸如齐鲁石油化工与国华锦界电厂等工程示范项目在建设期间，为 CCUS 逐步实现规模化示范应用沉淀了极具价值的工程实践经验，有力地推动了 CCUS 技术在应用层面的发展进程。

2016 年，环保部正式对外发布《二氧化碳捕集、利用与封存环境风险评估技术指南（试行）》。该指南着重关注 CCUS 技术所涉及的环境影响风险，对环境影响风险评估的详细流程予以明确界定，并且针对环境风险防范及环境风险事件提供了相应的应急处理办法，这在有效提升碳捕集、运输、利用以及封存全过程中各类潜在环境风险的管理水平方面发挥着极为关键的作用。

4. "十四五" 阶段：深入推进（2021～2025 年）

"十四五" 时期，随着中国提出 "双碳" 目标，相关 "1＋N" 政策制定出台力度得到强化和体系化，首次将 CCUS 相关扶持政策落到实地。2021 年，中国发布《中华人民共和国国民经济和社会发展第十四个五年规划和 2035 年远景目标纲要》将 CCUS 技术作为重大示范项目进行引导支持。

2021 年 11 月，中国人民银行推出了碳减排支持工具，是中国首个在贷款利率方面对 CCUS 项目进行支持的实质性政策。截至 2022 年 6 月，国内银行通过碳减排支持工具已累计为各类项目发放了超 3000 亿元的贷款。尽管其中的绝大部分项目为新能源以及储能项目贷款，但这也从侧面说明了碳减排支持工具已经通过实战检验，CCUS 项目在未来通过贷款解决部分初期投入的难度有望大大降低。

（二）陕西支撑 CCUS 集群发展的政策激励体系

作为中国重要的能源基地之一，陕西省在推动中国绿色低碳转型过程中扮演着至关重要的角色。近年来，为了有效应对气候变化挑战，促进能源结构优化调整，陕西省政府积极响应国家号召，大力推动 CCUS 的发展与应用。

1. 强调 CCUS 赋能绿色发展

CCUS 技术作为工业生产领域实现负碳排放的关键组成部分，陕西省出台的多项政策均强调了其在推动绿色发展与促进经济低碳转型方面的重要性。

2021 年 8 月，陕西省工业和信息化厅发布了《陕西省"十四五"工业绿色发展规划（征求意见稿）》，规划指出，在钢铁制造等重点行业中，应选择减排潜力大、技术成熟度高且具有广泛应用前景的低碳技术进行示范和推广。同时，规划强调要加快第二代化学吸收法等低能耗碳捕集技术的研发与应用。

2022 年 2 月，陕西省工业和信息化厅发布了《陕西省"十四五"高端石化化工产业发展规划》，明确要求在绿色发展方面取得新的进展。根据该规划，所有在"十四五"期间投产的石化化工项目均需符合《石化化工重点行业严格能效约束推动节能降碳行动方案（2021 ~ 2025 年)》《高耗能行业重点领域能效标杆水平和基准水平（2021 年版)》《"十四五"工业绿色发展规划》中规定的能效、煤耗、水耗等资源利用效率指标的先进标准。此外，规划特别强调了 CCUS 技术的规模化推广应用。为了践行绿色生产理念，推进能源结构向清洁低碳方向转变，加快以 CO_2 捕集、封存与利用（CCUS）为代表的零碳、负碳技术的发展，并通过燃煤电厂 + CCUS、煤制氢 + CCUS、煤化工 + CCUS 等方式进行推广。

2024 年 1 月，陕西省工业和信息化厅、省发展改革委、省生态环境厅、省住房和城乡建设厅联合印发了《陕西省建材行业碳达峰实施方案》。方案鼓励 CO_2 的规模化应用，并支持 CO_2 捕集利用与封存（CCUS）技术的研发和示范应用。

2. 推进 CCUS 示范项目工程

建设 CCUS 集群，首先需要通过 CCUS 示范项目来积累经验，为后续大规模的建设打好基础，陕西省的 CCUS 政策在这方面也多有发力。

2021 年 8 月，陕西省工业和信息化厅发布《陕西省"十四五"工业绿色发展规划（征求意见稿)》提出在化工、水泥、钢铁等行业实施 CCUS 示范项目。

2021 年 9 月，陕西省人民政府印发了《加快建立健全绿色低碳循环发展经济体系若干措施》。文件指出，要加快基础设施的绿色升级，推动能源体系向绿色低碳化转型，并明确提出要大力推进 CCUS 的试验示范工程。

2021 年 11 月，陕西省工业和信息化厅发布的《陕西省"十四五"高端石化化工产业发展规划》提到，要开展 CO_2 捕集、"液态阳光"（绿氢与 CO_2 制甲醇）、CO_2 生产碳酸二甲酯，以及生产食品级 CO_2 等示范项目，并实施百万吨级别的 CO_2 捕集、封存与利用（CCUS）全流程一体化示范工程。

2023 年 2 月，陕西省工业和信息化厅、陕西省发展和改革委员会、陕西省生态环境厅联合印发了《陕西省工业领域碳达峰实施方案》。方案提到要推进资源综合利用示范项目建设，鼓励钢化联产，并支持开展 CO_2 捕集利用与封存（CCUS）的一体化试点示范项目。

3. 关注 CCUS 技术创新研发

《陕西省"十四五"工业绿色发展规划（征求意见稿）》提到，致力于加快第二代化学吸收法、吸附法、膜分离法等低能耗碳捕集技术的研发与应用。同时，《陕西省"十四五"高端石化化工产业发展规划》也指出，大力推动包括 CCUS 在内的低碳技术、零碳技术和负碳技术的开发和应用，并积极开展相关碳汇项目的研发与建设。

在《陕西省工业领域碳达峰实施方案》中也有相关内容，要积极推动绿色低碳技术研发与突破，重点支持 CCUS 关键核心技术的研发。在具体细分行业的《陕西省建材行业碳达峰实施方案》中，提到要依托秦创原创新驱动平台，整合优势资源，集中力量开展建材行业新技术、新设备以及低碳、零碳、负碳关键技术的攻关。

4. 推动 CCUS 产业协同发展

CCUS 集群的发展不是依靠单一的 CCUS 产业，而是要服务于已有的产业基础，陕西省的政策着力于此，借助 CCUS 集群项目助力相关产业低碳化发展。2023 年 7 月，陕西省生态环境厅、陕西省发展和改革委员会、陕西省财政厅联合印发了《陕西省低碳近零碳试点示范建设工作方案（2023~2025 年)》。该方案指出，要着力打造绿色技术创新的新载体，推动高新技术产业园区、循环化改造产业园等试点区域推广应用碳捕集、利用和封存（CCUS）技术，协同推进创新发展与绿色低碳发展。

（三）榆林支撑 CCUS 集群发展的政策激励体系

2021 年 5 月 24 日，榆林市人民政府印发《榆林市国民经济和社会发展第十四个五年规划和二〇三五年远景目标纲要》，文件强调要加强碳捕集、利用与封存（CCUS）技术攻关，大力支持重大科学装置布局和项目示范。建设西北大学碳中和学院、鄂尔多斯盆地 CCUS 集输中心，构建集技术研发、装备制造、应用推广于一体的 CCUS 技术体系和产业集群。

2022 年 2 月 23 日，榆林市人民政府办公室关于印发《榆林市用能权有偿使用和交易试点管理办法（试行）》的通知，文件提到，对主动实施传统产业转型升级，碳捕集封存利用，重大创新示范等项目的企业新增能耗部分，按一定比例无偿配给并对企业的新建项目给予用能指标奖励。

榆林市的 CCUS 政策紧密贴合本地产业特色与发展需求，强调提升 CCUS 技术的研发水平及加大示范项目的推广力度。这一举措与榆林作为重要煤化工基地的产业定位高度契合，为当地 CCUS 产业集群的发展提供了切实可行的指导方向，有助于后续制定更加精准的 CCUS 产业集群发展策略。

（四）现有激励政策体系的优点与局限

政策支持体系逐渐完善。各项政策将 CCUS 技术定位为碳中和关键技术，地位不断上升，相关政策支持力度呈现逐步加大的趋势，有助于推动榆林 CCUS 集群的建设。

支持 CCUS 技术研发示范。各级政府通过发布多个专项规划和支持政策，明确了 CCUS 技术发展的阶段性目标与优先方向，并鼓励实施大规模示范项目。

金融支持力度不断加大。通过绿色债券、碳减排支持工具等金融手段，拓宽了榆林 CCUS 集群项目的投融资渠道，降低了项目的财务成本，鼓励探索绿色低碳技术市场化推广的新机制，为 CCUS 集群的商业化运作创造了有利条件，促进了项目的落地实施。

当前我国在技术层面已具备大规模捕集、利用与封存 CO_2 的工程能力，尽管已经出台了许多政策支持 CCUS 的发展，但主要集中在单个项目，对促进 CCUS 集群的能力有限，限制了 CCUS 集群大规模发展，具体体现在以下方面。

价格激励与产品补贴机制缺失。虽然国家已经构建了碳排放权交易系统并启动了碳市场，但 CCUS 技术并未被纳入此交易体系之中。同时，我国的 CO_2 交易均价低于欧洲联盟水平，这使得在碳价和碳信用方面，对

CCUS 项目发展的刺激作用有限。因此，现行的制度环境和市场定价机制对 CCUS 项目的推进尚显不足。

缺少衡量净额与配额过程的统一方式。由于 CCUS 项目的范围界定、碳排放影响、可能的泄漏情况及可持续性考量等方面缺少公认的定义，这使得碳市场和监管系统内没有一个统一且广受认可的 MRV（监测、报告、核查）机制来精确评估 CCUS 技术带来的减排成果。

CCUS 全产业链技术研发系统仍存在欠缺。中国在 CCUS 全产业链的技术研发体系上尚处于早期发展阶段，虽然已经开展了多种技术路线的试点和示范工作，但主要集中在个别技术节点上。现有的技术水平还不足以支持 CCUS 集成与优化研究的全面需求，从而阻碍了具备规模效应、覆盖完整流程且易于复制的 CCUS 集成示范项目的进一步发展。

CCUS 项目协调不足。从项目规划到最终评估，这一过程需要不同地方政府和相关部门之间的紧密合作。同时，CCUS 技术涵盖从二氧化碳捕集到利用和储存的多个步骤，关联到电力、交通运输、石油石化等多个产业领域。然而，当前在地方层面、政府部门间以及各行业内部，均缺乏专门为 CCUS 设立的协调机制，这在很大程度上妨碍了 CCUS 项目的顺畅进展和高效管理。

二、榆林推进 CCUS 集群发展的政策激励体系

鉴于当前我国在碳捕集、利用与封存（CCUS）技术领域的发展情况，特别是考虑到像榆林所在的鄂尔多斯盆地这样的地区已经展现出了良好的发展前景和产业集群基础，因此有必要制定一系列更有针对性的政策措施来促进 CCUS 集群的进一步推广与应用。

（一）完善榆林 CCUS 集群的政策机制

政策机制是现代产业发展的重要保障。完善的政策机制能明确发展方

向，为 CCUS 集群建设提供有力的顶层设计。这将为榆林 CCUS 集群营造良好的发展环境，提升榆林在碳减排领域的竞争力，实现经济发展与环境保护的双赢，推动榆林可持续发展。

1. 完善支持榆林 CCUS 集群的投资政策

充分发挥政府投资引导作用，构建与 CCUS 产业集群化发展相适应的投融资体系，加大对 CCUS 等项目的支持力度。政府增加直接投资，设立专项基金用于 CCUS 关键技术研发与产业集群基础设施建设，并给予参与 CCUS 集群建设的企业投资补贴和税收优惠；完善法规保障 CCUS 产业集群顺利落地；鼓励国有高碳排放企业加大对 CCUS 集群建设的投资，积极开展 CCUS 关键技术的研发应用，降低企业排放，实现绿色发展与低碳转型；支持各类企业通过合资、引入外部投资，共同推动 CCUS 集群发展；完善支持社会资本参与政策，激发市场主体投资 CCUS 的活力。

2. 推进支持榆林 CCUS 集群发展的绿色金融政策

2021 年 4 月，中国人民银行、国家发展改革委、证监会联合发布《绿色债券支持项目目录（2021 年版）》，目录明确指出，绿色债券支持"对化石能源燃烧和工业过程排放 CO_2 进行捕集、利用或封存的减排项目建设和运营"。榆林市的相关企业可以利用绿色债券的契机，降低融资成本，完成 CCUS 集群建设的初步布局。国家相关金融部门应进一步设立碳减排货币政策工具，引导各大国有银行和开发性政策性金融机构为 CCUS 集群建设提供长期限、低成本资金。省级有关部门研究设立陕西低碳转型基金，鼓励社会资本投入转型基金，支持 CCUS 项目集群建设。

3. 完善激励榆林 CCUS 集群发展财税价格政策

地方财政要加大对 CCUS 产业发展、技术研发等的支持力度。学习发达国家经验，研究针对 CCUS 碳减排相关税收政策，加快形成具有合理约束力的碳价机制。可以设立专项基金，用于支持榆林 CCUS 集群的技术研发、项目建设和运营。政府应增加对 CCUS 相关科研项目的资金支持，鼓励企业进行技术创新和设备升级。例如，对开展 CCUS 技术研发的企业和科研机构给予直接的财政补贴，或通过政府购买服务的方式，支持其技术成果的转化和应用。

（二）市场手段调节 CCUS 发展

市场是现代产业发展的关键驱动力。市场手段能合理配置资源，引导资金、技术和人才流向 CCUS 领域。通过碳排放权交易等市场机制，可以为企业提供经济激励，促使企业积极参与 CCUS 集群建设，降低碳排放。此外，市场竞争可推动技术创新和成本降低，提高 CCUS 项目的效率和效益。市场调节手段会提升榆林在碳减排市场中的地位，给榆林带来大量经济收益和环境效益，为榆林 CCUS 集群建设注入强大动力，推动榆林成为 CCUS 集群发展的重要基地。

1. 推进 CCUS 减排的市场化机制建设

CCUS 减排与森林碳汇较为相似，视 CCUS 所产生的减碳成效为等效碳汇量，并推动其纳入全国性的碳排放权交易市场，促进交易活动的开展。借助碳汇项目的激励机制，为 CCUS 项目提供稳定的财务保障，健全企业、金融机构等碳排放报告和信息披露制度，准确核实 CCUS 项目的减排量。国家和省级部门需要出台优惠政策，鼓励社会资本参与 CCUS 集群项目，可以提供税收优惠，如减免企业所得税、增值税等，降低企业的投资成本；同时，提供贷款贴息政策，鼓励金融机构为 CCUS 集群项目提供低息贷款，缓解企业的融资压力。通过这些政策，吸引社会资本进入 CCUS 领域，形成多元化的投资格局。

2. 创建 CCUS 减排激励机制

创建 CCUS 减排激励机制，在经济方面，可以帮助参与 CCUS 集群建设的企业吸引投资、缓解资金压力，降低企业成本，提高其参与积极性和经济效益。在产业方面，建立合理的减排激励机制可以推动高耗能产业利用 CCUS 技术向绿色低碳转型，提升产业竞争力和可持续发展能力。从环境角度，激励机制可吸引更多企业参与 CCUS 集群，缓解气候变化压力，助力榆林实现能源转型和可持续发展目标。

建立减排机制的具体方法可参照我国可再生能源的发展模式，从基金设立、税收支持、财政补贴以及电价补贴等方面入手。也可效仿环境治理中的排污费征收方式，对高排放企业征收一定额度的排放费用，将其用于 CCUS 等减排技术的研发以及示范工程的布局。

对于煤电厂采用 CCUS 的埋存和抵消掉的 CO_2 量，折算成清洁能源发电量，对这部分发电量按照可再生能源电力价格予以补贴，以绿电的政策对待，或者对于煤电厂进行发电量的奖励。对于采用 CCUS 技术过程产生的额外能耗、煤炭消费量等，不应计算 CO_2 排放量。这些燃烧煤炭产生的 CO_2 排放是被抵消掉的，这也体现了 CCUS 的价值。也可仿照加拿大的做法，购买用于地质封存的 CO_2 时免缴税，将 CO_2-EOR 作为技术创新来激励，项目不盈利时政府不收税。

（三）明确 CCUS 项目权责关系

清晰的权责关系是现代产业发展的基本保障，对榆林发展 CCUS 集群意义重大。从责任方面看，明确各主体的减排责任，能帮助企业明确参与 CCUS 集群的职责分工，帮助企业开展相关的进展工作，推动榆林能源产业绿色转型。从管理方面来看，清晰的权责关系能提高项目实施效率，降低风险，为榆林打造 CCUS 集群提供坚实基础，实现经济发展与环境保护的双赢，推动榆林向可持续发展的能源强市迈进。

1. 理顺 CO_2 地质封存层位与封存地的管理机制

理顺 CO_2 地质封存层位与封存地的管理机制，降低封存成本和确保封存安全。油气田的矿区只包括油气层位，其周边的咸水层不属于油气公司，属于国家或者地方政府，可由国家或者地方政府开展 CO_2 封存使用。油气公司的地质资料、井资料应该提交国家和地方政府，特别是废弃油气层，应该移交国家和地方政府，用于开展 CO_2 地质封存，以便大大降低地质封存选址、钻井、地球物理勘探、测井、注入工程等的成本。对于开展地质封存的区域，要进行统一管理，不宜开展其他的采矿、钻井等活动。

2. 建立 CO_2 地质封存区域的地方政府监管补偿机制

CO_2 地质封存类似垃圾填埋，需要给当地政府一定的补偿。同时，因为 CO_2 封存项目完成后，长期的监管权在发达国家都是交给地方政府，那么地方政府需要资金来管理封存区，也需要资金进行长期的监管。美国法律确定的 CO_2 封存项目监管时间为 100 年，地方政府应该获得固定的监管资金来源（宋婧和杨晓亮，2016）。

（四）建立健全 CCUS 发展的法律法规和统计监测体系

法律法规和统计监测体系是现代产业发展的重要支柱。健全的法律法规可以帮助榆林明确 CCUS 产业集群发展的规则和方向，确保各参与方在合法合规的框架内行动。法律法规能规范企业的项目建设和运营，提升行业整体规范性，吸引更多优质企业和投资者进入。统计监测体系则是产业发展的"晴雨表"，可以实时掌握 CCUS 集群的进展和成效，有助于及时发现问题并调整策略，为政策制定提供准确数据支持。它能增强公众对 CCUS 产业的信任，促进产业可持续发展。两者共同作用，能为榆林 CCUS 集群打造稳定的发展环境，提升产业竞争力，推动榆林在碳减排领域发挥示范引领作用，实现经济发展与环境保护的良性互动，为榆林的可持续发展注入强大动力。

1. 健全 CCUS 发展的法律法规

调整现行法律法规中与 CCUS 集群建设工作不相适应的内容。例如，现行法规中对捕集到 99.9% 浓度的食品级 CO_2 试行补贴政策，然而对于驱油而言，无须如此高的 CO_2 浓度，这反倒增加了能耗与成本。此外，其他法律法规中与 CCUS 发展不一致的内容也需进行改动，以增强相关法律法规的针对性和有效性。

2. 完善 CCUS 标准计量体系

建立健全 CCUS 标准计量体系对于 CCUS 产业集群的发展至关重要。第一，完善 CCUS 项目减排量的核算、检测认证、评估、审计等配套标准，能够为 CCUS 项目的减排效果提供准确的量化依据，确保减排成果真实可靠。第二，加快完善 CCUS 项目碳排放核查核算报告标准，建立统一规范的碳核算体系，可以使不同的 CCUS 项目在碳排放核算方面有统一的尺度，便于进行比较和管理。第三，积极参与 CCUS 相关国际标准制定，这有助于提升我国在 CCUS 领域的国际话语权，推动国内 CCUS 产业与国际接轨，促进榆林 CCUS 集群的高质量发展，为实现全球碳减排目标贡献力量。

修改能耗计算方法。2021 年 12 月召开的中央经济工作会议提出，"要向碳排放总量和强度'双控'转变"①。这要求使用 CCUS 技术的企业采用新的能源消费总量计算方法，可以将新增加装 CCUS 的煤电、煤化工、水泥、冶炼等用能不纳入能源消费总量控制。

3. 提升对 CCUS 减排的统计监测能力

健全 CO_2 捕集、压缩、运输、利用、注入等过程能耗统计监测和计量体系。在 CO_2 的捕集环节，精确统计监测其能耗情况，有助于优化捕集技术，降低能源消耗。对于压缩过程，完善的监测和计量体系能够确保压缩效率，减少不必要的能量损失。在运输阶段，准确掌握能耗数据可以合理规划运输路线和方式，提高运输效率。利用环节的能耗统计监测能推动高效利用技术的发展，提升 CO_2 的利用价值。注入过程同样需要严格的能耗计量，以保障整个流程的稳定运行。特别是要大力推进地质封存长期监测

---

① 有序实现能耗"双控"向碳排放总量和强度"双控"转变［EB/OL］. 人民网，http：// theory. people. com. cn/n1/2021/1228/c40531－32318551. html.

系统建设，这一系统对于确定地质封存的安全性起着关键作用。通过持续监测，可以及时发现潜在风险并采取相应措施。同时，它也为 CCUS 项目减排量的核算提供有力支撑，使得减排效果能够得到准确评估，为推动 CCUS 项目的可持续发展奠定坚实基础。

（五）加强 CCUS 技术科技攻关和推广应用

科技创新是现代产业发展的核心驱动力。加强 CCUS 技术科技攻关和推广应用对榆林发展 CCUS 集群意义重大。科技攻关能提升 CCUS 技术水平，降低成本，提高效率，促使榆林在碳捕集、利用与封存领域取得关键突破，增强产业竞争力。推广应用扩大 CCUS 技术的覆盖范围，可以吸引更多企业参与，形成产业集群效应。科技创新有助于推动榆林传统能源产业转型升级，减少碳排放，实现可持续发展。也可以提升榆林在环保领域的影响力，为经济发展注入新活力。加强这两方面工作，将为榆林打造 CCUS 集群提供坚实的技术支撑，实现经济效益与环境效益的双赢，推动榆林成为全国 CCUS 产业发展的示范区域。

1. 强化 CCUS 基础研究和前沿技术布局

国家应积极制定科技支撑 CCUS 行动方案，系统规划 CCUS 领域科技发展方向与重点任务；精心编制 CCUS 技术发展路线图，为国家 CCUS 产业未来发展提供清晰指引。省级科技部门采用"揭榜挂帅"机制，激发科研人员创新活力，开展 CCUS 相关新材料、新技术、新装备攻关，推动陕西省 CCUS 产业链装备制造，提升产业核心竞争力。各级科研院所应高度重视并推进 CO_2 捕集、利用与地质封存等前沿技术攻关，利用"秦创原"创新驱动平台进行创新研发，抢占技术制高点。榆林市明确将 CCUS 作为重点产业发展，精心谋划并大力发展陕西 CCUS 集群，发挥示范引领作用，带动 CCUS 产业链中捕集装备、运输管道、压缩机、监测装备等全产业链协同发展，为陕西省经济可持续发展注入强大动力。

2. 加强 CCUS 创新能力建设和人才培养

国务院《2030 年前碳达峰行动方案》明确"组建碳达峰碳中和相关国家实验室、国家重点实验室和国家技术创新中心，适度超前布局国家重大科技基础设施"。省级相关部门要积极推动"秦创原"创新驱动平台 CCUS 平台建设，建设高水平省级 CCUS 创新平台，为入选 CCUS 领域国家重点实验室、国家技术创新中心、重大科技创新平台做好准备。

陕西应该抓住机遇建设"榆林 CCUS 国家重大科技基础设施"，支撑榆林成为全球 CCUS 产业、技术、示范中心。引导企业、高等学校、科研单位共建一批国家、地方 CCUS 产业创新中心。同时注重人才培养，建设 CCUS 人才体系，打造 CCUS 领域创新人才高地，设立"秦创原"引进 CCUS 领域高层次创新创业人才项目资金，鼓励省内高校增设 CCUS 产业链相关学科专业。

3. 加快规模化 CCUS 技术研发和推广

国家应从宏观层面制定相关政策，引导 CCUS 产业发展方向。国家相关部门应积极培育新型企业与产业联盟，全力加快规模化 CCUS 技术的研发和推广进程。通过逐步推进规模化 CCUS 技术的研发、示范以及产业化应用，为 CCUS 产业的发展奠定坚实基础。省级部门可借助在 CCUS 领域逐渐积累的技术优势，在高耗能产业中推广应用。例如推动本省煤化工工艺革新、金属镁还原工艺革新等，这样做能够使尾气中 CO_2 的产出浓度提高，并且降低捕集成本。此外，省级部门还应加强 CCUS 领域关键核心技术攻关与成果转化，大力培育创新型 CCUS 企业，积极发展 CCUS 产业的配套企业，全力打造 CCUS 创新产业集群以及 CCUS 产业联盟协会，以实现 CCUS 产业的协同发展和整体提升。榆林市级政府应结合本地实际情况，落实国家和省级政策，为本地 CCUS 集群建设提供具体的支持措施，如土地优惠、税收减免等，推动本地 CCUS 产业快速发展。

4. 促进技术引进与合作

积极引进国内外先进的 CCUS 技术和经验，加强与国际知名企业和科研机构的合作交流。可以通过举办国际技术研讨会、合作项目等方式，促进技术的引进和吸收。同时，鼓励本地企业与外部机构建立合作关系，共同开展 CCUS 集群项目建设，推动技术的快速发展和应用。

（六）优化榆林产业体系

产业体系是现代经济发展的主体和躯干。优化产业体系能明确榆林各产业在 CCUS 发展中的定位和作用。一方面，优化产业体系可促进传统能源产业与 CCUS 技术深度融合，推动能源产业转型升级，降低碳排放，提升产业可持续性。另一方面，能吸引更多相关产业入驻榆林，形成产业集聚效应，如环保设备制造、技术研发等产业。同时，优化后的产业体系有助于提高资源利用效率，降低 CCUS 项目集群成本，还能提升榆林在全国乃至全球碳减排领域的影响力，为榆林经济发展注入新活力，实现经济效益、环境效益和社会效益的多赢，为榆林打造具有竞争力的 CCUS 集群奠定坚实基础。

1. 制定严格的高能耗产业准入标准

明确列出高耗能、高排放产业的详细清单，严格限制此类产业的新增项目。在项目审批过程中，全面评估其能源消耗、碳排放情况以及对环境的影响，确保只有符合严格标准的项目才能获批。同时，建立健全项目评估机制，综合考量能源效率、碳排放强度等因素，使评估结果成为项目审批的重要依据。加强对现有项目的监管，要求其制订并执行节能减排改造计划，明确改造目标、任务和时间表。定期进行能源审计和碳排放核查，对不达标的企业提出整改要求，并督促其落实。

2. 加大对新兴产业的扶持力度

应制定全面的产业发展规划，明确新能源、节能环保等新兴产业的具体发展重点和方向。例如，在新能源领域，可重点发展太阳能、风能、氢能等清洁能源，确定其在能源结构中的占比目标；在节能环保领域，着力推动节能减排技术、资源循环利用技术的研发和应用。设立优先审批项目的绿色通道，加快新兴产业项目的审批流程，确保项目能够快速落地实施。通过这些政策措施的综合实施，能够有效地鼓励企业加大在新兴产业领域的投资和研发力度，推动榆林产业向绿色低碳、创新驱动的方向转型发展。

3. 延伸产业链建设

在推动上下游产业链条的整合与优化方面，应积极引导相关企业加强合作，促进 CO_2 捕集、运输、利用和封存等环节的紧密衔接。例如，支持捕集企业与运输企业建立稳定的合作关系，确保 CO_2 能够高效、安全地运输到利用和封存地点；鼓励利用企业加大技术研发力度，拓展 CO_2 的应用领域，提高其附加值；推动封存企业与上下游企业协同创新，共同探索更有效的封存技术和模式。通过这种方式，形成完整的产业链条，发展 CCUS 集群，实现资源的优化配置，增强产业整体竞争力。

本章小结

本章主要探讨了榆林建立 CCUS 集群的政策激励体系。首先，梳理了榆林建立 CCUS 集群发展的既有激励政策，包括国家层面、陕西省以及榆林市的相关政策。在国家层面，中国对 CCUS 技术的定位逐渐转变为碳中和关键技术，政策支持力度不断加大。从"十一五"阶段到"十四五"阶段，相关政策经历了从减碳先声到深入推进的发展过程，涵盖了技术研究、试点示范、环境影响及风险应对等多个方面，并逐步明确了发展目标和优先方向，拓展了投融资渠道。陕西省积极响应国家号召，发布了多项规划和措施，大力推动 CCUS 集群的发展与应用。包括推进低碳技术示范工程建设、加强 CO_2 在各领域的研发与应用、推动 CCUS 技术的规模化推广等，同时强调了绿色生产理念和资源综合利用。榆林市人民政府也印发了相关文件，强调加强 CCUS 技术攻关，支持重大科学装置布局和项目示范，构建 CCUS 技术体系和产业集群，并对实施相关项目的企业给予用能指标奖励。

现有政策激励体系具有一些优点，如政策支持体系逐渐完善、大力支持 CCUS 相关技术的研发与示范、金融支持力度不断加大等。然而，也存在一些缺点，如 CCUS 集群战略发展定位不清晰、缺乏价格激励或产品补贴机制、缺乏衡量净额和配额过程的统一方法、CCUS 全产业链技术研发体系不成熟以及跨区域跨部门跨行业协调机制尚未建立等。

为了推动 CCUS 集群的发展，榆林需要完善相关政策机制，包括完善投资政策、发展绿色金融、完善财税价格政策、推进市场化机制建设、创建减排激励机制、理顺管理机制以及建立监管补偿机制等。同时，要健全法律法规标准和统计监测体系，加强 CCUS 技术科技攻关和推广应用，具体措施包括强化基础研究和前沿技术布局、加强创新能力建设和人才培养、培育新型企业与产业联盟、促进技术引进与合作等。此外，还应优化榆林产业体系，制定严格的高能耗产业准入标准、加大对新兴产业的扶持力度、延伸产业链建设。

本章参考文献

［1］关于发布《二氧化碳捕集、利用与封存环境风险评估技术指南（试行）》的通知 ［EB/OL］. https：//www. mee. gov. cn/gkml/hbb/bgt/201606/t20160624_356016. htm.

［2］关于请报送二氧化碳捕集利用与封存（CCUS）项目有关情况的通知 ［EB/OL］. 国家发展和改革委员会，https：//www. ndrc. gov. cn/xwdt/tzgg/202106/t20210623_1283822_ext. html.

［3］关于印发国家"十二五"科学和技术发展规划的通知 ［EB/OL］. 中华人民共和国科学技术部，https：//www. most. gov. cn/xxgk/xinxifenlei/fdzdgknr/qtwj/qtwj2011/201107/t20110713_88228. html.

［4］关于印发陕西省低碳近零碳试点示范建设工作方案（2023 - 2025 年）的通知 ［EB/OL］. https：//sthjt. shaanxi. gov. cn/html/hbt/service/files/shf/1723971072167452674. html.

［5］国家发展改革委　国家能源局关于印发《能源技术革命创新行动计划（2016 - 2030 年）》的通知［EB/OL］. 国家能源局，https：//www. nea. gov. cn/2016 - 06/01/c_135404377. htm.

［6］国家中长期科学和技术发展规划纲要（全文）［EB/OL］. https：//www. gov. cn/jrzg/2006 - 02/09/content_183787_6. htm.

［7］庞凌云，蔡博峰，陈潇君，等.《二氧化碳捕集、利用与封存环境风险评估技术指南（试行)》环境风险评价流程研究［J］. 环境工程，2019，37（2）：45 - 50，157.

［8］陕西省人民政府办公厅关于印发"十四五"制造业高质量发展规划的通知［EB/OL］. 陕西省人民政府，http：//www. shaanxi. gov. cn/zfxxgk/zcwjk/szf_14998/qtwj/202208/t20220808_2235766. html.

［9］陕西省人民政府关于印发加快建立健全绿色低碳循环发展经济体系若干措施的通知［EB/OL］. 陕西省科学技术厅，https：//kjt. shaanxi. gov. cn/zcwj/qtzc/244079. html.

［10］"十四五"规划和 2035 年远景目标纲要［EB/OL］. 中国政府网，https：//www. gov. cn/zhuanti/shisiwuguihua/.

［11］"双碳"目标下的陕西 各路法宝吸睛不断［EB/OL］. 陕西网，https：//www. ishaanxi. com/c/2024/0118/3051659. shtml.

［12］宋婧，杨晓亮. 国际 CCUS 法律监管框架对中国的借鉴与启示［R/OL］. 世界资源研究所，http：//www. wri. org. cn/publications，2016.

［13］有序实现能耗"双控"向碳排放总量和强度"双控"转变［EB/OL］. 中国共产党新闻网，http：//theory. people. com. cn/n1/2021/1228/c40531 - 32318551. html.

［14］榆林市人民政府办公室关于印发《榆林市用能权有偿使用和交易试点管理办法（试行）》的通知［EB/OL］. 榆林市人民政府，https：//www. yl. gov. cn/zwgk/zc/gfxwj/202202/t20220228_80755. html.

［15］《中国碳捕集利用与封存技术发展路线图（2019 版)》在京发布［EB/OL］. 陕西省科学技术厅，https：//kjt. shaanxi. gov. cn/kjzx/kjyw/87291. html.

［16］中国人民银行、发展改革委、证监会印发《绿色债券支持项目目录（2021 年版)》［EB/OL］. 中国政府网，https：//www. gov. cn/xinwen/2021 - 04/22/content_5601285. htm.

术 语 表

Alberta Carbon Trunk Line，简称 ACTL，阿尔伯塔"碳干线"

Atmospheric Oxy-fuel Combustion，简称 AOC，常压富氧燃烧

Australian Carbon Credit Units，简称 ACCU，澳大利亚碳信用单位

Bio-Energy with Carbon Capture and Storage，简称 BECCS，生物能源和碳捕集与封存

Build Back Better Act，简称 BBBA，重建更好未来法案

Canada Infrastructure Bank，简称 CIB，加拿大基础设施银行

Canada Pension Plan Investment Board，简称 CPPIB，加拿大养老金计划投资委员会

Carbon Border Adjustment Mechanism，简称 CBAM，欧盟碳边境调节机制

Carbon Capture and Storage Fund 亚行碳捕集与封存基金

Carbon Capture and Storage Infrastructure Fund，简称 CCSIF，碳捕集与封存基础设施基金

Carbon Capture and Storage Leadership Forum，简称 CSLF，碳封存领导人论坛

carbon capture and storage，简称 CCS，碳捕集与封存

Carbon Capture Technology Program，简称 CCTP，碳捕集技术计划

carbon capture, utilization and storage with enhanced oil recovery，简称 CCUS-EOR，二氧化碳捕集、驱油与封存

carbon capture, utilization and storage, 简称 CCUS, 碳捕集、利用与封存

Chicago Climate Exchange, 简称 CCX, 芝加哥气候交易所

Clean Energy Ministerial, 简称 CEM, 清洁能源部长级会议

Clean Growth Strategy, 清洁增长战略

Combined Cycle Gas Turbine, 简称 CCGT, 联合循环燃气轮机发电

Connecting Europe Facility, 简称 CEF, 连接欧洲设施计划

Contract for Difference, 简称 CFD, 合同差价机制

Department of Energy, 简称 DOE, 美国能源部

direct air capture, 简称 DAC, 直接空气碳捕集

Dispatchable Power Agreement business model summary, 简称 DPA, 可调度电力商业模式

Do No Significant Harm, 简称 DNSH, "无重大损害"

Emission Reduction Fund, 简称 ERF, 减排基金

Energy Innovation Program, 简称 EIP, 能源创新计划

enhanced oil recovery, 简称 EOR, 增强油气采收率

European Regional Development Fund, 简称 ERDF, 欧洲区域发展基金

European Innovation Scoreboard, 简称 EIS, 欧洲创新记分牌

European Union Greenhouse Gas Emission Trading Scheme, 简称 EU ETS, 欧盟碳排放交易系统

final investment decision, 简称 FID, 最终投资决策

front end engineering design, 简称 FEED, 前端工程设计

greenhouse gas removal, 简称 GGR, 温室气体清除

gross value added, 简称 GVA, 毛附加价值

Horizon Europe "地平线欧洲"

Industrial Decarbonization Challenge, 简称 IDC, 工业脱碳挑战计划

Infrastructure Investment and Jobs Act, 简称 IIJA, 《基础设施投资与就业法案》

European Innovation Fund, 欧洲创新基金

Integrated Gasification Combined Cycle，简称 IGCC，整体煤气化联合循环

Intergovernmental Panel on Climate Change，简称 IPCC，联合国政府间气候变化专门委员会

International Energy Agency，简称 IEA，国际能源署

Low Emissions Technology Demonstration Fund，简称 LETDF，低排放技术示范基金

measurement, reporting and verification，简称 MRV，测量、报告和验证

monitoring, measurement and Verification，简称 MMV，监测、测量与验证

National Trust of Australia，简称 NSW，澳大利亚国家信托

Net Zero Strategy 净零战略

Net Zero Teesside Power，简称 NZT Power，净零提塞得集群

Oil and Gas Climate Initiative，简称 OGCI，油气行业气候倡议组织

Pembroke Net Zero Centre，简称 PNZC，彭布罗克净零中心

pressurized oxy-fuel combustion，简称 POC，增压富氧燃烧

Program of Energy Research and Development，简称 PERD，能源研究开发计划

Projects of Common Interest，简称 PCIs，共同利益项目

Projects of Mutual Interest，简称 PMIs，相互利益项目

Recovery and Resilience Facility，简称 RRF，复苏和韧性基金

Technology, Innovation and Emissions Reduction，简称 TIER，排放减少信用系统

The 28th Conference of the Parties，简称 COP28，第 28 次缔约方大会

The Inflation Reduction Act，简称 IRA，《通胀削减法案》

UK CCUS Action Act，英国 CCUS 行动计划

UK Emissions Trading Group，简称 ETG，英国排放权交易制

United Nations Framework Convention on Climate Change，简称 UNFCCC，联合国气候变化框架公约

World Bank CCS Trust Fund, 世界银行 CCS 信托基金

Zero Emissions Platform, 简称 ZEP, 零排放平台

Carbon Management Challenge, 简称 CMC, 碳管理挑战

Strategic Innovation Fund, 简称 SIF, 战略创新基金

Output-Based Pricing System, 简称 OBPS, 基于产出的工业定价制度

Clean Fuel Regulations, 简称 CFR, 清洁燃料法规